儒家關係主義

——哲學反思、理論建構與實徵研究

黃光國 著

作者簡介

黃光國

台北市人，出生於 1945 年 11 月 6 日。美國夏威夷大學社會心理學博士，致力於結合東、西方文化，以科學哲學作為基礎，發展本土社會心理學。著有中英文學術論文一百餘篇，曾獲得國科會傑出研究獎三次、優良研究獎十餘次、教育部國家講座兩次。曾任國科會特約研究員、亞洲心理學會會長、國科會卓越計畫主持人，目前為台灣大學終身特聘教授、台大講座、傑出人才講座、教育部國家講座、海峽交流基金會顧問及總統府國策顧問。

自序

我自 1980 年代初期建構〈人情與面子〉的理論模型之後（Hwang, 1987），即在楊國樞教授的號召之下，積極參與「社會心理學本土化運動」。當時便已經察覺到：近代西方學術的發展，主要是建立在其哲學的基礎之上。國內社會科學研究長期處於低度發展的狀態，主要原因在於研究者對於西方科學哲學的發展缺乏相應的理解。

為了說明儒家文化傳統與東亞經濟奇蹟之間的關係，我又以〈人情與面子〉的理論模型為基礎，用結構主義的方法，分析儒家思想的內在結構（黃光國，1988）。由於我的研究取向和台灣心理學界重視實徵研究的傳統大異其趣，1992 年，楊國樞教授要規劃出版《本土心理學研究》期刊，邀我寫一篇「靶子論文」，和學術界的同仁一起討論本土心理學的發展方向。當時我正年輕氣盛，立刻毫不猶豫地一口答應下來，很快地寫了一篇論文，題為〈互動論與社會交換：社會心理學本土化的方法論問題〉，由楊教授邀請社會科學界的幾位資深同仁，針對我的主張提出批判。他們所提出的批判和質問，使我十分難以招架。尤其是在北京大學社會學系講授科學哲學多年的蘇國勛教授，他單刀直入地指出：「『科學研究綱領』主要是適用於近代自然科學，而不是用於社會科學，尤其不是用於社會心理學和社會學」它「是科學史家 Lakatos 作為科學史家以事後回顧的方式，對科學史上出現的和發生影響的各種學說和理論做出評價時所用的（不是科學工作者自身所用的），因此，『社會科學中國化』不應以『科學研究綱領』為謀。」完全否定了我的主張。

蘇教授的說法基本上是正確的。作為科學發展前鋒的西方核心國家，科學哲學確實是思想史家或哲學家針對「科學史上出現的和發生影響的各種學說和理論」做出反思和評價所得的結果，並不是「科學工作者自身所用的」。

然而，對於像台灣或中國這樣非西方社會的邊陲國家，如果不瞭解西方科學哲學的精神，充其量只能套用西方國家發展出來的研究模式，蒐集一些零零碎碎的實徵研究資料，怎麼可能發展出「本土心理學」或「本土社會科學」？

然而，哲學並非我的專業，在那個時代，我對科學哲學的理解，其實並不深入，也不透徹。蘇教授是在北京大學社會學系講授科學哲學的權威學者，我要反駁他的論點，唯一的方法就是用我的主張，做出具體的研究成果，「拿證據來」。當時我的研究成績乏善可陳，根本做不到這一點，困窘之餘，只好寫一篇〈審慎的回應與暫時的沉默〉，虛晃一招，落荒而逃。

學然後知不足。從此之後，「做出具體研究成果以說明自己的主張」，便成為我持之以恆的學術志業。為了達成這樣的目標，我一方面持續研讀科學哲學的經典著作，另一方面在台灣大學心理學研究所講授科學哲學。1995年我出版了《知識與行動》一書（黃光國，1995），用社會心理學的觀點，重新詮釋「道、儒、法、兵」一脈相承的中華文化傳統。在這本書中，我很清楚地指出：西方文化中最重視的是追求「知識的哲學」，傳統中華文化所關注的卻是「行動的智慧」，兩者關注的焦點有其本質上的不同。由於現代學術幾乎都是建立在西方科學哲學的基礎之上，我們要讓本土心理學有真正的發展，一定要對西方科學哲學的演變有相當的理解，能夠以之作為基礎，從事本土心理學研究。

在台灣大學講授科學哲學的經驗使我深深體會到：經典譯註的重要性。如果我們沒有把一些科學哲學的經典名著譯成中文，它們就沒有進入中文世界，一般人便很難用它們作為論辯的材料。要使「科學」在華人的文化中生根，不僅要有人像唐代高僧翻譯佛經那樣，將西方科學哲學的經典名著逐一譯成中文；而且要有人能夠撰寫專著，析論各家科學哲學之間的關聯，讓科學研究工作者，能夠相對容易地理解各種科學哲學之間的辯證性發展。因此我不揣淺陋，以將近十年的工夫，撰成《社會科學的理路》（黃光國，2001）一書，析論20世紀內科學哲學發展出來的五種主要典範之間的關聯，包括：實證主義、後實證主義、結構主義、詮釋學和批判理論。早先我在台灣大學心理學研究所是以「名著選讀」的方式講授這一門課，修課學生也寥寥可數。這本書出版之後，我用它作為教材，改用演講方式上課，修課人數也快速增加到每學期百人以上。

撰寫《知識與行動》和《社會科學的理路》這兩本書的經驗，成為我日後在思考心理學本土化各項問題的「背景視域」。自 1990 年代中期，我開始參與「亞洲社會心理學會」的各項活動，又進一步認識到：社會科學本土化不僅只是華人社會科學社群的問題，而且是所有非西方國家社會科學社群所面臨的共同問題。從 2000 年起，我擔任教育部「華人本土心理學研究追求卓越計畫」總召集人，在該項計畫每年兩次的考評會上，都有考評委員指出：這種大型的研究計畫，不能以作實徵研究為滿足，一定要將這些實徵研究的發現整合在一起。

從科學哲學的角度來看，唯有建構理論，才有可能將各項不同實徵研究的發現整合在一起。因此，在執行卓越計畫的八年期間，我不斷殫精竭慮，思考跟心理學本土化有關的各項問題，一方面從事研究，另一方面撰寫論文，在國內、外學術期刊上發表。該項計畫於 2008 年初結束之後，我又有幸得到台灣大學人文社會高等研究院「華人社會中的人觀與我觀研究計畫」的補助，終於能夠以將近一年的時間，整合相關的研究成果，撰成此書。

在撰寫本書的過程中，我才真正瞭解到 Gadamer 在其「辯證詮釋學」中所說的「視域的融合」（fusion of horizon）；也才體會到早期希臘哲學家所說的「知性的喜悅」（intellectual happiness）。一個學者必須以自己的生命經歷，作為背景視域，針對自己的知識目標，不斷地提出問題，和自己及他人進行辯證。有朝一日，他對各項問題的解答突然能夠豁然貫通，融會在一起，成為彼此通貫的整體，這種「為知識而獲得的知識」，才能讓他感受到最大的愉悅！

本書最後一章的「結論」部分指出：作者希望以本書中所呈現的一系列理論，建立「儒家關係主義」的研究傳統。從 Lakatos（1998）所主張的「科學研究綱領」來看，一個科學的研究傳統確立之後，其他研究者也可以用同樣「關係主義」的預設（Lakatos稱之為「硬核」），再建構出其他相關的理論。因此，這本書的出版，一方面是對我堅持的研究路線有所交代，另一方面是在昭告「儒家關係主義」研究傳統的誕生。

在金融海嘯襲捲全球的今天，這本書的出版可謂正逢其時。從這本書的論述中，我們可以很清楚地看出：主流心理學界有關「個人主義／集體主義」之論述的根本問題，「個人主義」代表了西方國家（尤其是美國）的文化理想；「集體主義」是他們對非西方世界之「他者」的概括，基本上是個錯誤的概念，應該代之以「關係主義」；而「關係主義」又可以涵蓋「個人主義」。從二次大戰結束至今，世界資本主義體制是建立在「個人主義」的預設之上的。從科學哲學的角度來看，金融海嘯的發生，象徵著世界資本主義體制的預設發生了嚴重的問題，也代表了整個體制的崩潰。在未來的時代，人類必然要以「關係主義」作為基礎，重建多極的世界經濟體制（multi-polar world economic system）。這本書的出版，同時也在昭告一個新時代的來臨。

這本書之所以能夠問世，我要特別感謝楊國樞和楊中芳兩位教授，他們對於推動華人心理學本土化運動的熱情和奉獻，號召了許多同仁繼續投入此一運動。他們形形色色的研究成果，成為我反思心理學本土化問題的最佳材料。沒有問題便不會有答案，他們對我的學術主張所提出的質疑和挑戰，構成我撰寫這本書源源不斷的問題意識。我一直把人生看做是一個修道場，這許許多多因緣的湊合，讓我能夠不斷地「修道煉丹」，並且在今天寫出這本書。對於他們所提供的種種助力，我要特別表示衷心的謝意。

本書能夠完成，先後得到教育部和國科會「華人本土心理學研究追求卓越計畫」（NSC 95-2475-H-002-001-PAE）及台灣大學人文社會高等研究院「華人社會中的人觀與我觀」研究計畫（96R0516-04）的補助，謹此致謝。從1990年代中期開始，我以「工作坊」的方式，在台灣大學心理學研究所長期開設一門專題討論的課，來自各地的研究生和研究同仁來來去去，在這個工作坊中作知性的激盪與交流，他們的研究成果對這本書的完成有極大的貢獻。

多年來，我的助理們長期地替我蒐集資料、整理文稿、修繕打字，對於他們的辛勤和努力，我要致上最大的謝忱。本書完成之後，李美枝和朱瑞玲兩位教授不憚其煩地閱讀全書，指出書中的許多錯誤，讓本書能夠更為完善，在此一併致謝。

黃光國

2009 年 4 月 5 日

台灣大學心理學系

Contents

目 錄

第一章

本土心理學的知識論目標

從1970年代開始，包括：印度、菲律賓、韓國、日本、墨西哥、台灣等許多非西方國家，都有人在從事本土心理學研究。到了1990年代，本土心理學研究更是蔚為風潮。心理學本土化運動的發生，源自於盲目移植西方心理學研究典範所導致的不滿。許多非西方國家的心理學者認為：從西方國家移植進來的科學心理學典範，在本土社會中不適用、不恰當、不能解決人們在現實生活中所遭遇到的各種問題，因此，決心發展本土心理學。

由於盲目移植西方心理學研究典範，所引發的這種反學術殖民主義式的不滿，不僅見諸於心理學界，在社會科學的其他領域，也到處可見。只不過因為心理學研究的對象是「人」，心理學的論述特別敏感，而容易引起心理學研究者的反彈。

然而，非西方國家的心理學者發展本土心理學的主張，卻引起了許多主流心理學的批評。本土心理學者想在非西方國家繼續推動本土心理學的發展，必須針對這些批評，確立本土心理學的知識論目標，很明確地告訴有意從事此一領域之跟隨者，達到這些目標的方法論，並提供一些具體的實例，說明如何達成這些目標。

在本章中，我們將從一個比較宏觀的角度，來說明非西方國家的現代化，藉以解釋：非西方國家發生心理學本土化運動的時代及社會背景。接著，我們要說明主流心理學者對心理學本土化運動所作的批評，再針對這些批評，提出心理學本土化運動應有的知識論目標。最後，我們將說明：本書對於達成此一目標的基本主張。

第一節 心理學本土化運動的興起

➢ 非西方社會的發展

對於西方和非西方國家而言，現代化具有完全不同的意義。西方國家的現代化，是從其文化內部發展出來的，非西方國家的現代化質素，則是由文化外部移植進來的。社會學家 Henry（1986）在以依賴理論說明世界的文化變遷時指出：十六世紀資本主義世界經濟體系出現之前，核心與邊陲國家文化變遷的型態大致是相似的。由宗教菁英所提供的宗教象徵滿足了一般民眾的認同需求，宗教成為文化體系中的主要部門，藝術、哲學以及其他工具性知識，都附屬在此一部門的認知宣稱之下。隨著資本主義世界體系的出現，核心與邊陲的文化遂朝著不同的方向發展。核心國家在建立其資本主義生產模式的過程中，新興的菁英逐漸控制國家機關，有系統地將科學與生產活動連接起來，並建立全球貿易體系。傳統的前資本主義文化形構也遭到瓦解：資本主義以「市場理性」以及科學性生產活動的「工具理性／技術理性」，取代了神話、儀式的理性，以及宗教形而上學的世界觀；以「形式／工具理性」和以「實質價值理性」為原理所組成的兩種生活領域之間的平衡關係因而遭到破壞，目的理性行動（purposive-rational action）所構成的各個次領域逐漸凌駕在宗教理性之上，成為文化變遷的主導型態。

在核心社會中，文化變遷的主導型態是「形式性與科學性的理性化過程」（processes of formal and scientific rationalization）。然而，邊陲社會中文化變遷的主要型態則是一種「結構性與象徵性的過程」（structural and symbolic processes），其主要目的是要面對使該社會淪為邊陲化的外來文化霸權（hegemony），並加以正當化。

Henry（1986）以邊陲資本主義社會的兩個特徵來說明這一點。由於邊陲資本主義社會接受了它在全球經濟體系中的特定角色，其生產基礎往往極為狹窄。它通常是根據國外的需求以「原裝設備加工」（original equipment manufacturing, OEM）的方式，生產單一產品，而不是根據國內的需求或技術的創新。結果，邊陲經濟體系以極少變化的方式生產同樣的產品，這些產品多屬初級產業性質，它們對科學新知的需求極小，科學在國內紮根與制度化的可能性隨之降低，結果以形式科學理性化作為主導的文化型態也無法獲得成長。

➢ 加工式的學術研究

由於邊陲社會的生產過程是由外部的核心社會移植過來的，其技術資訊並不是由邊陲文化體系所提供；因此，邊陲文化體系並沒有將其知識生產部門科學化的必要。大多數邊陲國家雖然也有所謂的「大學」，然而，大學的主要任務並不是在推動文化體系的合理化，而是在訓練其「加工生產體系」的維修人員。

結果其知識生產部門所從事的研究也充滿了「加工生產」的性格。在世界學術體系中居於核心地位的西方國家，科學哲學和各門科學的發展，存有一種互為體用的關係。各門學科的發展，變成科學哲學反思的題材；科學哲學的發展又能夠回過頭來，促進各門學科的發展。然而，在非西方國家中，科學哲學和各門科學之間的這種循環關係卻斷裂掉了。大多數非西方國家留學生到西方國家留學的時候，通常是以「完成學業」或「獲取學位」作為首要目的。他們在找到自己的指導教授之後，通常都會依循教授的研究典範，在特定的領域之內，作類似的研究。大家最關心的問題是：學一套有效的研究方法，找一個相關的研究題目，趕快把論文完成。他們所注意的是「研究方法」，而不是作為研究方法之基礎的「方法論」（methodology），他們急於想要學習各種不同的「科學」，卻很少有人想要去探究作為科學之基礎的「科學哲學」。

許多學者在完成學業，回國服務之後，通常都是承續他在國外所學到的研究典範，在相關的領域中，找尋熱門的研究題目，繼續從事研究工作。在模仿西方「先進國家」從事科學研究的過程中，很少人會去注意西方科學思潮的轉向和發展，更少有人嚴肅地思考：這樣的轉換和發展對於社會科學研究中的理論建構工作具有什麼含意。大家只想從最新的國際期刊上找尋「最新的」研究題目，盡力模仿西方的研究典範，希望自己所做的研究結果能夠趕上西方學術發展的潮流。事實上，他們大多是沿用西方的理論模式，將西方的測量工具翻譯成本國文字，或者沿用西方的研究方法，以本國受試者作為對象，從事「複製型」的研究工作。久而久之，許多非西方國家的學術研究也像他們的工業生產體系一樣，呈現出「原裝設備加工」的性格。

這樣的研究成果累積太多之後，當然也會引起非西方國家知識份子的不滿。他們認為本國的學術社群已經被西方的學術研究典範所宰制，在反西方學術殖民主義的精神鼓舞之下，有些人因而發起了「社會科學本土化運動」，或「心理學本土化運動」。

第二節　文化心理學的第三波

「心理學本土化運動」源自於非西方心理學者對西方學術殖民主義的不滿。我們可以回顧近代的歷史發展，來說明非西方國家的心理學者如何看待西方文化。第二次世界大戰結束之後，世界心理學社群曾經有三次較大規模的學術運動，企圖將非西方文化的因素納入心理學的研究之中，他們分別是現代化理論（modernization theory）、個人主義／集體主義（individualism/collectivism）研究，以及心理學本土化運動（indigenization movement of psychology）（Hwang, 2005）。這三次學術運動的主題以及論述方式都反映出西方／非西方國家之間心理學社群的權力結構。本節將回顧這三次學術運動的主要論旨，及其相關的社會歷史背景，藉以說明第三波本土化運動的知識性意涵。

➢ 現代化理論

第二次大戰期間，歐洲及亞洲的大多數國家都飽受戰爭摧殘，唯有美國本土未曾淪為戰場。戰爭結束之後，美國迅速發展成為世界經濟及學術的中心，和世界其他國家相較之下，美國人民享有最現代化的生活方式。到了1960年代，美國心理學界開始興起所謂的現代化理論，他們認為：要促進國家的現代化，必須要先促進社會中個人之人格取向及心理特徵的現代化。哈佛大學教授 Inkeles（1966）首先提出「人的現代化」，他做了許多實徵研究，去探討現代人的特質，並發展出測量工具（Schnaiberg, 1970），對發展中國家人民從事跨國比較，以探討現代化的原因及結果（Inkeles & Smith, 1974）。他的研究被許多心理學者所引用，從 1960 至 1970 年代，同時也有許多心理學者試圖編製各種版本的「現代性量表」，在各個不同的非西方社會中從事實徵研究（Armer & Youtz, 1971; Dawson, 1967; Doob, 1967; Guthrie, 1977; Inkeles, 1968; Yang, 1981; Yang & Hchu, 1974）。

到了 1980 年代，現代化理論開始受到世界學術社群的嚴厲批評。許多社會學者指出：個人現代化跟社會的現代化是不相干的兩回事。有些拉丁美洲其都市地區居民生活形態高度仿效西方資本主義國家，不僅沒有走上國家現代化之路，反倒因為他們在世界經濟體系中的不利地位，其政治及經濟情況呈現出江河日下之勢。隨著世界依賴理論的興起（Wallerstein, 1979），西方心理學界有關個人現代性的研究也逐漸宣告式微。

以上的回顧顯示：現代化理論可以說是一種以美國做為中心的論述。對於主張現代化理論的人而言，美國人的現代化程度最高，其他文化中的人們在經歷過現代化之後，都可能變得像美國人那樣的「現代人」。這種論述方式不只反映出當時世界學術社群的權力結構，而且顯示出美國文化霸權對於世界學術社群的宰制。

➢ 個人主義／集體主義

到了 1980 年代，西歐各國的經濟活動已經從二次大戰的重創中恢復過來，在亞洲國家中，日本的經濟重建成果最為可觀。整個世界的經濟體系雖然仍受到美國的宰制，但心理學學術社群已經不得不將其注意力移轉到美國之外的其他文化。這個時代，心理學界開始流行有關「個人主義／集體主義」的研究。這股研究風潮的崛起，也反映出當時世界經濟及學術體系中權力結構的微妙變化。

最早開始從事此一主題之研究的心理學者，是荷蘭的組織心理學者Hofstede（1980）。他在IBM公司擔任研究部主任的時候，編製了一份測量工作目標或價值的問卷，包含有 32 個項目，並且從IBM在 40 個不同國家的員工中取出相等的分層樣本（equivalent, stratified samples）進行施測。然後計算每一個國家樣本對這 32 個工作價值上簽注分數（endorsement）之平均值，並求得這 32 個「國家平均值」（average nation-value）的相關係數矩陣，再以之做因素分析，最後得到四個因素，它們分別為：個人主義、權力差距（power distance）、男性化以及不確定性的規避（uncertainty avoidance），然後分別標出這 40 個國家在這四個向度上所得的因素分數（factor score）。

Hofstede（1980）用社會科學的方法將世界上主要的 40 個國家在這四個文化向度上做出經驗性的定位（empirical mapping），他的研究立刻引起了心理學社群的高度注意。此後 20 年間，有許多心理學者受到他的啟發，在他所開拓出的領域中，繼續從事研究。其中最受人注目的，就是有關「個人主義／集體主義」之向度的研究。根據Oyserman、Coon與Kemmelmeier（2002）的回顧，過去 20 年間，心理學家們最少編出了 27 種不同的量表（distinct scales），來測量「個人主義／集體主義」的傾向（IND-COL），並完成了難以數計的實徵研究。

針對此一主題從事研究的學者大多認為：個人主義是集體主義的對立面。他們假設：個人主義在工業化的西方國家中比其他國家更為盛行，尤其是開發中國家裡較為傳統化的社會。西方社會中基督新教（Protestantism）及公民解放（civic emancipation）之過程所造成的社會結構，助長了個人主義的心理叢結，諸如個人的自由、選擇的權利，以及自我實現等等（Triandis, 1995）。承襲基督新教傳統的國家或族群（ethnic groups），其個人主義的特徵應當比其他文化傳統的國家明顯。因此，在美國境內，歐裔美國人的個人主義傾向應當比其他少數族群為高，其集體主義傾向則比其他少數群體為低（Oyserman et al., 2002）。

我們不難看出：這類研究可以說是「現代化理論」的修正版，他們都採用特質論的方法，將不同文化背景中複雜的行為取向化約為「個人主義／集體主義」或個人「現代性／傳統性」，並試圖用心理計量的方法來加以衡量（Hwang, 2003a, 2003b; Yang, 2003）。從事「個人主義／集體主義」之研究的心理學者雖然不再假設：在經歷現代化歷程之後，其他非西方文化中的個人都可能變成像美國人那樣的現代人，但他們仍然是以歐裔美國人的心理特徵做為中心，在建構他們對於其他文化族群的圖像。歐裔美國人居於「個人主義／集體主義」之向度上的一端，他們的文化及心理特徵是全世界其他族群的參考座標，後者在向度上分別占據不同位置，他們的文化面貌模糊，必須藉由和美國人的對比，才能夠看清楚自己的心理特徵。經過對以往相關研究的透澈回顧後，Oyserman 等人（2002）提出：

> 美國及西方心理學試圖以個人主義作為基礎，來瞭解人性，這種做法令人質疑：我們是否有能力區分現行以個人主義作為瞭解人性之基礎的方法，以及另一種有待發展的以集體主義作為基礎的研究取向（pp. 44-45）。

Fiske（2002）因此批評「個人主義／集體主義」的研究取向，並指出：個人主義是美國人界定其文化之特徵的總和，集體主義則是美國人從對照他人（antithetical other）之意識型態的表徵中抽象並形構出來的，是美國人依照「我們不是那樣的人」而想像出來的其他世界的文化（p. 84）。

針對這樣的研究取向，Kitayama（2002）呼籲採用一種系統性的文化觀（system view of culture），並建議發展文化的模型，說明不同範疇中各變項間的功能關係。Miller（2002）也認為，應該採取紮根於脈絡的觀點（contextually grounded view），來研究文化對心理功能的影響。他們的觀點和本土心理學觀點是十分相似的。

➢ 本土化運動

從 1970 年代末期開始，在墨西哥、韓國、日本、菲律賓、印度和台灣等非西方國家中，已經開始有人提倡本土心理學的研究。到了 1990 年代，這股風潮開始吸引到西方主流心理學者愈來愈多的注意。本土心理學的崛起可以說是文化心理學的第三波，是非西方心理學者在新世界的權力結構中找尋文化認同的另一種努力。

在 1990 年代初期，東歐共產國家解組。從二次大戰結束後東西長期對立的冷戰格局宣告結束，許多前共產國家開始參與世界資本主義市場的競爭。尤其是中華人民共和國，從 1970 年代中期起，便開始致力於經濟改革，不僅它們的產品大量進入世界市場，它龐大的人口更成為跨國企業竭力爭取的潛在市場。全球化成為無可避免的趨勢，多元文化主義的主張也隨之興起，人們一方面想要瞭解其生活世界中來自異文化的他者，一方面則想要找尋自己的文化認同。在文化交流愈來愈頻繁的時代，不同文化之間的摩擦與衝突也愈來愈激烈。世界上許多地區都爆發了各種不同形式的種族衝突，文明間的對抗也成為全球化時代的核心議題（Hungtinton, 1997）。

本土心理學可以說是在這種世界政治及經濟的新權力結構下所產生出來的。大體而言，非西方國家的心理學者之所以會發起心理學本土化運動，主要是受到民族運動及學術反殖民主義的刺激，他們認為，當前的主流心理學基本上是一種「西方化」或「美國化」的心理學，不論是理論概念或是研究方法都含有西方種族中心主義的偏見（Berry, Poortinga, Segall, & Dason,

1992），將西方的心理學的研究典範盲目地移植到非西方國家，所獲得的研究結果對於瞭解非西方人民的心態往往是不相干、不恰當或不契合的（Sinha, 1984, 1986, 2002）。將西方心理學全盤移植進入非西方國家的這種做法，可以說是一種文化的帝國主義（cultural imperialism）或殖民主義（Ho, 1993）。許多西方心理學的理論其實是受到「文化束縛」（cultural bound）而無法類推（generalizable）到其他文化中的。這種做法忽略掉可能影響人類行為發展及展現的文化因素，很可能會導致「文化視盲」（cultural blind）。

基於這樣的理由，本土心理學者通常主張：採用「由下而上建構模型的典範」（Kim, 2000: 265），「探討特定民族或文化群體的本土價值觀、概念、信仰系統、方法論及其他資源」（Ho, 1998: 94），將人看做是「在有意義的脈絡下，自身行動之互動性及主動性主體」（Kim, Park, & Park, 2000: 71），對「本土社會中的人類行為進行科學性的研究，它是為其人民所設計的，而不是從其他地區移植進來的」（Kim & Berry, 1993: 2），希望能夠發展出「有文化適當性的心理學」（Azuma, 1984: 53），「以本土文化及本土現實作為基礎，並對其做出反應的心理學」（Enriquez, 1993: 158），其「概念、問題、假設、方法、測驗都是從行為的文化脈絡中發展出來，能夠對其適當代表並做充分反應」（Adair, Puhan, & Vohra, 1993: 149）。

第三節　對本土心理學的挑戰與回應

➢ 對本土心理學的挑戰

然而，主流心理學者對於這樣的主張卻是深深不以為然。他們從知識論或本體論的觀點，對本土心理學的研究取向提出了許多質疑。譬如：伊利諾大學資深的社會心理學教授 Triandis（2000）便很直率地指出：本土心理學所謂的「優點」，就是指研究一種社會和文化群體，並在特定文化和地區的脈絡中採取特異性的研究取向（idiosyncratic approach）。這種做法，和人類學的研究其實並沒有太大的差別。這種人類學式的心理學研究，對於科學心理學發展的貢獻，其實是十分有限的。

本土心理學的最大限制之一，便是本土心理學者在談到「本土心理學」這個概念時，是使用複數（indigenous psychologies）。發展出多種版本的心理學（multiple psychologies），不僅違背了科學的簡約原則（principles of parsimony），而且也使文化人口的切割（demarcation of cultural population）成為有待解決的難題（Poortinga, 1999: 429）。如果每一個文化都有自己的本土心理學，請問：人類將會有幾種本土心理學？撒哈拉（Sahara）沙漠以南的非洲，我們要發展出多少種心理學？它的最適切數字（optimal number）是多少？在某種特定的社會文化中所發展出來的本土心理學，對其他社會或文化中的人而言，又有什麼樣的意義？

何友暉教授是本土心理學的支持者，他主張：亞洲心理學者應當發展「亞洲心理學」（Asian Psychology）。可是，他也警告：盲目移植西方心理學的研究典範，固然可能陷入西方「種族中心主義」（ethnocentrism）的陷阱；然而，如果每個文化都發展出自己的本土心理學，難道不是一種倒反過來的種族中心主義（Ho, 1988）？Poortinga（1996）更坦率地批評：如果過度強調不同文化間心理功能在性質及程度上的差異（nature and extent of differences in psychological functioning），本土心理學很可能變成一種「新式偽裝之下的科學種族中心主義」（scientific ethnocentrism in a new guise）。

在文化交流十分頻繁的今日，整個地球已經變成了一個「地球村」，很多心理學者質疑：我們還能夠把文化看做是一個心理學上的系統嗎？如果個人的心理特質和歷程是偶發性的（incidental），個人可以選擇並決定自己的行為，文化對個人並沒有必然的影響力，將文化視為系統的觀點會變得窒礙難行（less feasible）。較符合實際的做法，是從生態文化（ecocultural）與社會文化（sociocultural）的特殊情境，來界定跨文化間的差異（Poortinga, 1999），而不是把文化看做是一個固定不變的系統。

Poortinga（1999: 425）主張：人類應當有同樣的心理功能（psychological

functionings），本土心理學所強調的研究對象，其實是特定文化中人們心理的內涵（contents），而不是人類共同的心理功能。太強調行為方面的跨文化差異，忽略掉不同文化間心理功能上重要的不變性（invariance in psychological functioning），這種片面的強調（one-sided emphasis），不僅在事實上是錯誤的（factually incorrect），而且是理論上的誤導（theoretically misleading）（Poortinga, 1999: 419）。

➢ 本土心理學的知識論目標

為了要應付他們所面臨的這種挑戰，大多數本土心理學者都認為：發展本土心理學並不是他們的最終目的，他們的最終目的是希望能夠藉此發展出亞洲心理學（Ho, 1988）、全球心理學（Enriquez, 1993），或普世心理學（Berry & Kim, 1993; Kim & Berry, 1993），甚至楊國樞（1993）也主張：發展本土心理學的最終目的，是要建立「人類心理學」或「全球心理學」。

建立「人類心理學」或「全球心理學」可以說是本土心理學的知識論目標。然而，從「本土心理學」過渡到「亞洲心理學」、「全球心理學」、「普世心理學」，或「人類心理學」，卻蘊涵著一種「哲學的轉換」（philosophical switch）。本土心理學者必須在他們的「本體論／認識論／方法論」上作徹底的轉變，方能克奏其功。本土心理學者是否已經做好這樣的心理準備？這是我們必須深究的一項問題。本書第二章在談完筆者的基本立場之後，還要回頭討論這項問題。

有些文化心理學者對於本土心理學這種知識論目標，做過更精確的描述。1999 年 8 月，在台北舉行的「第三屆亞洲心理學」會議邀請了六位傑出的心理學者，針對本土心理學、文化心理學和跨文化心理學做主題演講。在 Greenfield（2000: 229）的主題演講中，她毫不含糊地指出：

「要將文化納入主流心理學中，不能單只靠呈現有關群體差異的資料，不論這些差異是多麼令人興奮或多麼的具有戲劇性。我最重要

> 的理論使命是要提出文化之深層結構的概念。在語言裡，深層結構是具有衍生性的，文化深層結構的原則可以在無限多的領域和情境中衍生出行為以及行為的解釋。我相信在個體主義和集體主義、獨立和相依，以及關係或個人取向等等的概念，都顯示出一種共同的深層結構。」

從結構主義的角度來看，由文化所塑造的人類心理「深層結構」，必然有其特殊的功能，能夠滿足人類的某些需要。人類心理「共同的深層結構」，必然有其「共同的心理功能」，能夠反映人類「心理功能的不變性」（Poortinga, 1999）。本土心理學者要想達成建立「全球心理學」或「普世心理學」，就必須建立適切的心理學理論，它既能反映人類心理「共同的深層結構」，又能說明人類「共同的心理功能」。

文化心理學Richard Shweder曾經提出一個非常出名的觀點，他強調文化心理學的基本主張是：「一種心智，多種心態；普世主義，考量分殊」（One mind, many mentalities; universialism without uniformity）（Shweder et al., 1998: 871）。所謂「心智」是指「人類認知歷程實際或可能之概念內容的整體」（totality of actual and potential conceptual contents of human cognitive process）（Shweder, 2000: 210）。所謂「心態」是被認知及被激發之「心智」的子集合（that cognized and activated subset of mind），某些特定個人或人民曾經投注並擁有它，因此可以作為文化心理學者研究的對象。

人類心智的「深層結構」及其心理學功能都是一樣的，但在不同社會中生活的人，卻會隨其生活環境的不同，而發展出不同的心態。本土心理學者希望達成普世心理學或全球心理學的目標，是希望他們所建構出來的知識體系，既要能夠反映人類「心智」（mind）共同的「深層結構」，也要能夠說明某一文化中人們所獨有的「心態」（mentality）。本土心理學者所要追求的目標，是要以更大的共同架構作為背景，建構出一系列的心理學理論，來理解不同文化群體間行為的差異，不僅要能夠說明不同文化群體間行為的不同，還要能夠說出其共同之處。

第四節　本書的主張

然則，本土心理學者該如何達成這樣的知識論目標呢？

這是一個十分複雜的問題。筆者從 1980 年代初期建構出〈人情與面子〉的理論模式之後，即長期致力於發展華人本土心理學。自 2000 年開始擔任「華人本土心理學研究追求卓越計畫」主持人以來，更密切注意跟本土心理學發展相關的各項議題，一面從事心理學研究，一面出版一系列的論文，試圖解決這些難題。在教育部及國科會對該項計畫所做的年度考評中，每年都有考評委員指出：

> 「就作者所發表的論文獨立而言，似乎每一篇都言之成理。然而，作者要如何將這些論點整合在一起，來說明作者對發展本土心理學或本土社會科學的基本主張？」

這本以《儒家關係主義》作為主標題的書，可以說是筆者針對這項要求所做的回應，在〈發展本土心理學的知識論策略〉一文中（Hwang, 2004），筆者指出：本土心理學要想持續發展，必須做三個層次的突破：哲學的反思、理論的建構和實徵研究。本書內容共包含十二章，在本章中，筆者將以本書之內容作為基礎，說明本土心理學的知識論策略。

➢ 哲學的反思

在哲學的反思方面，筆者認為：本土心理學者必須思考的問題是：對於非西方國家而言，現代化的意義到底是什麼？在筆者看來，第二次世界大戰結束之後到 1970 年代末期，現代化理論之所以會在許多非西方國家中大行其道，並非毫無意義可言。然而，本書並不採取一般人格心理學家的立場，去追問現代人應該具備什麼樣的人格特質。相反的，筆者認為：作為非西方社會中的本土社會科學家，我們應該追問的問題是：從十四世紀文藝復興運動發生之後，科學家所創造出來的知識，和人類各個不同文化在其歷史長河中所發展出來的知識，究竟有什麼本質上的不同？

換言之，我們或許無法找到一個標準的「現代人」，可是我們卻不難用西方的科學哲學清楚地界定什麼是「現代知識」。在 2001 年初，筆者出版了一本書，題為《社會科學的理路》（黃光國，2001），書中很有系統地介紹二十世紀間西方 17 位主要哲學家對於「本體論／知識論／方法論」的看法，內容分為：⑴實證主義；⑵後實證主義；⑶結構主義；⑷詮釋學；⑸批判理論五大部分，最後一章則以建構實在論作為結尾。這本書前兩部分介紹由實證主義到後實證主義的哲學轉換（philosophical switch），主要是適用於自然科學的哲學。可是，由於心理學者大多把心理學定為一種自然科學，因此，它們也經常為心理學者所引用。後三部分所介紹的結構主義、詮釋學和批判理論，則是社會科學家常用的學術典範。最後一章的建構實在論是近年來維也納大學教授 Dr. Fritz Wallner 所提倡的一種科學哲學。近年來，他組織了維也納學派（Vienna School），有別於 1930 年代在世界學術舞台上活躍一時的維也納學圈（Vienna Circle），希望能夠將二十世紀以來科學哲學的發展加以整合。建構實在論將實在（reality）分為三大類：實在自身是人類無法理解的、人類所能夠理解的只有某一文化群體在其歷史長河中用其母語所建構的生活世界（lifeworld），以及科學家用其專業術語所建構出來的科學微世界（scientific microworld）。

在筆者看來，建構實在論將人類用文字所建構出來的世界區分為「微世界」及「生活世界」的方式，對於我們解決本土心理學所遭遇到的難題雖然極有幫助，可是建構實在論對於這兩個世界的描述卻又不夠詳盡。因此，本書第二章「從建構實在論看非西方社會的現代化」，筆者將綜合以往相關學者的見解，從「建構者、思維方式、理性種類、建構模式以及世界觀的功能」等五個層面，來比較生活世界和科學微世界中的不同，希望藉此說明「現代知識」的特性，並用以說明非西方社會的現代化。

從這樣的對比及論述中，我們可以很清楚地看出：西方社會的現代化質素，是從其文明內部滋生出來的；非西方社會的現代化質素，則是由外而內，從其文明外部移植進來的。非西方社會的社會科學家要想發展本土心理學或本土社會科學，不僅要揚棄殖民主義的心態，拒絕盲目套用西方社會科學的研究典範，而且要將其「反殖民主義」的心態調整成為「後殖民主義」（Hwang, 2005），徹底吸收西方文明之菁華，能夠以西方的科學哲學作為基礎，建構出適用於本土社會的「科學微世界」。

因此，本書第三章「西方哲學中的人觀與典範轉移」，首先借用法國哲學家于連（Jullien）的論點，在西方近代哲學和東方傳統智慧之間，做出明確的區分，然後從亞里斯多德、康德、維根斯坦、波柏等西方哲學家所主張的人觀中，討論西方哲學的演變。整個論述焦點將集中在由實證主義到後實證主義之間的重大典範轉移，並介紹後實證主義興起之後出現的幾種重要科學哲學，希望有助於非西方社會的心理學家掌握建構「科學微世界」的遊戲規則。

➢ 理論建構

以西方的科學哲學作為基礎，我們便可以進一步思考：如何達成本土心理學的知識論目標？首先，我們必須釐清的問題是：到底什麼是「結構」？「深層結構」又是什麼？

從結構主義的角度來看，人類所有文化現象的形成與演變，都是由一種普遍性的心理結構演變出來的。人類本身就是自然界的一部分，人類的認識和行為也深受大自然的影響。自然界是可感知的實體，它有著自身所依循的客觀規律。這些客觀規律具有穩定性，自然界中所有的現象，也都依照這些客觀規律而運行。這些自然規律又彼此互相關聯，使整個自然界連接成統一的整體。自然規律在時間上的穩定性和在空間上的聯繫性，長期影響著人類的生活，同時也約制著人類的社會生活。

結構主義認為：為了求取自身的生存與繁榮，人類的理性會按照自然界中的關係，來處理他們在其生活世界中所遭遇到的各種事物。從人類文化發展的角度來看，人類的一切活動，從認識到行動，都是「模擬」自然界中種種關係的結果。任何一個社會中出現的社會現象，在本質上都是不可分割的。在變化萬端的現象底部，隱含著一種無法為人所察知的脈絡。它們形成了一種穩定的深層結構，後者又發端於人類心理上共有的「先天構造能力」。

➢ 人類心理共同的結構

在人類社會形成之後，人們在其世代相傳的生活世界裡，逐漸形成一套套的風俗習慣，它們配合大自然固有的秩序，和大自然中的其他事物保持一定的關係。人們在長期生活中所形成的風俗、習慣、禮儀以及各種生活方式，就是已經規格化、秩序化或系統化的關係表現，這種在人與自然或人與人之間所構成的關係網，就是所謂的「結構」。

在原始文化之後發展出來的前現代文明，都是人類運用和自然同步的創作機制，在潛意識中創造出來的。前現代文明的創造機制，不是與自然對立的理性原則，也不是歷史主義所描述的演化過程，而是模擬或重演自然萬物保持均衡的整體性原則。正如自然機制的穩固和確定，人類所創造出來的各種前現代文明，也有其穩定的結構。各個歷史階段的不同文化型態，不過是人類心理上共有的「先天構造能力」在不同環境下的間斷性重演。它們就像埋藏在各個地層中的化石，都表現出同樣的結構。

人類的模擬能力，表現在前現代文明的社會習俗和社會關係之中。社會愈發展，文明愈進步，這些關係愈複雜，其中許多環節甚至可能背離自然的原則，讓我們無法看清楚某一文明的原貌。結構主義的任務，就是要從表面上看起來非常複雜的文化關係中，揭示出其基本結構。這些結構是人類理性無意識活動的自然典範，是人類思考必然會遵循的一種「代數式模型」。吾人在人類社會生活中所看到的種種經驗事實，不過是這些「代數式模型」排列組合的可能結果而已。

從結構主義的角度來看，語言是社會結構的基礎。個人要和別人發生連結，必須把自己和別人區分開來，然後透過語言符號體系，傳達訊息，和別人互相聯繫。語言的結構是社會結構的「原型」，所有的社會生活和文化活動，都是以語言的深層結構作為基礎。語言的使用以及人與人之間的交換行為，把人連結成一個整體，使人類從自然區分開來，並且形成自己的文化體系。

➢ 潛意識的結構

瞭解結構主義的基本立場之後，我們便可以回到本文的論述脈絡，說明文化的深層結構在本土心理學研究中所具有的重要性。從結構主義的角度來看，不論是本土社會中人們在其生活世界中所使用的語言遊戲，或是科學家以科學哲學為基礎所建構出來的知識微世界，都是有結構的，不過這兩種結構卻有極大的不同。用 Piaget（1972）的發生認識論（genetic epistemology）來說，科學知識的結構，是一種意識的模型，是科學家在智力（intelligence）發展成熟之後，運用形式運作的思維（formal operation thinking）而建構出來的。相反的，人們在日常生活裡所使用的語言遊戲，是一個文化群體的成員在其長久的歷史中，其理性在潛意識的支配下構思出來的。它們源自於一種文化的深層結構，後者則是一種潛意識的模型（unconscious model）。一般人在日常生活裡不能直接意識到它，可是研究者卻能夠用結構主義的方法，將這種結構揭示出來。

依照 Greenfield（2000）的觀點，本土心理學最重要的學術使命，就是運用西方社會科學的研究方法，將這種文化的深層揭示出來，使其由「潛意識的結構」，轉變成為「意識的結構」，再以之做為參考架構，建構各種不同的心理學理論到本土社會的生活世界中，從事實徵研究。

本書第四章「〈人情與面子〉理論的建構」旨在說明：筆者如何以科學哲學作為基礎，對西方的社會交換理論、公平理論和正義理論做出批判性的回顧，並建構出〈人情與面子〉的理論模型。筆者所要強調的重點是：這樣建構出來的理論模型可以反映人類心智中處理人際關係的深層結構。

本書第五章再以〈人情與面子〉的理論模型作為基礎，分析儒家思想的內在結構。經由這樣的分析，我們可以很清楚地看出：〈人情與面子〉的理論模型跟儒家的「庶人倫理」之間存有一種「同構」（isomorphic）的關係。從〈人情與面子〉的理論模型，我們可以看到人類處理人際關係的共同心智；從儒家的「庶人倫理」，我們又可以看出儒家社會中人們處理人際關係獨有的心態。

➢ 實徵研究

〈人情與面子〉的理論模型和儒家的「庶人倫理」構成了「儒家關係主義」的核心。從波柏提出的「進化認識論」來看（Popper, 1972），任何一位科學家都可以針對某一特定現象的「本體」建構理論，不同科學家針對同一「本體」所建構的各個理論之間，構成了一種競爭關係，他們所建構出來的理論都必須能夠經得起理性的思辯和實徵研究的檢驗。

以往有很多心理學家曾經引用不同的研究典範，來研究華人社會中的道德思維。第六章「華人道德思維的研究典範：後設理論分析」旨在針對依循這些研究典範所完成的研究成果做批判性的回顧；第七章「儒家社會中的道德思維與道德判斷」，則是從倫理學的觀點，判定儒家道德的屬性，並重新解釋以往在台灣社會中所蒐集到的實徵研究資料，尤其是那些很難用西方研究典範來加以解釋的研究發現。本章的分析是瞭解儒家社會特色的關鍵，請予特別注意。

第八章呈現以「儒家關係主義」為基礎所完成的一系列研究。從科學哲學的角度來看，以一組特定的預設作為基礎，科學家便可以針對某一範疇中的現象，建構出一個理論，來說明這些現象。以往西方心理學家所發展出來的理論和研究典範，大多是建立在「個人主義」的預設之上。以關係主義的預設作為軸心，我們當然也可以針對不同範疇中的現象，建構出一系列的理論，一方面做為實徵研究的指引，一方面解釋既有實徵研究的成果。本書第九至十二章，則是針對儒家社會中的成就動機、面子、關係及衝突化的模式，建構出一系列的「微型理論」（mini-theories），來整合以往實徵研究的發現。

結　論

依循這樣的邏輯，我們當然也可以針對儒家社會中其他範疇中的現象，建構出相關的理論系列。

科學哲學家 Laudan（1977）在《進步與問題：科學發展的理論》（*Progress and its problems: Toward a theory of scientific growth*）一書中，結合了歐洲的實在論傳統和美國的實用主義，他開宗明義地表示：理論的目的就是在為問題提供適當的答案。如果科學疑問（questions of science）是由問題（problem）所構成，那麼問題的解答（answer）就是由理論所構成。理論的功能在於解決歧異性，在於以趨同規律減低不規則性，在於顯示命題的可理解性及可預測性。基於此一觀點，他提出了一項重要的論題：

> 對於任何一項理論的首要測試（檢驗）以及基本尖銳的測試，是要看該理論是否能對相關問題提出可接受的解答。這就是說，它是否能對重要問題提供令人滿意的解決（1977: 15）。

對於經驗問題（empirical problems）的解決，Laudan（1977）主張：只要依照理論能夠導出某一個問題的近似陳述（approximate statement of the problem），就可算是解決了此一問題。倘若社會科學家將西方國家所發展出來的理論移植到非西方社會，而未能解決某些問題，通常並不會對該理論造成重大威脅，因為我們不知道是否有其他理論可以提出解決問題的方法。然而，如果有其他替代性的理論可以解決某些經驗問題，而該理論卻不能解決這些問題，則這些問題便可以成為評估該外來理論的重要材料。因此，在社會科學本土化的過程中，本土心理學者不僅要致力於建構適用本土社會的心理理論，而且要用這些理論來解決本土社會中的各項經驗問題。

筆者希望：藉由本書的努力，不僅能夠達成本土心理學的知識論目標，而且可以在社會科學中建立儒家關係主義的研究傳統。

參考文獻

黃光國（2001）：《社會科學的理路》。台北：心理出版社。

楊國樞（1993）：〈我們為什麼要建立中國人的本土心理學？〉。《本土心理學研究》，1，6-88。

Adair, J. G., Puhan, B. N., & Vohra, N. (1993). Indigenous psychology: Empirical assessment of progress in Indian research. *International Journal of Psychology, 28*, 149-169.

Armer, M., & Youtz, R. (1971). Formal education and individual modernity in an African society. *American Journal of Sociology, 71*, 604-626.

Azuma, H. (1984). Psychology in a non-Western culture: The Philippines. *Psychological Bulletin, 102*, 272-292.

Berry, J. W., & Kim, U. (1993). The way ahead: From indigenous psychologies to a universal psychology. In U. Kim & J. W. Berry (Eds.), *Indigenous psychologies: Research and experience in cultural context* (pp. 277-280). Newbury Park, CA: Sage.

Berry, J. W., Poortinga, Y. H., Segall, M. H., & Dason, P. R. (1992). *Cross-cultural psychology: Research and applications*. Cambridge: Cambridge University Press.

Dawson, J. L. M. (1967). Traditional versus Western attitudes in West Africa: The construction, validation, and application of a measuring device. *British Journal of Social and Clinical Psychology, 6,* 81-96.

Doob, L. W. (1967). Scales for assessing psychological modernization in Africa. *Public Opinion Quarterly, 31*, 414-421.

Enriquez, V. (1993). Developing a Filipino psychology. In U. Kim & J. Berry (Eds.), *Indigenous psychologies: Research and experience in cultural context* (pp. 152-169). Newbury Park, CA: Sage.

Fiske, A. P. (2002). Using individualism and collectivism to compare cultures: A critique of the validity and measurement of the constructs. Comment on Oyserman et al.

(2002). *Psychological Bulletin, 128,* 78-88.

Greenfield, P. M. (2000). Three approaches to the psychology of culture: Where do they come from? Where can they go? *Asian Journal of Social Psychology, 3*(3), 223-240.

Guthrie, G. M. (1977). A social-psychological analysis of modernization in the Philippines. *Journal of Cross-Cultural Psychology, 8,* 177-206.

Henry, P. (1986). Indigenous religion and the transformation of peripheral society. In J. K. Hadden & A. Shupe (Eds.), *Prophetic religion and politics* (pp. 123-150). New York: Paragon House.

Ho, D. Y. F. (1988). Asian psychology: A dialogue on indigenization and beyond. In A. C. Paranjpe, D. Y. F. Ho & R. W. Rieber (Eds.), *Asian contributions to psychology* (pp. 53-77). New York: Praeger.

Ho, D. Y. F. (1993). Relational orientation in Asian social psychology. In U. Kim & J. W. Berry (Eds.), *Indigenous psychologies: Research and experience in cultural context* (pp. 240-259). Newbury Park, CA: Sage.

Ho, D. Y. F. (1998). Indigenous psychologies: Asian perspectives. *Journal of Cross-cultural Psychology, 29*(1), 88-103.

Hofstede, G. (1980). *Cultures and organizations: Software of the mind.* London: McGraw-Hill.

Huntington, S. (1997). *The clash of civilizations and the remaking of world order*. New York: Simon & Schuster.

Hwang, K. K. (2003a). Critique of the methodology of empirical research on individual modernity in Taiwan. *Asian Journal of Social Psychology, 6,* 241-262.

Hwang, K. K. (2003b). In search of a new paradigm for cultural psychology. *Asian Journal of Social Psychology, 6*, 287-291.

Hwang, K. K. (2004). Book review for Social connections in China: Institutions, culture, and the changing nature of Guanxi. *Contemporary Sociology*, 33, 572-573.

Hwang, K. K. (2005). A philosophical reflection on the epistemology and methodology of indigenous psychologies. *Asian Journal of Social Psychology, 8*, 5-17.

Inkeles, A. (1966). The modernization of man. In M. Weiner (Ed.), *Modernization: The dynamics of growth* (pp. 151-163). NY: Basic Books.

Inkeles, A. (1968). *The measurement of modernism: A study of values in Brazil and Mexico*. Austin, TX: University of Texas Press.

Inkeles, A., & Smith, D. H. (1974). *Becoming modern*. Cambridge, MA: Harvard University Press.

Kim, U. (2000). Indigenous, cultural, and cross-cultural psychology: A theoretical, conceptual, and epistemological analysis. *Asian Journal of Social Psychology, 3*(3), 265-287.

Kim, U., & Berry, J. (1993). Introduction. In U. Kim & J. Berry (Eds.), *Indigenous cultural psychologies: Research and experience in cultural context* (pp. 1-29). Newbury Park, CA: Sage.

Kim, U., Park, Y. S., & Park, D. (2000). The challenger of cross-cultural psychology: The role of the indigenous psychologies. *Journal of Cross-Cultural Psychology, 31*, 63-75.

Kitayama, S. (2002). Culture and basic psychological processes: Toward a system view of culture. *Psychological Bulletin, 128*, 89-96.

Laudan, L. (1977). *Progress and its problems: Toward a theory of scientific growth*. London: Routledge & Kegan Paul.

Miller, J. G. (2002). Bringing culture to basic psychological theory: Beyond individualism and collectivism. *Psychological Bulletin, 128*, 97-109.

Oyserman, D., Coon, H. M., & Kemmelmeier, M. (2002). Rethinking individualism and collectivism: Evaluation of theoretical assumptions and meta-analyses. *Psychological Bulletin, 128*, 3-72.

Piaget, J. (1972). *The principles of genetic epistemology.* London: Routledge & Kegan Paul.

Poortinga, Y. H. (1996). Indigenous psychology: Scientific ethnocentrism in a new guise? In J. Pandey, D. Sinha & D. P. S. Bhawuk (Eds.), *Asian contributions to cross-cultural psychology* (pp. 59-71). Thousand Oaks, CA: Sage.

Poortinga, Y. H. (1999). Do differences in behavior imply a need for different psychologies? *Applied Psychology: An International Review, 48*, 419-432.

Popper, K. K. (1972). Objective knowledge: An evolutionary approach. Oxford: Oxford University Press.

Schnaiberg, A. (1970). Measuring modernism: Theoretical and empirical explorations. *Americal Journal of Sociology, 76*, 399-425.

Shweder, R. A. (2000). The psychology of practice and the practice of the three psychologies. *Asian Journal of Social Psychology, 3*, 207-222

Shweder, R. A., Goodnow, J., Hatano, G., LeVine, R., Markus, H., & Miller, P. (1998). The cultural psychology of development: One mind, many mentalities. In W. Damon (Ed.), *Handbook of Child Psychology, 1*, 865-937. New York: John Wiley & Sons.

Sinha, D. (1984). Psychology in the context of third world development. *International Journal of Psychology*, 19, 17-29.

Sinha, D. (1986). *Psychology in a third world country*: *The Indian experience*. New Delhi: Sage.

Sinha, D. (2002). Trend towards indigenization of psychology in Indian. In K. S. Yang, K. K. Hwang, P. B. Peterson & I. Daibo (Eds.), *Progress in Asian social psychology: Conceptual and empirical contributions* (pp. 2-27). Westport, CT: Praeger.

Triandis, H. C. (1995). *Individualism and collectivism.* Boulder, CO: Westview Press.

Triandis, H. C. (2000). Dialectics between cultural and cross-cultural psychology. *Asian Journal of Social Psychology, 3*, 185-195.

Wallerstein, I. (1979). *The capitalist world: Economy*. New York: Cambridge University Press.

Yang, K. S. (1981). The formation and charge of Chinese personality: A cultural-ecological perspective. *Acta Psychologica Taiwanica, 23*, 39-55 (in Chinese).

Yang, K. S. (2003). Methodological and theoretical issues on psychological traditionaity and modernity research in an Asian society: In response to Kwang-Kuo Hwang and beyond. *Asian Journal Social Psychology, 6*, 287-288.

Yang, K. S., & Hchu, H. Y. (1974). Determinate, correlates, and consequences of Chinese individual modernity. *Bulletin of the Institute of Ethnology, Academia Sinica, 37*, 1-37 (in Chinese).

第二章

從建構實在論看非西方社會的現代化

本書第一章指出：非西方國家的心理學者要達到本土心理學的知識論目標，必須先對自身所從事的工作有徹底的瞭解。在本章中，我們將以俄國文化心理學家 Vygotsky（1896-1934）的文化發展理論作為切入點，提出一個「身－心－靈」模式，來說明人類的發展過程。我們所要強調的是：在發展的不同階段，人類需要各種不同性質的知識。然而，在現代的教育體系中，人們主要是在學習源自西方的各種知識體系。為了說明這種知識體系的特性及其與非西方文化傳統的差別，本章將從建構實在論的觀點，提出一個概念架構，來說明非西方社會中「人」的現代化。藉由這樣的分析，作者希望能夠進一步說明：為什麼我們必須以西方的科學哲學作為基礎，才能達成本土心理學的知識論目標。

第一節　心智的文化發展

➢ 人類心智的形成

Vygotsky 是第一位主張「人類心智形成於社會之中」（Social formation of human mind）的心理學家。在 Vygotsky（1981）看來，人類的生活世界是由人、物質與象徵符號（知識系統）所構成。這些人、物質與象徵符號都是由文化所建構的，各有一定的歷史起源，亦有其社會意義。人類在生活世界中所有的活動，均包含有語言與符號的中介歷程。語言不但是文化的載體，而且是一種主要的心理工具，它是人類外在活動的媒介，也能夠調節內在的心理活動歷程，能夠根本而且辯證性地轉化人類的心理功能，使心智發展並具有高層次的心智功能（Wertsch, 1985）。

Vygotsky（1981）所提出的「文化發展的普遍性物種發生法則」（general genetic law of cultural development）認為：任何兒童的文化發展都發生在兩個層次之上：它首先發生在社會層面，即人與人的互動中，是心理之間的溝通（interpsychological communication），然後，再藉由心理內在歷程（intrapsychological process）的轉化，改變了心智本身的結構與功能。

Vygotsky 認為：人際間的社會互動是所有高階心理功能的基礎。高等心智功能的根據既不在心靈的深處，也不在神經組織，而是在於個體之外的社會歷史（Vygotsky, 1978）。語言既是社會互動的產物，也是人際社會互動的主要工具。對成人與兒童而言，語言的基本功能是藉由溝通與社會互動，以影響周遭的人（Wertsch, 1985）；語言符號本身具有文化與歷史脈絡性的意涵（Wertsch, 1998），在 Vygotsky 的論述中，所謂「發展」，就是在一定的文化脈絡中，利用符號工具的中介，不斷透過與他人的互動，以持續創造意義的過程。藉由語言工具從事各種有社會意義功能的活動，人類同時也不斷發展出更高層次的心理功能。

➢「身－心－靈」發展模式

從近代發展心理學的角度來看，人類的發展是由出生到死亡從未間斷的一種過程。在人生的不同階段，人類會藉由不同性質的語言工具，來追求不同的社會意義，並發展出不同性質的心理功能。我們可以藉用 Chen 與 Bhikkhu（2003）所提出的「身－心－靈」發展模式，來說明個人一生發展的過程（如圖 2-1 所示）。

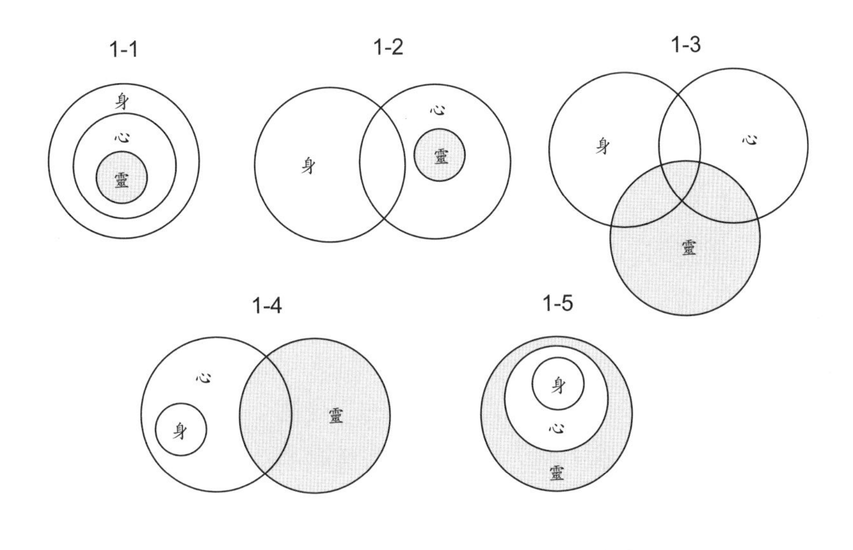

圖 2-1　「身－心－靈」發展模式

資料來源：引自 Chen & Bhikkhu (2003)

當個人在反省自己的存在時，身－心－靈模式區分了客體我的三個面向：

1. 生理我：是個人將其注意力聚焦於自我之生理需求時的自我意識，例如：當飢餓時有吃的需求、當寒冷時有渴望溫暖的需求、當疲累時有想要休息的需求，以及追求利益和避免傷害等需求。這些原始的生理需求都會使人知覺到自己的存在。
2. 心理我：是個人對其心理功能的自我覺知。當個人為了滿足各種物質或心理需求，而嘗試爭取社會或物質資源時，就會發生這樣的知覺歷程。為了要有效控制外在環境，個人必須學習各種知識，個人也會因此而獲得自我效能感。
3. 靈性我：作為可以思考、感覺、行動及經驗生活的一個人，自我的這個層面可以使個人充分瞭解自己人生的意義，包括性格、價值觀、信念及動機。

根據Chen與Bhikkhu（2003）所提出的「身－心－靈」模式，個人在剛出生的階段，僅有關於生物性存在的知覺，在此階段，個人的原始動機主要是在滿足源自身體的各種生理需求，其他的心理功能都還停留在低度發展的狀態。因此，如圖 2-1 所示，這時身體是處於自我的最外圈。進入第二階段的兒童時期，個體的心智與身體都逐漸發展成熟，心理功能的成熟使個人能夠學習到各種知識，以控制外在世界，他的心理我及生理我必須彼此互相協調，才能發展出完整的自我效能感。

進入青年時期之後的第三階段，個人的「身體」、「心智」和「心靈」應當都已經獲得充分發展，個人生理與心理活動的功能會受到其價值觀與信念所引導，並維持在一種均衡狀態，讓個人能夠應付生活中各種不同的挑戰，並處理生命中所遭遇到的各種難題。

個人退休後步入老年的第四階段，他的「身體」慢慢退化，做某些體力勞動逐漸會有「力不從心」之感，但「心靈」對靈性修養的需求卻日益旺盛，希望藉由各種努力，讓「自我」能夠盡量維持住「身－心－靈」的均衡。

然而，天不從人願。到了臨終的第五階段，個人「身體」的功能喪失殆盡，身體再也不聽「心智」的使喚，而必須藉由「心靈」的修養獲得最後的解脫。

這個「身－心－靈」發展模式，可以說是一個普世性的概念架構。不管在哪一個文化中，個人如果不遭逢意外，能夠順其自然地度過一生，他便可能要經歷這五個階段。在人生的不同階段，人類需要用到各種不同性質的知識。然而，從 Vygotsky 的文化發展理論來看，對個人人格形成最重要的發展階段，卻是由幼童至青年時期的第二階段。在這個階段，通常兒童都是在學校中學習各種知識和能力，以發展個人的心智。這一段學習經驗的過程，對於我們為什麼以及如何發展本土心理學有十分重要的意涵。我們可以再用 Vygotsky 的文化發展理論來說明這一點。

➢ 教學情境中的學習

1931 至 1932 年間，發生在俄國的布爾什維克革命（Bolshevik revolution），讓 Vygostky（1978）很清楚地察覺到：學生從自己的家庭學到源自其傳統文化的一套語言工具和價值觀，當時教師在學校中強調的卻是科學和共產主義的價值觀。兩者之間存有「質性跳躍」（qualitative jumps）的不連續現象。他因此認為：社會歷史發展的過程，會造成心智不只是量的而且是質的轉變，不只是內容，而且是形式及結構的轉變。在《維高斯基與教學》（*Vygostky and Pedogogy*）一書中，Daniels（2001）指出：Vygostky 特別強調社會性因素在「教學」（pedagogy）中的中介（mediation）作用。在教學活動的過程中，教師總是有意或無意地在言行中參雜著主流社會階級既定的社會價值與政治立場，用它來引導教學的方向，並影響學生心理發展的過程。教學歷程其實是把跟教育目的有關的社會與人性的理論或信仰，嵌入在每日生活的實踐（practical and mundane）之中。

Vygostky 及其學生的研究顯示：在蘇聯革命之後，兒童日常生活的思考發生了很明顯的知識「滲透」（diffusion of knowledge）現象，科學的概念和自發性的常識概念有兩種截然不同的來源：前者來自於黨和學校；後者則是來自家庭環境。在老師與學生的溝通之中，這些表徵互相衝擊並且互相轉化：自發性的表徵變得更為豐富和更為抽象。更清楚地說，科學並不可能消滅掉前科學的思想。相反的，不論是文化的或科學的表徵，常識都是將其同化的必要媒介（Luria, 1976, 1979）。

1930 年代共產革命之後，Vygostky 在蘇聯學校中教學情境所研究的問題，跟非西方國家的心理學家在發展本土心理學時所思考的問題，是十分類似的。更清楚地說，非西方國家的兒童在進入學校正式受教育之前，已經開始學習自己的本國語言，以及這些語言中所承載的文化傳統。他們進入學校之後，教師又開始教他們一套套源自西方傳統的現代知識。他們必須用自己所熟悉的語言作為工具，將這些新的知識同化（assimilate）到既有的認知系統，或者改變自己認知系統的結構，來順化（accommodate）這些新的知識。

Vygostky 的主要貢獻是發展了一個大致的方向，將人類基本的教育活動帶入心理發展的理論之中（Moll, 1990）。他雖然很敏銳地注意到：在共產革命後的蘇聯學校，教師教給兒童的意識型態和科學，跟學生在家庭中學到的語言工具有相當明顯的不連續現象，但是他並沒有系統性地探討這兩者之間有什麼本質上的差異。

第二節 建構實在論

現代的「科學知識」是十四世紀歐洲文藝復興運動發生之後，主要由西方文明所發展出來的一種文化產品，它跟非西方國家的文化傳統有其本質上的不同。為了說明非西方國家的現代化，也為了說明為什麼非西方國家要發展本土心理學，在〈現代性的不連續假設與建構實在論〉一文中（黃光國，2006），筆者刻意引用建構實在論（constructive realism）對於「生活世界」和「科學微世界」所作的區分，來說明這兩者之間到底有哪些根本差異，希望從科學哲學的高度，來思考這些問題。

建構實在論（constructive realism）是近年來維也納大學教授 Dr. Fritz Wallner 所提倡的一種科學哲學。從 1930 年代，維也納學圈（Vienna Circle）開始提倡邏輯實證論（logical positivism），並對世界學術思潮產生重大的影響以來，科學哲學有了相當巨大的變化。Wallner（1994, 1997）因此提出「建構實在論」，企圖整合各派科學哲學的主要研究成果，作為各門科學科際整合的基礎。

在筆者看來，建構實在論是一種可以解決本土心理學所面臨各項爭議的科學哲學。然而，由於建構實在論原先並非為本土心理學而設計，倘若我們要對本土心理學所面臨的各項問題提出令人滿意的回答，我們必須對建構實在論的某些層面做適度的補充。在本章中，筆者將先介紹建構實在論的主要論點以及筆者對它的補充，然後再用它來說明非西方國家的現代化，並解決本土心理學所遭遇的各項問題。

「建構實在論」將世界之「實在」（reality）區分為三層：第一層實在稱為「真實」（actuality）或實在自身（Wirklichkeit），這是我們生存於其間的世界，也是使作為生物體的我們得以生存的「既予的世界」。這個「既予世界」或許真的有某些結構，或是按照自身的規律而運作。然而，我們卻無從認識這些結構或規則。不管我們如何解釋這個世界，我們所能知悉的世界，包括對於這個世界的「結構」，以及這些結構是否有時間或空間上的距離及其因果性，都是人類所建構出來的。這些假設構成了我們所能理解的世界。

➢ 兩種不同的知識

人類所建構出來的世界，又可以區分為兩種：微世界和生活世界。人類在建構這兩種世界的時候是使用兩種截然不同的思維方式，它們可以說是兩種不同的理性，這樣建構出來的知識，形成了兩種不同的世界觀，而且各有其功能。對人們而言，這兩個世界分別代表了兩種不同層次的實在（如表 2-1 所示）。

表 2-1　生活世界與科學微世界中兩種知識的對比

功能	生活世界	科學微世界
建構者	文化群體	單一科學家
思維方式	原初性思考	技術性思考
理性種類	實質理性	形式理性
建構模式	參與式建構	宰制式建構
世界觀的功能	生命的意義	認知世界

「生活世界」（lifeworld）是胡賽爾最先提出來的概念（Husserl, 1936/1970）。對個人而言，它是一種原初的世界，是一切事物都自明地呈現

出來的世界。個人在未有科學知識之前，便不斷地在認識其日常生活中的經驗，並做出各種不同的解釋、組合，以及反應。它是一種前邏輯、前技術性和前工具性的存有論境域，其豐富性植根於個人直接經驗的生活感受。它是不固定的，可滲透的，但也是牢不可破的；人無法超越其界線，也無法窮盡其內容。

生活世界必然存在於歷史的某一個時間點上。不同歷史世代，或不同文化中人們的生活世界，其內容均不相同。經濟蕭條、戰爭或國內政爭等重大事件，都可能造成生活世界的變異。然而，生活在同一文化中的人們，其生活世界在經歷各種變異之際，卻有一種可以作為先驗條件的形式網構，持續地支撐著生活世界，這就是所謂的「文化遺產」。

每一個科學的建構都可以視之為一個相應的「微世界」。以「實在論」作為基礎所建構出來的理論模型，固然可以看做是一種「微世界」，社會科學家在某一主題引導之下，根據某種特定觀點，針對某種社會現象所作出的詮釋，也可以看做是一種「微世界」。在眾多諸如此類的微世界中，「建構的實在」（constructed reality）取代了「既予的世界」，而成為可予以證明的建構。除此之外，一般個人生活於其間的「生活世界」，可以說是第三層的存有學實在。

➢ 語言遊戲

語言是文化的承載體。人們在其生活世界裡，必然會使用各種語言，跟社會中的其他人玩不同的語言遊戲（language game）。維根斯坦在其後期哲學中主張：世界是由各種各樣的生活形式（life form）所組成的；語言則是由各種各樣的語言遊戲所組成的。所謂「生活形式」是指：在特定的歷史和文化條件之下，人們以其所繼承的風俗、習慣、制度、傳統等等文化遺產作為基礎的思維方式。語言遊戲必須根植於生活形式之中，遵守規則則是語言遊戲的基礎。雖然任何遊戲都有其規則，都必須按照特定的規則進行，但我們在玩遊戲的過程中，可能自己制訂規則，也可能隨時改變它的規則（Wittgenstein, 1945/1958）。

我們日常生活中所使用的語言是由或大或小、或原始或複雜、功能各異的語言遊戲所組成的開放系統。它們之間不具有形式上的一致性，而只具有或多或少的相似性，維根斯坦稱之為「家族相似性」（family resemblance）。由此觀之，科學家所建構出來的理論的微世界，不過是眾多語言遊戲中的一種。

然而，人們在「生活世界」和「科學微世界」中所玩的語言遊戲，卻有其本質上的不同：科學知識的微世界是由科學家個人所建構的；人們在生活世界中所玩的語言遊戲，則是某一文化群體經過長久的歷史演變出來的（Wallner & Jandl, 2001）。除此之外，我們還可以將人們在這兩個世界之知識時所使用的思考方式、理性類型、建構方式和世界觀列如表 2-1，從這幾個不同的層面，來說明這兩種世界的基本差異。

➢ 原初性思考與技術性思考

具體的生活世界是科學世界的基礎，可是，科學世界卻是與生活世界截然不同的另一種新的存在。自然科學世界是人類為了達到控制自然、開發自然、利用自然的實用性目的，而建構出來的世界，它在本質上是一種「宰制性的建構」（dominative construction），是在特定的主題指引下所發展出來的世界。然而，科學世界並非人類所建構的唯一主題世界。除此之外，人類還會因其不同的需求，在不同主題引導之下，建構出倫理世界、美感世界、宗教世界等。由於每一種主題世界都是人們在某種主題引導下，用特定的詮釋方式建構出來的，與該主題不相干的現象會被排除掉，因此，它先天地具有一定程度的片面性和偏狹性。

人們在科學的「微世界」和「生活世界」中所使用的語言和思考方式，也有其根本的不同。人們在「生活世界」中所使用的自然語言，是生活在同一文化的人在其歷史長河中建構出來的。在該文化源起之初，人們恆久而專注地觀察其生活世界中的事物，刻意屏除掉一己之意志，以一種虛靜的態度，儘量讓每一事物在他們所創造的語言或文字中呈現出其自身。這種思考方式，海德格稱之為「原初思考」（originative thinking）或「本質性思考」（essential thinking）（Heiderger, 1966）。由於人們相信：事物的「存在」呈現在人們所締造出來的語言或文字之中，最後，人們用語言取代了事物，以為：人們所建構出來的「實在」，就等於「實在自身」。當人們用語言說出某物時，他同時也讓某物正如這些文字之意義般地出現。所以說，「語言是存在的家」，而「存在」便安居於語言之中。

科學家們在建構其理論之「微世界」時所使用的語言和思考方式，則與此全然不同。科學知識是科學家為了達到某一特定目的，所製作出來的一種手段或方法，具有一種強求或挑釁的性格，要求以最少的支出，獲得最大的收益。這種「技術性思考」（technical thinking）不再如笛卡兒哲學所說的那樣，讓存在物如其所是地呈現，並成為認識的對象。相反的，它會以各種不同的方式，去榨取和儲藏自然界中的能源，將許多自然物轉化成為「貯存者」。

技術性思考必須以「基礎律」（ground principle）作為基礎。德文的「基礎律」（Grundsatz）譯自拉丁文的 principium，兩者均源自希臘文的 axioma，原意指最有價值或非常珍貴之物；在科學命題的領域之內，它是指作為始端的命題（first proposition），其他命題的意義都必須在這個基本意義的照明之下，才得以成立。在基礎律的支配下，現代人總是在其表象思考中不斷地計算著。思考轉變成為理性的思考，基礎律則成為「理性」思考的根本，藉由它，理性才能完美地施展出自己的本性，才能成為真正的理性（Heiderger, 1974）。

➢ 實質理性與形式理性

然而，什麼叫做「真正的理性」呢？難道人們在其生活世界中所使用的原初思考方式不是理性的嗎？法國社會學家 Durkheim（1912/1965）認為，不論是在哪一種文化之中，包括宗教和神話在內的所有社會表徵（social representation），都是理性的。他認為：概念和範疇都是社會生活和集體生活的產物。因為概念是集體的，所以人們才會認為它是真實的；同樣的，只有人們認為某種概念為真實時，它才能成為真實的。宗教試圖用一種心智的語言將現實表達出來，這種心智的語言將事物聚集在一起，並且在事物之間建立起一種內在的聯繫，最後將事物分類，並加以系統化。在他看來，宗教所使用的心智語言和科學所運用的語言在本質上並沒有區別。科學邏輯的基本概念起源於宗教，科學思想僅僅是比宗教更加完善的形式而已。因此，他主張：「凡是理性的事物都是社會的；凡是社會的事物也都是理性的」（everything which is social is rational and everything which is rational is social）。換言之，生活在不同社會中的人，從他們社會內部的立場來看，流傳於該社會中的集體意識或社會表徵，不論它是神話、宗教或科學，都是理性的。然而，人們生活世界和微世界中所使用的理性，難道沒有差別嗎？

我們可以藉由Max Weber（1921/1963）對比較「宗教社會學」所作的研究，來思考這項問題。如眾所知，Weber 畢生學術研究的焦點，是在探討近代西方文明中工業資本主義興起的原因（Weber, 1921/1963, 1930/1992）。為了探討此一問題，他曾經提出一組對比的觀念，用以突顯西方文化的特質。Weber 認為：從十六世紀歐洲文藝復興運動發生之後，許多西歐國家在其科學、法律、政治、宗教等不同領域，都發生了理性主義勃興的現象。在他看來，十六世紀後，歐洲文明展現出來的「理性主義」蘊涵有一種獨特的「形式理性」（formal rationality），它和世界上其他文明所強調的「實質理性」（substantive rationality）截然不同。「形式理性」強調的是做一件事時，「方法和程序的可計算性」（calculability of means and procedures），它重視的是「不具任何價值色彩的事實」（value-natural fact）；相反的，「實質理性」則是指根據某一清楚界定之立場所判定的「目標或結果的價值」（value of ends or results）（Brubaker, 1984）。前者重視方法和程序，任何人都可以用同樣的方法和程序來追求自己的目標；後者重視目標或結果，對達成目標之方法或程序卻不作明確交代。只有少數熟諳這些特殊方法或程序的人，才能用以追求自己認為有價值的目標。

➢ 參與式建構與宰制式建構

從 Weber 的概念架構來看，科學家基於特定的觀點而建構出來的每一個「微世界」都蘊涵有某種的「形式理性」。為了要達到控制自然，並利用自然的目的，科學家可以針對人類所關切的不同層面，建構出許多不同的「微世界」來加以研究。這樣建構出來的每一個「微世界」都具有獨特的任務，它們既不是永恆的，也不是絕對必然的；當其任務不再當令，或人們面臨新的任務時，科學家們便需要製作出新的建構。這種科學知識的微世界是歐洲文藝復興運動發生之後，科學家以笛卡兒「主／客」二元對立思考方式，在某一特定範疇從事研究，所獲致的結果。這種建構知識的方式，和非西方文化中人們在其生活中所使用的建構方式，有相當大的差異。

我們可以用人類學家Levy-Bruhl（1910/1966）對於「原始」思維方式的研究來說明此一論點。Levy-Bruhl 深入研究原始民族的「集體表徵」，他認為：原始民族的觀念，包括神話和宗教信仰，是藉由「神秘參與律」（law of mystical participation）的原則，而形成其文化系統（Evans-Prichard, 1964）。這種「參與律」把人類和自然視為是不可分割地包容在整體之中，而形成一種「宇宙整體意識」（Tylor, 1871/1929）。

在「前現代」或者所謂的「原始」文化中，依「參與律」所建構出來的「集體表徵」通常不會受到經驗的駁斥，這一方面可能是因為它們受到傳統或權威的翼護，能夠抵制對立訊息的挑戰；另一方面可能是因為群體的成員通常是以共同的概念和情操接觸這些集體表徵，而不會直接去檢視它們所指稱的經驗。不僅如此，人們對於矛盾的事物（contradictions）雖然都很敏感，但他們對於由「參與律」所建構出來的集體表徵，卻不會刻意想要消除其中的矛盾。許多「前現代」的文化會用語言盡可能地描述每一種情境裡人以及事物的意象，他們因此而擁有十分豐富的辭典（rich lexicon），其中字詞的意義不僅彈性多變，而且可以隨著意象的變化而重新加以塑造。Levy-Bruhl

因此認為：被前現代文化選定為優越的思考方式（superior forms of thought），根本不可能轉化成為人類心智的普遍法則。

在「前現代」文明中，人們在其生活世界中建構知識的方式，可以說是一種「參與式的建構」（participative construction）；近代西方人以笛卡兒「主／客」二元對立方式所建構出來的科學微世界，則是一種「宰制式的建構」（dominantive construction）（Shen, 1994）。以這兩種不同方式所建構出來的知識，具有完全不同的性質，彼此之間是不可通約的（incommensurable）。

➢ 兩種世界觀

不論是在生活世界或微世界中，人們所使用的語言以及他們所玩的語言遊戲往往蘊涵有某種特定的世界觀（worldview）。然則，什麼叫世界觀呢？對於這個問題，語言學家 Whorf（1956）指出：我們的心靈必須將變化多端的世界所呈現給我們的萬花筒式印象加以整理，整理的方法主要是依賴我們的語言系統。在學習母語的時候，我們同時學會了一套分類的語彙，用以稱呼外在世界中的事物；以及一套的語法規則，用以描述並思索外在世界。換言之，我們所使用的語言，將形塑我們認識到的世界。

然而，生活世界中的世界觀和微世界中的世界觀卻有其本質上的不同：生活世界中的世界觀是某一文化中的人們在其歷史長河裡，以「原生性思考」思索宇宙的性質及人類的遭遇，而逐步建構出來的；微世界中的世界觀則是科學家們為了操弄或控制某一領域中的對象，以「形上學思考」所作出的一種建構。社會學者Walsh與Middleton（1984）在其著作《轉化中的視野：形塑一種基督徒的世界觀》（*The Transforming Vision: Shaping a Christian World View*）一書中指出：人們在生活世界中所用的世界觀通常會回答四種問題：我是誰？我的人生處境是什麼？我為什麼會受苦？解救的方法是什麼？更清楚地說，一種世界觀不僅會描述人類的本性，而且還會說明人和其外在世界的關係，以及人在世界中的歷史處境。除此之外，世界觀還會針對人類所經驗到的問題提供一種診斷，並開立一種解決問題的處方。

然而，科學微世界中的世界觀並不具備此種功能。在後期孔恩的哲學（post-Kuhn philosophy）中，他強調：科學革命的過程會發生兩種基本的變化：一是詞義的變化（changed of word-meaning）；另一則是觀看世界之方式的變化（changed in ways of seeing），世界觀的變化是以詞義的變化作為基礎。他所提出的辭典（lexion）理論指出：科學的辭典是由一套具有結構和內容的術語所組成，科學家們可以運用辭典中的術語，來對世界或自然界進行描述，成為理論中的命題。理論和辭典是密不可分的，一個理論的微世界，必須用一部特定的辭典來加以理解。不同的理論需要用不同的辭典才能加以理解，理論一旦改變，辭典也必定要隨之改變。

科學社群的成員在學習他們所使用的辭典時，並不是一個個地學習術語的定義，而是用「範例」（examplers）學習某一科學社群對這些術語的約定描述（stipulative description）。這種以整體的方式，成組成套地學習科學語言中的指稱術語及相關的自然定律，他稱之為「局部整體論」（local holism）。藉由此種途徑所學到的科學辭典，蘊涵有一種認識世界的方式。科學社群的成員必須學會同一部「辭典」，瞭解其中「術語」的意義，彼此之間才能充分交流；他們必須擁有同樣的世界觀，才能思索同樣的科學問題，並且在同一科學社群中從事有關的研究工作。然而，科學微世界的世界觀並不回答人生意義的問題，和生活世界中的世界觀有其根本的不同。

第三節　現代化的意義

瞭解生活世界和科學微世界這兩種知識的明顯對比之後，我們便可以用它來回答本章第一節所提出的各項問題。首先，我們要討論的問題是：對人類而言，現代化的意義到底是什麼？

大體而言，人類開始建構科學知識的微世界，是十四世紀歐洲文藝復興運動發生之後的事。人類由在生活世界中以「原初性思考」建構出具有「實質理性」之特質的知識，到能夠以「形上學思考」建構出具有「形式理性」之特質的科學微世界，這種知識表徵的歷史發展是一系列「質的轉化」（qualitative transformations）的結果，它們不只在內容上，而且在認知上，都會呈現出明顯的不連續性（Hwang, 2000）。科學微世界一旦發展出來之後，它們的某些語言、理性和思維方式，又會回過頭來，滲透進入生活世界。這種轉化和滲透歷程必然會造成人們社會生活的激烈變遷。然而，這種變遷歷程對於西方社會和非西方社會卻有截然不同的含意。在這一節中，筆者將先討論此種轉化對生活世界的影響，然後再說明它對非西方社會的衝擊。

➢ 生活世界的演化

我們可以借用 Habermas（1978）的「溝通行動理論」來說明這一點。Habermas認為：個人的生活世界是由「文化、社會、個體」三個要素所構成的。經由主體之間的溝通行動，在「文化」方面，人們能共同享有一定的文化遺產，能共同決定詮釋此文化的方式，甚至能共同享有更新詮釋方式的權力。在「社會」方面，溝通使人們能夠建立彼此之間都能夠接受的行動規範，形成對群體的認同感，並強化社會的整合。對「個體」而言，藉由不斷溝通所導致的成長和學習，使個人能加強其行動能力，並建立完整的人格。

現代社會中的社會系統，大多是因為人們生活世界的理性化，而從生活世界中分化出來的。然而，如此分化出來的系統和人們的生活世界不僅有所區別，而且互相對立。在個人的生活世界中，溝通行動的三個層面「相互理解、協調行動和社會化」，能滿足社會三方面的需求：「文化再生產、社會整合和個人社會化」。然而，在現代社會中，大多數社會系統維繫的主要目標卻是「物質再生產」，所以系統演化的衡量標準是「社會控制能力」的提高。為了達到「物質再生產」的目的，每一個社會系統都會設法找尋或發展最有效率的「科學微世界」；在系統中勞動的人也必須用「技術性思考」，解決他在工作上遭遇到的各項問題。也正因為如此，「金錢」和「權力」迅速取代了人們生活世界中的「語言」，變成系統整合的媒介。以溝通協調尋找共識，也會納入報酬與懲罰的單向思考。系統脫離生活世界的規範約制，而愈趨自主之後，終於導致系統之指令開始工具化生活世界。Habermas 稱之為「系統對生活世界的殖民」。

➢ 傳統性與現代性的並存

從這個角度來看，非西方國家之所以會發生本土心理學運動，其重要理由之一是：在其現代化的過程中，非西方國家人民的生活世界中充滿了許多傳統與現代並存的「後現代」現象。非西方社會國家的兒童在其成長過程中，先在其生活世界中學到其語言所承載的文化傳統及行為習慣，並以此種原初性思考形塑出個人基本的人格取向。及其逐漸成長，進入學校之後，開始學習許多源自西方的科學知識，這些不同來源和不同性質的知識在他們的認知系統中交互滲透，讓他們在不同的生活情境中應付不同的問題。

由於科學知識的微世界具有工具理性的性格，人們通常是在學校中有系統地學習到這些微世界中的知識。只有受過某些專業訓練的人士才能夠在各種不同的社會系統中，有系統地運用這種知識的微世界，從事各種不同性質的「物質再生產」工作。這樣的知識也可能經由各種不同的傳播管道散播到人們的生活世界之中，非專業的門外漢雖然也可能零零散散地學到一些知識，並在日常生活中使用，但是對他們而言，這些知識只不過是「常識」而已，他們很難像專家那樣，在社會系統中有系統地用它們來從事生產工作。

更清楚地說，非西方社會中的成人在某種社會系統中從事生產性的工作時，最可能運用科學微世界中的知識，以具有「形式理性」之特質的「技術性思考」，來解決他們在工作上所遭遇到的問題。然而，科學微世界中的知識具有工具理性的性格，它們在本質上並不是實質理性，不能作為個人價值方向的指引，也不能回答人生意義的問題，在許多情況下，它們並不能取代人們從其文化傳統中所學到的「知識」，包括：宇宙觀、價值觀、人生觀、道德觀以及倫理、哲學等等。非西方社會中的成人固然可能運用他們在學校中所學到的各種科學知識，在社會系統中從事生產工作，他們也可能運用其文化傳統所流傳下來的知識，處理生活世界中的各項事務。

第四節　華人社會的現代化

從建構實在論的角度說明非西方社會的現代化之後，我們便可以進一步討論：儒家社會中華人的現代化。前文說過：科學微世界是以西方的科學哲學為基礎而建構出來的，科學哲學又是西方文明獨特產品，和傳統儒家社會中所流傳的知識有其根本性的差異。在本節中，筆者將先引用法國哲學家佛朗索瓦．于連（Francois Jullien）對於「哲學」和「智慧」的區分，來說明這兩者的不同，然後以筆者對中華文化傳統的分析作為基礎，用王陽明所提出的一個比喻，來說明儒家社會中華人的現代化。

➢ 哲學與智慧

為了說明中華文化傳統所流傳下來的「知識」，跟西方人以其哲學作為基礎的近代「知識」有何不同，在《聖人無意》一書中，法國哲學家弗朗索瓦．于連（Jullien, 2004）指出：中華文化傳統中的道家、儒家、佛家思想，跟西方的哲學，有其本質上的差異。儒、道、佛各家聖人對其弟子所作的訓誨，應當說是一種「智慧」（wisdom），並不是西方意義中的「哲學」（philosophy）。西方的哲學是哲學家以某一種觀念作為基礎，用辯證性的邏輯思考，逐步推演出來的。這種優先的觀念，就是海德格所說的「基礎律」（principle of ground）。它源自於希臘文的axiom，在命題推演的過程中，它是作為始端的命題。中華文化傳統中的「智慧」卻強調「勿意、勿必、勿我、勿固」，它沒有優先的觀念（意），沒有固定的立場，也沒有個別的自我。因此，聖人所說的觀念都可以保持在同一個平面之上，並沒有先後之別。

正因為西方哲學是以某一種觀念作為基礎，用辯證性思考，逐步推演出來的；不同的哲學家可以根據不同的預設，發展出不同的哲學。因此，西方的哲學是有歷史的，不同的哲學家對某一特定範疇中之事物所作的解釋，也會不斷地進步。與此對比之下，智慧卻沒有歷史，任何人都沒有辦法寫一部智慧的「發展史」。聖人可以從不同的角度，說出不同的話語，他所說的每一句話，雖然不斷地在變化，但卻是智慧的「全部」，所以需要一再的重複。

為了要進行辯證性的思考，西方哲學對其核心概念必須給予清楚的定義，讓人瞭解其意義，藉以正確認識外在世界中的事物。針對其認識之對象所存在的範疇，哲學家可以用各種不同的方法，來檢驗其命題陳述的正確與否，而逐步朝向所謂的「真理」邁進。相形之下，聖人的「智慧」卻是以「嘉言懿語」的方式呈現，其中不必有嚴謹的定義，卻能提醒人注意到大家視之為理所當然的事物之「道」。對於這些他所熟知的事物，他之所以會視若無睹，只不過是因為他被偏見遮蔽，看到了事物的一面，卻看不到事物的另一面。聖人所說的智慧話語，讓他意識（悟）到事物的整體，而不是學習到某種認識世界的方法。

➢「道、儒、法、兵」的文化傳統

于連對西方哲學和中華文化傳統中「智慧」的區分，可以讓我們很清楚地看出：中西文化之間的根本差異。在《知識與行動》一書中，黃光國（1995）指出：西方哲學的主要旨趣，在於追求客觀的「知識」；傳統中國哲學的內容，則在於提供各種「行動」的「智慧」。兩者之間雖然有其本質上的不同，然而，只要瞭解西方的科學哲學，華人社會中的社會科學家同樣可以用各種不同的社會科學方法，來建構關於中國傳統文化的客觀知識。

在中華文化傳統中，最足以彰顯華人特色的文化遺產，是「道、儒、法、兵」這一脈相承的文化傳統，以及在東漢明帝時期傳入中國的佛教。《知識與行動》一書從西方社會心理學中社會交換論的角度，用結構主義的方法，分析儒家思想的內在結構，並進一步以之作為基礎，詮釋道家、儒家、法家、兵家以及佛教的中華文化傳統。根據作者的分析，除了外來的佛教之外，其餘「道、儒、法、兵」各家思想在中華民族歷史上的發生順序，大致是以道家為最先。在傳說中，孔子曾經問禮於老子，其學說以「仁」為核心；孔子的弟子孟子全力闡揚「義」的概念，荀子則主張「禮」，構成「仁、義、禮」倫理體系。法家思想以「法、術、勢」為主要內容；稍後又有兵家思想。這一脈相承的文化傳統代表了中華文化的辯證性發展，後起的思想對先行的學說有批判的繼承，也有創造的發展。用老子的話來說，這就是：「失道而後德，失德而後仁，失仁而後義，失義而後禮」《老子・道德經》，我們也可以進一步說，「失禮而後法，失法而後術，失術而後勢」，連「勢」都派不上用場，最後只好以兵戎相見。

春秋戰國時期「道、儒、法、兵」這一脈相承的思想發展，代表中華文化由由聖入凡、由出世到入世的世俗化（secularization）歷程。依這個順序發展下來，就是華人所謂的「順則凡」。而在道家思想中，則教導個人「復歸於樸」，「復歸於無極」，希望能夠回到「與道同體」的境界，可以稱之為「逆則仙」。

➢ 民族發展歷程的重演

在「道、儒、法、兵」的文化傳統影響之下，個人發展的歷程，幾乎是具體而微地重演了其民族發展的歷程。甚至在一日之中的不同階段，個人都可能重新經歷「道、儒、法、兵」的不同境界。王陽明（1472-1528）講過一段頗具啟發性的話：

> 「人一日間，古今世界都經過一番，只是人不見耳。夜氣清明時，無視無聽，無思無作，淡然平懷，就是羲皇世界。平旦時，神清氣朗，雍雍穆穆，就是堯舜世界。日中以前，禮儀交會，氣象秩然，就是三代世界。日中以後，神氣漸昏，往來雜擾，就是春秋戰國世界。漸漸昏夜，萬物寢息，景象寂寥，就是人消物盡世界。學者信得良知過，不為氣所亂，便常做個羲皇以上人。」《傳習錄下》

王陽明所說的「羲皇世界」、「堯舜世界」、「三代世界」、「春秋戰國世界」、「人消物盡世界」，和「道、儒、法、兵、佛」五家思想所要處理的人生境界，大體是互相對應的。即使今日世界各地的華人社會紛紛轉變成為工商業社會，仔細思考王陽明所講的這段話，反倒令人覺得更為貼切。

用《知識與行動》一書的概念架構來看（黃光國，1995），文中那位「人」，清晨起床後，「神清氣爽」，和家人相處，可能用源自於儒家的若干理念，經營出一幕「雍雍穆穆」的「堯舜世界」。在現代的工商業社會裡，各式各樣的組織不斷地生生滅滅，大多數的人也都必須置身於各種不同的組織之中。上班之後，在工作場合，有些華人組織的領導者可能用法家的理念來管理組織，企圖締造出他們的「三代世界」。而其組織成員不論在組織內、外，都可能使用兵家的計策行為，和他人勾心鬥角，營造出一幕幕的「春秋戰國世界」。下了班後，回到家，在「萬物寢息，景象寂寥」的「人消物盡世界」裡，他可能又「復歸於樸」，回歸道家或佛家境界，「做個羲皇以上人」。

➢「身－心－靈」一生的發展

王陽明的比喻，說明繼承華人文化傳統的「人」，在一日之間可能具體而微地重演其民族發展的歷程。不僅如此，這樣的一個「人」，一生發展的過程也可能重演其民族發展的過程。

用前述「身－心－靈」發展的概念架構來看，王陽明所謂的「人」，應當是業已經歷過階段一幼兒的「混沌」階段，以及階段二的學習階段，而已經進入到階段三的成人階段。他不僅「身－心－靈」三方面都已經發展成熟，而且能夠運用源自中華文化傳統的行動智慧，在生活中的不同場域，和跟他關係不同的他人進行互動。

等到他邁入老年階段，他可能企圖使用源自於道家的氣功、太極拳、外丹功，來維持「身－心－靈」的平衡，或使用禪坐、禮佛、念經的方法，來祈求心靈的安頓。一旦這些努力都不再有效，佛教或道家的修養，也能夠使他坦然面對人生大限，「復歸於無極」；正如智侃禪師所說的「撒手便行，古路坦然」。所以說，個體發展的歷程（ontogenesis）具體而微地重演了（recapitulates）其民族發展的歷程。

➢ 專家與庶民

話是這麼說，我們切不可過度高估傳統文化的影響力，也不可忽略西方文化對於儒家社會的衝擊。在當前這個後殖民主義的時代，全球化的趨勢使不同文化間的交流愈來愈頻繁，現代社會展現出一種「彼此關懷」、「文化滲透」以及「文化認同浮動」的特色（Hermans & Kempen, 1998），在人們的生活世界裡，我們其實已經很難找到一種自足而又內在一致的文化體系（Eldridge, 1999）。許多人的認知系統裡都存有各種不同類型的「知識」，這些知識有些源自於西方，有些則是承襲自他們的文化傳統，個人則是視其所處情境需要，從其認知系統裡擷取自己認為最「恰當」的知識，來解決自己所遭遇到的問題。至於這些知識的來源為何，當事人很可能自己也說不清楚。

我們可以再用 Vygotsky（1978）的文化發展理論來說明這一點。從十九世紀末葉，清廷在自強運動（1860-1890）期間廣設新式學堂以來，世界各地華人學校中所教授的內容，已經不再是儒家經典，而是源自西方的知識體系。在大多數情況下，教師教給學生的語言工具，既包含有解決生活中各項問題的工具，也包含有教師認定為最適切的行動智慧，兩者混雜在一起，甚至連教師都很難追溯出它們的來源。

從心理學的角度來看，個人從其社會環境中所學習到的「語言遊戲」也好，「語言工具」也罷，它們都不是雜亂無章的，而會構成個人所獨有的「隱涵式理論」（implicit theories）。這種隱涵式的理論，康瑩儀稱之為「特定範疇中的文化理論」（domain-specific cultural theories）（Hong, Chiu, Dweck, & Sacks, 1997）。更清楚地說，源自於各種不同傳統文化的隱涵理論，都常都只在某些特定的範疇中適用，在某些範疇裡，我們可能使用科學知識的微世界來從事生產工作；在其他的範疇裡，我們也可能運用源自於自身文化傳統的知識，來解決我們生活中所遭遇到的問題。我們從事本土心理學研究的主要任務之一，就是要釐清：在那些特定的情況下，哪種文化理論最可能為人們所使用。

值得強調的是：在現代社會裡，科學家在不同領域裡所建構出來的「科學微世界」愈來愈多，每個人在其受教育過程中所學到的各種「隱涵式理論」，不僅在「質」上有所不同，在「量」上也有相當大的差異。大體而言，當學生受教育的程度愈高，他們可能學會愈多的知識系統，也可能學會以系統性的思維來處理某一特定範疇中的問題。他們從其文化傳統中所學習到的某些信念的「隱涵式理論」也可能發生相應的變化。

受教育的經驗極有可能影響個人認知能力的有效性，進而影響他對其文化傳統某些層面的信念。如果個人受過完整的學院教育，並且進入某一社會系統，用某些科學微世界的知識從事生產工作，他的認知系統會因為不斷處理相關的訊息，而變得愈來愈複雜，在處理相關問題時，也愈來愈能夠駕輕就熟，甚至變成某一特定領域中的「專家」。這樣的「專家」，不僅只能夠使用專門的語言工具來處理特定範疇中的問題，他們的認知系統內容跟一般人也有所不同，能夠將一般人說不清楚的「隱涵式理論」清楚地陳述出來，使其成為「外顯的理論」（explicit theories）。

結　論

這樣的思維理路，已經可以讓我們看出：非西方國家中本土心理學者或本土社會科學工作者的使命。我們必須強調的是：對於絕大多數的非西方國家而言，從事心理學研究的機構，包括大學及研究所等等，都是他們跟西方接觸之後，向西方學習而設立的。他們從事心理學研究的時候，所引用的心理學知識，大多是從西方引入的，具有前節所述科學微世界的特性。

不論在哪一個文化裡，人類最為關心的對象之一，就是人類自身。在其文化發展的過程裡，他們通常會發展出許多「心理學」的理論或概念，來處理人們在生活中所遭遇到的問題。當源自西方的心理學微世界被翻譯成本地語言之後，跟他們在生活世界中常使用的「心理學」用語往往有極大的差距。這時候非西方國家的心理學者便可能會想要發起本土化運動，來瞭解自身的存在。

我們必須承認：科學知識之微世界的建構，主要是近代西方文明的產物，西方的科學哲學則是科學家們建構科學微世界的遊戲規則。在「現代的」教學及研究機構中，本土心理學者有志於建構具有前述「微世界」特色之知識體系，來瞭解本土社會中人們的心理與行為，此時，他們必須先熟悉西方的科學哲學。在下一章中，我們將說明：非西方世界的本土心理學者建構科學微世界的主要途徑是：將其反殖民主義的心態調整成為後殖民主義，熟悉西方的科學哲學，以之作為基礎，建構假設具有普世性的形式性理論，來說明人類共有的心理功能，再用以解釋某一文化中人們所獨有的心態。

參考文獻

黃光國（1995）：《知識與行動：中華文化傳統的社會心理詮釋》。台北：心理出版社。

黃光國（2006）：〈現代性的不連續假設與建構實在論：論本土心理學的哲學基礎〉。載於《儒家關係主義：文化反思與典範重建》（頁 507-548）。台北：台灣大學出版中心。

Brubaker, R. (1984). *The limits of rationality: An essay on the social and moral thought of Max Weber*. London: George Allen & Unwin.

Chen, C. Y., & Bhikkhu, H. M. (2003). *A model of spiritual care for hospice*. Paper presented in Conference on Functions of Religion in Psychological Rehabilitation after Disaster, Taipei, Taiwan.

Daniels, H. (2001). *Vygotsky and pedagogy*. London: Routledge.

Durkheim, E. (1912/1965). *The elementary forms of religious life*. NY: The Free Press.

Eldridge, J. (1999). Culture at work. In H. Beyan & P. Glavanis (Eds.), *Patterns of social inequality* (pp. 97-108). NY: Longman.

Evans-Prichard, E. E. (1964). *Social anthropology and other essays*. NY: The Free Press.

Habermas, J. (1978). *The theory of communicative action (Vol.II): Lifeworld and system: A critique of functionalist reason*. Boston: Beacon Press.

Heiderger, M. (1966). *Discourse on thinking*. NY: Harper and Row.

Heiderger, M. (1974). The principle of ground. In T. Hoeller (Ed.), *Man and World, 2*, 207-222.

Hermans, J. M., & Kempen, J. G. (1998). Moving cultures: The perilous problem of cultural dichotomy in a globalized society. *American Psychologist, 53*, 1111-1120.

Hong, Y., Chiu, C., Dweck, C. S., & Sacks, R. (1997). Implicit theories and evaluative processes in person cognition. *Journal of Experimental Social Psychology, 33*, 296-323.

Husserl, E. (1936/1970). *The crisis of European sciences and transcendental phenomenology: An introduction to phenomenological philosophy* (E. Hysserl, Trans.). Evanston: Northwestern University Press.

Hwang, K. K. (2000). On Chinese relationalism: Theoretical construction and methodological considerations. *Journal for the Theory of Social Behavior, 30*, 155-178.

Jullien, F. (2004). Un sage est sans idèe ou l'autre de la philosophie. 弗朗索瓦・于連《聖人無意：或哲學的他者》。北京：商務印書館。

Levy-Bruhl, L. (1910/1966). *How natives think* (L. A. Clare, Trans.). NY: Washington Square Press.

Luria, A. R. (1976). *Cognitive development: Its cultural and social foundations*. Cambridge, MA: Harvard University Press.

Luria, A. R. (1979). *The making of a mind*. Cambridge, MA: Harvard University Press.

Moll, L. C. (1990). Introduction. In L. C. Moll (Ed.), *Vygotsky and education: Instructional implications and applications of sociohistorical psychology*. New York, NY: Cambridge University Press.

Shen, V. (1994). *Confucianism, Taoism and constructive realism.* Bruck: WUV-Universitäsverlag.

Taylor, E. B. (1871/1929). *Primitive culture.* London.

Vygotsky, L. S. (1978). *Mind in society: The development of higher psychological processes* (Knox & Carol, Trans.). Cambridge, MA: Harvard University Press.

Vygotsky, L. S. (1981). The instrumental method in psychology. In J. Wertsch (Ed.), *The concept of activity in Soviet psychology*. Armonk, NY: M. E. Sharpe.

Wallner, F. G. (1994). *Constructive realism: Aspects of new epistemological movement.* Wien: W. Braumuller.

Wallner, F. G. (1997). *The movement of constructive realism*. In T. Slunecko (Ed.), *Wien: W. Braumuller* (Philosophia 13).

Wallner, F. G., & Jandl, M. J. (2001). *The importance of constructive realism for the indigenous psychologies approach.* Paper presented at Scientific Advances in Indigenous Psychologies: Philosophical, Cultural, and Empirical Contributions. Taipei: Institute of Ethnology, Academia Sinica, Taiwan.

Walsh, B. J., & Middleton, J. R. (1984). *The transforming vision: Shaping a Christian world view*. Downers Grove, IL: Inter-Varsity Press.

Weber, M. (1921/1963). *The sociology of religion.* Boston: Beacon Press.

Weber, M. (1930/1992). *The protestant ethic and the spirit of capitalism* (T. Parsons, Trans.). London: Routledge.

Wertsch, J. V. (1985). *Culture, communication, and cognition: Vygotskian perspectives*. New York, NY: Cambridge University Press.

Wertsch, J. V. (1998). *Mind as action*. NY: Oxford University Press

Whorf, B. L. (1956). Science and linguistics. In J. B. Carroll (Ed.), *Language, thought, and reality: Selected writings of Benjamin Lee Whorf* (pp. 207-219). Cambridge, MA: MIT Press.

Wittgenstein, L. (1945/1958). *Philosophical investigations* (G. E. M. Anscombe, Trans.). Oxford: Blackwell.

第三章

西方哲學中的人觀與典範轉移

本書第一章強調：非西方國家要想發展本土心理學，必須以西方的科學哲學作為基礎，找出人類心智共同的深層結構，並建構出可以解釋其心理功能的形式性理論，來說明本土社會中獨有的心態。本書第二章從建構實在論的角度強調：科學微世界是單一科學家所建構出來的。科學家在建構科學微世界時所從事的活動，是一種非常獨特的行動，它主要是西方文明的產物。在西洋哲學史上，許多哲學家都曾經提出不同的「人觀」，企圖描述「科學家」這種「人」，如何從事科學活動，以建構科學的微世界。在科學哲學的發展史上，這種「人觀」及其伴隨的科學哲學曾經歷過幾次明顯的典範轉移，尤其是實證主義者所主張的「獨我論」，對非西方國家科學家所從事的科學活動有極其深遠的影響。直到後實證主義興起，科學哲學家們才把思考的焦點集中在建構科學微世界的方法論之上。這樣的典範轉移對本土社會科學的發展也有重要的意涵。在本章中，我們要說明西方哲學史上幾種主要的「人觀」，以及它對科學活動所造成的影響。首先要談的是：亞里斯多德如何看待希臘文化傳統中的智性活動（intellectual activity）。

第一節　亞里斯多德的「理論智慧」與「實踐智慧」

在希臘文中，theorein 和 theoria 這兩個詞彙都可譯為英文的 contemplation，其中文意義則為沉思、觀照或默觀。Theorein是動詞，原義為「仔細檢視」（to inspect）或「全神貫注」（to keep ones gaze fixed on）。它是與理性智慧密不可分的一種心靈活動，心靈藉由沉思、探究、觀察，而融入於宇宙的真理之中。

➢ 理論心態

Theoria 是名詞，就其字面意義而言，可以說是一種「理論心態」（theoretical attitude）。它原先是希臘人的一種宗教儀式。在儀式中，個人必須屏除現實生活中各種實用性的關懷，而對世界中之對象採取一種超然的態度，試圖穿透變化不居的表象世界，找出其背後永恆不變的真理，引導人類發展出真實而完滿的存在。

Theoria 本身就是終極目的。它不像倫理學或政治學等實踐學，其目的在於引導行動；也不像實用科學，其目的在於生產實用物品。在這種情境下，人成為一個超然的觀察者（a detached spectator），純粹只是為了探究萬物之理，而不是為了想要改變它們。以這種方式所獲得有關理型世界的知識，希臘哲學家稱之為「理論」（theory）或「科學」（science, logo），有別於僅具有相對性的主觀意見（doxa）。

在希臘文裡，還有兩個詞彙可以幫助我們瞭解 theoria 的意義：phronesis 和 sophia。這兩個詞彙英文均譯為 wisdom，在中文則為「智慧」，但是其意義卻和中國人所說的「智慧」有很大的不同。中國人所謂的「智慧」，主要是指以圓熟的手法，面面俱到地處理人間事務。

➢ 理論智慧

亞里斯多德曾在這兩者之間作過細緻的區分：*Phronesis* 是指行動上的智慧，可以稱之為「道德智慧」或「實踐智慧」（practical wisdom）。*Sophia* 原本是指技術或藝術方面的知識和能力，後來又演變成為科學上的知識，而可稱之為「理論智慧」（theoretical wisdom）。

Sophia 係人類心靈所能達致的最高智性能力，尤其是以探索自然奧秘本身作為目的（studying nature for its own sake）的哲學思辨能力。理論智慧旨

在探索永恆不變的真理，它不涉及任何特定的目的，所以是屬於終極性的智慧（Falcon, 2005）。

實踐智慧則是一種工具性或手段性智慧，旨在探究如何達成目標，涉及的範疇除了探究什麼是公義、責任、善之外，更重要的是如何恰如其分地掌握這些特質，並藉實際的作為來引導人向善，以充分發揮潛能。

對亞里斯多德而言，在沉思（theoria）中發揮理論智慧（theoretical wisdom）是最契合智性德行（intellectual virtue）的活動。理論智慧最重要的特質就是無所為而為（for its own sake）。它沒有目的、非功利性、是一種純粹自發而不具實用價值的心靈活動。它是終極性的，從事沉思本身就是目的，獲得真理並不是它的目的。

完全投入於沉思，可以使人達到忘我的境界，成為「超然的觀察者」。唯有如此才能充分發揮人類最高的天賦，真切地領略生命之美與宇宙萬物之理。因此，Aristotle（1962）在《尼可馬科倫理學》（*Nicomachean Ethics*）一書中，很明確地表示：「圓滿的幸福存在於某種沉思活動之中」。這種theoria 的沉思活動，和東方文化傳統中的冥思（meditation）是完全不同的。

第二節　康德的「理論理性」與「實踐理性」

亞里斯多德對「理論智慧」與「實踐智慧」之區辨，可以說是西洋哲學家描述人類探索自然之智性活動的濫觴。到了十四世紀文藝復興運動發生之後，科學快速發展，許多西方哲學家更提出了各種不同的「人觀」，企圖描述科學家所從事的智性活動，其中最著名的是德國大哲康德（Immanuel Kant, 1724-1804）。他在 1770 年發表一篇名為〈感觸界與智思界之形式與原理〉（On the form and principles of the sensible and intelligible world）的論文，文中將人類認知思考活動所能及的範疇分為感觸界（sensible world）與智思界（intelligible world）兩種，前者是指人類感覺器官所能感受的現象界，也是自然科學家們所探討的範疇；後者是人類感覺器官無法觸及的領域，也是形而上學家所關懷的世界。這超越世界中的事物雖然不可觸及，但卻可尋思。

在康德看來，對於人類而言，這兩個世界都是十分重要的。他認為：人類的認知思考活動，可以依其思考領域的不同，分為兩種：「理論理性」（theoretical reason）的目的是要探討自然界中各事物間的邏輯關係（logical relationship），它在感觸界進行探索與思考工作，然後根據個人經驗的內容建構出客觀的知識體系，使人類能夠以一種機械式的觀點來瞭解自然宇宙中的因果秩序；「實踐理性」（practical reason）的目的是在處理本體界（ontological sphere）中的問題，它根據人類精神的要求，在智思界中創造宗教或倫理價值體系，以導引人類在經驗世界中的活動，使其趨向於康德所謂的「目的王國」（ein Reich der Zwecke）。

➢ 先驗觀念論

為了解釋人類為什麼能夠運用理論理性，將雜亂無章的經驗現象整理成普遍有效的科學知識，康德又提出了「先驗觀念論」（Transcendental Idealism）。在說明「先驗觀念論」的主要論據之前，我們必須先分辨「先驗的」（transcendental）和「超越的」（transcendent）這兩個概念的差異。「超越的」是指超越現實經驗之意。許多形而上學的概念，諸如上帝、靈魂以及宇宙等等，都是屬於「超越的」範疇，在康德的思想體系裡，智思界便是超越的世界。智思界中的事物雖然不可為人類的感官所觸及，然而，由於「實踐理性」受人類意志的支配，因此，人類可以用其「實踐理性」來掌握智思界中的事物。

「先驗的」則是康德知識論的一項特殊概念。為了說明人類如何運用「觀念」代表他所經驗的事物，康德在《純粹理性批判》（*Kritik der Vernunft*）一書中主張：認知主體經由各種感官所經驗到的客體（object），只是客體反應在其認知活動中的「現象」（phenomenon）而已，它並不是本體（noumena）或「物自身」（thing in itself）。由於人類本身生物結構的各種侷限，以有限的生命感官，永遠無法認知到客體的「物自身」，這兩者之間存有「超越的分別」（transcandent distinction）。

認知主體以其感官經驗某一客體時，必須將他經由各種不同感官所獲致的各種不同經驗綜合成某種「形式」（form），用以代表該一客體。這種「形式」雖然是由經驗中抽象出來的，不過它卻是「先驗的」。換言之，先驗的「形式」和個人對客體的經驗存有一種「不離不雜」的關係：「形式」的數目是先天決定的，某一客體的「形式」先驗決定個人對該一客體的經驗，個人對客體的新經驗，則會更進一步增添他所認識到該一客體的「形式」內涵。

在《純粹理性批判》一書中，康德以一種所謂「先驗演繹」（transcendental deduction）的方法逐步論證：整個自然宇宙中的事物都受制於某種自然法則（Kant, 1781/1965）。認知主體以先驗的「形式法則」，將其感官在感觸界中之經驗整理成為「現象」，作為個人認識外界的基礎。因此，先驗的形式法則具有普遍有效性，能夠使認知主體對經驗客體作出必然而且有效的判斷。人類之所以能夠建構出有關客體的客觀知識，其根本緣由即在於此。

➢ 知識建構的步驟

具有普遍有效性的科學知識雖然是先驗的綜合命題，然而，人類要從他感受到的種種經驗現象中，統一經驗內容，而成為嚴謹的科學知識，必須經過三個步驟：

1. 在感覺層次上，個人必須藉由「領受作用」（apprehension），將他在不同時間系列上經由各種感官對某些特定事物所經驗到的許多蕪雜經驗表象，綜攝成一定的形式。
2. 在想像的層次，個人必須藉由遵循某些心理規則的「再生作用」（reproduction），將業經「領受作用」過濾的經驗表象再加綜合整理。經過想像力的再生作用整理過後，經驗表象才可能具有初步的先驗性質。
3. 然而，要從原有的經驗材料建構出具有先驗形式的知識內容，還必須將各種概念經過「再認作用」（recongnization），在「先驗統覺」

（transcendental apperception）層次上再加以綜合。

所謂「先驗的統覺」是康德為了解釋知識的客觀性、統一性和普遍有效性，而不得不提出來的一種知識論的絕對預設，它和一般人所理解的想像力不同：後者是指將原有經驗事實如實再現的心理能力；康德在「先驗的統覺」中所謂的想像力，則是人類心靈自動創發的一種「生產的想像能力」，它能夠超越個人的意識作用，使人類對於經驗的認知在「自我意識之先驗的統一」作用下，建構出嚴密的科學知識體系。

➢ 對傳統形而上學的批判

康德認為：「物自體」屬於感觸界中，是產生現象的本體或原因，也是「理論理性」的認識對象。以「理論理性」為基礎所構成的知識，只有在現象的範圍內有效。然而，不論人類如何以「理論理性」來探討宇宙，不論人類創造的知識體系如何擴大，總有一些宇宙本源的問題無法解答。因此，人類會產生強烈的形而上學慾求，進而以其「實踐理性」開展出一個超越的智思界，將智思界中的「物自體」（本體）轉成「理念」（Idea），作為自然界中諸般現象的真實緣由。

然而，康德以為：傳統形上學以「理念」作為認知對象是錯誤的。他在《純粹理性批判》一書中的先驗辯證部分指出：傳統形上學的主要內容包含理性心理學、理性宇宙論、理性神學三大部分，其對象分別為「靈魂」（Seele）、「世界」（Welt）與「神性」（Gottheit）。康德在其著作中逐一批判：這些「理性理念」（Vernunft idea）都是不受任何經驗約制的「無制約者」（das Unbedingte），它們只受自由概念的支配，但卻沒有任何認知上的意義，也不能成為「理論理性」的對象。他先指出傳統形上學所討論之理念在經驗上的虛幻，然後宣稱：唯一可以成立的形上學，為由「實踐理性」所建構的「道德形上學」（Kant, 1785/1949）。

➢ 道德形上學

道德形上學的首要課題，是要找出作為道德之根本「善」的純粹形式條件。康德認為：依循「善的意志」所表現出來的行為，必須具備三項形式條件：

1. 純粹來自義務，並非源自個人對外在功利的好惡傾向。
2. 純粹義務性的行為，係由意志上的形式原理所規定，絕不帶有任何現實動機。
3. 義務是尊敬道德法則而導致的「行為必然性」。

康德主張：所有道德法則都是以「斷言律令」（categorial imperative）的形式存在，它和「假言律令」（hypothetical imperative）有所不同：前者不附帶任何經驗性的條件，純粹是先驗的形式律令，是「為義務而義務」可以施諸於一切的理性者，具有強制性與箴規（Maxime）的普遍性；後者是條件式的陳述，告訴行動者其行為可能導致的經驗性後果，譬如：「你若想致富，便應當努力工作」，敘述特殊手段與特殊目的之間的關係，是以不具任何道德意義。人以其「善的意志」規律自己的行為，為義務而義務地實踐「斷言律令」的道德法則，這種行為是「自律」（autonomous）的。反之，依「假言律令」而作的行為，則是依「善的意旨」之外的因素所做出的行動，所以是「他律」（heteronomous）。依照康德「善」的形式條件來看，任何快樂主義與功利主義所建立的道德理論，都是他律性道德，缺乏普遍而先驗的道德意義。

康德以為：意志的自律是道德的最高原理，一切理性者的意志本身便是道德法則的普遍立法者。他在實踐此種客觀、必然而具有普遍性的道德法則時，會以自己及他人人格中的人性作為目的，而永不會視之為手段。為了說明道德法則具有永恆的實踐可能性，康德又提出「純粹實踐理性之三大設準」，即靈魂不朽、意志自由及上帝存在（Kant, 1788/1963）：第一設準（靈魂不朽）使人有恆長的時間實踐道德法則；第二設準（意志自由）使意志能夠脫離感觸界而獨立，並能依循智思界的法則做出決定；第三設準（上帝存在）則保證超越的道德和永恆的幸福能夠合而為一。這三大設準皆無法在感觸界中獲得證明，但卻能滿足人類「福德合一」的願望，具有最高的實踐性意義。換言之，理論理性所否定的三大理念（靈魂、自由、上帝），透過實踐理性的三大設準，又復成為康德道德哲學的根本信念。

➢「人」的兩個面向

以亞里斯多德與康德的「人觀」相互比較，我們可以清楚地看出：康德心目中的「人」，其實是西方文化傳統中的知識份子。他存在於兩種不同的世界中：在感觸界裡，他運用理論理性建構知識體系，以謀求個體的生存；在智思界裡，他運用實踐理性創造「道德王國」，以發揮理性者的人格價值。以亞里斯多德對「理論智慧」和「實踐智慧」之區辨作為基礎，康德更進一步地析論「理論理性」與「實踐理性」之間的差異。更清楚地說，在西方文化傳統影響之下，康德認為：一個完整的知識份子必須「德智雙修」，同時兼具知識與道德。因此，他對「人」的這兩個面向作了更細緻的闡述，並且以「夫子自道」的方式，在他自己的墓誌銘上寫下這樣一段話：「瞻仰天上閃耀的星辰，俯撫心中的道德法則，對這兩件事愈是靜思深省，愈會添增心中的驚嘆與敬畏」（Scruton, 1983）。

再從跨文化的角度來看，康德之道德形上學所析論的「實踐理性三大設準」，包括靈魂不朽、意志自由、上帝存在等等，其實是西方基督教文化傳統中「實踐理性」之設準，而未必是其他文明中「實踐理性」之設準。更清楚地說，世界上每一種主要的文明，都有其獨特的「道德形上學」，構成該一文明所認可的「實踐理性」或「實踐智慧」。這也是該文明所認可的「人觀」，亦即，作為一個「人」必須遵循的「人道」（personhood）。

➢一心開二門

儒家文明亦不例外。在華人文化傳統中，對一般華人影響最為深遠的「實踐理性」或「實踐智慧」，可以說是道、儒、釋三家思想。因此，從社會科學的角度來研究三家思想中的「人觀」，不僅有其必要性，而且有其重要性。

在哲學界，有人曾經做過類似的努力，其中成果最著者，首推新儒家的開創人——牟宗三。牟宗三先從魏晉哲學入手，寫成了《才性與玄理》（1963），其後又研究宋明理學，寫成《心體與性體》（1968），中間寫成《智的直覺與中國哲學》（1971）和《現象與物自身》（1975），討論中西哲學之匯通，接著又出版《佛性與般若》（1977），處理南北朝隋唐時期的中國哲學，完成他以西方式思維，重新建構中國哲學史之宏願。

牟宗三認為：在印度僧人真諦（499-569）所著的《大乘起信論》一書中，「一心開二門」的思想是中西哲學的共同架構，整個中西哲學都是「一心開二門」。《大乘起信論》中所說的「生滅門」，可以探討康德哲學所說「感觸界」中之現象（phenomena），「真如門」可以思索「智思界」中之「本體」（noumena），但中西哲學對二門的側重各有不同。西方哲學充分展現了以知識論為代表的「生滅門」，但對智思界的探索則是不夠的；相反的，中國哲學積極地展示了「真如門」，但對於「生滅門」所探討的經驗知識，則抱持相當消極的態度。這就是說，西方哲學充分地開展了「執的存有論」或「現象的存有論」，但並沒有充分證成或開展出「本體界的存有論」；中國哲學則積極開展「無執的存有論」，但對於「執的存有論」並沒有給予充分的重視（牟宗三，1975）。

用本書的論述脈絡來看，中國哲學在「真如門」中積極開展出「無執的存有論」，其實就是歷代聖賢所啟示出來的各種「行動的智慧」。在「生滅門」中沒有充分重視「執的存有論」，也就是沒有發展出追求客觀的「知識的哲學」，尤其是本書一再強調的科學哲學。要改變這樣的文化型態，我們必須像唐代高僧在西安大雁塔翻譯佛經那樣，將西方科學哲學的經典著作一部一部翻譯成中文，讓華人社會中的科學研究工作者不僅可以對西方科學哲學的演變有相應的瞭解（黃光國，2001），而且可以用它們來做為論辯的材料。尤其是有志於推動社會科學本土化的學者，更應當將他們反對盲目移植西方研究典範的「反殖民主義」心態，調整成為「後殖民主義」（post-colonialism），不僅能夠掌握西方科學哲學的神髓，而且可以用它們來從事學術研究（Hwang, 2005）。

西方哲學的轉向

在古希臘，哲學（philosophy）這個詞的本意是「愛智慧」。康德依照希臘的古義，而稱之為「實踐的智慧學」。在康德之後，理性主義在西方世界中興起，西方哲學家的興趣集中在如何以「理論理性」追求科學知識，他們不再以「實踐理性」追索西方文化傳統中的「實踐智慧」，西方的哲學快速的科技化，哲學的古義也逐漸消失。

這種變化的態勢造成了十九世紀實證主義的興起。前文說過，康德認為：靈魂不朽、意志自由及上帝存在，是「純粹實踐理性之三大設準」，也是「道德形上學」的基礎（Kant, 1788/1963）。然而，實證主義卻採取一種極端經驗論的立場，主張把所有形上學的猜測都排除在科學的範疇之外。在實證主義之後，許多西方哲學家不斷思考：如何用「理論理性」，針對感觸界中的對象，建構出以經驗性知識為主要內容的「科學微世界」，而成為所謂的「科學哲學」（黃光國，2001）。

本書第二章曾經提到法國哲學家于連對西方哲學和中國傳統智慧的區分。其實他所說的「哲學」，已經是近代西方意義的「哲學」；他所說的「智慧」，也不是亞里斯多德所說的「理論智慧」或「實踐智慧」。在古希臘時代，「哲學」和「智慧」其實並沒有如此清楚的分野。然而，近代科學興起之後，科學家們不斷地建構出新的科學微世界，科學哲學家們也不斷對他們建構科學知識的方法進行反思，形成所謂的「科學哲學」，于連也因此而能夠將西方的「哲學」和東亞的「智慧」作出明確的區分。

第三節　維根斯坦的獨我論

值得強調的是：在西方科學哲學演變的過程中，幾種主要的科學哲學也各自蘊涵有不同的「人觀」，並對科學家的科學研究活動造成重大的影響。我們可以用「實證主義」的代表人物維根斯坦和「後實證主義」的代表人物波柏為例，來說明這一點。

➢ 實證主義

十四世紀文藝復興運動發生之後，許多歐洲哲學家，像巴克萊（Berkeley）、休謨（Hume）和牛頓（Newton）都採取了經驗論的立場，認為科學知識應當限制在可觀察的範疇之內。到了十九世紀，法國社會學家孔德首先提出「實證主義」（positivism）一詞，用以指稱關於科學和歷史的一種知識論和世界觀（Comte, 1908/1953）。在知識論方面，實證主義採取了一種極端經驗論的立場，認為科學知識應當僅限於蒐集事實並找尋其間的相關，藉以對世界做出正確的描述。唯有將形上學的猜測以及用不可見的實體來解釋自然，一律予以捨棄，這才是正當的科學方法。

到了二十世紀初，物理學家馬赫（Ernst Mach, 1838-1916）所提出的物理現象論（physical phenomenalism）主張：現象就是唯一的實在，知識的內容應當僅限於感官經驗。所謂「現象背後的實在」，都是人類想像出來的，是形上學的東西，應當排除在科學之外。科學的目的是要透過實驗，展露出支配事物之法則。一旦認識到經驗的優位（the primacy of experience），並將「有意義的敘述」（meaning statements）限定在經驗的範圍內，我們便沒有理由再去找尋所謂更深層的「實在界」，來支撐我們建構的概念（Kolakowski, 1972）。

➢ 邏輯哲學論

1922 年，石里克（M. Schlick）受邀到維也納講學，他領導並召開了一次研討會，組成了「維也納學圈」（Vienna Circle）。維也納學圈成立之後，維根斯坦（Ludwig Wittgenstein, 1889-1951）在 1922 年出版的一本著作《邏輯哲學論》（*Tractatus Logico-Philosophicus*），對維也納學圈日後的發展及國際學術社群產生了重大的影響 。

邏輯哲學論認為：「世界是事實的總和，而不是事物的總和」（T1.1）。在世界中發生的是一個個的事實（fact）。事實是發生在某一時間和空間裡的事件，它是由一系列事物（thing）的不同狀態（state of affairs）所組成的。事物的每一個狀態，都是一個事實的組成單位，它也可以稱為「原子事實」（atomic fact）。「原子事實」組合成人們所觀察到的事實。由於原子事實是最簡單的事實結構，它不能再由其他的事實所構成，因此，「原子事實是彼此獨立的」（T2.061）。

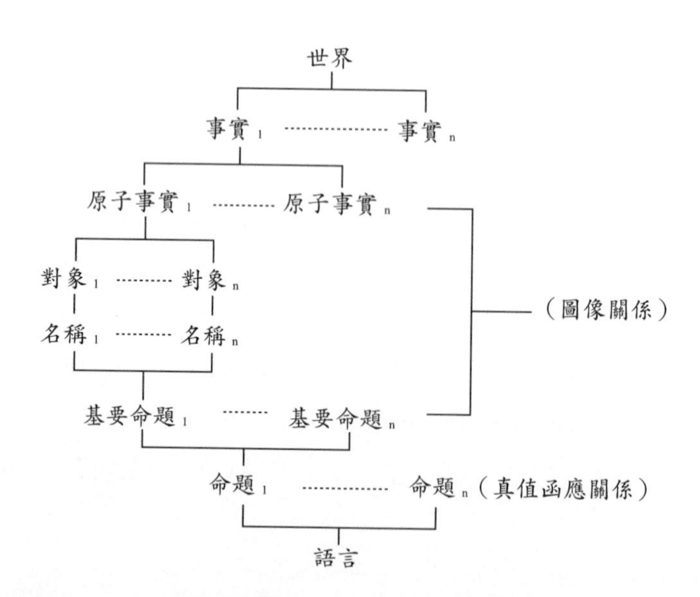

圖 3-1　《邏輯哲學論》一書中世界與語言之間的關係

「命題」和「事實」之間存在著圖像關係，構成命題的語言和構成事實的要素，不僅要有一一對應的關係，而且，兩者還要有同樣的邏輯結構。每一個這樣的語言單位，都對應於一個原子事實，並描述該一原子事實。由於它們是組成命題的基本單位，所以維根斯坦稱之為「基要命題」（elementary proposition）。一個基要命題代表一種事物的狀況（state of affair）。它們的真假不取決於別的命題，而是取決於事實；其目的在於論斷原子事實的存在或不存在。

如果原子事實存在，那麼基要命題是真的，它描繪了「正事實」（positive fact）；如果原子事實不存在，那麼基要命題便是假的，它描述了「負事實」（negative fact）。原子事實的存在和不存在都是實在；實在包括正事實和負事實。

實證主義者在「本體論」方面，採取了一種「素樸實在論」的觀點，認為唯有感官經驗能夠覺察到的「事實」（fact）才是唯一的「實在」（reality），科學家並不需要在感官經驗所知覺到的現象之後，再去追索「實在」。

這是一種極端「經驗主義」的立場，認為唯有藉由感官經驗所獲致的知識，才是真實可靠的知識，人類並不需要在感官經驗之外，運用形上學的概念，建構什麼「理型的世界」（ideal world）。

「形上學的概念」，在人類感官經驗無法企及的範圍之外，是無法用科學的語言來加以表述的，因此，《邏輯哲學論》第七章只說了一句話：「對於不可說的東西，必須保持沉默。」

➢ 唯我論的「人觀」

在維也納學圈的積極推廣之下，維根斯坦的哲學對二十世紀中期的世界學術社群造成了重大的影響。譽之所在，謗亦從之。當《邏輯哲學論》的發展盛極一時之際，它也開始招致各方的批評。在《邏輯哲學論》所受到的各種批評中，最值得我們注意的，是前期維根斯坦哲學中的「人觀」，以及由此而衍生出的世界觀。

筆者說過：前期維根斯坦採取了極端經驗論的立場。維根斯坦認為，「實在」只存在於我的經驗之中，在我的思想（語言）這一邊，有命題；在世界這一邊，則有對應的實在。命題所表達的是「我的經驗」中的事實，它所描繪的是「我的經驗」中的實在。這樣的立場使得維根斯坦不得不走上「唯我論」（solipsism）的道路（Hanfling, 1976），認為唯有假設一個「超驗自我」（transcendental self）的存在，才能認識世界。

「我的語言界限意謂我的世界界限。」（T5.6）
「這個世界是我的世界。」（T5.62）
「我就是我的世界（微觀世界）。」（T5.63）

然而，維根斯坦所說的「我」，卻不是心理學裡能夠作為思維主體的「我」，而是一種「超驗自我」，他稱之為「哲學的自我」。

「能思維能表象的主體是沒有的。」（T5.631）
「自我乃由『這個世界是我的世界』而進入哲學。哲學的自我不是一個人，不是人的肉體或靈魂。它不是心理學所研究的對象，而是一個形上學的主體；它是世界的界限，而不是世界的一部分。」（T5.641）

➢「超驗自我」的批判

這裡我們馬上就可以看到《邏輯哲學論》中一個極大的矛盾：前期維根斯坦哲學主張把所有「形上學」的概念都排除在科學的範疇之外，但是它的「人觀」卻認為：能夠進行科學研究的「哲學自我」，竟然「不是一個人」、「不是心理學研究的對象」，而是一個「形上學的主體」！

維根斯坦用眼睛和視野之間的關係來比喻「哲學自我」和世界的關係：

眼睛能夠看到視野中的事物，但卻不能看到它自己。同樣的，「哲學的自我」也可以觀察世界、描述世界，但卻不能觀察或描述它自身。所以維根斯坦說：這種形而上學的「主體不屬於世界，它是世界的界限」（T5.632）。

「心理學的自我」和「哲學的自我」所看到的世界是完全不一樣的。對前者而言：「人所看見的一切，都可能又是別的樣子。人所描繪的一切，都可能又是別的樣子。沒有先天的事物秩序」（T5.634）。

「形上學的主體」所看到的世界則不然：「嚴格貫徹了的唯我論，是與純粹的實在相吻合的。唯我論的我，濃縮成一個不往外延伸的點，而那與之同格的實在，則保持不變」（T5.64）。

這種「哲學上的自我」就像笛卡兒「主客二元對立」哲學中的主體一樣，他和作為客體的世界截然對立，以一種絕對客觀的態度來觀察世界。對於「哲學上的自我」或「形上學的主體」而言，世界中的一切事實，都按照嚴格的邏輯法則安排得井然有序，並不依賴人的意志而產生變化：

> 「世界並不依賴於我的意志。」（T6.373）
>
> 「即使我所希望的一切都會出現，這仍可以說不過是命運的一種恩惠而已。因為在意志與世界之間，並沒有一種邏輯聯繫會保證這一點。而且人們所假定的物理聯繫自身，又絕非人所能欲求。」（T6.374）
>
> 「世界的意義存在於世界之外。世界裡的一切都是按照其本來面目而存在、而產生；世界之中沒有價值存在。」（T6.41）

由此可見，維根斯坦眼中的世界，是一種不隨人的意志而轉移、「依其本來面目而存在」的客觀世界，而他心目中的邏輯，也是「先於一切經驗的」（T5.552），「假如即使沒有世界，也會有一個邏輯」（T5.5521），這樣的邏輯也是不以人的意志而移轉的：

「正如只有一種邏輯的必然性，也只有一種邏輯的不可能性。」（T6.375）

結果，在描述世界的時候，人，作為「心理學的主體」的那個「能思維、能表象」的「人」（請注意，不是「哲學的自我」，也不是「形上學的主體」），竟然消失不見了。

第四節 波柏的進化認識論

作為「心理學之主體的消失」，對於科學家所從事的科學研究，有十分重要的含意。依照實證主義的哲學，科學家所從事的科學活動可以分為兩大部分：其一、是用實證的方法，到經驗界驗證假設（即基要命題）的真或假；其二、是用邏輯推演，將經實證檢驗為真的命題，聯結成科學理論（Schlick, 1936）。科學家不必也不可以運用他的想像力，在感官經驗之外，用形上學的概念，建構理論的「理型世界」，來解釋他所觀察到的現象。

實證主義將科學活動的焦點集中在「命題的檢驗」，而不是「理論的建構」，這樣的科學哲學不僅會妨礙社會科學的發展，甚至對自然科學的發展，也大有妨礙（Achinstein & Baker, 1969）。許多非西方社會中的科學研究工作者，不瞭解西方科學哲學的演變，採用實證主義的研究哲學，盲目套用源自西方的研究典範，而致力於實徵資料的蒐集和累積，以檢驗西方社會科學中的「命題」，久而久之，科學研究變成瑣碎知識的累積，也造成了非西方社會中科學研究的低度發展。在後實證主義哲學中，以波柏「進化認識論」中所蘊涵的「人觀」作為對比，最容易讓我們看出這一點。

➢ 進化認識論

1934 年波柏（Popper）出版了他的第一部名著《科學發現的邏輯》，其內容對邏輯實證論提出了嚴峻的挑戰。這本書的英譯本在 1959 年出版後，使他在英語世界中聲名遠揚。接著他又相繼出版《猜想與反駁》（*Conjectures and Refutations*）（Popper, 1963）和《客觀知識》（*Objective Knowledge*）（Popper, 1972），進一步說明他所主張的「進化認識論」（evolutionary epistemology）。

波柏的進化認識論，可以用他所提出的四段圖式來加以說明：

P1→TT→EE→P2

P 表示問題（problem），TT 表示試探性的理論（tentative theory），EE 表示排除錯誤（error elimination）。倘若要以此一圖式來表示普遍性的試錯法，則圖式中的 TT 可以改變為 TS（試探性的解決，tentative solution）。

波柏認為：當生物體的期望遭遇到挫折，或是他原有的知識陷入困境後，他會設法對這個問題情境提出試探性的解決方案。理論並不是由經驗事實歸納出來的，而是用批判的理性思考演繹出來的。科學研究的過程應當是從「問題」出發，當科學家發現：已有理論與新的經驗不符時，他可能針對這樣的問題，提出嘗試性的理論（tentative theory），或嘗試性的解決（tentative solution）。這種解決方案可能不只一個，它也不一定正確，因此必須以經驗界中的現象為基礎，來檢驗理論，將錯誤的解決方案排除掉，保留尚未被否定掉的解決方案。這樣留下來的方案又可能遭遇到新的問題，如此往復，以致於無窮。

➢ 兩種「人觀」的對比

波柏的進化認識論廣為學術社群所接受之後，人們才發現：不論是從本體論、知識論或方法論的角度來看，他的學術主張和邏輯實證主義都是完全相反的。在本體論方面，邏輯實證論採取了一種極端經驗主義的立場，認為人藉由感官所經驗到的事實，才是事實，才是唯一的實在；而將所有形上學的概念排除在科學的領域之外。在知識論方面，邏輯實證論採取一種「照相理論」或「模版理論」的觀點，認為：人們認識外在世界的唯一正確途徑，就是透過客體在他大腦中的表徵。然而，一個認知主體如何知道他大腦中的表徵和外在世界的結構相對映呢？針對這個問題，邏輯實證論的方法論主張，認知主體本身無法判斷，他必須靠一個旁觀者用客觀的方法來加以驗證。這就構成了邏輯實證論最大的困難：既然作為認知主體的一般「人」，無法做出此種判斷，誰是夠資格做這種判斷的「旁觀者」呢？

為了回答這個問題，邏輯實證論者不得不虛擬出一個絕對客觀的「超驗自我」。更清楚地說，邏輯實證論者所主張之「唯我論」的「我」，是一種「哲學的自我」，或「形上學的主體」，既不是「心理學上的自我」，也不是「能思維、能表象的主體」。在科學活動的過程中，研究者的主體性將「濃縮成不往外擴張的一點」，甚至是可以完全消蝕不見的。

進化認識論中所蘊藏的「人觀」，和邏輯實證論正好相反。進化認識論在知識論和本體論方面的立場和西方文化傳統中的觀念論（idealism）比較接近，波柏認為：科學家為了解釋他所觀察到的現象，或解答他所遭遇到的問題，必須運用自身的主觀能動性，構思試探性的理論，或提出試探性的答案。這種試探性的理論或答案可能包含一些形上學的概念，這種概念所指涉的，是蘊藏在現象背後的物自身（thing in itself）（Kant, 1781/1965），科學家必須假設：它們是實在的。這種立場稱為「科學實在論」（scientific realism）。

值得強調的是：波柏所說的演繹（deduction），並不是以永恆公理作為出發點的傳統演繹。由於科學理論是科學家用創造性的想像推測出來的，其中可能包含有許多錯誤，因此，在方法論方面，他主張：我們必須不斷地檢驗作為演繹之前提的嘗試性理論或猜想。這種方法，波柏稱之為「檢驗的演繹法」。對於這樣的知識論，波柏曾經說過一句名言：「我們的理智並不從自然界引出規律，而是以不同程度的成功，把理智自由創造出來的規律強加於自然界」（Popper, 1963: 191）。用他自己的比喻來說，科學並不是一只水桶，人們只要辛勤地採集並累積經驗，理論的水就會自然而然地流注而滿。相反的，科學猶如一架探照燈，科學家必須不斷地提出問題，進行猜想，把理論的光投向未來（Popper, 1972）。倘若理論只是過去的紀錄，不能從其中推演出既有經驗以外的事件，這種理論還有什麼用呢？

波柏也反對實證論者所主張的「證實原則」。從波柏的哲學來看，不論多少經驗事實，都不能證明一種理論命題。可是，任何一個和理論不符的事實都可能使「基要命題」發生動搖。科學理論一般都是以「全稱斷言」（general predication）的方式表達出來，經驗的對象卻是個別的。個別的事例無論重複多少次，也無法證實一個「全稱斷言」的命題。例如：不管我們觀察到多少隻白天鵝，也不足以證實「所有天鵝都是白色的」這樣一個「全稱斷言」的命題，因為我們的觀察不可能窮盡所有的天鵝。因此，科學家並不能「證實」理論，我們只能加以「否證」（falsify），在理論尚未被否證之前，我們只是暫時予以保留而已。

第五節　後實證主義的知識論

從西方哲學發展的觀點來看，實證主義哲學中所蘊涵的「獨我論」，是一種最為獨特的「人觀」，它反映出笛卡兒「主／客」二元對立的哲學，把「人」想像成是站在世界之外，並和世界對立的主體，科學家的主要任務則是客觀地描述世界。波柏所主張的「進化認識論」完全反對這種想法，他認為，科學是人類的一種創造性事業，科學家不能消極地等待經驗的累積，他必須透過人的創造精神，積極地進行批判、創造和否證等工作。這兩種科學哲學蘊涵了兩種不同的「人觀」，他們對「人」在科學活動中的地位，抱持著完全不同的看法。和波柏同屬後實證主義的其他科學哲學家，對於「人」在建構理論過程中所能發揮的主體性和主動性，幾乎都抱持著同樣的看法。然而，他們對於科學家應當追求何種知識，以及如何追求知識，卻有相當不同觀點。本節將回顧在波柏之後所發展出來的幾種重要的科學哲學以及他們的知識論主張，希望藉此說明這些主張對發展本土心理學的意涵。

➢ Hempel 的邏輯經驗論

在邏輯實證論遭受到抨擊之際，曾經參加過維也納學圈的Hempel，不斷地針對本學派的問題和缺點做出修正，並提出了邏輯經驗論（logical empiricism）的新主張。在《科學說明的面相》（*Aspects of Scientific Explanation*）一書中，Hempel（1965）提出了所謂的「演繹模型」（deductive model）或「覆蓋律模型」（covering law）。他認為：科學說明通常包含兩類陳述：第一類陳述是某些「普遍定律」（general laws）；第二類陳述叫「先行條件」（antecedent conditions）。以這兩類「說明項」（explanans）作為前提，經由邏輯演繹之後，可以導出有關於現象界的「事象描述」，後者即為「待說明項」（explanandum）。

以這種「演繹模型」作為基礎，他首先指出「證實」一項命題的困難。在前述的「演繹模型」中，用來做科學說明的「普遍定律」，大多是以全稱斷言（universal predication）的形式來加以表達。可是，由於沒有人能夠做無限次觀察或檢驗，按照這個標準來看，所有「全稱斷言」的命題都會變成無意義的命題。

同時，他也指出了「否證」一項假設性命題的困難。一般說來，科學家在檢驗一項假說時，往往必須藉助於若干輔助性假設，這就是前述「演繹模型」中的「先行條件」。這些輔助性假說，有些涉及科學理論本身，有些涉及設計實驗，有些涉及儀器設備，有些則涉及研究程序，它們合併起來才能蘊涵一個可觀察的事件。當科學家得到一個否定性的研究結果時，往往不會輕易地否定自己的假設，他們會仔細檢查實驗的儀器設備，反覆考慮自己的實驗設計，甚至重做實驗。這些步驟其實就是在考量：是不是其他的輔助性假設出了問題？

由此可見，否定一個假設並不是容易之事。因此，Hempel（1965）認為：在科學活動中，受檢驗的並不是單一的假設，而是整個理論系統。不僅如此，對於主張邏輯經驗論的Hempel（1966）而言，理論也不是經由歸納法而獲得的。研究者絕不可能從經驗事實中歸納出理論。像牛頓的萬有引力定律，愛因斯坦的廣義相對論，都是科學家為了說明他所觀察到的事實，在自己的頭腦中構想出來的，而不是經由大量的觀察，從現象中歸納出來的。從材料過渡到理論，需要「創造性的想像」，它們是「對於可能隱藏在現象背後的一致性和模式所提出的猜測」（Hempel, 1966: 15），跟科學家所觀察到的現象並不一定契合。

➢ 典範與解謎

後實證主義科學哲學將科學研究的重點由「命題的檢驗」移轉到「理論建構」，對於非西方國家的科學研究工作者，具有特殊的意涵。我們可以用Kuhn（1962）所提的「典範」概念，來說明這一點。典範（paradigm）原意為一種可重複套用的範例。在英文中，paradigm 通常是指一個公認的模型或類型。在《科學革命的結構》（*The Structure of Scientific Revolutions*）一書中，典範是指一種公認的科學成就，它代表由某一科學社群成員共有的信仰、價值、技術等所構成的整體，能夠為這個整體中的某一部分，提供問題解答，或作為常態科學研究中，解答謎題的基礎。

Kuhn（1962）認為：在常態科學（normal science）時期，一個科學社群通常是以過去的科學成就作為基礎，從事研究。這類研究通常是在一定典範的指導下，去解決該領域的難題，Kuhn 稱之為「解謎」（puzzle-solving）。

常態科學時期，科學家的主要活動是在一套固定的科學標準下，將心力集中在特定的範圍，精鍊典範，加速科學的進步。科學研究中的解謎活動，其答案經常是在預期之中。這樣的工作雖然必須超越各種觀念上的、研究方法上的，或研究工具上的障礙。不過，解答常態問題，通常只是用一種新的方法達到預期的目標。這時候，科學家的主要研究動機在於他相信：「只要我夠高明，就必定有解答。」

➢ 素樸實證主義的陷阱

如果非西方國家的科學工作者抱持著一種「素樸實證主義」的心態，以為「科學研究」就是「大膽的假設，小心的求證」，而援用西方國家先進的「典範」，在本土社會中從事研究，他其實只是在從事「常態科學」的研究工作。如果他對西方科學哲學的演變缺乏相應的理解，他的研究工作便很容易掉入陷阱之中。為什麼呢？

依照Kuhn（1962）的說法，常態科學時期的所謂「檢驗」，並不是對理論本身進行檢驗。更確切地說，此種「檢驗」，受檢驗的是個別的科學家，而不是現行的理論。常態科學的目標在於解決謎題，而謎題之所以被認為是謎題，是因為科學家們接受了典範的緣故。所以解不開謎的罪過是由科學家來承擔，而不在於理論。

對於非西方國家的社會科學工作者而言，這種「素樸實證主義」的心態，可以說是科學創造的最大障礙。Kuhn（1962）指出：任何一個典範都不能窮盡真理。隨著常態研究的深化，科學家們必然會遇到一些異例。如果異例的出現，使科學家無法用調整典範來加以解決，而且隨著異例出現頻率的增多，使科學家感到：他們已經無法用既有的典範來解決他們所面臨的問題，他們便可能面臨科學的危機，而必須設法發展新典範，以取代舊典範，而造成所謂的「科學革命」（scientific revolution）。

當非西方國家的社會科學家援用西方國家所發展出來的社會科學典範，在本土社會中從事研究工作的時候，通常他都會遭遇到西方理論無法解釋的許多「異例」。然而，如果抱持著一種「素樸實證主義」的心態，不知不覺中受到西方典範的宰制，不敢發展新典範，來對既有的典範提出挑戰，反倒只想調整既有的西方典範，來解決這些反常的「異例」，或者甚至對這些異例視而不見，置若罔聞。久而久之，他所做的實徵研究，便會顯現出「後續增補」的特色。

➢ 發散式思考與科學革命

我們可以再用Kuhn（1977）的後期哲學來說明「素樸實證主義」研究取向的侷限。《必要的緊張關係》（*The Essential Tension*）一書將科學家所從事的活動分為兩大部分：一種是以發散式思維從事理論建構的工作；一種是以收斂式思維從事命題檢驗的工作。

常規時期的科學研究，就是一種高度收斂式的活動，其基礎建立在科學社群成員接受教育過程中所獲得的共識之上。他們日後在從事專業研究的過程中，這種共識又會獲得增強。然而，在典型的情況下，這種收斂式研究工作終將導致科學革命。換言之，推動科學進步的力量，除了收斂式思維之外，還需要有發散式思維。一個科學社群為了吸收科學的新發現和新理論，必須拋棄他們以前所信賴的智力工具和操作裝置，拋棄他們以前的信念和世界觀，找出另外一組信念和實踐的新意義，以及它們之間的新關係。為了接受新理論和新典範，必須重新評估舊理論和舊典範，科學發現的本質因而都是具有革命性的。這時科學家必須要解放思想，使其思想活躍起來。這正是發散式思維的特點。收斂式思維和發散式思維正如銅板之兩面，它們是「互補」的，是推動科學進步必不可少的兩股力量。只有發散式思維，就會陷於胡思亂想，終究一事無成；只有收斂式思維，就會囿於成見，故步自封。因此，在這兩者之間保持一種適度的張力，正是推動科學進步的必要條件。

第六節　建立普世心理學的方法論策略

同樣的，如果非西方國家的本土心理學者不瞭解科學哲學轉向對學術研究所具有的意涵，反倒抱著一種「素樸實證主義」的心態，想要用歸納法來發展本土心理學，他們便可能遭遇到本書第一章第三節所討論的困境。基於這樣的觀點，我們可以再進一步回顧以往本土心理學者，為了建立普世心理學或全球心理學所提出的方法論策略，逐一檢討其可行性。

為了要達成「普世主義」的理想，本土心理學者曾經提出了許多種不同的研究策略，包括：共有性客位研究法（derived etic approach）（Berry, 1989; Berry & Kim, 1993）、主位—客位—理論化三重區分法（emic-etic-theorics threefold distinction）（Ho, 1988），以及「內發本土化」（indigenization from within）和「外衍本土化」（indigenization from without）循環交替使用的「跨本土法」（cross indigenous method）（Enriquez, 1979, 1993）；楊國樞（1997a，1997b）後來也提出了「跨文化本土心理學」的研究策略（cross-cultural indigenous psychology），認為這是邁向「全球心理學」的大道。

➢ 共有式客位

Berry（1969, 1989）將文化心理學的研究取向分為三大類：「強加式客位」（imposed etic）、「主位」（emic）和「共有式客位」（derived etic）。大多數本土心理學者主張「主位式」的研究取向，強調使用文化系統中的概念，用當地人自己的語彙（terms）來瞭解現象的意義。「共有式客位」則是利用比較的方法，將「強加式客位」和「主位式」兩種研究取向所得的知識合併在一起，Berry 與 Kim（1993）認為：這是創造出較為普世之心理學的必要步驟。

在這裡我們必須特別注意的是：本土心理學者在採用「共有式客位」的研究取向，建立普世性或全球性的心理學理論時，所謂的「強加式客位」理論，到底是什麼樣的理論？如果這種理論本來就是針對人類心智之心理功能或機制所建立的形式性理論，我們可以假設它可以適用於各種不同文化（僅管這種假設很可能被後來的事實否證掉），那麼，Berry（1969, 1989）所建議的「共有式客位」的研究策略，是可以接受的。相反的，倘若「共有式客位」是指稱一種「文化整合性的策略」（acculturation strategy of integration），要從兩個（或所有）社會中的觀念、理論、方法和發現，來產生具概化性的普世心理學（Berry, 1993: 272），這種主張蘊涵了一種歸納法的反覆使用，其可行性便很可置疑。就理論上來說，採用這種研究取向，不管研究多少文化，終究只能跨出邁向「普世心理學」的一小步（Berry, 1993: 260），距離普世心理學或全球心理學的目標其實是相當遙遠的。

➢ 內發本土化

Enriquez（1977, 1993）將本土化的研究策略分為「內發本土化」和「外衍本土化」兩種。所謂「外衍本土化」是從優勢的來源文化（dominant source culture）中引入跨文化（或西方）心理學的知識，用「強加式客位」的方式，來解釋他們從第三世界之目標文化（target culture）中所蒐集到的資料。這種作法是他堅決反對的。他所主張的「內發本土化」，則是「使用當地的語言和文化作為理論、方法和實踐的根源」（Enriquez, 1993: 163）。為了要使本土心理學的研究發現有更大的可概判性（generalizability），他主張使用「跨本土法」（cross-indigenous method），同時採用世界上的不同文化作為跨本土心理學的來源，希望擴大本土心理學的資料庫，以建立一種普世心理學。

Enriquez（1977, 1993）論述的主要焦點是語言和文化。同樣的，如果他所主張的「跨本土化」是指，由不同的文化中歸納出較具可概判性的心理學理論，他勢必要遭遇到歸納法所面臨的困境。儘管有人期待「用這種跨本土法，不僅可以發現普世性的規則，而且被研究現象的整體範圍也會隨之增加」（Kim & Berry, 1993: 11）。但也有不少人擔心：將源自不同文化系統之知識整合在一起的工作，該如何真正落實（Poortinga, 1997: 361）。連 Enriquez（1993: 154）本人也承認：「只要語言和文化的障礙使人們不願碰觸本土心理學，跨文化心理學便仍然是人們的希望所在。」

➢ 迷你後設理論

本土心理學者批評：盲目引用外來理論，可能因為其中包含有許多目標文化所感到陌生的概念，而掉入種族中心主義的陷阱（pitfalls of ethnocentrism）。可是何友暉（Ho, 1988, 1998）卻認為：只依賴目標文化中的本土概念，也可能引起同樣的困難，它並不擺脫種族中心主義的基本困境（fundamental predicament of culturocentrism）。因此，他依「本土－外來」的向度（indigenous-exotic dimension）將理論加以區分（Ho, 1998）：所謂「本土理論」（indigenous theories）是倚賴目標文化（target culture）自身本有的價值和概念而建立起來的，它代表了局內人的觀點；相反的，「外來理論」（exotic theories）則是從某一異文化（alien culture）的價值和概念產生出來的，它代表的是局外人的觀點。為了要解決有關本土理論的爭議，他建議將各種本土和外來理論在理論、理論家（theorists）和文化等方面互作比較，藉以發展出一種「後設理論」（metatheory）。

然而，他所建議的這種研究策略，卻也蘊涵了歸納法必然會遭遇到的難題。依照他的說法，以這種策略所建構出來的後設理論，只不過是一種「迷你後設理論」（mini-metatheory）而已，「它可以擴充至多元文化或甚至鉅觀文化的研究，其目標對象包含全世界所有已知的文化」（Ho, 1998: 93）。針對這樣的建議，我們要問的問題是：這種「迷你後設理論」要擴充到什麼程度，才能「包含全世界所有已知的文化」？

➢ 跨文化本土心理學

楊國樞（1993）引用 Enriquez（1979）將本土化的研究取向區分為「外衍性本土化」和「內發性本土化」的論點，認為：經由「外衍性本土化」所建立的心理學是一種「外衍性本土心理學」。

> 「此種心理學是以他國（常是西方國家）的社會、文化及歷史作為思想的活水源頭，而不是以自己的社會、文化及歷史作為思想的活水源頭。它主要是西方心理學的一種變體，常難真正有效地反映當地社會、文化及歷史等方面的特點與真貌，因而本文並不承認它是真正的本土心理學。我們所指的本土心理學僅限於內發性的本土心理學；我們所追求的本土心理學也僅限於內發性的本土心理學。」（楊國樞，1993：44）

他把本土心理學區分為「單文化本土心理學」（mono-cultural indigenous psychology）和「跨文化本土心理學」（cross-cultural indigenous psychology），認為：西方或美化心理學也是一種「單文化本土心理學」，區域性心理學理論的建構，不能只靠單文化本土性研究，而有賴跨文化本土性研究，及數個或多個本土心理學之相關知識的整合（楊國樞，1997a；Yang, 2000）。

乍看之下，他的論點和Enriquez（1977, 1979）的主張是十分相似的。後來，他又從內容（content）和研究取向（approach）兩方面，進一步討論這種整合過程。就內容而言，他將整合區分為「經驗的整合」（empirical integration）和「理論的整合」（theoretical integration）。所謂「經驗的整合」主要是以所有被比較之本土心理學共有的特徵（成份、歷程、建構、結構或模式）和功能作為基礎（Yang, 2000: 258）。

在「理論的整合」方面，他說：「如果一種心理學的理論能夠跨越兩個或更多文化，在某些領域中適當地理解、解釋，並預測心理及行為現象，這個理論便可以說已經在這些文化中整合了相關領域中的現象」（Yang, 2000: 258）。這種主張跟Berry（1969, 1989）所主張的「共有式客位」研究取向是十分類似的。問題是：如果要堅持使用楊國樞所謂的「跨文化本土心理學」，有誰能夠發展出這種理論來整合「所有被比較之本土心理學共有的特徵及功能」？

結　論

以上簡短的回顧已經可以讓我們看出：當科學哲學的主流由實證主義轉向後實證主義之後，在知識論和方法論上所產生的巨大變化。這樣的變化對於解決本土心理學在發展上所遭遇到的兩難困境，也有其重大的意涵。更清楚地說，本土心理學者其實並不能藉由歸納法，來建立普世心理學或全球心理學的理論。他們所能做到的，是經由創造性的想像以及理性的批判，針對人類共同心智的心理功能或運作機制，建立假設可適用於各種不同文化的形式性理論，再用它來分析某一文化群體所獨有的心態。如果本土心理學者堅持使用實證主義的歸納法，一定要先建立適用於某一特定文化的實質性理論，再用它來整合成普世心理學或全球心理學的理論，他便很可能會遭遇到許多方法論或認識論上的困難。

筆者一向強調：近代科學的進展是建立在科學哲學的基礎之上。本土心理學運動要有真正的進步，必須作三個層次的突破：哲學的反思、理論的建構和實徵的研究。本書第二章討論「科學微世界」和「生活世界」的對比；本章則從西方哲學中的典範轉移，說明如何以近代科學哲學的觀點，來建構「科學微世界」。基於這樣的立場，從本書第四章開始，筆者將一方面說明：如何建構儒家關係主義的「科學微世界」，另一方面從科學哲學的觀點，對相關議題的不同研究取徑作出反思和批評。

參考文獻

牟宗三（1963）：《才性與玄理》。香港：人生出版社。

牟宗三（1968）：《心體與性體》。台北：正中書店。

牟宗三（1971）：《智的直覺與中國哲學》。台北：商務印書館。

牟宗三（1975）：《現象與物自身》。台北：學生書局。

牟宗三（1977）：《佛性與般若》。台北：學生書局。

黃光國（2001）：《社會科學的理路》。台北：心理出版社。

楊國樞（1993）：〈我們為什麼要建立中國人的本土心理學？〉。《本土心理學研究》，1，6-88。

楊國樞（1997a）：〈心理學研究的本土契合性及其相關問題〉。《本土心理學研究》，8，75-120。

楊國樞（1997b）：〈三論本土契合性：進一步的澄清〉。《本土心理學研究》，8，197-237。

Achinstein, P., & Baker, S. F. (1969). *The legacy of logical positivism: Studies in the philosophy of science.* Baltimore: John Hopkins Press.

Aristotle (1962). *Nicomachean ethics* (M. Ostward, Trans.). New York: The Library of Liberal Art.

Berry, J. W. (1969). On cross-cultural comparability. *International Journal of Psychology, 4*, 119-128.

Berry, J. W. (1989). Imposed etics-emics-dervied etics: The operationalization of a compelling idea. *International Journal of Psychology, 24*, 721-735.

Berry, J. W. (1993). Psychology in and of Canada: One small step toward a universal psychology. In U. Kim & J. W. Berry (Eds.). *Indigenous psychologies: Research and experience in cultural context* (pp. 260-275). Newbury Park, CA: Sage.

Berry, J. W., & Kim, U. (1993). The way ahead: From indigenous psychologies to a universal psychology. In U. Kim & J. W. Berry (Eds.), *Indigenous psychologies: Re-*

search and experience in cultural context (pp. 277-280). Newbury Park, CA: Sage.

Comte, A. (1908/1953). *A general view of positivism.* Standford, CA: Academic Press.

Enriquez, V. G. (1977). Filipino psychology in the third world. *Philippine Journal of Psychology, 10,* 3-18.

Enriquez, V. G. (1979). Towards cross-cultural knowledge through cross-indigenous methods and perspectives. In J. L. M. Binnie-Dawson, G. H. Blowers & R. Hoosain (Eds.), *Perspectives in Asian cross-cultural psychology* (pp. 29-41). Lissie: Swets & Zeitlinger, BV.

Enriquez, V. G. (1993). Developing a Filipino psychology. In U. Kim & J. Berry, *Indigenous psychologies: Research and experience in cultural context* (pp. 152-169). Newbury Park, CA: Sage.

Falcon, A. (2005). *Aristotle and the science of nature: Unity without uniformity*. Cambridge, UK; New York: Cambridge University Press.

Hanfling, O. A. (1976). *Solipsism and the self.* Maidenhead: McGraw-Hill.

Hempel, C. G. (1965). *Aspects of scientific explanation.* New York: Macmillan.

Hempel, C. G. (1966). *Philosophy of natural science*. Englewood Cliff, NJ: Prentice-Hall.

Ho, D. Y. F. (1988). Asian psychology: A dialogue on indigenization and beyond. In A. C. Paranjpe, D. Y. F. Ho & R. W. Rieber (Eds.), *Asian contributions to psychology* (pp. 53-77). New York: Praeger.

Ho, D.Y. F. (1998). Indigenous psychologies: Asian perspectives. *Journal of Cross-Cultural Psychology, 29*(1), 88-103.

Hwang, K. K. (2005). From anti-colonialism to post-colonialism: The emergence of Chinese indigenous psychology in Taiwan. *International Journal of Psychology, 40* (4), 228-238.

Kant, I. (1781/1965). *Critique of pure reason* (N. K. Smith, Trans.). New York: St Martin's Press.

Kant, I. (1785/1949). *The fundamental principles of the metaphysic of morals* (T. K. Abbott, Trans.; M. Fox, with and introd). New York: Liberal Arts Press.

Kant, I. (1788/1963). *The critique of practical reason* (T. K. Abbott, Trans.). London: Longman.

Kim, U., & Berry, J. W. (1993). *Indigenous psychologies: Research and experience in cultural context*. Newbury Park, CA: Sage.

Kolakowski, L. (1972). *Positivist philosophy*. Harmondsworth: Penguin Books.

Kuhn, T. (1962). *The structure of scientific revolutions.* Chicago, IL: The University of Chicago Press.

Kuhn, T. (1977). *The essential tension: Selected studies in scientific tradition and change*. Chicago, IL: The University of Chicago Press.

Poortinga, Y. H. (1997). Towards convergence. In J. W. Berry, Y. H. Poortinga, J. Pandey, P. R. Dasen, T. S. Saraswathi, M. H. Segall & C. Kagitcibasi (Eds.), *Handbook of cross-cultural psychology* (2nd ed.) (Vol. 1, pp. 347-387). Boston, MA: Allyn & Bacon.

Popper, K. (1963). *Conjectures and refutations: The growth of scientific knowledge*. London: Routledge & Kegan Paul.

Popper, K. (1972). *Objective knowledge: An evolutionary approach*. Oxford: Oxford University Press.

Schlick, M. (1936). Meaning and verification. *The Philosophical Review, 45*, 339-369.

Scruton, R. (1983). *Kant*. Oxford: Oxford University Press.

Yang, K. S. (2000). Monocultural and cross-cultural indigenous approaches: The royal road to the development of a balanced global psychology. *Asian Journal of Social Psychology, 3*, 241-263.

第四章

〈人情與面子〉理論的建構

本書第一章提到：本土心理學的知識論目標，是要以人類心智共同的深層結構作為基礎，建構形式性的理論，它既能說明人類普世性的心理功能，又能解釋某一文化中人們獨有的心態。由於本書的目的是要建構儒家關係主義的理論系列，本章將先以社會心理學者所建構的社會交換理論和正義理論作批判性的回顧，然後再以 Alan P. Fiske（1991）在《社會生活的結構》（*Structures of Social Life*）一書中，對人類關係的四種基本模式的分析作為基礎，說明人類社會關係的深層結構。接著再說明：筆者所建構的〈人情與面子〉的理論，是一種普世性的形式性理論，可以解釋人類共同的心理功能。

第一節　社會交換論的回顧

在社會科學的各個領域中，最早探討「關係」性質與社會行為之關聯者，為社會交換理論。從社會交換論的角度來看，絕大多數的社會互動都可以想像成為社會交換。誠如恩格斯所言：「除了生產之外，生產成果的交易是所有社會結構的基礎。所有社會變遷的最終原因，既不在於人們的腦袋之中，也不是人們對終極的真理和正義有了更高明的看法，而是生產或交易方式的改變」（Engels, 1880/1959: 90）。社會交換論的內容，正是在處理人們對各種心理、社會和物質資源的交換問題。

➢ 人類學的探索

最早開始研究人類社會中之交換行為者是人類學家。譬如：弗雷澤（Frazer, 1906/1919）認為：澳大利亞的原住民社會中存有一種交換婚姻制度，有些缺乏財富而又希望娶妻的人，可以通過這種制度，嫁出自己的姐妹或女兒，以換回另一個女人；其本質是一種出於經濟動機的交換行動。Malinowski（1922）則成功地區分西太平洋島嶼之原住民間的兩種交換制度：當來自某一島嶼的貿易團航行到與其有貿易關係的另一島嶼後，兩群人先聚在一起，舉行所謂的Kula儀式。由雙方首領交換用貝殼編成的項鍊和手鐲，再與本身的團員交換，最後每個人都得到一條原本不屬於自己的項鍊或手鐲，既不多也不少。Malinowski認為這是一種象徵性或社會性的交換，其目的在建立雙方的友誼聯帶。Kula儀式舉行完畢後，即可進行另一種叫Gim wali的儀式，交換魚、芋頭及日常生活用品。Mauss（1954/1984）更進一步地研究許多原住民社會中的禮物交換，包括：經濟物品、女人、兒童、舞踏、儀式、戰鬥支援等等，認為禮物的收受與回報乍看似乎是志願的，其實卻受到社會義務之規約。

Levi-Strauss（1969）檢視許多原住民社會中的交易行為，發現在物品交易之後，還有一層比經濟動機更為重要的涵義，即是通過與他族結盟，防避敵對的風險，以獲得安全感。因此，他反對將社會交換行為化約為經濟法則，更反對用理性律來解釋社會交換。在他看來，交換關係是先於所交換之物品而存在；在交換關係中，雙方交換之物品的性質，對於瞭解他們之間的關係，其實並不相干。他們所交換的物品，從很多層面來看，可能是相同的；但是它們一旦在互惠的結構中取得了適當的地位，便會產生出完全不同的意義。

從以上簡短的回顧中，我們可以看出：早期人類學家在研究原住民社會中的交換行為時，大多認為：其中社會交換的成份遠大於經濟交易的成份。但是後來的社會心理學者在構思有關社會交換之理論時，卻是反其道而行，而假設人是「經濟人」或「理性人」。此處，我們可以回顧幾種主要的社會交換論，來突顯其中的對比。

➢ Homans 的社會交換論

Homans（1950）早年採用功能主義的歸納方法，根據五個小團體的現場研究，撰成《人類群體》（*The Human Group*）一書，頗獲好評。在他看來，社會是由許多系統所組成，而這種系統又是以若干經常進行跨時間溝通的小團體為基礎而組成的，因此，對小群體的研究將導致對更大群體甚或整個人類文明的理解。

在《社會行為：其基本形式》（*Social Behavior: Its Elementary Forms*）一書中（Homans, 1961），他改用演繹方法，以 1950 年代盛行的操作性制約學習理論（operant conditioning theory）為基礎，而建立其社會交換論，但他對社會行為的基本觀點卻仍然未變。在他看來，不管是多複雜的人類行為，都可以用幾條源自於動物行為研究的基本命題來加以分析，而不需要任何新的命題。這幾項基本命題是：

1. 成功命題（success proposition）：如果一個人的某一特殊行動經常獲得酬賞，則他將可能樂於再從事該一行為。
2. 刺激命題（stimulus proposition）：過去某一特殊刺激發生後，某人的行動恰好得到酬賞，目前的刺激若與過去的刺激相似，則某人可能採取同樣或類似的行動。
3. 價值命題（value proposition）：某人行動的結果對他愈有價值，則他愈可能從事該項行動。
4. 剝奪饜足命題（deprivation-satiation proposition）：如果個人不久前經常獲得某一特殊的酬賞，則該酬賞對他較不具價值。
5. 攻擊－讚許命題（aggression-approval proposition）：

   命題 A：當個人的行動未獲得他所期待的酬賞，或是得到他所不期望的懲罰，他將會憤怒並可能表現出攻擊行動。

   命題 B：當個人的行動獲得他所期待的酬賞，或是獲得比他所預期更多的報酬，他將會愉快喜悅並再表現出受到讚許的行為。

6. 理性命題（rationality proposition）：在各種替代性的行動方案中進行選擇時，個人會將各方案之結果的價值乘以獲得該結果的或然率，而選取其最大者。

Homans（1961）的主要貢獻是，他試圖以行為學派的原則，來解釋人類的社會行為。他所提出的命題固然具有普世性，而可適於任何一個社會；然而，他在提出「價值命題」之後，並沒有進一步探討，為什麼一個社會會重視某些價值。他曾經區分社會交換中「人性關係」（personal relation）和「非人性關係」（impersonal relation）的不同：所謂「非人性關係」是指行動者為了獲得在其他處也可以得到的單一酬賞（single reward），而和他人進行的單一交易（single exchange）；「人性關係」則是行動者為了獲得特定他人所擁有的酬賞，而建立的多重交換關係（multiple exchange relation）。但是他認為：這些不同關係間的交換行為均可從其基本命題中導衍出來，是屬於次一級的派生觀念，不需要將之列為基本命題。

➢ Blau的社會交換論

在《科層組織的動力學》（*The Dynamics of Bereaucracy*）一書中，Blau（1955）描述了雇員如何在工作場合中給予他人幫助及訊息，以換取尊敬、社會贊同及其他非物質酬賞，受到 Homans（1961）的大量引用，激起了他對社會交換論的興趣，進而撰成《社會生活中的交換與權力》（*Exchange and Power in Social Life*）一書（Blau, 1964），對社會交換論作出了重大的貢獻。

在微觀的層次上，Blau（1964）接受Homans（1961）的論點，認為人類的行為會因為獲得酬賞而受到增強。但是他的理論和 Homans 卻有其根本不同。首先，他並不認為所有的社會行為都可以視為交換行為。在他看來，行為者的行為基本上是目標導向的，唯有通過與他人的互動能夠獲致其目標時，個人才會與他人進行社會交換。換言之，交換行為是個人為了獲致其目標，而和他人進行協調的策略行動（Blau, 1964: 5），不能涵蓋所有的社會行為。

其次，他也反對 Homans 的心理化約主義。他認為：微觀的社會歷程是兩人間面對面的互動，宏觀的社會結構是由相互關聯的群體所組成，兩者在本質上有極大的不同。不僅如此，心理化約主義也不足以解釋微觀的社會歷程。在雙方建立關係的早期，獲致立即的酬賞，對雙方而言，可能都是相當重要的。可是，關係一旦建立之後，雙方互相依賴的聯合行動，會使其產生諸如信任和承諾等「滋生性質」（emergent properties），導致雙方關係的穩定性和適應性，而不再期盼短期的回報或立即的補償。在他看來，「心理化約主義的最大限制，便是它忽略了社會生活的『滋生性質』，而完全以個人的動機來解釋其行為」（Blau, 1964: 3）。

➢ 經濟交易與社會交換

Blau（1964）認為：人與人之間的聯繫是建立在兩種基本的社會歷程之上：「內在吸引力」（intrinsic attraction）是個人和一個機智、美貌或者與自身相似的人在一起，因為其關係的內在性質，而產生的愉悅之感；「外在吸引力」（extrinsic attraction）則是個人為了獲取對方所擁有的物質資源，而和他人保持的關係。對方掌握有個人所欲的物質資源，便掌握有可以影響個人的社會權力（social power）。

他很明確地指出經濟交易和社會交換的不同。在經濟交易中，所交易的物品有明確的市場價格；對於交易過程，則有一種成文或不成文的契約，明確地規定進行交易雙方的權利和義務；在一次成交之後，立刻可以得到自身的利潤。社會交換則不然，在社會交換中，人們對其所得之物品、服務或社會贊同的價值，是主觀斷定的，進行交換的雙方之間有許多「不確定的義務」（unspecified obligations）（Blau, 1964: 315），因此必須仰賴諸如雙方互信之類的「滋生性質」，他們才敢於進行投資。

由於Blau分析的焦點是集中於社會組織之中，他對於社會交換的構想，仍然是建立在「理性人」或「經濟人」的模式之上。他在分析小團體的形成、權力和地位的分化、團體規範的運作，以及更高層次的群體行為時，都同樣假設：人們總是遵循著理性、互惠、公正及邊際效用原則，進行社會交換，以維持社會關係的穩定。我們在欣賞他的貢獻之餘，也必須同時覺察到其學術工作的侷限。

➢ Thibaut 與 Kelley 的社會互依理論

Thibaut 與 Kelley（1959）的社會互依理論（theory of social interdependence），更將「理性人」模式的精神發揮到極致。他們設計了一種簡單的博奕距陣（game matrix），矩陣的「行」代表一位行動者可以作的各種行為抉擇；「列」代表另一位行動者可作的行為抉擇，矩陣中的每一方格（cell）代表兩位行動者作某種選擇之組合後，雙方可以獲得的酬賞以及他們必須付出的代價。他們在實驗室裡操弄兩大類的變項，作了一系列的研究：一類是外在於兩人關係的「外衍變項」（exogenous variables），譬如：行動者的需求、他人所掌握的資源等等；另一類是「內衍變項」（endogeneous variables），涉及彼此關係的性質，譬如：雙人互動的歷史、行動者各種不同反應方案的相容性等等。

Kelley 與 Thibaut（1978）假設：參與互動的雙方都具有高度的選擇性，會找尋最可能使其產生滿足的對象，而與之互動。在互動過程中，雙方都會以兩種判準來評估互動的後果：⑴比較水準（comparison level）是個人認定在某種關係中他應該得到的後果；⑵替代對象的比較水準（comparison level for alternatives）。假設個人在某種關係中所得到的後果遠低於其比較水準，而又有某種替代對象提供了更有利的交換條件，個人便可能捨此而就彼。當然，這是指雙方均為自由意志之主體的互動。如果其中有一方的行為可能影響他人所得的結果，他便對後者掌握有權力。如果不論他人怎麼做，行動者均能影響其後果，則行動者對他人便掌握有「控制命運」（fate control）的權力。如果行動者能夠以獎勵及懲罰支配他人以何種方式行動，他便對他人掌握有「行為控制」（behavior control）的權力。

博奕矩陣最早是由經濟學家及數學家所發展出來，用以分析理性選擇之行動。Kelley與Thibaut（1978）將其引入社會心理學的領域之中，以之研究合作、競爭、談判、社會權力、互相依賴等等不同的人際關係，並以實驗室的運作程序（operational procedure）對各相關概念予以精確的定義，獲致了豐碩的成果。然而，直接刺激「正義理論」之產生者，並不是 Kelley 與 Thibaut 的實驗室研究，而是 Adams 的公平理論。

➢ Adams 的公平理論

在社會交換論風起雲湧的 1960 年代，J. S. Adams（1965）發表了一篇著名的論文，題為〈社會交換中的不公平〉（Inequity in Social Exchange），並提出了一項可以導致心理上之公平感的公式：

$$\frac{Op}{Ip}=\frac{Oa}{Ia}$$

其中 O 代表「收益」（outcomes），I 代表「投入」（inputs），p 代表「個人」（the person），a代表「他人」（the other）。其含意為：在社會交換過程中，倘若個人的「收益」和「投入」之比，和他人的「收益」和「投入」之比是相當的，則個人便會認為這種交換關係是公平的；相反的，如果個人認為自己的「收益」和「投入」之比，大於或小於他人的「收益」和「投入」之比，個人便會產生不公平感，而採取各種認知或行動的策略，以恢復公平感。

這個公式以簡潔的方式，表現出社會交換論的重要理念，包括：理性原理、互惠原理、公平原理及互惠原理等等。因此，這篇論文問世之後，隨即引起了一片研究「公平理論」（equity theory）的熱潮。1976 年，美國著名的期刊《實驗社會心理學之進展》（*Advances in Experimental Social Psychology*）並且打破其自 1964 年創刊後的先例，以專刊的方式刊登有關「公平理論」的研究論文，其標題為〈公平理論：邁向社會互動的一般性理論〉（Equity Theory: Toward a General Theory of Social Interaction），主編 Berkowitz 與 Walster（1976: xi）並在「刊前語」中指出：此項舉動代表「社會心理學中一股滋生的樂觀氣氛」，「因為公平理論的發展為社會心理學家迫切需要的一般性理論，提供了一線曙光」。當時，有些心理學者確實以為「公平理論」是一般性的理論，「公平法則」支配了所有的人類互動（Walster, Traupmann, & Walster, 1978: 82），它不只可以用來說明工作場所中的人際關係，甚至可以解釋由戀愛到婚姻的親密關係（Husemann & Levinger, 1976; Walster et al., 1978），當然更可以說明婚姻破裂的階段性發展（Lee, 1984）。

這樣的論點其實是太過於自信，也太過於樂觀。事實上，Thibaut 與 Kelley 的社會互依理論是以實驗室中的囚犯困境遊戲矩陣為基礎，而發展出來的，在這種情境中，互動雙方完全被隔離開來，其中蘊涵著一種個人主義的人際關係，至於 Adams（1965）的公平理論，更充分反映了個人主義文化中的意識型態。

第二節 交換理論的批判

物極必反，盛極而衰。在社會交換論和公平理論發展到最高峰的時候，同時也蘊釀了「正義理論」（justice theory）發展的契機。大體而言，「正義理論」是針對社會交換論的若干缺失而發展出來的，我們可以進一步說明如下。

➢ 人性預設的問題

Emerson（1981: 31-32）指出：社會交換論共有三個核心預設（core assumptions）：

1. 理性原則：各種有利的事件，不論它是涉及金錢、物品或是社會贊同，視其為有價值的人，會傾向於採取行動，以獲致該項事物。這種行動通常稱為「理性行動」、「操作性行動」或「目標取向的行動」。

2. 邊際效用原則：每種有利（或有價值）的事物都遵循著饜足、價值淡化或邊際效用遞減的原理。
3. 公平原則：通過社會歷程所獲得的利益，必須以付出對等的利益作為交換。

由第三項公平原則還可以導衍出互惠原則或平衡原則。這樣的預設顯然是從西方資本主義社會的人性觀中衍生出來的。針對這樣的預設，我們要問的問題是：生活在非西方社會裡的人，也持有同樣的人性觀嗎？在本文前面所提到的原住民社會中的交換行為也是基於同樣的人性觀嗎？或許有人會說：原住民社會是十分極端的例子，不足以言現代人；然則，華人社會中所獨有的許多交換制度，像存之久遠的「標會制度」（李亦園，1993；莊英章，1980），像現代華人社會中普遍存在的「企業關係網」（陳介玄，1994；彭懷真，1989；Young, 1971），都是既有社會交換的性質，又有經濟交易的功用，這樣的交換制度，也是以上述的人性觀為基礎而發展出來的嗎？

再退一步說，即使我們不將華人社會中的情況列入考慮，而只思考西方社會中的情況，西方人是不是和任何人交換任何資源的時候，都遵循同樣的原則呢？人類學者早已指出經濟交易和社會交換的不同。Homans（1961）與Blau（1964）也曾經強調，西方社會中同時存有這兩類交換行為，這兩類交換行為有什麼根本的差異？它們是不是都遵循同樣的原則？西方的「社會交換論」到底存有什麼問題呢？我們可以從交換的資源、交換雙方之間的關係，和西方文化的理想三個層面來思考這些問題。

➢ 社會交換的資源

以往持交換論觀點的社會心理學者在從事實驗研究的時候，大多沿襲行為學派的觀點，將人們認為「有價值之物」，不管是金錢、物品、社會的尊敬等等，都一視同仁地視之為「酬賞」（rewards）。這是西方資本主義社會以「擁有」（having）代替「存在」（being）的一種觀念，是一種將社會價值「物化」的想法，其實是不符合現實的。舉例言之，Foa 與 Foa（1974,

1976, 1980）提出的社會交換資源理論將資源分為：愛情、地位、訊息、金錢、物品及服務等六類，這些資源在「具體性」（concreatness）和「特殊性」（particularism）這兩個向度上各有不同的屬性，如圖 4-1 所示。所謂「具體性」是指某類資源具體或抽象的程度；所謂「特殊性」是指個人只能從某些特定的社會對象獲得該項資源。比方說，在圖4-1中，「愛情」的「特殊性」最高，而其「具體性」居中，這表示個人只能從某些特定的對象獲得「愛情」，在其他地方則無法獲得。「金錢」的「特殊性」最低，「具體性」居中，這意味著「金錢」可以用來和不同的對象換取不同的資源。

在Foa與Foa的資源理論中，最值得吾人注意的是「特殊性」這個向度。許多「特殊性」極高的資源，像愛情、尊敬（地位）等等，顯然不是四處可得，而必須從某些特定的對象處方可得到。換言之，在思考交換原則之適用性的問題時，我們不能不進一步考慮交換雙方間的關係。

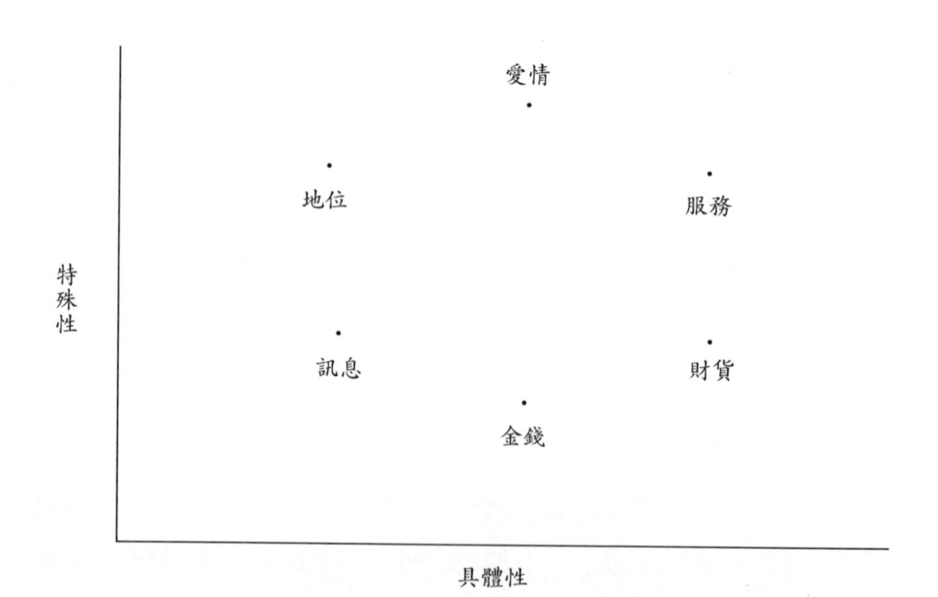

圖 4-1　社會交易之資源在特殊性及具體性二向度上之位置

資料來源：Foa & Foa (1974, 1976, 1980)

➢ 交換關係的性質

社會交換論者並非完全忽略互動雙方之間的社會關係。舉例言之，Homans（1961）區分社會交換中的「人性關係」和「非人性關係」；Blau（1964）區分「社會交換」和「經濟交易」的不同；Emerson（1981: 33）即曾將從事交換行動所涉及之社會關係分為三類：

1. 協商交易（negotiated transaction）：雙方經過一系列的協商過程後，才達成交易；而且雙方對於交易的達成是互為條件的（mutually contingent），譬如：房地產市場中買賣雙方經過長久的談判而後終於成交。
2. 利他行動（altruistic act）：雙方中的一方在無條件的情況下，給予對方資源，並不要求回報。對方可能回報，也可能不予回報；如果對方視施予者付出之多少，而決定回報之品質或數量，則成為「回報交換」（reciprocal transaction）。
3. 概化回報（generalized reciprocity）：一方在無條件的情況下，給予對方資源，對方回報後，又引發了一系列的交往，使得雙方變成長期的伴侶。雙方互惠性的交換關係，不僅可以回溯到過去，而且可以延伸到可預期的未來。

個人和這三類不同關係的人進行互動時，所運用的交換法則顯然是不同的。然則，為什麼西方社會心理學者在研究社會交換的時候，傾向於認為所有的交換都遵循同樣原則呢？這個問題牽涉到西方（尤其是美國）的文化理想。我們可以用哈佛大學哲學系教授John B. Rawls的名著《正義論》（*A Theory of Justice*）來說明西方文化的這種理想。

➢ Rawls 的《正義論》

正當美國社會心理學界掀起社會交換論和公平理論的研究熱潮時，哈佛大學教授 John B. Rawls（1971）出版了一本廣受爭議的作品《正義論》，而受到各方的矚目。這部作品的內容，不僅表現出美國的文化理想，而且反映出當時美國的文化氛圍。

Rawls 認為：正義即公平（justice as fairness），其意義為賦予人們社會中的公平地位和待遇，把每個社會成員都當作自由平等的人來對待，並且把他們之間的契約關係當作是正義的標準。符合正義原則的契約關係是處於「初始狀態」（original position）中的人們作出理性選擇的結果。所謂「初始狀態」是Rawls理論中的一個純粹假設的建構，而不是歷史事實。它從盧梭「社會契約論」中「自然狀態」（the state of nature）的概念演變而來，但又和「自然狀態」有所不同。Rawls 認為：人們在對有關正義的原則達成協議的時候，因為所要達到的原則涉及權益的分配，參加協商的各方面必須處於完全平等的地位，才能獲致一個普遍的、有效的和終極的原則；另一方面必須具有健全的理性，才能選擇可以保障自己享有最大限度權益的原則。因此，他以「無知之紗」（veil of ignorance）和「最低的最大限度規則」（the maximum rule）作為處於「初始狀態」中人之理性的兩個主要特徵。

所謂「無知之紗」是指：在「初始狀態」中，人們雖然處於不平等的地位，然而，他們似乎都被蒙上一層面紗，對自己實際所處的地位一無所知：他們不知道或者根本不想知道他在社會中的位置、他的階級地位、他的背景身分，以及與其智慧、能力、財富相關的一切事實。由於大家都處在相同的狀態，沒有人能夠因為其本身的條件，而在選擇正義原則的過程中得益或受損，也沒有人能夠設計對其特有之條件特別有利的原則，公平協議或交易的結果，才可能符合正義的原則。

➢ 個人主義的文化理想

Rawls 將初始狀態中之人的理性稱為「互不關心的理性」（mutually disinterested rationality）。這是一種完全從自己的立場，來謀求利益的思維和行動方式。在一個每人都為自己的利益精打細算的情境裡，損害他人必然會遭受到報復。因此，追求自己最大利益的最理智的方法，就是照顧自己的利益，而不要妨礙或損及他人的利益。換言之，在追求利益並實施其計畫的過程中，必須優先考慮最壞的情境，並且理性地考量：如何在此情境中追求自己最大限度的利益。此一原則，Rawls 稱之為「最低的最大限度原則」。

Rawls 採用了經濟學者所發展出來的「博奕矩陣」（game matrix），來說明他的論點。他的《正義論》也充分反映出西方的文化理想。西方個人主義文化最重視的是每個人的「獨立自我」，他們認為：個人在追求正義的時候，可以將社會視為由許多其他個人所組成的「概化他人」，雙方各自站在理想的「初始狀態」，彼此都蒙上「無知之紗」，互相談判，彼此協商，在不妨礙或損及他人利益的前提下，追求自己最大限度的利益。

Rawls 的《正義論》反映出美國個人主義的文化理想。這樣的文化理想不僅在非西方社會中很難適用，而且也未必符合美國社會的現實。當西方的社會心理學者排除掉源自其文化理想的偏見，而以比較客觀的態度看待人類社會中的交換和分配問題，各種正義理論即應運而生。

第三節 正義理論的回顧

研究正義理論的心理學者，通常將「正義」分為「分配正義」（distributive justice）和「程序正義」（procedural justice）兩種：「分配正義」是指所有團體成員認定其為公平的資源分配方式；「程序正義」則是指決定此種分配方式的程序是否公平。雖然程序正義的問題應當發生在實質的分配之前，但是一般人通常較關心實質分配的問題，而且在大多數情況下，社會團體均能維持其資源分配的公正性。惟有分配正義受到質疑的時候，他們才會將程序正義的問題提出來討論（Thibaut & Walker, 1975）。

➢ Walster 的公平理論

社會科學理論的演化是一種辯證性的發展。「正義理論」是從「公平理論」演化出來的，「公平理論」對「正義理論」既有批判性的繼承，又有創造性的發展。然而，「正義理論」從「公平理論」繼承了哪些部分呢？早期主張「公平理論」的心理學者大多假設：作為生物體之一，人類受到生物需求的驅使，必須不斷地向外界爭取資源，以滿足一己的需要。然而，慾望無窮，資源有限，若不對慾望加以節制，必將導致紛爭，因此，人類很快地以其智慧發展各種不同的「社會契約」（social contract）或法則（rules），讓大家能夠通過彼此的合作，而獲致長期的利益。這種「社會契約」能夠經由教導、模倣和學習的歷程，代代相傳，並內化成為個人從外界獲取酬賞的重要管道。

Walster、Walster 與 Berscheid（1978）的「公平理論」便假設：人不論在任何情境中都會企圖獲致他所欲的資源。他們之所以願意遵守正義的規則，是因為：⑴否則「良心」會使他們感到困擾；⑵擔心有人發現他們違反規則，他們會受到懲罰；⑶相信遵守這些規則並和他人合作，會使他們獲致最大利益。

然而，倘若個人發現遵守規則不能讓他獲利，他便會放棄掉規則。因此，其「公平理論」的第一個命題便是：

> 命題 I：只要人們認為他們能以公平的方式獲得最大的利益，他們即會如此做；如果人們認為他們能以不公平的方式獲得最大的利益，他們也會如此做。（Walster, Walster, & Berscheid, 1978: 16）

➢ Deutsch 的正義法則

Deutsch（1975）不同意人類社會中「分配正義」的法則可以用「公平法則」來加以概括，他進一步將之細分為：依個人需求給予資源的「需求法則」（need rule）、所有參與者平分資源的「均等法則」（equality rule），以及依各人貢獻大小分配資源的「公平法則」（equity rule）。可是，他也同樣假設：人是「理性的動物」（rational animal），人們之所以願意接受某種正義的法則，是因為可以用它作為解決問題的「工具」，以獲致個人所欲的目標。

在他看來，「正義的主要價值在於它能促進社會合作，以增進個人福祉」。因此，他假設：「當經濟生產力是主要目標時，公平將是最重要的分配正義法則」，因為「公平法則」是依照各人的貢獻來分配資源，徜若人們想要獲致最大的生產量，便應當依各人的貢獻給予報酬。然而，依各人的生產力給予不等的報酬，卻會導致人與人之間的嫉妒，「如果促成或維繫友好關係是主要目縹，均等將是主要的分配正義法則」。然而，在照顧老弱殘疾時，強調「均等法則」或「公平法則」都是毫無意義的，所以他認為：當「個人福祉及促成個人發展是共同目標時，需求將是主要的分配正義法則」（Deutsch, 1975: 143）。換言之，只要妥善使用這些法則，人們便能夠將社會資源作出最有利於個人及整體社會的有利分配。

➢ Lerner 的正義動機論

Lerner（1981）非常反對將正義法則當做是人們追求最大利益的工具。在他看來，徜若正義是人們發明的一種有用的工具，一旦它無法幫助個人或社會獲得最大的利益，它們便會被加以改變或受到棄置。這顯然是違反事實的。在西方長久的歷史上，許多人寧可犧牲其他的資源和價值，也要堅持維護正義。因此，他引述 Piaget（1965）的道德發展理論，認為對於正義法則的理解和堅持，是個人認知能力和其環境條件交互作用的結果。

Lerner（1981）的正義動機論認為：兒童發展早期的經驗，會使他對外在世界產生一種有組織的建構（organized construction），個人可以藉此整合新的訊息，不致於面對新的情境而手足無措。在西方文化裡，個人成長的過程通常必須經歷三種基本的「關係類型」。在這三種「基本的關係型態」（prototypical experience）中，個人對他人的知覺（person perception）、和對方達成其目標之活動的關係（activity relation to goal），以及彼此資源分配的方式（outcome）均有所不同（見表 4-1）。「同一關係」（identity rela-

表 4-1 「正義動機論」的三種基本關係型態

有關的認知元素	同一關係	聯結關係	非聯結關係
人際知覺	同樣的「我」	類似的「我們」	不同的「他們」
達成目標的活動	互相依賴	互助，趨同	妨礙，岐異
資源分配方式	需求，福利	均等，平等	斤斤計較

資料來源：Lerner (1981: 26)

tion）是個人最早經歷的一種人際關係，在這種關係裡，個人和他人之間有持久的情緒分享經驗，並因此而產生「同一」的感覺。他們對彼此追求目標的活動，不僅互相依賴，而且感同身受；因此會關心彼此的福祉，而以「需求法則」分配資源，譬如家庭中的人際關係。

及至兒童逐漸成長，並在各種不同脈絡之下和他人互動，他們會分辨人己之間的異同，而區分出「聯結關係」（unit relation）和「非聯結關係」（non-unit relation）。人們經常將跟他有「相同」特徵的其他人劃歸為同一類，並以同樣的方式對待他們，使個人對屬於「聯結關係」的其他人產生「我們」的歸屬感，而樂於與之合作，並傾向於以「均等法則」分配資源。至於和個人不同的「非聯結關係」（nonunit relation），則常常被劃歸為「他們」，而與個人目標之達成處於互相競爭或彼此干擾的狀態；分配資源時，也傾向於採取計較得失的「公平法則」。

在這三種人際關係的「原型」（templates）中，個人還可能就某一特定目標之達成，而作出種種「任務朝向之歷程」（task-relevant acquisition process）。這時候，他會因為個人與他人之間有「互相依賴」（vicarious dependency）、「相容目標」（convergent goals）或「分歧目標」（divergent goals），而展現出種種的「滋生活動」（emergent activities）。

➢ 西方文明中的個人契約

Lerner 認為：在西方文明中成長的兒童必須學會某些行動方式及其後果之間非人性的因果聯結。換言之，他必須能夠分析，在某一情境中，欲獲取某種有價值的目標，有那些有效而可行的行動方式。為了達到此一目的，兒童必須學會兩件事：第一，將其世界中的其他人看做是一系列活動之參與者，或某一「位置」之占有者，而不是擁有某些特定性格的「人」（person）（Lerner & Whitehead, 1980: 229）。Lerner 認為：將他人視為「人」，或將其視為某一「位置」之占有者，其意義完全不同：將他人視為「人」，是把對方看做是獨特的個體，具有某些穩定而持久的性格，不論在任何情況之下，都會表現出來。將他人視為「位置」的占有者，則是將其反應或行為視為某種非人性之歷程的後果，任何人占有這個「位置」都會以同樣的方式採取行動。Lerner 認為：美國整體的文化設計，基本上就是要促使個人將他人看做是「位置」之占有者。在許多重要的複雜社會行動中，如果有人將他人視為「人」，便很可能造成社會之反功能（Lerner & Whitehead, 1980: 230）。

其次，兒童必須以「如果……則……」的方式，學會許多「個人契約」（personal contract），進而相信：如果他延宕立即的滿足，並投入更多的時間和努力，他一定會得到適切的收獲。這是個人對「公平法則」之經驗的基本型態。

➢ 西方社會學的預設

Lerner 的正義動機論，使我們很清楚地看到西方文化的獨特之處。他所說的三種人際關係基本型態或許是普世同一的，但是將關係中的其他人看做是「位置」的占有者，以及所謂「個人契約」的學習，卻是西方文化所獨有的。在一篇題為〈對社會學一些預設的反省〉之論文中，葉啟政（1987，1991）指出：以歐美為主所建構出來的社會學知識，是建立在幾個基本預設之上：首先，社會科學所關注的，是人由生到死，在社會中活動的這一段日子。它既不管「前生」，也無所謂「來世」，而只接受一般人在日常生活中對其社會互動關係所持的基本價值和認知態度，並據以對社會生活作概念上的重建工作。由這種「世俗現世觀」，可以衍生出第二個預設，即「占有滿足觀」，其基本論點是：凡人皆有慾望，社會最主要的意義，在於提供最有利的條件，來拓展並滿足人們的慾望。第三個預設，葉啟政稱之為「外化結構觀」，具體地說，由於慾望無窮可能導致人與人之間的爭鬥，為了化解衝突，也為了維持秩序，社會中一定要有一個權威體來做為維持社會秩序的中介。這個中介體的具體形式，即為「共聯體」（commonwealth）或「國家」（state），它具有獨立於個人意志的「統制權」（sovereignty）。

這三個預設其實不只是西方社會學的預設，而是西方社會科學（包括社會心理學）的共同預設。從前節對於各種「社會交換論」的回顧中，我們到處都可以看到這三個預設的痕跡，Lerner 的「正義動機論」則更清楚地將這三個預設突顯出來。

由本節的回顧可以看出：在西方社會心理學者將研究重點由「社會交換論」移轉到「正義理論」的過程中，Lerner 是第一個將「關係類型」和「正義」法則一起合併考慮的人。然而，他在論及各種不同的「關係類型」的時候，立即強調：所謂「關係」是指某一關係「位置」的占有者，而不是特定的「人」；至於「關係」與正義法則的關聯，則是由「社會契約」或「個人契約」所決定的。這是一種不折不扣的「外化結構觀」，Lerner 很清楚地說明：他的理論是從西方文明中發展出來的。然則，我們在將他的理論引入華人社會的時候，應如何作適當的修正，「獨立而又融攝」地建構出適用於華人社會中的理論模式呢？

➢ Kayser 與 Schwinger 的個人內契約論

在回答這些問題之前，我們必須再介紹兩種有關分配正義的理論。Kayser 與 Schwinger 等人的「個人內契約論」（theory of intrapersonal contracts）認為：一般人都知道一些常識性的素樸社會心理學（naive social psychology），其中包含有人際關係的理想類型及處理規則，可以用來處理日常生活中的社會互動（Schwinger, 1986）。他們提出了五種人際關係的基本類型（prototypes），並從五個層面加以描述，即行動者的認知及動機取向、關係的情感性質、在該項關係中所交換的最重要資源、典型的交換方向，以及交換的指導規則；這些基本類型如表 4-2 所示。

表 4-2 「個人內契約論」的五種人際關係原型

特徵	關係類型				
	親密	友誼	交換	競爭	戰鬥
行動者的認知及動機取向	親社會的	集體主義的	個人主義的	競爭的	攻擊的
情感性關係	非常正面	正面	中性	負面	非常負面
典型的資源	特殊性的	普遍性的	普遍性的	普遍性的	特殊性的
典型的交往方向	給予	給予	給予和取得	取得	取得
交往法則	需求	均等	貢獻	極大的差異	極大的傷害

資料來源：Schwinger (1986: 219)

從表 4-2 可以看出：這五種人際關係的前三種，即親密關係、友誼關係及交換關係，和 Deutsch（1975）所講的三種正義法則使用情境，或 Lerner（1981）所說的三種基本「關係類型」，大致是相同的；而競爭關係和戰鬥關係則可以看做是交易關係的延伸。同時，他們又根據一些實徵研究的結果，將親密、友誼和交易三種關係類型裡，分配 Foa 與 Foa（1974, 1976）所提出之六類資源時，所根據的正義法則，如表 4-3 所示。表 4-3 顯示：在某種特定的關係類型中，分配不同資源時所根據的法則，並不是完全一致，而是視資源性質之不同而有所差異的。這是件相當值得注意之事，因此特將該表列出，以供參考。

表 4-3 對不同關係與資源類型符合正義的交往法則

資源類型	關係類型（及對應的人際關係）		
	親密（親社會的）	友誼（集體主義的）	交易（個人主義的）
愛情	需求	需求	均等／貢獻
地位	均等	貢獻	貢獻
服務	需求	需求／均等	貢獻
訊息	需求	需求	貢獻
物品	需求	均等	貢獻
金錢	需求	均等	貢獻

資料來源：引自 Schwinger (1986: 221)

➢ Greenberg 與 Cohen 對社會關係之分析

從建構實在論的角度來看，建構科學微世界的首要步驟，便是針對科學家所要研究的對象，建立適切的分類體系（taxonomy），來加以分類。這種分類體系中的不同類別，必須是互斥而且窮盡的。以上各種主要的正義理論都試圖根據不同的標準，將人際關係加以分類，據以建立不同的分類體系。Greenberg與Cohen（1982）則試圖進一步分析人與人之間社會關係的性質。他認為社會關係基本上是由「親密度」（intimacy）和「相互依賴度」（interdependency）兩個向度所構成的，所謂「親密度」是指「人與人之間社會聯繫（social bond）的緊密度（closeness）」；所謂「相互依賴度」是指「社會交換之參與者控制對方資源之程度」（Greenberg & Cohen, 1982: 444），這兩個向度均可分為高、低兩種程度，構成 2×2 = 4 種人際關係，即配偶、朋友、談判者、陌生人，他們之間的互動，會遵循四種不同的「規範性標準」（prevailing normative standards），即相互的需求、均等、自利性正義及自身慾望。這四種人際關係為爭奪資源而產生衝突的可能性也有高低之別，這幾個變項間的關係，如圖 4-2 所示。

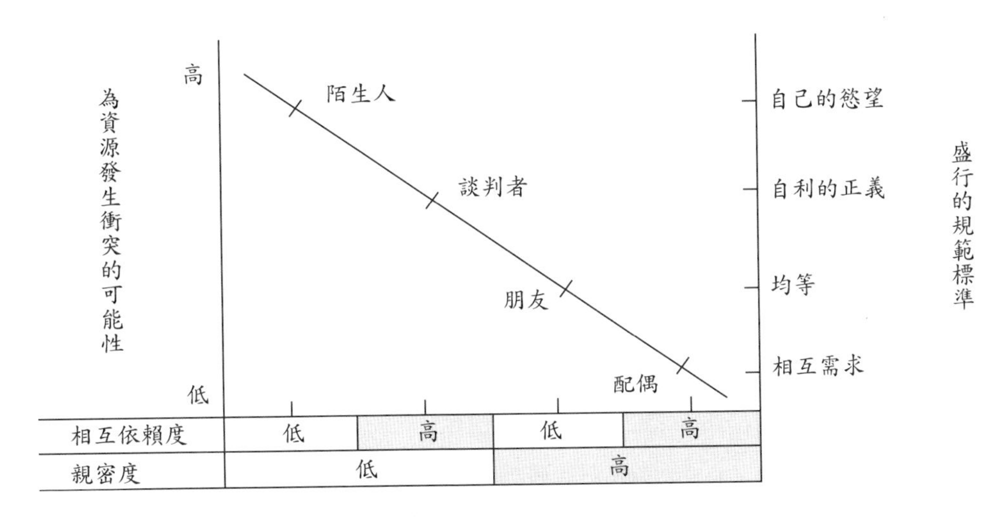

圖 4-2 依相互依賴及親密度劃分的社會關係及其規範標準

資料來源：Greenberg & Cohen (1982: 444)

第四節 社會關係的深層結構

以上的回顧顯示：正義理論是社會心理學家在西方文化中發展出來的，基本上是在反映西方社會中的人際關係。將這樣的理論移植到非西方社會，便很可能發生理論與觀察或研究結果不一致的問題。我們可以用 Fiske（1991, 1992）對人類社會關係四種基本模式的探討來說明這一點。

➢ 社會關係的四種模式

在《社會生活的結構》一書中，Fiske（1991）回顧以往社會學、人類學以及心理學的大量文獻之後，指出：人類社會的關係主要可分為四種模式：

1. 社群分享（communal sharing）：這是一個等同的關係（relationship of

equivalence），人們為了要達成眼前的目標而融合在一起，個人與他人的自我之間沒有清楚的界線。人們只注意其團體成員的身分，而擁有共同的認同感，但不強調單獨個人的個體性。它所要突顯的是位於個人之上的群體目標（superordinate goal），其中成員的身分，以及它跟外人之間的界線。團體內的成員有一種團結感、一體感和歸屬感，並對其集體（collectivity）有高度的認同：認為他們在某些重要的層面上都是同樣的「我們」，而不是「個人」。

2. 權威排序（authority ranking）：這是一種不平等的關係，具有可過渡的不對稱性（transitive asymmetry）。如果某一特定的階層包含三個以上的人，他們可以排成線型的階層，可是這樣的排序卻不一定可以過渡到不同的位階系統中。在這種關係中，人們會依其社會的重要性或地位來建構彼此的關係，其位階的高低跟個人自我延伸的能力有關：占高階者比別人控制更多的人、物及資源，別人還認為他們擁有較多的知識及掌控事物的能力。就此一意義而言，這種關係也蘊涵了一種階層式的包容。社會關係中位階最高的人通常握有主動權，他的權威通常包含作選擇及偏好的特權。位階愈高的人愈能夠宰制較多的低階屬下。旁人對他們的注意也是不對稱的，位階愈高，其權威形象愈為明顯。屬下通常會對上司表現服從及效忠，領導者通常也會給予部屬保護及支持。

3. 平等匹配（equality matching）：這是個別同儕之間的平等關係，其中每一個人的影響力、貢獻及分配之份數，都是均衡而且可以一對一的互相對應。平等匹配的展現方式可能是輪流（turn taking），關係中的每一個人依時間順序（temporal sequence）作出同樣的行動；或是同等回報（in-kind reciprocity），人們給予並從他人處獲得同等物品的回報。所謂「相同」（sameness）則是指人們將其中涉及的行動及實體視為等同，並不涉及其客觀上的差異。

在這種關係中，人們的交換是相互性的，每人施予對方跟他獲得之物是互相匹配的，在衝突或制裁時，這種關係強調「以牙還牙」式的報復（an-eye-for-an-eye retaliatory vengeance）：如果有人拿走了某些東西，他必須付出同等份量的補償（compensating in equal measure），讓雙方關係獲得平衡。在分配正義方面，平等分配採取「平等均分」（even distribution into equal parts）的方式，每個人拿到跟別人同樣的一份，所以每個人都不在意他拿到哪一份；反過來說，這種關係也要求「同樣質和量的匹配貢獻」（matched contributions of the same kind and quantity），關係中每個人的權利、義務和行動都各自分開，但卻彼此均等，所以是彼此可互相替換的。

4. 市場計價（market pricing）：這種關係是以市場系統所決定的價值作為中介。在市場計價關係中，人們通常會以「價格」（price）或「效用」（utility）這種普世性的單一尺度，來衡量相關商品或人的價值。這種商品的評價，可以用價格或薪水（包括利率和租金）的比率（ratio）來表示；在以物易物的場合，則為兌換比率（exchange ratio）。

在這種關係中，人們通常會以能換取多少其他商品的比例，來衡量其他人的行動、服務及產品。以金錢表示價格，則是他們可以交換其它商品的比例。金錢是市場計價交易最重要的媒介，人們可以根據這個標準的比例（proportionality），來決定他們是否要和對方進行一項交易。他們通常會考量市場中可能的替代物、補充品以及當時的狀況，根據自利的方式，和對方討價還價，決定他們是否要購買某一商品。在理想的情況下，任何誠實而有能力的人只要有某些東西可賣，或有金錢購買，便可參與這種關係。

➢ 社會行為的深層結構

在《社會生活的結構》一書中，Fiske（1991）很仔細地檢視人類各種不同的生活範疇中，這四種基本的關係模式的展現及其特色。這些範疇除了前述的回報性的交換（reciprocal exchange）、分配正義（distributive justice）、貢獻（contribution），還包括：工作（work）、物品的意義（meaning of things）、對土地的取向（orientations to land）、社會影響力（social influence）、團體的組成（constitution of groups）、社會認同及關係我（social identity and the relational self）、動機（motivation）、道德判斷及意識型態（moral judgment and ideology）、遭遇不幸的道德詮釋（moral interpretation of misfortune）、攻擊與衝突（aggression and conflict）等。

Fiske（1991）指出：這四種關係模式是人類組織任何一種社會範疇的方法。人類各種的情境、工作、活動的種類、行動領域、實質問題和態度，都可以發現這四種關係結構的展現，意味著這些結構都是產生自同一組的心理基圖（psychological schemata），亦即心智共同的深層結構。

倘若這四種關係模式確實是反映人類心智共同的深層結構，我們便可以之作為參考架構，再進一步批判前節所提到的各種正義理論。和社會交換理論相較之下，正義理論不再主張「公平」是社會交換唯一的法則。相反的，正義理論主張：人們會根據不同的法則，和屬於不同關係的其他人進行社會交換或資源分配。然而，檢視以往正義理論所提及的「關係」，我們可以看出：Lerner（1981）正義動機論中的「同一」、「聯結」和「非聯結」；Schwinger（1986）個人內契約論的「親密」、「交誼」和「交易」；Greenberg 與 Cohen（1982）分析社會關係時所述及的「配偶」、「朋友」和「談判者」，其實都對應於 Fiske（1991）所提出的三種關係模式：「社群分享」、「平等匹配」和「市場計價」，分別適用Deutsch（1975）所說的「需求法則」、「均等法則」和「公平法則」。Schwinger（1986）論及的「競爭」和「戰鬥」兩種關係類型，是這三種關係模式的衍生物，或滋生之性質（Blau, 1964）；至於 Greenberg 與 Cohen（1982）所說的「陌生人」之間，根本還沒建立任何的社會關係，在此暫可不論。

➢ 西方理論的盲點

經由這樣的對比，我們可以很清楚地看出：在西方社會心理學者所建構出來的這些正義理論中，Fiske（1991）所提出四種基本關係模式中的「權威排序」完全付諸闕如。在這裡，我們又能夠看到西方社會科學理論的侷限：西方的正義理論假設每一個人都是獨立的個體，每一個人都能夠憑藉自己的自由意志，經由和對方的互動，來決定符合正義標準的分配法則或交換法則。然而，在權威排序關係中的交換法則和分配法則都是由占有較高的權威所決定的。這樣的關係並不符合西方個人主義的文化理想，因此西方社會心理學家將這種關係排除在正義理論的考量範圍之外。

然而，在非西方社會中，權威排序卻是一種非常重要的人際關係。依照前一章述及的 Popper（1972）的進化認識論，當實驗的結果或觀察到的現象和理論的命題或預測不一致，便構成一項有待解決的科學問題（scientific problem）。這時候，科學家便應當建構出一種嘗試性的理論（tentative theory）或嘗試性的解答（tentative solution），來解決這樣的難題。更清楚地說，面對這樣的問題情境，我們的任務是：以人類心智中關於社會關係的深層結構作為基礎，將「權威排序」考量在內，綜合以往的研究成果，建構出具有普世性的形式性理論，它既能說明人類的社會互動，又能說明華人進行社會互動時所獨有的心態。

第五節 〈人情與面子〉的理論建構

筆者在 1970 年代建構〈人情與面子〉的理論模型時，旨在說明華人社會中所強調的「人情法則」。然而，假設我們把「人情法則」當做是「平等法則」（equality rule）的一個例子，並且暫不考慮華人社會中所獨有的價值觀，則〈人情與面子〉便是一個符合上述要求的形式性理論。本節將一面介紹這個理論模型的主要命題，一面說明這一點。

〈人情與面子〉的理論模型將互動的雙方界定為「請託者」（petitioner）及「資源支配者」（resource allocator）。這樣的界定方式，已經蘊涵了「權威排序」的關係：當雙方各掌握有對方所欲求的資源並居於平等地位時，這兩個角色是可以互換的，個人在和他人進行社會交往的時候，必須輪流扮演這兩種不同的角色，有時候是「請託者」，有時候是「資源支配者」；他不能夠光取不予，也不能光予不取。

在更多情況下，「資源分配者」掌握有對方所欲求的某種資源，並在社會關係中居於較高地位，請託者則是居於較劣勢的地位。當「請託者」請求「資源支配者」將他掌握的資源作有利於「請託者」的分配時，「資源支配者」心中所作的第一件事是「關係判斷」，他要思考的問題是：「他和我之間有什麼樣的關係？」

➢ 關係判斷

這個理論模型將人和人之間的「關係」用一個長方形的方塊表示出來，長方形中的斜線部分稱為「情感性成份」（expressive component），代表資源支配者和雙方進行社會互動時，考量對方利益的傾向；空白部分稱為「工具性成份」（instrumental component），代表資源支配者以他人作為工具，追求個人目標的傾向。這兩個成份其實代表了人際關係中的兩種普遍性成份（Benjamin, 1974），譬如：研究親子關係（parent-child relationship）的學者發現：子女所知覺到的父親或母親的行為，基本上是由「愛」（love vs. hostility）和「控制」（control vs. autonomy）兩個成份構成的（Schaefer, 1959），「愛」是「情感性成份」，「控制」則可視為「工具性成份」。有些研究領導行為的學者發現：在屬下心目中，領導者的行為主要是由「體恤」（consideration）和「引發結構」（initiating structure）兩個向度所構成（Halpin, 1966; Stogdill, 1974）；有些學者則主張：領導行為的構成向度是「工作取向」（task orientation）和「社會情感取向」（socio-emotional orientation）（Bales, 1958; Fleishman, Harris, & Brutt, 1955）。不管他們用的是什麼樣的概念，「體恤」或「社會情感取向」是屬於「情感性成份」；「引發結構」或「工作取向」則是「工具性成份」。

在〈人情與面子〉的理論模型裡，筆者依「情感性成份」和「工具性成份」比例的多寡，將人際關係分為三大類：「情感性關係」、「混合性關係」和「工具性關係」。這種關係的分類也有其重要含意。我們可以從幾個不同層面，來說明其含意。Clark與Mills（1979）將人際關係分為兩類：「共同關係」（communal relationship）和「交易關係」（exchange relationship），前者是人與人之間的社會情感性關係，後者則是指市場上的交易關係。事實上，人類社會中的關係並無法如此截然二分，因此，〈人情與面子〉的理論模式將之視為人際關係中的兩種「成份」，分別與「情感性成份」和「工具性成份」互相對應，而可以組成三種不同的人際關係類型。

➢ 情感性關係

情感性的關係通常都是一種長久而穩定的社會關係。這種關係可滿足個人在關愛、溫情、安全感、歸屬感等情感方面的需要。像家庭、密友、朋儕團體等原級團體（primary groups）中的人際關係，都是情感性關係之例。當然，除了滿足情感方面的需要之外，個人也可以用這種關係為工具，來獲取他所需要的物質資源。不過，在這類關係中，情感性的成份仍然大於工具性的成份。

在一般情況下，屬於「情感性關係」之雙方，其主要的社會交易和資源分配法則是「各盡所能，各取所需」的「需求法則」（need rule），依照此一法則，參與互動的雙方都應當竭心盡力，設法滿足對方的需要。

➢ 工具性關係

在圖4-3的長方形中，和情感性關係相對者，是工具性關係。在生活中，個人和家庭外其他人建立工具性關係的目的，主要是為了要獲得他所希冀的某些物質目標。更具體的說，個人和他人維持情感關係時，維持關係本身便是最終目的；可是，個人和他人建立工具性關係時，不過是以這種關係作為獲得其他目標的一種手段或一種工具，因此這種關係基本上是短暫而不穩定的。譬如：店員和顧客、公車司機和乘客、大醫院中的護士和門診病人，雙方都以和對方交往作為達成自身目標的手段，雙方交往時，彼此可能不知道

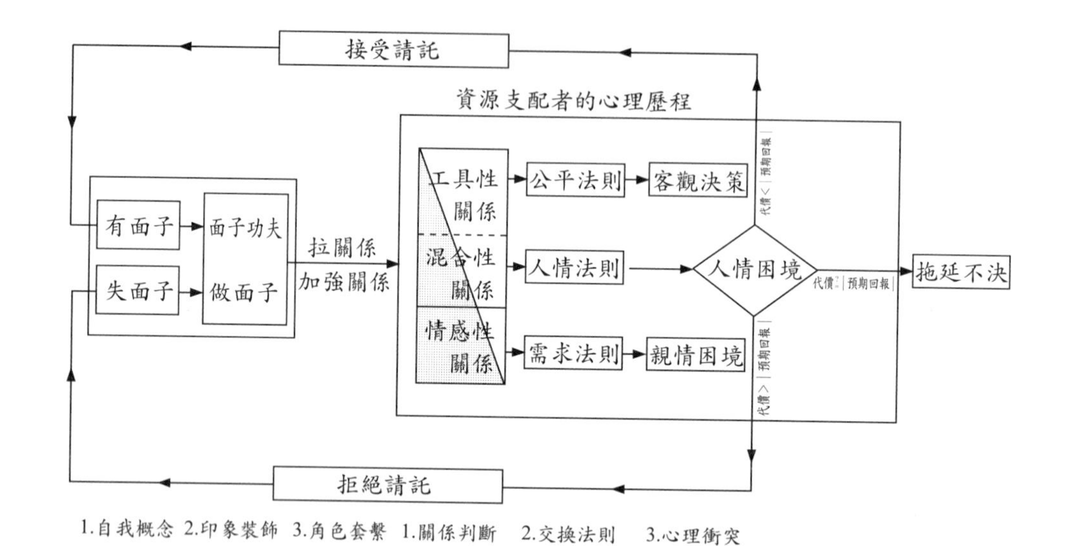

圖 4-3 〈人情與面子〉理論模型

對方的姓名，其間縱然帶有情感成份，亦屬十分有限。

個人和屬於工具性人際關係的其他人交往時，所遵循的是「公平法則」（equity rule）。這是一種普遍性而非個人化的法則，凡被個人劃歸為工具性關係的對象，個人都會一視同仁地以同樣的原則與之交往。當個人以公平法則和他人交往時，雙方都會根據一定的比較水準（comparison level）來衡量：自己可以從對方獲得多少酬賞（rewards）？為了獲得這些酬賞，自己必須付出多少代價（costs）？酬賞減去代價後的結果（outcome）是否與對方獲得的結果不相上下（Blau, 1964; Emerson, 1976; Homans, 1961）？

由於工具性關係中的情感成份甚為微小，個人以公平法則和他人交往時，比較能依據客觀的標準，做對自己較為有利的決策。如果他認為某項交易關係的結果對自己不利，他可能提出條件和對方討價還價；對於對方不合理的要求，他可能嚴詞拒絕；如果對方不接受自己的條件，他還可能中止這項交易關係，而不以為意（Adams, 1965）。

➢ 混合性關係

混合性關係的特色是：交往雙方彼此認識而且是有一定程度的情感關係，但其情感關係又不像原級團體那樣，深厚到可以隨意表現出真誠的行為。一般而言，這類關係可能包含親戚、鄰居、師生、同學、同事、同鄉等等不同的角色關係（Fried, 1969; Jacobs, 1979）。

在這類角色關係中，交往雙方通常都會共同認識一個或一個以上的第三者，這些彼此認識的一群人，構成了一張張複雜程度不同的關係網，而置身於數張不同的關係網內。從當事者的角度看來，每個人都以自己為中心，而擁有其獨特的社會關係網（Kapferer, 1969; Mitchell, 1969）。每個人關係網內的其他人又各有其關係網，這些關係網彼此交叉重疊，構成了複雜的人際關係網絡。

這種人際關係網絡對於中國人的社會行為有十分深遠的影響。由於關係網內的人彼此認識，混合性關係的另一項特色是它在時間上的延續性。混合性的人際關係大多不是以血緣關係為基礎，它不像情感性關係那樣的綿延不斷，長久存在。它必須藉人與人之間的時相往返來加以維繫。

不僅如此，它和工具性的人際關係也不大相同。在工具性關係中，人際交往的本質是普遍性（universality）和非個人性（impersonality），交往雙方即使可能再次相遇，他們也不預期：將來他們會進行更進一步的情感性交往。混合性關係則不然。在混合性關係中，人際交往的本質是特殊性（particularistic）和個人化的（personal），交往雙方不僅預期：將來他們可能再次進行情感性的交往，而且他們還會預期：其共同關係網內的其他人會對他們互動的情形加以評判。

➢ 人情及人情法則

因為關係網具有這些特性，如果個人需要某種生活資源，而要求其關係網內的某一資源支配者給予協助時，資源支配者往往會陷入所謂的「人情困境」中。假如資源支配者堅持公平交易的法則，拒絕給予對方特殊的幫助，則勢必會影響他們之間的關係，甚至破壞其「人緣」。因此，在許多情況下，資源支配者不得不遵循「人情法則」，而給予對方特殊的幫助。尤其對方掌握有權力時，更是如此。

在中國社會中，許多人常常利用混合性人際關係的這種特性，運用種種方法來加強自己在他人心目中的權力形象，以影響對方，並獲得自己想要的生活資源。在下列各節中，我們將進一步討論「人情法則」、「人情困境」，以及中國人運用「人情法則」來影響別人的種種方法。

大體而言，「人情」在中國文化中，有下列三種不同的含意：

第一，「人情」是指個人遭遇到各種不同生活情境時，可能產生的情緒反應。《禮記》中有言：「何謂人情？喜、怒、哀、懼、愛、惡、欲，七者，非學而能。」用心理學的術語來說，一個通曉人情的人，就是具有「同理心」（empathy）的人。如果他能夠瞭解：別人在生活上遭遇到各種不同情境時，可能產生的情緒反應，進而喜其所喜、哀其所哀，甚至投其所好、避其所惡，這個人便是「通情達理」的人。反過來說，如果他對別人的喜、怒、哀、樂無動於衷，見人有喜，既不欣然於色；遇人有難，又不拔刀相助，這個人便是「不通人情」的人。

第二，「人情」是指人與人進行社會交易時，可以用來餽贈對方的一種資源（resource）。在中國社會裡，別人有喜事，我贈送禮物；別人有急難，我給予實質的濟助，這時候，我便是「做人情」給對方。對方接受了我的禮物或濟助，便欠了我的「人情」。此處所謂「人情」，指的是一種可以用來交易的「資源」。

第三，「人情」是指中國社會中人與人應該如何相處的社會規範。「人情」的社會規範主要包含兩大類的社會行為：其一是，在平常時候，個人應當用餽贈禮物、互相問候和拜會訪問等方式，與其關係網內的其他人保持良好的人際關係。「有來有往，親眷不冷場」、「圓團來，塌餅去，人在人情在」，斯之謂也。其次是，當關係網內的某一個人遭遇到貧病困阨或生活上重大的難題時，其他人應當有「不忍人之心」，同情他、體諒他，並盡力幫助他，「做人情」給他。「己所不欲，勿施於人」，及其蘊涵的「己之所欲，施之於人」，諸如此類儒家所謂的「恕道」，都是這個意思。「受人點滴之恩，須當湧泉以報」，對方受了別人恩惠，欠了別人人情，也應當時時想辦法回報。這樣的社會規範，構成了本文指稱的「人情法則」。

由於關係網內的人彼此都會預期：將來他們還會繼續交往；而且不管在任何文化中，以「均等法則」分配資源，一向都是避免人際衝突的重要方法（Deutsch, 1975; Leventhal, 1976a; Shapiro, 1975）。人情法則的含意之一是：如果有「關係」的兩個或兩個以上的人在一起做一件事情，不論每個人在完成這件工作時投入（inputs）有多少，資源支配者為了維持團體的和諧及團體成員之間的感情，他往往會依照「均等法則」，將工作所得的成果（outcomes）在工作者之間作均等的分配。

➢ 正義理論

倘若我們不考慮「報」以及「人情法則」在華人文化中的特殊意義，而且把後者看做是「均等法則」的一個特例，則〈人情與面子〉的理論模型將人際關係三分的方式，已經涵攝了「正義理論」的重要概念。近代西方研究「正義理論」的心理學者大多注意到：在和屬於不同人際關係的他人交往時，個人會使用不同的正義標準。因此，他們努力著要找出各種關係的原型（prototype relationships）及其關聯的正義法則，心理學者在探討人際關係和正義規範的關聯時，發現：人類使用的正義觀雖然可能多至十餘種（例如 Reis, 1984），但其基本形式卻只有三種：⑴在個人和他人之間有非常親密的「同一關係」，並重視對方的發展和福祉時，使用「需求法則」；⑵個人視對方為「人」，並且重視維續彼此之和諧關係的時候，使用「均等法則」；⑶互動雙方只考慮彼此之間的角色關係，而十分強調工作效率的場合，則使用「公平法則」（Deutsch, 1975; Greenberg & Cohen, 1982; Lerner, 1975, 1977; Leventhal, 1976b）。

➢「報」的規範

〈人情與面子〉的理論模型假設：個人會以「需求法則」、「人情法則」和「公平法則」和這三種不同的人交往。當個人與這三種不同關係的他人交往時，他都會考量自己必須付出的「代價」（cost）、對方可能作的「回報」（repay），並計算交易的「後果」（outcome）。

事實上，「報」的規範是一種普遍存在於人類社會中的規範，也是任何文化公認的基本道德（Gouldner, 1960; Levi-Strauss, 1965; Malinowski, 1922）。人類的社會關係莫不建立在「報」的規範上。中華文化中的人情法則，和需求法則或公平法則一樣，都是「報之規範」的衍生物（Yang, 1957）。這些法則的主要差異，在於它們適用的人際關係範疇不同，「報」的方式和期限也有所不同。

在工具性的關係中，交往雙方並不預期他們將來會進行任何情感性的交換，所以他們可以根據比較客觀的標準，估計雙方所掌握之資源的價值，然後在彼此認為「公平」的情況下進行交易。在交易過程中，一方將資源交付另外一方，對方通常必須立即給予回報，其間如有延宕情事，雙方必須明白約定回報日期。

在中國式家庭中，依照「需求法則」進行交往的情感性關係，也同樣遵循「報之規範」。「養兒防老，積穀防飢」，其中便蘊涵有父母預期子女回報的意思。當然，這種回報關係不管在交易的資源或是回報的期限都沒有一定的限制：父母撫養子女時，子女有任何需要，父母大都會竭盡所能，設法予以滿足，殊少考慮自己付出資源之代價。反之亦然。子女回報父母，亦是「各盡所能，各取所需」，沒有明確的範圍和客觀的計算方法。至於子女回報父母的時間間隔，更是可長可短，沒有一定的回報期限。

以「人情法則」進行交換的混合性關係，自然也和「報之規範」若合符節。不過其中蘊涵的「報」的方式和性質，都和「公平法則」或「需求法則」大不相同。中國社會中講究的「有恩報恩，有仇報仇」，主要適用於混合性的人際關係範疇（文崇一，1982）。混合性的關係既不像血緣關係那樣的不可分割，又不像工具性關係那樣的可以「合則來，不合則去」，假使個人不顧「人情法則」而開罪他人，則雙方在心理上都會陷入尷尬的境地。因此，在混合性關係網內，交往雙方平時必須講究「禮尚往來」、「投之以桃，報之以李」，以維繫彼此間的情感關係。

➢ 拉關係與加強關係

〈人情與面子〉的理論模型，將人際關係分成三類，「情感性關係」、「混合性關係」和「工具性關係」；前兩種關係之間以實線隔開，後兩種關係間以虛線隔開。實線表示：在「情感性關係」和「混合性關係」之間，存有一道不易突破的「心理界線」（psychological boundary），屬於「混合性關係」的其他人很不容易突破這道界線，轉變為「情感性關係」；虛線表示：「工具性關係」和「混合性關係」之間的「心理界線」並不明顯，經過「拉關係」或「加強關係」等「角色套繫」的動作之後，屬於「工具性關係」的其他人也可能加強彼此間的「情感性成份」，而變成「混合性關係」。

用符號互動論的概念來看，人與人之間的「關係」並不是一成不變的。「陌生人」或屬於「工具性關係」的雙方，經過一段時間的社會互動之後，可能轉變成為「混合性關係」，而原本屬於「混合性關係」的雙方，也可能「反目成仇」，演變成「競爭關係」或「交戰關係」。甚至原本屬於「情感性關係」的夫婦，也有可能感情破裂，走上離婚之途，從此「視同陌路」。這些變化，都可以看做是關係的「滋生性質」。

結 論

本章先對西方社會心理學中的社會交換論、公平理論和正義理論作批判性的回顧，然後根據 Fiske（1991）提出的人際關係基本模式，說明 Hwang（1987）所建構的〈人情與面子〉理論模型，是以人類心智中有關社會關係之深層結構作為基礎。倘若我們將「人情法則」視為是「平等法則」的一個特例，則它應當是一個可以適用於各個不同文化的形式性理論。

從科學哲學的角度來看，這一點具有十分重要的意涵，值得我們做進一步的闡述。Heidegger（1966）將人類的思考方式分為兩種：一種是「形上學思考」（metaphysical thinking），另外一種是「原初思考」（originative thinking）。「形上學思考」又稱為「技術性思考」（technical thinking），是科學家建構「科學微世界」時使用的思考方式（見本書第二章第二節）。

根據 Heidegger（1974）的觀點，「形上學思考」必須以「基礎律」（principle of ground）作為原則。所謂「基礎律」的意思是：一切東西，無論在任何一種方式下存在，皆有一個基礎。它源自希臘文的axioma。依照希臘人的原意，axiom是指最有價值或非常值得珍惜的東西。不過，在古希臘，基礎不是指理由或確證。基礎是「存在」，「存在」就是任由事物自然而然的「自然」（physis）。他們所謂的「價值」，是出自於事物本身，而不是人所賦予的。

然而，自從萊布尼茲（Leibniz, 1646-1716）將axioma翻譯成「基礎律」之後，這個概念的內涵就逐漸轉變，而具有了現代的意義。所謂「基礎律」，是指在命題的領域內，作為始端的命題（first proposition）。更清楚地說，「基礎律」是任何真理的基礎。我們要判斷一項命題是否為真，一定要給出理由，以確認其基礎為真。然而基礎律本身也是一個命題，但它是否又有一基礎？如果這個問題的答案是肯定的，則此一基礎的基礎又是什麼？

從笛卡兒之後，人經驗到他自己是一個「表象者」，世界則是一個站立在他之前的對象。在這種表象的過程裡，人只有在獲得充足的理由或完備的確證之後，才能肯定他的對象是真正的。於是，「存有者」變成在表象中可被計算的對象；在基礎律的支配下，現代人總是不斷地提出理由，在計算中確證他自己及其世界。結果人的本性成為「理性」（reason），在理性的表象中，世界成為對象，人和世界分裂為二。現代人對於「基礎律」的探究，也將無限後退，而陷入無底深淵之中。

《莊子．大宗師》中有一段話，表達了類似的看法：

「知天之所為，知人之所為者，至矣。知天之所為者，天而生也；知人之所為者，以其知之所知，以養其知之所不知，終其天年而不中道夭者，是知之盛也。」

莊子認為：生命的最高境界，就是要「知天之所為，知人之所為」。所謂「知天之所為」，即是知「天而生」之自然；所謂「知人之所為」，則是要「以其智之所知」，來擴充「其智之所不知」，但要避免陷入「以有涯隨無涯」的困境。因為在莊子看來，人「生也有涯，而知也無涯」，「以有涯之生求無涯之知，殆矣」。唯有避開這種危殆，人才能不為知所累，才能「終其天年而不中道夭」。

用Heidegger（1966）的概念來說，所謂「知天之所為」，就是用「原初性思考」來思索事物本身所遵循的「道」，這也可以說是古希臘人認為最有價值的 axiom。相對之下，所謂「知人之所為」，就是用「技術性思考」或「形上學思考」來建構關於某些對象（器）之知識或理論，這種建立在「基礎論」之上的知識，潛藏著「無限後退」的危機；用莊子的話來說，這就是所謂「以其知之所知，以養其知之所不知」，是十分危殆的。

本章回顧了西方社會心理學者所建構的社會交換理論及正義理論。這些理論都是建立在「個人主義」的預設（基礎律）之上，用莊子的概念來說，這樣的預設都是「人之所為」，都潛藏著「無限後退」的危機。相較之下，〈人情與面子〉的理論模型是建立在人類社會行為四種共同的基本模式之上，是以人類心智的深層結構作為基礎，反映出莊子所謂的「天之所為」。依此而發展出來的「關係主義」理論系列，也應當會有較為穩固的基礎。

參考文獻

文崇一（1982）：〈報恩與復仇：交換行為的分析〉。載於《社會及行為科學研究的中國化研討會論文集》（頁 311-443）。台北：中央研究院。

弗雷澤（Frazer, J. G., 1906/1919）：《金枝：巫術與宗教之研究》（汪培基譯）。台北：桂冠圖書公司。

李亦園（1993）：〈從民間文化看文化中國〉。「文化中國：理論與實際國際研討會」主題論文。香港：香港中文大學。

莊英章（1980）：〈信用合會的比較研究：人類學的考察〉。《思與言》，18，1-16。

陳介玄（1994）：《協力網路與生活結構》。台北：聯經出版事業公司。

彭懷真（1989）：《台灣企業業主的「關係」及其轉變：一個社會學的分析》。東海大學社會學研究所博士論文。

葉啟政（1987）：〈對社會學一些預設的反省：本土化的根本問題〉。《中國社會學刊》，3，1-12。

葉啟政（1991）：《制度化的社會邏輯》。台北：東大圖書公司。

Adams. J. S. (1965). Inequity in social exchange. In L. Berkowitz (Ed.), *Advances in experimental social psychology* (Vol. 2). NY: Academic Press.

Bales, R. F. (1958). *Task roles and social roles in problem-solving groups*. In E. E. Maccoby, T. M. Newcomb & E. L. Hartley (Eds.), *Readings in social psychology* (3rd. ed., pp. 396-413). NY: Holt, Rinehart, & Winston.

Benjamin, L. S. (1974). Structural analysis of social behavior. *Psychological Review, 81*, 392-425.

Berkowitz, L., & Walster, E. (Eds.) (1976). Equity theory: Toward a general theory of social interaction. In L. Berkowitz (Ed.), *Advances in experimental social psychology* (Vol. 9). NY: Academic Press.

Blau, P. M. (1955). *The dynamics of bereaucracy: A study of interpersonal relations in two government agencies*. Chicago: University of Chicago Press.

Blau, P. M. (1964). *Exchange and power in social life*. NY: John Wiley & Sons.

Clark, M. S., & Mills, J. (1979). Interpersonal attraction in exchange and communal relationships. *Journal of Personality and Social Psychology, 37*, 12-24.

Deutsch, M. (1975). Equity, equality, and need: What determines which value will be used as the basis of distributive justice? *Journal of Social Issues, 31*, 137-149.

Emerson, R. M. (1976). Social exchange theory. In A. Inkeles (Ed.), *Annual review of sociology* (pp. 335-362). CA: Annual Review.

Emerson, R. M. (1981). Social exchange. In M. Rosenberg & R. Turner (Eds.), *Social psychology: Sociological perspectives*. NY: Basic Books.

Engels, F. (1880/1959). Socialism: Utopian and scientific. In L. S. Fever (Ed.), *Marx and Engels: Basic writings on politics and philosophy*. NY: Doubleday.

Fiske, A. P. (1991). *Structures of social life: The four elementary forms of human relations*. NY: The Free Press.

Fiske, A. P. (1992). The four elementary forms of society: Framework for a unified theory of social relations. *Psychological Review, 99*, 688-723.

Fleishman, E. H., Harris, E. F., & Brutt, H. E. (1955). *Leadership and supervision in industry*. Columbus, OH: Ohio State University Press.

Foa, E. B., & Foa, U. G. (1976). Resource theory of social exchange. In J. S. Thibaut, J. Spence & R. Carson (Eds.), *Contemporary topics in social psychology*. Momstown, NJ: General Learning Press.

Foa, E. B., & Foa, U. G. (1980). Resource theory: Interpersonal behavior in exchange. In K. J. Gerger, M. S. Greenberg & R. H. Willis (Eds.), *Social exchange: Advances in theory and research*. NY: Plenum.

Foa, U. G., & Foa, E. B. (1974). *Societal structures of the mind*. Springfield, IL: Charles C. Thomas.

Fried, M. H. (1969). *The fabric of Chinese society: A study of the social life of a Chinese county seat*. NY: Octagon.

Gouldner, A. (1960). The norm of reciprocity: A preliminary statement. *American Socio-*

logical Review, 25, 1976-1977.

Greenberg, J., & Cohen, R. L. (1982). Why justice? Normative and instrumental interpretations. In J. Greenberg & R. L. Cohen (Eds.), *Equity and justice in social behavior* (pp. 437- 467). NY: Academic Press.

Halpin, A. W. (1966). *Theory and research in administration*. NY: Macmillan.

Heidegger, M. (1966). *Discourse on thinking*. NY: Haeper and Row.

Heidegger, M. (1974). The principle of ground. In T. Hoeller (Eds.), *Man and world* (Vol. II) (pp. 207-222).

Homans, G. (1950). *The human group*. NY: Harcourt Brace Javanovich.

Homans, G. (1961). *Social behavior: Its elementary forms*. NY: Harcourt, Brace and World.

Husemann, L. P., & Levinger, G. (1976). Incremental exchange theory: A formal model for progression in dyadic social interaction. In L. Berkowitz & E. Walster (Eds.), *Advances in experimental social psychology* (Vol. 9). NY: Academic Press.

Hwang, K. K. (1987). Face and favor: The Chinese power game. *American Journal of Sociology, 92*, 944-974.

Jacobs, B. J. (1979). A preliminary model of particularistic ties in Chinese political alliances: *Renqing* and *guanxi* in a rural Taiwanese township. *China Quarterly, 78*, 237-273.

Kapferer, B. (1969). Norms and the manipulation of relationship in a work context. In J. C. Mitchell (Ed.), *Social networks in urban situation* (pp. 181-240). Manchester, UK: Manchester University Press.

Kelley, H. H, & Thibaut, J. W. (1978). *Interpersonal relations: A theory of interdependence*. NY: John Wiley & Sons.

Lee, L. (1984). Sequences in separation: A framework for investigating endings of the personal (romantic) relationship. *Journal of Social and Personal Relationships, 1*, 49-73.

Lerner, M. J. (1975). The just motive in social behavior: Introduction. *Journal of Social Issues, 31*, 1-19.

Lerner, M. J. (1977). The just motive in social behavior: Some hypotheses as to its origins and forms. *Journal of Personality, 45*, 1-52.

Lerner, M. J. (1981). The justice motive in human relations: Some thoughts on what we know and need to know about justice. In M. Lerner & S. C. Lerner (Eds.), *The Justice motive in social behavior: Adapting to times of scarcity and change* (pp. 11-35). New York: Plenum Press.

Lerner, M. J., & Whitehead, L. A. (1980). Procedural justice viewed in the context of justice motive theory. In G. Mikula (Ed.), *Justice and social interaction* (pp. 219-256). NY: Springer-Verlag.

Leventhal, G. S. (1976a). The distribution of reward and resources in groups and organizations. In L. Berkowitz (Ed.), *Advances in experimental social psychology* (Vol. 9) (pp. 91-131). New York: Academic Press.

Leventhal, G. S. (1976b). Fairness in social relationships. In J. Thibant, J. Spence & R. T. Carson (Eds.), *Contemporary topics in social psychology* (pp. 221-239). Morristown, NJ: General Learning Press.

Levi-Strauss, C. (1965). The principle of reciprocity. In L. A. Coser & B. Rosenberg (Eds.), *Sociological theory* (pp. 61-70). NY: Macmillan.

Levi-Strauss, C. (1969). *The elementary structures of kinship*. Boston: Beacon Press.

Malinowski, B. (1922). *Argonauts of the Western Pacific*. London: Rontledge and Kegan Paul.

Mauss, M. (1954/1984). *The gift* (I. Cunnison, Trans.). London: Cohen and West.

Mitchell, J. C. (1969). The concept and use of social networks. In J. C. Mitchell (Ed.), *Social networks in urban situation* (pp. 41-50). Manchester, UK: Manchester University Press.

Piaget, J. (1965). *The moral judgment of the child*. NY: The Free Press.

Popper, K. (1972). *Objective knowledge: An evolutionary approach*. Oxford, UK: Oxford University Press.

Rawls, J. (1971). *A theory of justice*. Cambridge, MA: Belknap Press of Harvard University Press.

Reis, H. T. (1984). The multidimensionality of justice. In R. Folger (Ed.), *The sense of injustice: Social psychological perspectives*. NY: Plenum Press.

Schaefer, E. S. (1959). A circumplex model for maternal behavior. *Journal of Abnormal and Social Psychology, 59*, 226-235.

Schwinger, T. (1986). The need principle of distributive justice. In H. W. Bierhoff, R. L. Cohen & J. Greenberg (Eds.), *Justice in social relation* (pp. 211-225). NY: Plenum Press.

Shapiro, E. G. (1975). Effects of expectation of future interaction of reward allocation in dyads: Equity or equality. *Journal of Personality and Social Psychology, 31*, 873-880.

Stogdill, R. M. (1974). *Handbook of leadership: A survey of theory and research.* NY: The Free Press.

Thibaut, J. W., & Kelley, H. H. (1959). *The social psychology of groups*. NY: John Wiley & Sons.

Thibaut, J. W., & Walker, W. (1975). *Procedural justice: A psychological analysis*. Hillsdale, NJ: Lawrence Erlbaum Associates.

Walster, E., Traupmann, J., & Walster, G. W. (1978). Equity and extramarital sex. *Archives of Sexual Behavior, 121-141*.

Walster, E., Walster, G. W., & Berscheid, E. (1978). *Equity: Theory and research*. Boston: Allyn & Bacon.

Yang, L. S. (1957). The concept of pao as a basis for social relations in China. In J. K. Fairbank (Ed.), *Chinese thought and institutions* (pp. 291-309). Chicago, IL: University of Chicago Press.

Young, J. A. (1971). *Interpersonal networks and economic behavior in a Chinese market town*. Unpublished Ph. D. dissertation, Stanford University, Stanford, CA.

第五章

儒家思想的內在結構

在上一章中，筆者一方面對西方社會心理學中的社會交換理論、公平理論和正義理論做批判性的回顧，一方面說明：筆者如何以人類社會中四種基本關係模式作為基礎，建構出〈人情與面子〉的理論模型。筆者認為：這樣建構出來的形式性理論，可以滿足文化心理學的基本主張：「一種心智，多種心態；普世主義，考量分殊」（Shweder et al., 1998: 871）。它代表人類心智在社會互動方面普世性的深層結構，在不同社會中生活的人，會隨其文化環境的不同，而發展出不同的心態。

在儒家文化傳統的影響之下，許多華人（尤其是知識份子），也發展出所謂的「儒家心態」（Confucian mentality）。為了說明「儒家心態」的特色，本章將以〈人情與面子〉的理論模型作為基礎，分析儒家思想的內在結構。

本書第二章引用 Vygotsky（1986）文化心理學的理論，說明教師在學校中所教的內容，可以成為學生解決其生活問題的「語言工具」。在 1905 年清廷正式宣布廢止科舉考試之前，中國歷史上有極其漫長的一段時間，學校或私塾是以儒家經典作為教材。蘊藏在儒家經典中的聖人智慧，不僅可以作為學生應付科舉考試的「語言工具」，而且可以讓他們用來和其生活世界中的其他人玩各種「語言遊戲」。

隨著科舉考試的廢止，以及西方文化衝擊所造成的快速變遷，儒家思想在華人社會中的重要性也隨之減弱。然而，語言是文化的載體，只要華人繼續使用他們的語言，儒家文化傳統中所蘊涵的智慧和價值，便可能影響他們在生活世界中的行動。為了說明儒家社會中人們的心態，在本章中，筆者將以儒家經典作為素材，從社會心理學的觀點，分析儒家文化傳統的內在結構。

根據筆者的分析（黃光國，1988），儒家思想的內在結構是由五個相關的部分所組成的：儒家的天命觀、心之模型、庶人倫理、修身之道以及士之倫理。儒家所提倡的「仁道」主要包含兩個層面：庶人倫理與士之倫理。儒家相信：「仁道」是和天道互相對應的，每一個人都應當用修身的方法來實踐庶人倫理。除此之外，儒家還賦予知識份子（士）一種「以道濟世」的使命感。在本章中筆者將逐一介紹儒家思想之內在結構的各個部分，然後把它放置在「致中和」的世界觀模型中，討論它在中國文化傳統中的位置（李亦園，1994a，1994b）。

第一節 儒家的天命觀

在〈現代性的不連續假說與建構實在論〉一文中（黃光國，2000），筆者指出：不同文化中的人們在其歷史長河中所發展出來的「世界觀」，可以幫助該文化中之成員，回答他們在生活世界中可能遭遇到的四類問題：⑴我是誰？⑵我的人生處境是什麼？⑶我為什麼會受苦？⑷我應當如何獲得救贖？（Walsh & Middleton, 1984）。所謂「世界觀」的問題，儒家學者稱之為「天命觀」。有些人在經歷人世間生、老、病、死的各種變化時，可能意識到人的生命是一種「面向死亡的存在」，他們在思索人生意義的問題之後，可能擇定個人的「終極關懷」，進而影響其生活目標之設定。大體而言，曾經對世界文化產生過重大影響的人生哲學，大多是建立在某種特定的宇宙論（cosmology）之上，能夠對人生意義的問題有所解答，並因此而能影響文化成員的「終極關懷」。儒家亦不例外。然則，儒家的「終極關懷」是什麼？

➢ 天命觀的四種取向

倘若我們將個人在宇宙間存在歷程的遭遇和變化界定為「命」，從理論的角度來看，人類對於宇宙和個人命運之關聯的態度，主要可分為四種（唐君毅，1986：112-113；勞思光，1968：66-79）：

第一，人類可能創造出「人格神」（personal god）或「意志天」之觀念，認為個人的「命」係由有人格的神，或有意志的天所支配，這個超越之主宰是人間價值的根源，所以人類應當設法測知天意，並實踐神的意旨。中國商周時期的原始信仰，以及歐洲中古時期的天主教會，均採取此一觀點。採取此一觀點的人，相信自己承受天命，世間沒有任何力量能夠阻止他實現其使命，因此能夠勇往向前，遂行其使命，而無所畏懼。

第二，是承認「命」不可違，但不相信有任何超越主宰之存在，只將「命」歸諸於事實之必然，因此主張人類應當盡力去理解事實的必然規律，並順應此規律而行動。舉例言之，自從十四世紀歐洲文藝復興運動發生之後，理性主義逐漸抬頭。十六世紀的宗教改革運動，大幅度地削減了教會的絕對神權，「解除掉世界的魔咒」，促成人本主義的興起。十八世紀以後產生的唯物論、機械論及經驗科學，大多採取此一立場。值得特別強調的是：荀子也採取了這種立場，不過荀子在中國歷史上並沒有受到應有的注意。這種立場雖然承認個體的「命」受到客觀限制，不過限制的根源既不是超越性的主宰，也不是個人的自覺，而是自然的規律。

第三種觀點雖然也承認「命」的存在，但其哲學思辨的結果，卻認為：在「命」的支配下，個人的自覺根本無可作為，因此人類應當瞭解命的領域，而自求超離。譬如：印度的佛教追求涅盤的境界，即為此觀念之例。中國道家思想說：「飄風不終朝，驟雨不終日，孰為此者？天地尚不能久，而況於人乎？」《道德經．第二十三章》，「道常無為，而無不為」《道德經．第三十七章》，因此主張：「故從事於道者，同於道」，只要順應自然，即「萬物無不由之以治」，亦是屬於此一立場。

第四種觀點是孔、孟的立場。他們認為：作為自然界之生物體的「人」，必然要承受生、老、病、死等無可逃避的命運；但是，作為有道德自覺之主宰，「人」又必須實踐源自其超越本體的「道德規律」，以完成其

「天命」或「使命」。

➢ 義命分立的天命觀

我們可以再進一步闡述孔、孟的這種天命觀。孔子承認人的生物生命受到命運的支配：

> 伯牛有疾，子問之。自牖執其手，曰：「亡之，命矣夫。斯人也，而有斯疾也。」《論語・雍也》

孔子的弟子冉伯牛病危，孔子去探望他，很惋惜地將其疾病歸之於「命」。此處所說的「命」，顯然是支配個人生物生命之遭遇的「命運」。然而，孔子卻很少論及這一類的「命」，他所關懷的是賦予其道德使命感的「天命」。他說：「不知命，無以為君子也」《論語・堯曰》，此處所謂的「命」，是指道德使命或「天命」。人不知天命，則一定只考慮現實利益，見利必趨，見害必避，何以為君子？反過來說，知天命者，見利不必趨，見害不必避，唯「義」是從。孔子說他自己：「五十而知天命」《論語・為政》，此後即以周文王的道德傳承者自居，而有強烈的道德使命感。

孔子對於鬼神等超自然力量的言論，也很清楚地反映出他這種「義命分立」的態度（唐君毅，1986：132-147；蔡仁厚，1984：133-151）。孔子相信有鬼神等超自然力量的存在，所以他主張祭祀，而且必須虔誠地祭祀：

> 祭如在，祭神如神在。子曰：「吾不與祭，如不祭。」《論語・八佾》

他將人間事務中人力所不能及的部分劃歸為「命」的領域；並將人能夠作為自覺主宰的範圍，劃為「義」的領域，而主張「務民之義」，建立人間的是非標準，先把人間的事務做好：

樊遲問知。子曰：「務民之義，敬鬼神而遠之，可謂知矣。」《論語・雍也》

季路問事鬼神。子曰：「未能事人，焉能事鬼？」敢問死，曰：「未知生，焉知死？」《論語・先進》

對於超自然之事，孔子抱著「存而不論」的能度，認為：「未能事人，焉能事鬼？」「未知生，焉知死？」因此而主張：「敬鬼神而遠之。」孟子也繼承了孔子的這種天命觀：

孟子曰：「盡其心者，知其性也。知其性，則知天矣。存其心，養其性；所以事天也。夭壽不貳，修身以俟之；所以立命也。」《孟子・盡心上》

孟子曰：「莫非命也，順受其正。是故知命者不立乎巖牆之下。盡其道而死，正命也；桎梏而死，非正命也。」《孟子・盡心上》

孟子以為：人的本性是由天所決定的，人只有在盡心竭力實踐自己的時候，才知道自己的「天性」是什麼，也因此才能知道上天賦予自己的「使命」是什麼。個人夭壽窮通的遭遇往往有人力不能決定的因素，人所能做的，就是常存行「道」之心，全力發展自己的天性，「修身以俟之」。在孟子看來，人生的安危禍福，無非都是命，但命有「正命」和「非正命」之分；竭盡人事之後，再也無法改變的成敗利鈍，稱為「正命」；自暴自棄，自甘墮落所招致的不幸，便不是正命。

儒家這種「義命分立」的天命觀，將鬼、神等超自然力量劃入「不可知」的範疇，對其抱持「存而不論」的態度，這反映出儒家思想中的理性主義成份。然而 Weber（1920/1951）認為：和清教徒相比，儒家的理性主義卻是不澈底的。清教徒完全否定在這個上帝創造的世界上有任何魔力的存在，否則就是對上帝的褻瀆和不敬，是不可寬恕的。由於儒家對超自然力量缺乏探究的興趣，致使中國的自然科學始終停留在純粹經驗領域之內，未能發展出近代西方式的科學技術。也由於儒家對超自然力量並未作根本的排斥，致使中國長期地容忍多種宗教並存，巫術和迷信也一直在中國社會中流行。儒家以樂觀的態度設法調適人與世界的關係，去適應現實，而不是以分析的態度去駕馭現實，改造現實。因此，儘管 Weber（1920/1951: 248）將基督新教和儒教都劃入理性主義宗教的範疇，他卻認為兩者的價值取向存有極大的差異：「儒教的理性主義是對世界的理性適應；基督教的理性主義則是對世界的理性控制。」

Weber 認為：這是歐洲文藝復興之後，中西社會發展走上不同道路的內在精神因素。然而，在二十世紀末期，在中西文化結合之後，華人「謀事在人，成事在天」，「盡人事，聽天命」的態度卻產生出一種相當積極的「能動宿命觀」（李沛良，1993），這是 Weber 始料未及的經驗事實，十分值得吾人注意。

➢ 立人道於天道

前文論及：孔、孟持有一種「義命分立」的天命觀。然而，他們是如何在「義」的領域中建立文化價值標準的？大抵而言，能夠在世界上流傳久遠的哲學體系，大多是建立在某種特定的宇宙論之上，能夠對宇宙的起源、本質和現象提供某種解釋。儒家亦不例外。嚴格說來，儒家的宇宙論，並不是儒家所獨有，而是中國人從商周以前流傳下來的。對這種宇宙論記載最為詳盡的書，首推《易經》。

在《易經．十翼》中，以〈彖傳〉的內容與宇宙論的關係最為密切（韋政通，1968）。例如：

「大哉乾元，萬物資始，乃統天。雲行雨施，品物流行。」

「至哉坤元，萬物資生，乃順承天。坤厚載物，德合無疆。」

「坤元」是「資生萬物之德」。「乾元」是屬於天的「元」。大地是一切存在的根據，它必須仰賴這種「始生萬物之德」的「乾元」，才能成就其偉大。所以說：「大哉乾元，萬物資始，乃統天。」然而，天雖然有「乾元」，能夠行雲施雨，若要使品物流行，還必須借助於「坤元」之力，故曰：「至哉坤元，萬物資生，乃順承天。」資始是授氣，資生是成形，意思是說：「坤元」之德在生育滋長萬物，但這種生育滋長之作為必須順承天意，代天完工，故造物之功屬地，「天地感，而萬物化生」，「天地革，而四時成」。

這樣的宇宙觀具有幾個明顯的特色：

第一，它假設宇宙本身具有無限的創造力，宇宙中萬物的流行變化均由天地的相遇、相感而不斷顯現。它不像西方基督教那樣，在宇宙之外，另外樹立一個超越的實體，並假設宇宙萬物均由此實體所創造出來。

第二，它假設宇宙間萬物的變化，具有一種循環性的關係：

「天地之道，恆久不已也，利有攸往，終則有始也。日月得天而能久照，四時變化而能久成，聖人久於其道而天下化成。視其所恆，則天地萬物之情可見矣。」

第三，它假設宇宙萬物是生生不已、永無止息的。在前述引文中，「乾元」之德是「資始萬物」，「坤元」之德是「資生萬物」。「始」之意即為「生」，所以說：「天地之大德曰生」；周易六十四卦的最後一卦為「未濟」，〈彖傳〉又強調「終則有始」，這些觀念都蘊涵了「剝極必復」、「否極泰來」、「生生不已」的往復循環式宇宙觀（方東美，1981）。

孔子很明顯地受到這種觀點的影響。他在和魯哀公的一次對話中，很清楚地表現出這種觀點：

公曰：「敢問君子何貴乎天道也？」孔子對曰：「貴其不已。如日

月東西相從而不已也，是天道也。不閉其久，是天道也。無為而物成，是天道也。已成而明，是天道也。」《禮記・哀公問》

先秦時期的儒家認為：天與人之間存有一種內在的含攝關係。宇宙萬物皆從天道之生生變化中得其性、命，而人為萬物之一，故人的性、命亦是如此：

「誠者，天之道也。誠之者，人之道也。」《中庸・第二十章》
「誠者，物之始終；不誠無物。是故君子誠之為貴。」《中庸・第二十五章》
「故至誠無息，不息則久，久則徵，徵則悠遠，悠遠則博厚，博厚則高明。」《中庸・第二十六章》
「誠則形，形則著，著則明，明則動，動則變，變則化，唯天下至誠為能化。」《中庸・第二十三章》

從日月代明、四時錯行、淵泉時出、川流不息等自然現象中，先秦儒家悟出：「誠者，天之道也。」宇宙中任何事物的始終都含有「誠」的道理，「至誠無息」，「不誠則無物」，「唯天下至誠為能化」。由於「人道」即「天道」，「人心的條理與自然的條理有某種合轍之處」（劉述先，1989/1992：505），「誠之者，人之道也」，只要至誠無妄，得自天道的人性便可以朗現出來。所以說：

「唯天下至誠，能盡其性；能盡其性，則能盡人之性；能盡人之性，則能盡物之性；能盡物之性，則可以贊天地之化育；可以贊天地之化育，則可以與天地參矣。」《中庸・第二十二章》

這種類比的推論方式，並不是康德所謂的「理論理性」，我們也無法用任何科學的方法在經驗界中加以驗證。然而，它卻是中國儒家所獨有的「實踐理性」，能支持個人去踐行儒家的「仁道」。這種論點認為：「天就內在於人之中，人把自己內在的德性發揚出來，就是闡明天道的一種方式。故實際人生雖有限，卻通於無限，而可以與天地參」（劉述先，1989/1992：508）。然則，儒家要人們發揚的「內在德性」到底是什麼？

第二節　儒家的心之模型

在回答這個問題之前，我們必須先討論先秦儒家諸子的人性觀。在《儒家思想與東亞現代化》一書中（黃光國，1988），筆者綜合孔子、孟子、荀子對於人性的觀點，建構出一個「儒家的心之模型」，如圖 5-1 所示。此處必須特別強調的是：從結構主義的角度來看，這樣的一個模型並不代表孔、孟、荀三人中任何一個人的人性觀。對他們三人而言，他們的人性觀是一種「自覺的模型」，筆者所建構的「儒家的心之模型」，則是一種「非自覺的模型」，是筆者綜合他們三人的人性觀所作的「第二度的解釋」，而不是他們自己對人性的「第一度解釋」（Schutz, 1932/1967）。

➢ 識心

在「儒家的心之模型」中，筆者特別強調，先秦儒家諸子所體認到的「心」，乃是一種「雙層次的存在」：「仁心」承載了孔、孟所提倡的「仁、義、禮」倫理體系；「識心」則是荀子所體會到的、作為自然生物體之個人所擁有的「認知心」[1]。荀子心目中的「人」，是作為自然界中之生物體的個人；他所謂的「性」，是作為自然生物體之個人所具有的天性（蔡仁厚，1984：387-403）：

[1] 包遵信（1986）指出：中國歷史上的學者大多將孟、荀之說視為互相對立的理論，本文則視之為理解「人」的兩種不同途徑。

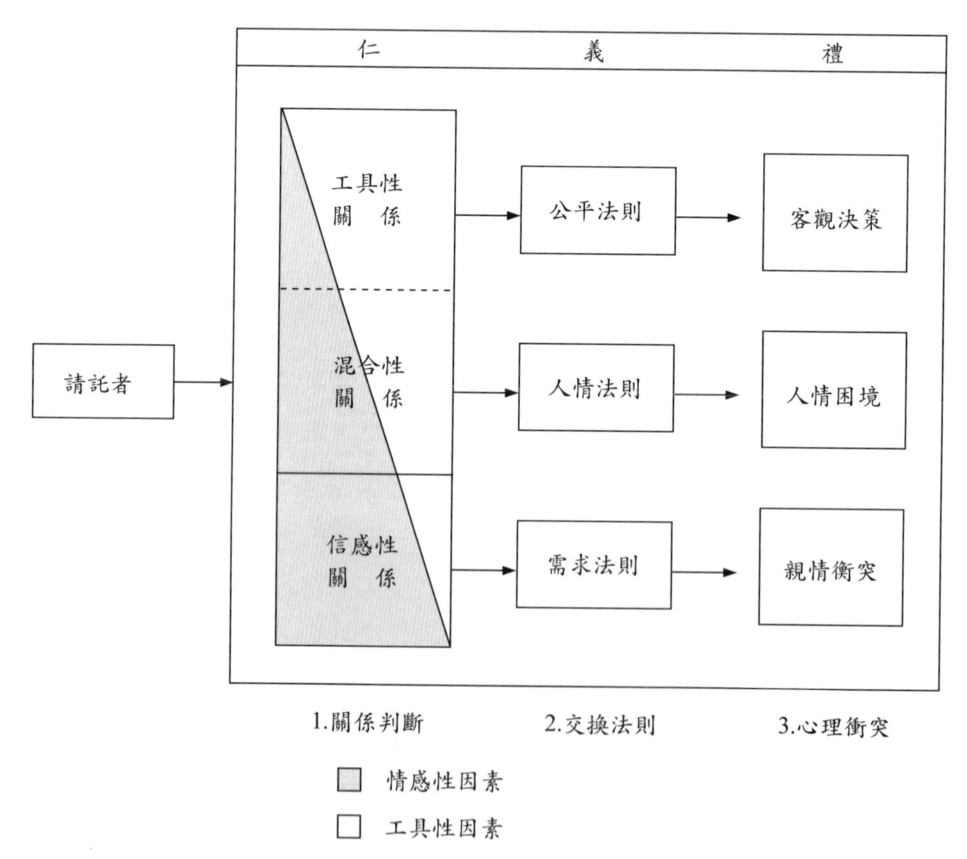

圖 5-1　儒家庶人倫理中的「仁—義—禮」倫理體系

「夫好利而欲得者，此人之情性也。」〈性惡〉

「若夫目好色，耳好聲，口好味，心好利，骨體膚理好愉佚，是生於人之情性者也。」〈性惡〉

「凡人有所一同：饑而欲食，寒而欲暖，勞而欲息，好利而惡害，是人之所生而有也，是無待而然者也，是禹桀之所同也。目辨白黑美惡，耳辨聲音清濁，口辨酸鹹甘苦，鼻辨芬芳腥臭，骨體膚理辨寒暑疾癢，是人之生而有也，是無待而然者也，是禹桀之所同也。」〈榮辱〉

由此可見，荀子所談的「心」，也是作為自然生物體之個人所擁有的具有認知及思慮功能的「識心」：

「心居中虛，以治五官，夫是之謂天君。」〈天論〉
「禮之中焉，能思索，謂之能慮。」〈禮論〉
「情然而心為之擇，謂之慮。」〈正名〉
「吾慮不清，則不能定然否也。」〈解蔽〉
「心，生而有知，知而有誌，誌也者，藏也；然而有所謂虛。不以所己藏害所將受，謂之虛。」〈解蔽〉
「心臥則夢，偷則自行，使之則謀，故未嘗不動也，然而有所謂靜。不以夢劇亂知，謂之靜。」〈解蔽〉

在「儒家的心之模型」中，整個「資源支配者的心理歷程」都是「識心」作用的範疇，而「仁心」應當作為「識心」的指導原則。在與「仁」對應的「關係判斷」之處，作者以一條對角線將代表「關係」的長方型劃分為兩部分，空白的部分稱為「工具性成份」，這意思是說：作為生物體的個人生而具有各種慾望，「目好色，耳好聲，口好味，心好利，骨體膚理好愉佚」，「饑而欲食，寒而欲暖，勞而欲息，好利而惡害」。換言之，「識心」的重要功能之一，便是在和他人互動的時候，思索如何以他人作為「工具」，獲取各種資源，來滿足自己的需要。斜線的部分稱為「情感性成份」，這意思是說：作為道德本體的超越性「仁心」，必須在各種不同角色關係的互動中方能朗現出來，而「仁心」的朗現卻是依「關係」的親疏遠近而有差序性的。

由於作為自然生物體的個人天性具有各種慾望，因此先秦儒家諸子主張用「仁、義、禮」倫理體系來加以約束。用荀子的話來說：

> 「今人之性，生有好利焉；順是，故爭奪生而辭讓亡焉。生而有惡疾焉；順是，故殘賊生而忠信亡焉。生而有耳目之欲，好聲色焉；順是，故淫亂生而禮義文理亡焉。然則從人之性，順人之情，必出於爭奪，合於犯分亂理，而歸於暴。」〈性惡〉
>
> 「今人之性惡，必將待師法然後正，待禮義然後治。今人無師法，則偏險而不正；無禮義，則悖亂而不治。古者聖人以人性惡，以為偏險而不正，悖亂而不治，是以為起禮義，制法度，以矯飾人之情性而正之，以擾化人之情性而導之也，始皆出於治，合於道者也。」〈性惡〉

用符號互動論的角度來看，以個人「好色」、「好聲」、「好味」、「好利」的慾望為基礎而表現出來的「工具性」行動，正是「主我」所要表現出來的「衝動」，如果個人依照這種「衝動」率性而為，「從人之性」，「順人之情」，社會秩序必然無法維持，「爭奪生而辭讓亡焉」，「殘賊生而忠信亡焉」，「淫亂生而禮義文理亡焉」。因此，先秦儒家諸子「起禮義」，「制法度」，制訂出「仁、義、禮」倫理體系，透過各種社會化代理人（agents of socialization）傳遞給個人，做為個人和他人互動的規範，「以矯飾人之情性而正之」，「以擾化人之情性而導之」。「儒家的心之模型」以一條實線和一條虛線將代表人際關係的長方型方塊分成三部分，這意思是說：個人在和他人互動的時候，其「主我」的衝動和「客我」的社會要求會處在一種不斷的辯證性歷程中，讓他依照彼此「關係」的不同，選擇最適當的「交換法則」，並作出合乎「禮」的行為，使其表現出來的「自我」，「出於治」，「合於道」。荀子說：「識心」的主要功能是「能思索」、

「定然否」、「居中虛」、「情然而為之擇」，其實便是在指這種辯證歷程。

➢仁心

在「儒家的心之模型」中，「仁心」是「仁道」的承載者。在前一節中，筆者提到：先秦儒家諸子用「本天道以立人道」的方式啟示出其倫理體系；用《易經．十翼》上的話來說，這就是：

> 「有天地然後有萬物，有萬物然後有男女，有男女然後有夫婦，有夫婦然後有父子，有父子然後有君臣，有君臣然後有上下，有上下然後禮義知所錯。」〈序卦〉

用筆者在〈現代性的不連續假說與建構實在論〉一文中提及的Levy-Bruhl（1910/1966）之概念來說，這種推論法充分反映出初民「神秘參與律」的思考方式。《易經．十翼》認為：人是宇宙間的萬物之一，天地分陰陽，人間有男女；男女結合為夫婦之後，又衍生出父子、君臣等社會關係；因此，這種社會關係的安排（人道）是應當與「天道」相互通契的。儒家所主張的「仁道」或「禮義」之道，即是與「天道」相互通契的「人道」。然而，儒家所主張的「仁道」或「禮義」之道，究竟具有什麼特色？

第三節　儒家的庶人倫理：「仁、義、禮」倫理體系

在筆者看來，儒家經典中最能夠反映儒家倫理中「仁」、「義」、「禮」三個概念之間的複雜關係者，是《中庸》上所說的一段話：

> 「仁者，人也；親親為大。義者，宜也；尊賢為大。親親之殺，尊賢之等，禮之所由生也。」〈第二十章〉

「殺」即是差等之意。這一段話，不只說明了「仁」、「義」、「禮」三個概念之間有密切的關係，而且說明了儒家評量角色關係的兩個向度。更清楚地說，儒家主張：個人和任何其他人交往時，都應當從「親疏」和「尊卑」兩個認知向度（cognitive dimensions）來衡量彼此之間的角色關係：前者是指彼此關係的親疏遠近，後者是指雙方地位的尊卑上下。做完評定之後，「親其所當親」，是「仁」；「尊其所當尊」，是「義」；依照「親親之殺，尊賢之等」所作出的差序性反應，則是「禮」。

用西方社會心理學的「正義理論」來看，《中庸》上的這段話還有一層重要的含意。在前一章中，我們提到：「正義理論」將人類社會中的「正義」分為兩大類：「程序正義」是指：群體中的成員認為應當用何種程序來決定分配資源的方式；「分配正義」則是指：群體中的成員認為應當用何種方式分配資源（Leventhal, 1976, 1980）。依照儒家的觀點，在人際互動的場合，應當先根據「尊尊」的原則，解決「程序正義」的問題，決定誰是「資源支配者」，有權選擇資源分配或交易的方式；然後再由他根據「親親」的原則，決定資源分配或交易的方式。圖 5-1「儒家的心之模型」中所謂的「義」，以及圖 4-3「資源分配者的心理歷程」中的「交換法則」，主要是指「分配正義」。下列各節將先討論儒家對「程序正義」的主張，再回過頭來，討論他們對「分配正義」的觀點。

➢「程序正義」：尊尊原則

在前一節中，我們提到：在儒家思想裡，「仁」是「本心之全德」，是超越性的道德本體（陳榮捷，1969；Chan, 1955），由「仁」可以衍生出「義」、「禮」，其他較為次要的道德綱目又是由此衍生而出，構成了繁複的「仁、義、禮」倫理體系。依照儒家的主張，「五倫」中任何一種對偶性的角色關係，參與互動的雙方，都應當根據彼此的「尊尊差距」和「親疏關係」來決定彼此之間的互動方式。事實上，先秦儒家諸子就是用這兩個向度，評估「五倫」關係中的角色屬性之後，再從中提出最適切的倫理主張。舉例言之，孟子說：

「父子有親，君臣有義，夫婦有別，長幼有序，朋友有信。」〈滕文公上〉

在這「五倫」關係中，他最重視的是「父子」和「君臣」二倫，所謂「內則父子，外則君臣，人之大倫也」〈公孫丑下〉。我們不妨以這二倫為例，說明他如何判定不同角色間的倫理原則。在孟子看來，從兒子的角度來看，「父親」在「親疏」向度上是屬於「至尊」，在「尊卑」向度上，又是屬於「尊長」，儒家最重視的德目是「仁」，所以他強調「父子有親」。對於扮演臣下角色的人而言，「君王」在親疏向度上是落在疏遠的一端，在「尊卑」向度上，卻是屬於「至尊」，孟子無法強調兩者之間的「親」，只好說「君臣有義」。其他像「夫婦有別，長幼有序，朋友有信」等等，也應當根據類似的原則，作出不同的倫理主張。

先秦儒家諸子根據互動雙方的「尊卑差距」和「親疏關係」，判定適用於某種角色關係的倫理原則。用現代西方心理學中正義理論的概念來說，當個人和他人進行社會互動時，他們應當考慮雙方關係的「尊卑」和「親疏」，分別解決有關「程序正義」和「分配正義」的問題。在決定誰是「資源支配者」以解決「程序正義」的問題時，儒家主張先考慮雙方地位的「尊卑」差距，並根據「尊尊」的原則，決定誰應掌握決策權：

「何謂人義？父慈，子孝；兄良，弟弟；夫義，婦聽；長惠，幼順；君仁，臣忠，十者謂之人義。」《禮記・禮運》

儒家以為：君臣、父子、夫婦、兄弟、朋友是社會中五種最重要的基本人際關係，儒家稱之為「五倫」。五倫中，每一對角色關係的互動，固然都應當建立在「仁」的基礎之上，可是，由於五倫的角色功能各不相同，它們所應強調的價值理念，也應當有所差異。在儒家看來，五倫中最應當闡揚的價值分別為「父子有親，君臣有義，夫婦有別，長幼有序，朋友有信」。

更值得注意的是：在儒家的觀念裡，這五種角色關係中，除掉「朋友」一倫屬於對等關係之外，其他四倫都蘊涵有「上下、尊卑」的差序關係。這四倫中，任何一對關係涉及的兩個角色，其社會地位有高下之分，其掌握權力亦有大小之別。《禮記》一書將「朋友」一倫除去後，界定了十種所謂的「人義」：「父慈，子孝；兄良，弟弟；夫義，婦聽；長惠，幼順；君仁，臣忠。」換言之，假若「父慈」而「子孝」，則他們的行為便符合「義」的標準。反過來說，假定「父不慈」或「子不孝」，他的行為便是不義的。餘此類推。當然，這十種「人義」並不能窮盡儒家據以判斷「義」的所有標準。比方說，假如一個人對朋友失「信」，別人仍然可以說他「不義」。然而，筆者以為：《禮記》之所以特別界定這十種「人義」，乃是因為涉及上述「人義」的五對角色之間，都蘊涵有社會地位的差等關係。更清楚地說，依照「十義」的原則，扮演「父、兄、夫、長、君」等角色的人，應當分別依照「慈、良、義、惠、仁」的原則做決策，而扮演「子、弟、婦、幼、臣」等角色的人，則應當遵守「孝、悌、聽、順、忠」的原則，接受他們的指示。一方面為支配者，一方面為從屬者，其間的尊卑主從關係至為明顯。

➢「分配正義」：親親原則

考量互動雙方之角色關係在「地位尊卑」上的差距之後，「資源支配者」下一步的工作，便是要根據「親親」的原則，選擇最恰當的資源分配或交換法則。依圖 5-1「儒家的心之模型」來看，考慮互動雙方關係的親疏，是儒家所謂的「仁」；依照雙方關係的親疏，選擇適當的交換法則，是「義」；考慮雙方交易的利害得失之後，做出適切的反應，則是「禮」；三者構成了儒家「仁、義、禮」倫理體系的核心部分。

在「儒家的心之模型」中，筆者以一條對角線將和「仁」對應的長方型分為兩部分，斜線部分稱為「情感性成份」，空白部分稱為「工具性成份」，這意思是說：儒家所主張的「仁」，是有差序性的「親親」，而不是普遍性的對任何人都「一視同仁」。同時，筆者又以一條實線和一條虛線將代表「關係」的長方形切割成三部分，並依其「情感性成份」的多寡，分別稱之為「情感性關係」、「混合性關係」和「工具性關係」。在代表家人間的「情感性關係」和家庭外的「混合性關係」之間，以一條實線隔開，這意思是說：儒家認為，家人和外人之間存有一種難以穿透的心理界線（psychological boundary），應當根據不同的「分配正義」或「交換法則」來進行社會互動。

用〈人情與面子〉的理論模式來看，父子、夫婦、兄弟三倫是屬於「情感性關係」，個人應當以「需求法則」和他們進行交往，盡力獲取各種資源，來滿足對方的不同需要。朋友一倫屬於「混合性關係」，應當以「人情法則」和對方互動。至於君王，一般庶民很少有與之直接互動的機會，對於統治者的旨意，他們大概只有唯命是從的份。此處值得注意的是：對於不屬於「五倫」的眾多陌生人，儒家並沒有訂立明確的倫理準則。當個人必須與之建立「工具性關係」，並交換資源時，他比較可能根據「公平法則」，用「精打細算」的方式，和對方進行交易。

➢ 由親及疏

我們可以從儒家典籍中找到許多證據來支持以上各項論述：

樊遲問仁。子曰：「愛人。」《論語・顏淵》
子貢曰：「如有博施於民，而能濟眾，何如？可謂仁乎？」子曰：「何事於仁？必也聖乎！堯舜其猶病諸！夫仁者，己欲達而達人，能近取譬，可謂仁之方也已。」《論語・雍也》

孔子以「愛人」來解釋「仁」。他認為：一個真正「愛人」的人，必定能夠「推己及人」，「己欲立而立人，己欲達而達人」。他所說的「人」，並不是指某一個特定的對象。然而，他也明白：一個人要將「愛人」的精神推廣到每一個人身上，做到「仁者無所不愛」，並不是容易之事。在社會互動情境中，個人為了表示他對別人的「仁」或「愛」，往往必須將他擁有的某些資源施予別人。這時候，他便面臨了現實的限制：個人的資源有限，他如何能夠無止境地施「仁」於他人？孔子平常不肯以「仁」許人，有人問他：「某人仁乎？」他的回答不是「不知其仁也」，便是「未知，焉得仁？」主要原因之一，便是一個人很難做到「無所不愛」。因此，子貢問他：「如果有人能夠『博施於民，而能濟眾』，能不能稱之為『仁』？」孔子的回答是：「這豈止是仁！簡直可以說是『聖人』了。堯舜恐怕都還做不到呢！」

因此，孔子認為：「仁德」的實踐，應當「能近取譬」，從「事親」做起，由親及疏，一步步往外推：

> 孟子曰：「仁之實，事親是也。」《孟子．離婁上》
> 孟子曰：「未有仁而遺其親者也。」《孟子．梁惠王上》
> 孟子曰：「事孰為大？事親為大。……事親，事之本也。」《孟子．離婁上》

在盡到「事親」的義務之後，他才能一步步地由近及遠，向外實踐「仁道」：

> 子曰：「弟子入則孝，出則弟，謹而信，汎愛眾，而親仁，行有餘力，則以學文。」《論語．學而》
> 有子曰：「其為人也孝弟，而好犯上者，鮮矣！不好犯上，而好作亂者，未之有也。君子務本，本之而道生。孝弟也者，其為仁之本歟！」《論語．學而》

孔子所說的「入則孝，出則弟，謹而信，汎愛眾，而親仁」，已經蘊涵了「踐仁」的順序。儒家認為：家庭中的「孝弟」是「仁之本」，一個人要實踐「仁」的德性，應當從「務本」做起，先講求「孝弟」、「篤於親」，再論及其他。

➢ 居仁由義

孟子也有類似的看法。在先秦儒家諸子中，孟子對「義」的討論，最為詳盡。

他認為：個人對於「義」或「不義」的判斷，應當以「仁」為基礎，這就是所謂的「居仁由義」：

> 孟子曰：「仁，人心也；義，人路也。舍其路而弗由，放其心而不知求，哀哉！人有雞犬放，則知求之，有放心而不知求。學問之道無他，求其放心而已矣。」《孟子・告子上》
>
> 孟子曰：「自暴者，不可與有言也；自棄者，不可與有為也。言非禮義，謂之自暴也；吾身不能居仁由義，謂之自棄也。仁，人之安宅也；義，人之正路也。曠安宅而弗居，舍正路而不由，哀哉！」《孟子・離婁上》

孟子經常仁、義並舉，認為「仁，人心也；義，人路也」，「仁，人之安宅也；義，人之正路也」，不過他也同意：實踐「仁、義」，應當從家庭中做起：

> 孟子曰：「仁之實，事親是也。」《孟子・離婁上》
>
> 孟子曰：「未有仁而遺其親者也。」《孟子・梁惠王上》
>
> 孟子曰：「孩提之童，無不知愛其親者；及其長也，無不知敬其兄也。親親，仁也；敬長，義也，無他，達之天下也。」《孟子・盡心上》

和孟子同一時代的楊朱提倡「為我」，主張「拔一毛以利天下而不為」；墨翟鼓吹「兼愛」，主張「愛人之父如己之父」，孟子痛罵他們「楊氏為我，是無君也；墨氏兼愛，是無父也。無父無君，是禽獸也」《孟子．滕文公下》，其主要原因即在於楊、墨的主張違反了儒家「以仁居心」、「愛有差等」的原則。

值得強調的是：儒家雖然主張「愛有差等」，認為實踐「仁道」應當從家庭中做起，但儒家並不以為：「仁」的實踐可以僅止於此。尤其是對於「士」，儒家更賦予他們一種使命感，認為他們應當從家庭開始，由內而外，一步步向外推行「仁道」，「親親而仁民，仁民而愛物」《孟子．盡心上》，「以其所愛及其所不愛」《孟子．盡心下》。這一點，對於瞭解儒家思想的結構有十分重要的含意，我們將在下面「士之倫理」一節中，再做深入討論。

➢ 交接以禮

不管「資源支配者」選擇用何種「交易法則」和對方交往，依照儒家的主張，他在衡量雙方交易的利害得失，並做出適當反應的時候，都應當注意「以禮節之」。在東周時期，「禮」本來是指宗教儀節；到了西周初期，「禮」的宗教功能逐漸喪失，各種形式的「禮」轉變成為維持政治和社會秩序的工具（徐復觀，1963）。根據儒家典籍的記載，當時的「禮」主要包含三項成份：

1. 儀節：完成某一儀式必須經過的步驟和程序，即每位儀式參與者在儀式進行的時空中必須完成的行為，譬如：《禮記》、《儀禮》、《周禮》上所記載的朝覲之禮、聘問之禮、喪祭之禮、婚姻之禮等等，都各有其儀節。
2. 器：完成某項儀節必須使用的器具，包括：車、服、旗、章、鐘、鼎、玉、帛等等。
3. 名：用以表示儀式當事人、主時人及參與者之親疏、尊卑（或長幼）

關係的名稱。譬如：家族中繁複的親屬稱謂，或政治上由天子、諸侯以至於卿大夫的爵號名分，都是其中之例。

在東周封建時期，貴族在禮制中可以使用的「名」和「器」都有詳細的明文規定，孔子本人對這方面也非常重視[2]。有一次，子路向孔子問施政的優先順序，孔子說：「必也正名乎！」子路笑他「迂」，然後說了一篇：「名不正則言不順，言不順則事不成，事不成則禮樂不興」的大道理[3]。還有一次，仲叔于奚在衛齊之戰中救了衛軍統帥孫桓子。衛侯要賞他采邑，仲叔于奚一面辭謝，一面要求准許他在朝見時，使用諸侯專用的樂隊和馬飾。衛侯同意了，孔子知道後卻大表惋惜，認為「不如多與之邑」，又講了一篇「唯名與器不可以假人」的道理。

他看到當時「禮崩樂壞」，諸侯相互攻伐兼併，有些諸侯弒君犯上，雖然保有禮樂的形式，卻失掉禮樂應有的內涵。因此他喟然慨嘆：「禮云，禮云，玉帛云乎哉？樂云，樂云，鐘鼓云乎哉？」《論語．陽貨》。

> 子曰：「人而不仁，如禮何？人而不仁，如義何？」《論語．八佾》
>
> 子曰：「君子義以為質，禮以行之，遜以出之，信以成之，君子哉。」《論語．衛靈公》

根據朱子的注釋，「質」是「質幹」的意思。孔子認為：君子應當「以仁居心」、「義以為質」、「禮以行之」、「遜以出之，信以成之」，如果缺少了「仁心」，「人而不仁」，即使勉強維持「禮、樂」的形式，也沒有什麼意義。

在商周之前，「禮」僅具有外在的強制性和約束力。孔子將「禮」、

2　關於孔子重視「禮」之差序性的討論，見蔡尚思（1982：62-79）。

3　孔子主張依照儒家的標準，為歷史人物定名分，寓褒貶，這種作法胡適（1919：87-101）稱之為「正名主義」。

「仁」、「義」相提並論，把外在的禮儀改造成為一種「文化心理」結構（李澤厚，1985），希望個人能夠以「仁心」的道德本體作為基礎，在各種不同的社會情境中考慮互動雙方的關係，作出合乎「義」的道德判斷，其外顯行為則應當符合「禮」的原則，「仁、義、禮」三者合而為一，成為儒家倫理最明顯的特色。

第四節 修身以道

先秦儒家諸子相信：他們用「本天道以之人道」的方法啟示出來的「仁道」，是和「天道」相互通契的。為了鼓勵弟子們修習「仁道」，儒家發展出一套精緻的「修身」辦法，要求弟子們「修身以道」：

> 「自天子以至於庶人，壹是皆以修身為本。」《大學．第一章》
> 「故君子不可以不修身。」《中庸．第二十章》
> 「天下之達道五，所以行之者三，君臣也，父子也，夫婦也，昆弟也，朋友之交也。五者，天下之達道也。知、仁、勇三者，天下之達德也，所以行之者一也。」《中庸．第二十章》
> 子曰：「仁者不憂，知者不惑，勇者不懼。」《論語．憲問》
> 「好學近乎知，力行近乎仁，知恥近乎勇。知斯三者，則知所以修身。」《中庸．第二十章》

儒家認為：從天子以至於庶人，每一個人都應當講究修身。修身的目標在於以「仁道」處理人間最重要的「五倫」關係，修身的方法則是以「好學」的方法學習「仁道」，用「力行」的方法實踐「仁道」，如果個人的行為違背「仁道」，他便應當感到羞恥。這樣的修身方法本身還稱不上是道德，不過它卻是追求「知、仁、勇」三達德的重要途徑。

➢ 好學近乎知

孔子是個非常重視學問的人。《論語》一書記載孔子所說的第一句話，便是「學而時習之，不易樂乎？」他在晚年時回顧自己一生的經歷，說自己從十五歲開始「志於學」〈為政〉，以後便「學而不厭，誨人不倦」〈述而〉，專心致力於教育工作。他的學問十分淵博，但他說自己並不是「生而知之者」，他做學問的方法是「好古，敏以求之」〈述而〉。他相信「三人行，必有我師」〈述而〉，遇到自己不懂的事情，便發揮「每事問」的精神，「不恥下問」，從不斷學習中獲得知識。他說自己治學的態度是「發憤忘食，樂以忘憂，不知老之將至」。

《中庸》上記載了一套儒家的學習理論：

> 「博學之，審問之，慎思之，明辨之，篤行之。有弗學，學之弗能弗措也；有弗問，問之弗知弗措也；有弗思，思之弗得弗措也；有弗辨，辨之弗明弗措也；有弗行，行之弗篤弗措也。人一能之，己百之；人十能之，己千之。苟能此道也，雖愚必明，雖柔必強。」〈第二十章〉

「措」是「放手不為」的意思。儒家要學生用「博學、審問、慎思、明辨、篤行」的方法來追求學問，如果有「學之弗能」、「問之弗知」、「思之弗得」、「辨之弗明」或「行之弗篤」的現象，都不可以輕言放手，一定要拿出「人一能之，己百之；人十能之，己千之」的精神，再接再厲，鍥而不捨，直到問題完全弄清楚為止。

孔子平日教導學生的時候，也經常提到蘊涵在這套學習理倫的某些原則。他認為最有效的學習必須出自於內心的興趣，「知之者不如好之者，好之者不如樂之者」〈雍也〉。惟有如此，方能抱著「學如不及，猶恐失之」〈泰伯〉的態度，「博學於文」〈雍也〉。在學習的時候要能夠「日知其所無，月無忘其所能」〈子張〉，「溫故而知新」〈為政〉。但是也不能死讀死記，「學而不思則罔，思而不學則殆」〈為政〉，光只知道「多學而識之」，最後一定是弄得一片惘然，毫無實益。因此，孔子要求學生要能夠從學習材料中抽出一些基本原則，「一以貫之」〈衛靈公〉，再「舉一隅以三隅反」〈述而〉，活學活用[4]。

主張「性惡論」的荀子認為：「禮義之道」是像孔子那樣「仁智且不蔽」的「聖人」或「先王」所啟示出來的〈解蔽〉。「聞道有先後」，一般人要懂得「禮義之道」，一定要努力學習。因此，他也一再強調「學習」的重要性：

> 「人之於學也，猶玉之於琢也。詩曰：『如切如磋，如琢如磨』，謂學問也。和氏璧，井里之厥也，玉人琢之，為天子寶；子貢季路，故鄙人也，被文學，服禮義，為天下列士。」〈大略〉
> 「我欲賤而貴，愚而智，貧而富，可乎？曰：『其唯學乎！』」〈儒效〉

荀子寫過一篇膾炙人口的〈勸學〉，頗能彰顯儒家「好學」的精神：

> 「故不積跬步，無以致千里，不積小流，無以成江海。麒驥一躍，不能十步，駑馬十駕，功在不捨。鍥而不捨，金石可鏤。鍥而捨之，朽木不折。是故無冥冥之志者，無昭昭之明；無惛惛之事者，無赫赫之功。」〈勸學〉

4 胡適（Hu, 1967）即認為：儒家的學習方法極符合科學精神。

➢ 力行近乎仁

我們說過：儒家教育的主要內容是一種道德倫理體系，其本質是康德知識論中所謂的「實踐理性」，而不是近代人以感官經驗（sensory experience）為基礎，透過理性的重建（rational reconstruction）所構成的「理論理性」。這種「實踐理性」必須通過「體證的踐履」（牟宗三，1985）或「體知」（杜維明，1987）的歷程，方能為人所認識到。因此，孔子施教，十分重視「篤行」。孔子傳授弟子的教材，雖然包括：禮、樂、射、御、書、數等六藝。然而，對儒家而言，求學志在用世，修德重於讀書[5]。如果學到一些原則，只在口頭上談談，學而不能致用，那麼學得再多，亦是罔然。因此，他要求學生「先行其言，而後從之」〈為政〉，「訥於言而敏於行」〈里仁〉，「言之必可行」〈子路〉，不能光說不做。

孟子施教，也非常強調道德的實踐，而主張「力行」。他認為：「仁、義、禮、智」是「我固有之」〈告子上〉，是「不慮而知，不學而能」的「良知良能」〈盡心上〉，是「人人可得而為之」的。有人問他：

> 「不為者與不能者之形何以異？」曰：「挾太山以超北海，語人曰我不能，是誠不能也；為長者折枝，語人曰：『我不能』，是不為也，非不能也。」《孟子．梁惠王上》

「為」便是「實踐」的意思。在孟子看來，「仁、義、禮、智」雖然是「我固有之」，踐行仁道，有如「為長者折枝」之易，若推說「不能」，那是「不為也，非不能也」。反過來說，如果有心踐行「仁道」，則任何人皆可以為堯舜：「舜何？人也；予何？人也。有為者，亦若是！」〈滕文公上〉。

[5] 關於孔門學習的主要內容，見胡止歸（1983），楊亮功（1983）。

主張「性惡論」的荀子雖然不相信人有所謂的「良知良能」，而認為「禮義之道」是個人向「聖人」或「先王」學習得來的，不過，他也非常重視「道」的實踐問題：

「道雖邇，不行不至；事雖小，不為不成。」〈修身〉
「不聞不若聞之，聞之不若見之，見之不若知之，知之不若行之，學至於行之而止矣。」〈儒效〉
「真積力久則入，學至乎沒而後止也。故學教有終，若其義則不可須臾舍也。為之，人也；舍之，禽獸也。」〈勸學〉

➢ 知恥近乎勇

儒家既然堅持人應當踐行「仁、義、禮」倫理體系，「為之，人也；舍之，禽獸也」，如果有人「言過其實」，行為背離了「仁道」，儒家便認為他們應當感到可恥，所以孔子說：

「君子恥其言而過其行。」《論語・憲問》
「古者言之不出，恥躬之不逮也。」《論語・里仁》

孟子也認為人應當堅持道德，不可以油嘴滑舌，「為機變之巧」：

「人不可以無恥，無恥之恥，無恥矣。」《孟子・盡心上》
「恥之於人大矣。為機變之巧者，無所用恥焉。不恥不若人，何若人有！」《孟子・盡心上》

在下一節中，我們將指出：儒家賦予士一種「以道濟世」的使命感，認為士應當追求「以道濟世」的目標，而不應當追求物質的享受：

子曰：「士志於道而恥惡衣惡食者，未足以議也。」《論語・里仁》

所以，孔子讚揚子路「衣敝蘊袍，與衣狐貉者立」〈子罕〉，而不以為恥。值得一提的是：儒家重視的是「樂道」，而不是無條件的安貧。

子曰：「天下有道則見，無道則隱。邦有道，貧且賤焉，恥也。邦無道，富且貴焉，恥也。」《論語・泰伯》
子曰：「邦有道，穀。邦無道，穀，恥也。」《論語・憲問》
孟子曰：「立乎人之本朝而道不行，恥也。」《孟子・萬章下》
孟子曰：「聲聞過情，君子恥之。」《孟子・離婁下》

儒家以為：個人出仕的主要目的是以道濟天下。在邦有道之時，個人理應出仕；如果無能出仕，而身居貧賤，那是可恥之事。反過來說，倘若邦無道而個人身居富貴，領取國家俸祿（穀），卻尸位素餐，一無作為，「立乎人之本朝而道不行」，或甚至是浪得虛名，「聲聞過情」，更是十分的可恥。

第五節　君子與小人

儒家鼓勵人們用「好學、力行、知恥」的方法「修身」，目的在於培養能夠踐行「仁道」的「君子」。「君子」這個概念本來是指有貴族身分或家世的人，孔子則轉而借之，用以指稱有道德修養的人，《論語》記載的孔子語錄中，除少數例外，絕大多數都是第二種用法。孔子平日教導學生，十分強調「君子」這個概念。譬如：子夏投入孔子門下，孔子即告誡他：「汝為君子之儒，無為小人儒」《論語・雍也》。他自己平日更經常和弟子從各種不同角度討論「君子」和「小人」之別：

「君子喻於義，小人喻於利。」《論語・里仁》

「君子懷德，小人懷土；君子懷刑，小人懷惠。」《論語・里仁》

「君子固窮，小人窮斯濫矣。」《論語・衛靈公》

「君子有勇而無義為亂，小人有勇而無義為盜。」《論語・陽貨》

「君子求諸己，小人求諸人。」《論語・衛靈公》

「君子坦蕩蕩，小人長戚戚。」《論語・述而》

「君子成人之美，不成人之惡；小人反是。」《論語・顏淵》

「君子和而不同，小人同而不和。」《論語・子路》

「君子固而不比，小人比而不固。」《論語・為政》

「君子泰而不驕，小人驕而不泰。」《論語・子路》

以上例子顯示：孔子非常重視「君子」和「小人」的不同，並試圖從各種不同角度來突顯兩者之間的差異，其目的則是希望弟子作為「君子」，毋為「小人」（余英時，1987；高明，1983）。從以上所舉的例子，我們可以看出：孔子所謂「君子」，其實就是懷有「仁心」，能夠「以仁居心」，並且熟諳「仁、義、禮」倫理體系的人。他在日常生活中待人接物，不僅「居仁由義」，而且謙恭有禮。「君子」所關切的問題，是以「仁、義、禮」倫理體系為基礎的道德原則，而不像小人那樣，只關心現實世界中的利害，所以說「君子喻於義，小人喻於利」，「君子懷德，小人懷土；君子懷刑，小人懷惠」，「君子固窮，小人窮斯濫矣」。在孔子看來，奉行「仁道」、「以仁居心」的君子，不只會「反求諸己」，要求自己實踐「仁、義、禮」倫理體系；而且會「成人之美，不成人之惡」，因此他的內心是坦蕩蕩的，和別人相處則能「和而不同」、「固而不比」、「泰而不驕」。這種風範和孜孜為利的小人正好成為明顯的對比。

第六節　儒家的「士之倫理」：濟世以道

孔孟思想認為：整個社會的安寧、秩序及和諧，都是建立在個人的道德修養之上；因此，每一個人都有義務成為「君子」，這是儒家對於作為一個「人」的基本要求。而「君子不可以不修身」，故道德方面的自我修養（self-cultivation）也變成一種漫長、艱辛，而永無止境的歷程（Tu, 1985）。

➢ 士志於道

在《儒家思想與東亞現代化》一書中，筆者指出：儒家所主張的倫理，在本質上是一種「地位倫理」（status ethic）。對於社會上一般的「庶人」，儒家固然有其文化設計；對於承載有文化使命的「士」，儒家還有更高一層的倫理要求。儒家賦予「士」一種使命感，認為「士」應當「濟世以道」：

> 子曰：「人能弘道，非道弘人。」《論語・衛靈公》
> 子曰：「朝聞道，夕死可矣。」《論語・里仁》

儒家希望：弟子們能夠「志於道」，要立志「弘道」，不要把「道」當做是弘揚個人名聲的工具。由於儒家認為：「道」的追求具有絕對的價值，是一件必須「生死與之」之事，孔子不僅要求弟子「篤信善學，守死善道」〈泰伯〉，甚至說出「朝聞道，夕死可矣」〈里仁〉的話。曾子和孟子更進一步闡述儒家的這種理想：

> 曾子曰：「士不可以不弘毅，任重而道遠。仁以為己任，不亦重乎？死而後已，不亦遠乎？」《論語・泰伯》
> 孟子所謂宋勾踐曰：「……故士窮不失義，達不離道。窮不失義，故士得己焉。達不離道，故民不失望焉。古之人，得志，澤加於

民；不得志，修身見於世；窮則獨善其身，達則兼善天下。」《孟子．盡心上》

孟子曰：「……居天下之廣居，立天下之正位，行天下之達道。得志，與民由之，不得志，獨行其道。富貴不能淫，貧賤不能移，威武不能屈，此之謂大丈夫。」《孟子．滕文公下》

依照儒家「德治主義」的理想，掌握實權的一國之君，有能力也有責任在其封國內推行「仁政」，使其國內百姓「廣被仁澤」，然後再逐步漸進，由「一國興仁」發展到「天下興仁」的理想境界。在這個過程中，「士」扮演著十分重要的角色。他應當堅持「道」的理想，在得志的時候，「以道事君」，「與民由之」，「澤加於民」，甚至「兼善天下」。他施行仁澤的範圍愈廣，他的道德成就也愈高，這就是儒家所強調的「修身，齊家，治國，平天下」。反過來說，如果他「不得志」，也應該「窮不失義」，「獨善其身」，「獨行其道」，以求「修身見於世」。唯有如此地「守死善道」，「富貴不能淫，貧賤不能移，威武不能屈」，才是所謂的「大丈夫」。

➢ 以道事君

儒家在評估個人道德成就的高下時，是以他在做道德判斷並履行道德實踐時，施行「仁澤」所及的群體大小而定。「士」在「得志，澤加於民」時，惠及的群體愈大，他的道德成就也愈高。用朱元晦的話來說：「仁者如水。有一杯水，有一溪水，有一江水，聖人便是大海水」《朱子語類．卷三十三》，所謂「杯水、溪水、江水、大海水」，可以用個人施「仁」的群體大小，做為其衡量尺度。「澤加於民」時，「民」的群體愈大，愈是「仁澤廣被」，道德成就也愈高。

儒家是主張「大德必得其祿，必得其位」的，「士」必須「仁以為己任」，占更高社會地位的顯貴、王侯亦莫不然：

> 孟子曰：「三代之得天下也，以仁；其失天下也，以不仁；國之所以廢興存亡者亦然。」孟子曰：「天子不仁，不保四海；諸侯不仁，不保社稷；卿大夫不仁，不保宗廟；士庶人不仁，不保四體。」《孟子．離婁上》
>
> 孟子曰：「紂桀之失天下也，失其民也；失其民者，失其心也。得天下有道，得其民，斯得天下矣！得其民有道，得其心，斯得民矣！得其心有道，所欲，與之聚之；所惡，勿施爾也。」《孟子．離婁上》

天子、諸侯、卿大夫，都是在社會上占有較高地位的人，孟子認為：他們在做各種涉及正義的判斷時，也應當以「仁」為基礎，以免失去民心，而不能長久保其祿位。我們說過：儒家所強調的這種「仁」，基本上是個人對其所屬群體的「愛」為基礎，當政者在其權力範圍之內做各項決策時，都應當考慮他所屬的群體，「所欲，與之聚之；所惡，勿施爾也」。孟子以為：做臣子的人，最重要的責任便是「格君心之非」，引君於正途[6]。儒家認為：「君仁莫不仁，君義莫不義，君正莫不正」，只要「一正君，而國定矣」《孟子．離婁上》，因此，孟子主張：「君子之事君也，務引其君以當道，志於仁而已」《孟子．告子》。

➢ 自律性道德

以對群體的「仁」為基礎，士在出仕之後，便可以和統治者產生出一種對等的關係：

> 孟子告齊宣王曰：「君之視臣如手足，則臣視君如腹心；君之視臣

[6] 在春秋戰國時代，「士」階層的興起及儒家如何賦予「士」以「行道」的使命，見余英時（1980，1987）及徐復觀（1972）。

如犬馬，則臣視君如國人；君之視臣如土芥，則臣視君如仇寇。」《孟子・離婁下》

這種觀念反映出儒家式的「自律性道德」。更清楚地說，在前文所說的「程序正義」方面，儒家雖然主張：居於尊上地位的「父、兄、夫、長、君」，應當依照「慈、良、義、惠、仁」的原則做決策，居於卑下地位的「子、弟、婦、幼、臣」，必須根據「孝、悌、聽、順、忠」的原則，與之交往，然而，如果居上位的人違反了「仁」的原則，儒家卻主張：「當不義則爭之」。更確切地說：「當不義則爭之」是儒家所強調的普遍性原則，任何人作出不義的行為，個人都應當挺身抗爭：

曾子問孔子：「若夫慈愛恭敬，安親揚名，則聞命矣。敢問子從父之令，可謂孝乎？」子曰：「是何言與？是何言與？昔者天子有爭臣七人，雖無道，不失其天下。諸侯有爭臣五人，雖無道，不失其國。大夫有爭臣三人，雖無道，不失其家，士有爭友，則身不離於令名。父有爭子，則身不陷於不義。故當不義，則子不可以不爭於父，臣不可以不爭於君。故當不義則爭之。從父之令，又焉得為孝乎？」《孝經・諫爭》

荀子在〈子道〉中亦主張：「入孝出弟，人之小行也。上順下篤，人之中行也。從道不從君，從義不從父。」值得強調的是：在先秦儒家的概念裡，「君臣」和「父子」是兩類截然不同的關係，在這兩類關係裡，居於優勢地位者犯了不義之行，居於卑下地位的人經過反覆諍諫之後，如果居上位者不願聽從，居下位者的反應也應當有所不同：

「父母有過，諫而不逆。」《禮記・祭義》

「子之事親也，三諫而不聽，則號泣而隨之。」《禮記・曲禮》

> 子曰：「事父母幾諫，見志不從，又敬不違，勞而不怨。」《論語・里仁》
>
> 「父母有過，下氣怡色，柔聲以諫。諫若不入，起敬起孝。悅則復諫。不悅，與其得罪於鄉黨州閭，寧孰諫。父母怒，不悅，而撻之流血，不敢疾怨，起敬起孝。」《禮記・內則》

在儒家看來，父母親是自己生命的根源，是「己身所從出」之人。親子之間的關係，是永遠無法切斷的血緣關係。在「孝」的大前題之下，父母有過，作子女的人只能「諫而不逆」，「下氣怡色，柔聲以諫」，「幾諫」。縱然「父母怒，不悅，而撻之流血」，表現出極端「不慈」的行為，子女也只能忍耐到底，「號泣而隨之」，「不敢疾怨，起敬起孝」，「又敬不違」。

然而，君臣之間並沒有這種不可割裂的血緣關係。君王殘暴不仁而又不聽人勸諫的時候，臣下的反應也應當有所不同：

> 齊宣王問卿。孟子曰：「王，何卿之問也？」王曰：「卿不同乎？」曰：「不同。有貴戚之卿，有異姓之卿。」王曰：「請問貴戚之卿。」曰：「君有大過則諫，反覆之而不聽，則易位。」王勃然變乎色。曰：「王勿異也。王問臣，臣不敢不以正對。」王色定。然後請問異姓之卿。曰：「君有過則諫，反覆之而不聽，則去。」《孟子・萬章下》

孟子在回答齊宣王的問題時表示，貴戚之卿和異姓之卿與國君關係不同，貴戚之卿與國君關係密切，國君有大過，反覆規勸他而不聽，則可能危及國家，在「民為貴，社稷次之，君為輕」的原則下，應該易置之。異姓之卿與國君關係疏遠，君王有過，反覆勸諫而不聽，便可以離開這個國家而他去。譬如君王「無罪而殺士」或「無罪而戮民」，作為臣下的大夫或士更可以離職他去，不必留情。遇到暴虐無道，不行仁政的君王，有勢力的諸侯更應當挺身而出，弔民伐罪：

> 齊宣王問曰：「湯放桀，武王伐紂，有諸？」孟子對曰：「於傳有之。」曰：「臣弒其君可乎？」曰：「賊仁者謂之賊，賊義者謂之殘，殘賊之人，謂之一夫。聞誅一夫紂矣，未聞弒君也。」《孟子．梁惠王下》

這些觀念在在顯示出：先秦儒家諸子強調尊卑主從關係之差序性，乃是以互動雙方必須確守「仁道」的原則作為大前提。如果尊長的一方背離了「仁道」的原則，從屬的一方便沒有盲目遵從的義務。這是儒家「自律性道德」的最大特色。近代許多研究中國政治文化的漢學家，經常注意到中國歷史上政治人物作道德判斷時的自主性及自律性（狄白瑞，1983；Metzgar, 1977, 1981），其文化根源即在於此。然而，在儒家的傳統觀念裡，「士」的角色在於「以道事君」，「格君心之非」，他能不能「行道」，先決條件在於是不是能得到君王的重用，君主制度變成「士」實踐其理想人格的形式要件（傅寶玉、雷霆，1991），「士」無法獨立成就其道德人格，這不能不說是傳統士人的一項悲劇。

第七節 致中和的世界觀模型

本章以上各節從社會心理學的角度分別析論了儒家思想深層結構的五個主要的成份。我們從社會心理學的觀點建構出「儒家思想的深層結構」，只不過是為了方便我們在儒家社會中從事社會心理學的研究而已。這樣揭示出來的深層結構並不能夠涵蓋華人文化傳統的全貌。我們可以用華人「致中和」的世界觀模型，來說明這一點。

人類學家李亦園（1994a, 1994b; Li, 1992）曾經以華人民間宗教和神話傳說作為素材，建立華人「致中和」的世界觀模型。「致中和」一詞出自《中庸》，原意是達致中道、均衡與和諧。李亦園認為：中國傳統宇宙觀中最基本的運作法則是追求人與自然、人與社會、人與自我的和諧與均衡。傳統文化中最理想的完美境界，都是以追求此一最高的均衡和諧境界為目標，而要達至該一目標，就需要維持三個系統的均衡和諧。這三個系統的均衡與和諧，構成「致中和」的世界觀模型，它可以表示為圖 5-2。

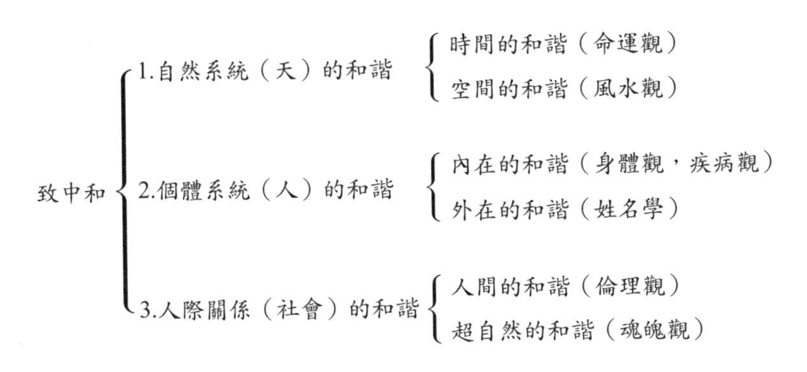

圖 5-2　「致中和」的世界觀模型

資料來源：取材並修改自 Li (1992: 130)

在李亦園看來，以上三個層次的和諧均衡中，第一個層次是自然系統的和諧。這其實與傳統中國價值觀念中尋求「天人合一」的思想相吻合。自然系統的和諧與均衡，包含時間和空間兩層面。漢人民間信仰對時間的和諧觀念，表現在配合著宇宙時間來解釋個人的生命。每個人出生時的年、月、日、時，四個天干地支的記號，就是通常所說的「八字」。這個代表他出生時間的「八字」，決定了他一生的遭遇，這就是「命」。對很多中國人而言，「命」是與生既定的；但是，每個人的生命歷程與宇宙時間對照配合，就會有各種吉凶不同的變化，這就是所謂的「運」。在傳統中國人的信仰中，「命」是無法改變的，但「運」是可以改變的，而且可借助各種不同的力量加以改動。對時間和諧的追求，就表現在這可改變的「運」上面。個人的時間與宇宙的時間，有時是和諧的，那就是吉，也就是好運；有時則是不和諧（沖剋）的，那就是凶，也就是壞運。所以，傳統華人在生命中從事重大事件時，都要尋找吉利的時刻，也就是所謂選擇「良辰吉日」。維持與自然的均衡與和諧，除了時間的因素之外，還必須注意空間的安排。傳統文化中空間的和諧觀念主要是以陰陽作為基礎，然後及於五行，再進而有八卦。這些因素的綜合，表現出來的就是「風水堪輿」的信仰。傳統文化對時空的調適和諧觀念，可以說是中國人理解宇宙存在與運作最根本的架構，是人存在於宇宙間最重要的法則（李亦園，1994a, 1994b; Li, 1992）。

第二層次的均衡和諧，在於維持個人有機體的均衡與和諧，李亦園將之區分為內在實質的和諧與外在形式的和諧。前者主要是以陰陽的對立與統一，來解釋人體內部的均衡和諧，並由此種身體觀發展出十分細緻的中醫中藥系統，以及食補的觀念。假如某人身體是「冷底」，可以多吃熱性食物以求平衡；若是「熱底」，可以多吃冷性食物以求取平衡。假如身體出現過熱現象，則多用冷性食物或藥物，反之亦然。隨著氣候變化，冷熱食物的吃用也有所變化，冬天多吃熱性食物，夏天多吃冷性食物，以維持體內冷熱的均衡。

外在形式的均衡主要表現在個人名字的運用上。對於個人而言，名字僅只是符號或象徵而已。可是在華人傳統的姓名學中，名字對於個人卻具有一種轉換的力量。名字的轉換力量表現在兩方面：其一是表現在五行因素上，另一是表現在姓名筆畫上，這兩者都可以說是個體對外在形式均衡的追求。

第三層次的均衡和諧，即人際關係的和諧，這是中國儒家文化價值系統中最高的目標，所謂以倫理立國的意思即在於此。傳統的倫理精神著重兩方面的表現：其一是落實於家庭成員關係的安排，另一方面則延伸到家庭系統的傳承與其延續。前者是一種同時性（synchronic）的生活世界的和諧，其意義表現在「父慈子孝、兄友弟恭」等理念上；而後者則是一種歷時性（diachronic）的社會秩序的和諧，如將現生與逝世的家族或宗族成員視為一體，認為二者都得到和諧均衡才是真正的均衡，「不孝有三，無後為大」即是這種觀念的通俗表現。民間十分盛行的祖先崇拜儀式，也體現出華人對超自然均衡和諧的殷殷追求。

從「致中和」的世界觀模型來看，儒家思想的主要內容是在維繫第三層次的和諧，亦即人際關係的和諧。更清楚地說，儒家思想之深層結構雖然涉及天命觀、心之模型、修身之道等各個不同部分，這些部分主要的內容都是在於提供一種理路，用以支撐儒家所主張的倫理觀。倘若我們要理解華人文化的其他層面，我們便不能將我們的研究範圍僅只限於儒家，而必須擴及道家、陰陽家，甚至是佛教或五術的概念。這是我們在研究華人文化傳統時，必須先作的「定位」工作。

第八節　人觀、自我與個體

在本章中，筆者用結構主義的方法，分析了儒家思想的內在結構。用人類學家 Redfield（1956）所提出的概念來看，筆者在本章中所分析的材料，是儒家經典的主要內容，是傳統中國社會中的知識份子由書本上所習得的「大傳統」，值得強調的是：儒家文化的大傳統，並不等於儒家社會中個人在其日常生活中所實踐的「小傳統」。作為一個有文化反思能力的個體，每個人都可能從其文化傳統中擷取他們所需的部分，幫助他們解決自我在生活世界中所遭遇的問題。不僅如此，在世界各地文化交流極為頻繁的今日，任何人都可以從任何文化傳統中擷取他所需要的資源，來解決他所面對的問題。

我們可以藉由人類學者 Grace G. Harris（1989）對於「人」、「自我」和個體的區分，來說明這一點。

Harris（1989）指出：在西方的學術傳統裡，個體、自我和人這三個概念有截然不同的意義。「個體」（individual）是一種生物學層次（biologistic）的概念，是把人（human being）當作是人類中的一個個體，和宇宙中許多有生命的個體並沒有兩樣。

「人」（person）是一種社會學層次（sociologistic）或文化層次的概念，這是把人看做是「社會中的施為者」（agent-in-society），他在社會秩序中會採取一定的立場，並策劃一系列的行動，以達成某種特定的目標。

「自我」（self）則是一種心理學層次的（psychologistic）概念，這是把人看做是一種經驗匯聚的中樞（locus of experience），其中最重要的部分包括經驗到自己是一個什麼樣的人。西方心理學家通常認為：個人反思覺察（reflexive awareness）的能力會產生出自我的雙元性（duality of self）：作為「主體」（subject）的自我能夠整合自己的行為，使其與他人的行為有明顯的不同，而能作為「自我認同感」（sense of self-identity）的基礎。同時，自我又能以自己作為覺察的「客體」，清清楚楚地看出自己和世界中其他客體的不同，將自己看做是一個獨特的整體，而獲致一種「個人認同感」（sense of personal identity）。

就文化層次的分析來說，每一種文化都會對於自我的本體論提出一些主宰性的觀念（dominant ideas），用以解釋個人的生、老、病、死，自我與道德的關係，以及自我與他人的關係等等。這些觀念和關係構成了這個文化中的「人觀」。在這個文化長遠史中，人們會以這些核心的文化理念（core cultural ideas）作為基礎，發展出各種不同的風俗習慣、社會規範、行動劇本以及社會機制，並透過兒童教養方式、教育體系、法律體系，及其他社會心理歷程（socio-psychological process）的運作，傳遞給個人。這些社會心理歷程及其產品，使社會中的核心理念得以落實。可是，社會中的每一成員並不一定能夠說出這些核心理念（Markus & Kitayama, 1994）。一般人清楚認識到的「個人實在」（individual reality），通常都只是「文化實在」或「集體實在」的一小部分，只有極少數的文化專家，才能對「集體實在」做比較完整的描述。

結 論

在第四章中，筆者強調：〈人情與面子〉的理論模型是建立在人類社會行為的四種基本模式之上，是一種普世性的理論。在本章中，筆者以〈人情與面子〉的理論模式為基礎，用結構主義的方法，分析了儒家思想的內在結構。從這樣的分析中，我們可以很清楚地看出：〈人情與面子〉的理論模型和儒家的「庶人倫理」之間有一種「同構」（isomorphic）的關係。〈人情與面子〉的理論模型是一種可以用來說明不同社會中之人際互動的形式性理論，但我們要說明為什麼一般華人特別重視「需求法則」或「人情法則」，卻不能不考慮儒家傳統的「內在結構」，以及自此而衍生出來的「淺層結構」[7]。〈人情與面子〉的理論模式和儒家的「庶人倫理」雖然互相對應，但值得強調的是：除了「庶人倫理」之外，儒家思想還有其獨特的宇宙論、天命觀、心性論和修養論，這整體的結構構成我們理解儒家「仁、義、禮」倫理體系的「背景境域」。

本書第一章說明文化心理學的基本主張：「一本心智，多種心態」（Shweder et al., 1998），第四章說明：〈人情與面子〉的理論模型是建立在人類社會行為的深層結構之上，它反映出人類共同的心智。本章強調：雖然〈人情與面子〉的理論模型和儒家的庶人倫理之間具有一種同構的關係，然而，如果我們要瞭解儒家社會中人們獨有的心態，我們仍然必須把它放置在儒家思想甚至中國文化傳統的「背景境遇」中來加以理解。基於這樣的見解，在下一章中，我們將先回顧心理學者對儒家社會中道德思維的研究，第七章再從倫理學的觀點判定儒家倫理的屬性，以逐步建立儒家關係主義的相關理論。

7　近年來港台社會科學工作者對於人情、關係、面子的描述，均可以看做是由此「深層結構」衍生出來的「淺層結構」。見朱瑞玲（1988），金耀基（1981，1988，1992），陳之昭（1988），喬健（1982）。

參考文獻

方東美（1981）：〈中國人的人生觀〉。《中國人生哲學》（頁 169-208）。台北：黎明文化事業公司。

包遵信（1986）：〈荀子研究歷史評述〉。載於《跬步集》（頁 128-164）。成都：四川人民出版社。

朱瑞玲（1988）：〈中國人的社會互動：論面子的問題〉。見楊國樞、黃光國（主編）：《中國人的心理》（頁 239-288）。台北：桂冠圖書公司。

牟宗三（1985）：《圓善論》。台北：學生書局。

余英時（1980）：〈古代知識階層的興起與發展〉。載於《中國知識階層史論》（頁 1-92）。台北：聯經出版事業公司。

余英時（1987）：〈儒家「君子」的理想〉。載於《中國思想傳統的現代詮釋》（頁 145-165）。台北：聯經出版事業公司。

李亦園（1994a）：〈從民間文化看文化中國〉。《漢學研究》，12，1-6。

李亦園（1994b）：〈傳統中國宇宙觀與現代企業行為〉。「文化中國：理論與實際國際研討會」主題論文。香港：香港中文大學。

李沛良（1993）：〈現代化與中國文化的能動宿命觀〉。「第四屆現代化與中國文化研討會」。香港及蘇州：香港中文大學與北京大學聯合主辦。

李澤厚（1985）：〈孔子再評價〉。載於《中國古代思想史論》（頁 7-58）。台北：谷風出版社。

杜維明（1987）：〈論儒家的「體知」：德性之知的涵義〉。見劉述先（編）：《儒家倫理研討會》（頁 98-111）。新加坡：東亞哲學研究所。

狄白瑞（De Bary, W. T., 1983）：《中國的自由傳統》（李弘祺譯）。台北：聯經出版公司。

金耀基（1981）：〈人際關係中人情之分析〉。見楊國樞（主編）（1988）：《中國人的心理》（頁 75-104）。台北：桂冠圖書公司。

金耀基（1988）：〈「面」、「恥」與中國人行為之分析〉。見楊國樞（編）：

《中國人的心理》（頁 319-345）。台北：桂冠圖書公司。
金耀基（1992）：〈關係及網絡的建構：一個社會學的詮譯〉。《二十一世紀雙月刊》，8 月，143-157。
胡止歸（1983）：〈孔子之「學」字思想探原〉。載於《孔子思想研究論集（二）》（頁 177-211）。台北：黎明文化事業公司。
胡　適（1919）：《中國古代哲學史》。上海：商務印書館。
韋政通（1968）：〈從周易看中國哲學的起源〉。載於《中國哲學思想批判》（頁 31-70）。台北：水牛出版社。
唐君毅（1986）：《中國哲學原論：原道篇（卷一）》。台北：學生書局。
徐復觀（1963）：〈以禮為中心的人文世紀之出現及宗教的人文化：春秋時代〉。載於《中國人性論史：先秦篇》（頁 36-62）。台中：東海大學。
徐復觀（1972）：〈在封建社會解體中，士人階層的發展與轉變〉。載於《周秦漢政治結構之研究》。香港：新亞研究所。
高　明（1983）：〈孔子的人生理想〉。載於《孔子思想研究論集（一）》（頁 1-30）。台北：黎明文化事業公司。
陳之昭（1988）：〈面子心理的理論分析與實際研究〉。見楊國樞（編）：《中國人的心理》（頁 155-237）。台北：桂冠圖書公司。
陳榮捷（1969）：〈仁的概念之開展與歐美之詮釋〉。載於《儒學與世界論文集》（頁 271-286）。香港：東方人文學會。
傅寶玉、雷　霆（1991）：〈社會思慮發展研究在港、台〉。見楊中芳、高尚仁（編）：《中國人・中國心：發展與教學編》（頁 214-304）。台北：遠流出版公司。
勞思光（1968）：《中國哲學史》（第一卷），香港：香港中文大學崇基學院。
喬　健（1982）：〈關係芻議〉。見楊國樞、文崇一（主編）：《社會及行為科學研究的中國化》。台北：中央研究院民族學研究所。又見楊國樞（主編）（1988）：《中國人的心理》。台北：桂冠圖書公司。
黃光國（1988）：《儒家思想與東亞現代化》。台北：巨流圖書公司。
黃光國（2000）：〈現代性的不連續假說與建構實在論：論本土心理學的哲學基礎〉。《香港社會科學學報》，18，1-32。

楊亮功（1983）：〈從論語研究孔子所說的學說〉。載於《孔學四論》（頁7-31）。台北：聯經出版事業公司。

劉述先（1989/1992）：〈由天人合一新釋看人與自然之關係〉。載於《儒家思想與現代化》。北京：中國廣播電視出版社。

蔡仁厚（1984）：《孔、孟、荀哲學》。台北：學生書局。

蔡尚思（1982）：《孔子思想體系》。上海：人民出版社。

Chan, W. T. (1955). The evolution of Confucian concept of Jen. *Philosophy East and West, 4*, 295-319.

Harris, G. G. (1989). Concepts of individual, self, and person in description and analysis. *American Anthropologist, 91*, 599-612.

Hu, S. (1967). The scientific spirit and method in Chinese philosophy. In C. A. Moore (Ed.), *The Chinese mind* (pp. 104-131). Honolulu, HI: University of Hawaii.

Leventhal, G. S. (1976). Fairness in social relationships. In J. Thibaut, J. T. Spence & R. T. Carson (Eds.), *Contemporary topics in social psychology* (pp. 211-239). Morristown, NJ: General Learning Press.

Leventhal, G. S. (1980). What should be done with equity theory? In K. J. Gergen, M. S. Greenberg & R. H. Willis (Eds.), *Social exchange: Advances in theory and research* (pp. 27-55). NY: Plenum Press.

Levy-Bruhl, L. (1910/1966). *How natives thinks* (A. C. Lillian, Trans.). NY: Washington Square Press.

Li, Y. Y. (1992) In search of equilibrium & harmony: On the basic value orientation of traditional Chinese peasants. In C. Nakane & C. Chiao (Eds.), *Home bound: Studies in East Asian society* (pp. 127-148). Hong Kong: The Center for East Asian Cultural Studies.

Markus, H. R., & Kitayama, S. (1994). A *collective fear of the collective*: Implications for selves and theories of selves. *Personality and Social Psychology Bulletin, 20*, 568- 579.

Metzgar, T. A. (1977). *Escape from predicament: Neo-Confucianism and China's evolving political culture*. NY: Columbia University Press.

Metzgar, T. A. (1981). Selfhood and authority in Neo-Confucian political culture. In A. Kleinman & T. Y. Lin (Eds.), *Normal and abnormal behavior in Chinese culture* (pp. 7-27). Dordrecht: Reidel.

Redfield, R. (1956). *Peasant society and culture*. Chicago, IL: Chicago University Press.

Schutz, A. (1932/1967). *The phenomenology of the social world*. Evanston, IL: Northwestern University Press.

Shweder, R. A., Goodnow, J., Hatano, G., LeVine, R., Markus, H., & Miller, P. (1998). The cultural psychology of development: One mind, many mentalities. In W. Damon (Ed.), *Handbook of child psychology (Vol. I): Theoretical models of human development* (pp. 865-937). NY: John Wiley & Sons.

Tu, W. M. (1985). *Confucian thought: Selfhood as creative transformation*. NY: State University of New York Press.

Vygotsky, L. S. (1986). *Thought and language*. Cambridge, MA: MIT Press.

Walsh, B. J., & Middleton, J. R. (1984). *The transforming vision: Shaping a Christian world view*. Downers Grove, IL: Inter-Varsity Press.

Weber, M. (1920/1951). *The religion of China: Confucianism and Taoism* (H. H. Gerth, Trans.). NY: The Free Press.

第六章

華人道德思維的研究典範：後設理論分析

在本書第三章中，筆者指出：個人在其生活世界與他人社會互動時所進行的「語言遊戲」，必然深受其文化傳統的影響，而形成其獨特的生活形式（forms of life）（Wittgenstein, 1945）。從建構實在論的角度來看，社會科學研究的主要目的，是針對人們在其生活世界中的思想與行動，建構出社會科學的研究典範，形成所謂的「科學微世界」（scientific microworld），來幫助人們客觀地認識他們在生活世界中的行動。當心理學者觀察到華人在其生活世界中表現出種種具有文化特色的道德判斷和道德思維時，他們也曾經試圖用所謂「科學心理學」的方法來加以研究，希望能夠建構出相應的「科學微世界」。本章的主要目的，是要回顧以往研究華人社會中道德思維時所用的各種不同典範，並從科學哲學的觀點，分析它們在知識論及方法論上的特點。

Berry、Poortinga、Segall 與 Dason（1992）指出：跨文化心理學中有三種不同的研究取徑：強加式客位（imposed etic）、共有式客位（derived etic）和主位（emic），他們分別對應於三種不同的哲學預設：絕對主義（absolutism）、普世主義（universalism）和相對主義（relativism）。如前所述，強加式客位研究取向是採取「絕對主義」的哲學預設，認為西方心理學者所建構出來的理論和研究典範具有一定程度的普世性，可以應用到不同的文化之中，不必做任何的調整與修改。共有式客位研究取徑是採取普世主義的預設，兼顧兩個或兩個以上的文化，發展出適用於不同文化的研究典範，來從事文化比較研究。主位研究取徑則是採取相對主義的預設，使用本土發展的研究工具和方法，希望發展出適用於本土文化的實質性理論模式。

在採取強加式客位研究取向所完成的研究中，最常被人引用是 Kohlberg（1981）的道德發展理論，以及根據依此一理論所衍生出來的各種測量方法。本章第一節將先對Kohlberg的理論及研究方法做簡略的回顧，再批判這種研究取向可能面臨的難題。

第一節 Kohlberg 的道德發展理論

Kohlberg的道德發展理論是承繼Piaget而來的。Piaget（1932）在《兒童的道德判斷》（*The Moral Judgment of the Child*）一書中，首先提倡以結構主義的方法，研究兒童道德判斷的發展。他認為：兒童道德判斷的發展，都是由第一階段的他律性發展出自律性。這樣的發展是個人認知成熟（cognitive maturity）以及不斷和他人進行整合性互動（synergetic interaction），所造成的一種認知結構的轉化，兒童必須一方面在認知上發展出邏輯思維的形式運作能力，一方面在社會平等的基礎上不斷地和同輩進行互動，他才能夠從成人權威的抑制中解放出來，並發展出互惠（reciprocity）的認知基模（schema）。這種結構性的轉化並不是社會學習的結果，社會學習只能解釋表層的行為改變，不能說明深層認知結構的發展。

➢ 道德判斷的認知發展階段

在Piaget（1932）的啟發之下，Kohlberg（1981）進一步將道德判斷的認知發展，區分為三個層次六個階段：

1. 層次一：前俗規道德期

在前俗規道德期（preconventional morality），道德標準是外在而未經內化的，兒童順從權威人物所強調的規則，以避免受到懲罰或獲得獎賞。他遵從現實主義的道德，認為能夠逃避懲罰或獲得滿足，就是對的。此一層次又可區分出兩個階段：

階段一：懲罰服從取向（punishment-and-obedience orientation）：兒童會以行動的後果來判斷一個行動的對錯；服從權威以避免受罰。如果一個行動沒有被發現並受到懲罰，他就不會認為這個行動是錯的。反之，一個行動受到的懲罰愈嚴重，這個行動就愈「不對」。

階段二：享樂主義取向（hedonism orientation）：此一階段的兒童，順從規則的理由是為了要得到獎賞，或滿足個人的目標。他之所以關心他人的未來，主要是想要得到回報。享樂主義所遵循的道德原則是「你幫我抓背，我也幫你抓背」。

2. 層次二：俗規道德期

在俗規道德期（conventional morality），個體會盡力服從社會規範或維持社會秩序，以贏得他人的讚同。他能夠瞭解他人的觀點，並仔細加以考量。社會讚許和避免受責備逐漸取代實質的報酬和處罰，成為道德行為的策動因素。

階段三：「好孩子」取向（'good boy' or 'good girl' orientation）：處於階段三的兒童，道德思維的目標是希望被認為是好孩子。所謂道德行動，就是做出取悅別人、協助別人或別人所贊同的行動；以他人的評估作為基礎，來評估自身的行動。「他認為很好」，是這個時期表達道德贊同的方式。

階段四：維持社會秩序取向（social order maintenance orientation）：這個階段的兒童會考慮一般人的觀點，並認為法律反映了社會的意願，所以順從合法權威的規則，就是對的。順從的動機不是逃避懲罰，而是因為他相信：規則和法律是值得保持的信念。

3. 層次三：後俗規道德期

後俗規道德期（postconventional morality）的人會以一種普遍的正義原則來定義對和錯，它和已制訂的法律或權威人物的命令可能互相衝突，他所認為的道德正確，也並不一定合乎法律的規定。

階段五：契約、權利及民主法制取向（contract, right, and democratically accepted law orientation）：處在「社會契約」期的人，瞭解公正法律的目的，是要表達大多數人的心願及人類共同的價值。無私的執行這些法律，是每個人都必須遵守的契約。然而，可能危及人類權利或尊嚴的強制性法律，不僅不公平而且應當予以挑戰。與此相較之下，在階段四的人通常不會挑戰現有法律的尊嚴，對這樣做的人也會提出質疑。

階段六：個人良知原則取向（individual principles of conscience orientation）：個人以自我選擇的良知原則，作為道德判斷的基礎。這些原則不像「摩西十戒」那樣的具體，它超越了任何法律、社會契約、抽象道德指引，或普遍的判斷原則（即尊重個人權利的原則）。這一階段的思考方式，使人在面對道德困境時，能夠考慮每個人觀點，並獲致一個大家都認為「公平」的解決方法。

階段六是一個理想的道德推理方式，因為很少有人會經常以這種方式來思考，所以 Kohlberg 認為：它是個假設性的結構，只有少數超越階段五的人，才能達到這個階段。事實上，Kohlberg 的《道德判斷測量手冊》（*The Measurement of Moral Judgment*）一書的最後一版，已經不再試圖去測量階段六的推理（Colby & Kohlberg, 1984）。

Kohlberg（1984）的道德判斷發展理論和Piaget（1932）的基本論點十分類似，他也認為：個人認知結構的發展，源自於環境結構（the structure of environment）和有機體結構（the structure of organism）之間的互動，其目的在使有機體與環境間的關係達到更高層次的均衡（equilibrium）。發展基本上是一種認知結構的轉化，每一階段都意指一種性質明確的思考模式，形成一個階層式聚合（hierarchically integrated）的結構秩序，包括：組織反應的特徵以及連繫經驗性事物的律則，以實踐適應與均衡的功能。更重要的是：在個體的發展中，不同的思考模式會形成一個不變的順序，文化因素只能影響發展的速率，或給予一個極限，它們無法改變發展的順序。

➢ 普世性的道德發展序階

Kohlberg 在 1981 及 1984 年曾經先後出版兩本論文集，分別從哲學及心理學的角度，討論他建構其理論的「理路」。在《道德發展的哲學》（*Esseys on Moral Development*）第二章中，他引述蘇格拉底和柏拉圖的觀點，毫不含糊地指出：至德是唯一，而不是多雜的。這唯一的道德原則，就是「正義」（justice）。「正義」即至善，至善之知識是對於善之理念的哲學真知或直覺之知，而不僅僅是接受俗例信念而已。凡真知善者，必能選擇為善之道。「正義」的理想形式具有普遍性，它不會因時代或文化的不同而有所改變。然而，這唯一的「至善」對處於不同發展階段中的個人，卻有不同的意義：由於至善經常處於內心隱晦不明之處，個人對於至善的瞭解，又經常處於較低的發展階段，教師必須由其內心中將之喚醒，而不能由外而內，給予訓令。如果顛倒或跨越個人的發展階段而加以教導，也不會產生效果。

基於這樣的理路，Kohlberg 參考 Piaget 的認知發展理論，建構出其道德發展理論。他的理論包含三個道德思維時期，每個時期又包含兩個相關聯的序階。他認為：道德發展的序階，是文化普遍的；不管個人是在何種情境，也不管他能觸及道德的哪個層面，處於同一發展階段的人，應當會有相同的道德思維方式。單一的「善的原則」將貫穿各個序階；但愈是發展到愈高階層，其道德思維愈能接近善之原則的純正形式。譬如：在所有的發展階段，個人都有某些理由可能考慮到法律或權利；但是，只有到最高的序階，才會以普遍的道德律則來考慮法律，或是以普遍的人權來考慮權利。

➢ 道德發展的終極目標

在《道德發展的哲學》一書的第五章中，他以相當長的篇幅論述「正義即可逆性」。他引述 John Rawls（1971）在其《正義論》（*A Theory of Justice*）中的主張，認為每個參與制訂規則的人，都必須站在先於社會建制而存在的「原初地位」（original position），並蒙上「無知之紗」（veil of ignorance），屏除掉自己的社會地位、天賦資質以及自己在分配中的位置，才能制訂出公正無私而具有普遍性的正義規則。他更引述康德的「斷言律令」（categorical imperative），來說明所謂的「普遍性」：「個人意志所遵循的法則必須能夠成為普遍的立法原則」、「你必須這樣行動：在任何情況下，把人當作目的，絕不只作為工具」、「必須把每個有理性之存在者的意志，當作是普遍立法的意志」。他並且舉出兩人分蛋糕的一個例子，來說明什麼是「純粹的程序性正義」：這兩個人中一個人負責切蛋糕，另一個人則負責分配，如此則能保證他們能平等地分享蛋糕。

總而言之，Kohlberg 建構其道德發展的「理路」是：先把「正義」當作是人類道德發展的終極目標，然後從認知心理學的角度，根據個人在其生命中不同發展序階的認知思維能力，考量他們在該發展序階所能做的「正義」思維，作為評估該一序階道德發展分數之標準。比方說，道德發展「序階四」的思維特色是「法律和秩序取向」，到了發展的此一序階，人們在認知上開始傾向於認為：依據「法律和秩序」做出道德判斷是符合「正義」的。處於發展序階較早之「年齡」的個人，便不可能做出此種道德判斷；「年齡」超過此一發展序階的個人，如果依照「法律和秩序」做出道德判斷，其道德發展階段仍然是屬於「序階四」。

➢ Kohlberg 理論的預設

基於這樣的觀點，Kohlberg 認為：他的道德發展理論具有一種跨文化的普遍性，因而提出其著名的宣稱：「所有文化中的所有人都使用同樣的三十個基本的道德範疇、概念或原則，雖然他們發展的終點和速率有所不同，所有文化中的所有人都會經歷同樣發展階段的順序」（Kohlberg, 1971: 175）。Snarey（1985）指出：這樣的宣稱包含有五個經驗性的預設：⑴研究者必須在夠多的各種社會文化情境中從事道德發展研究，才能適當地檢驗此項宣稱；⑵所有文化中的所有人都思索過同樣的道德範疇，他們在這樣做的時候，會問同樣的基本問題或思考同樣的爭議；⑶不管是在何種文化情境中，個人的發展階段將會以不變的序階往前發展；⑷在各種不同類型的文化中，都可以發現包括最高階在內的所有道德階段；⑸所有文化中自然產生的所有道德思維，都會對應於 Kohlberg 所描述的某種道德思維的階段或模式。

為了要檢驗他的理論，Kohlberg 自己設計了三套不同的標準訪談問卷，每套問卷各包括三個道德兩難困境，每套問卷中的三個困境分別為有關「生命／法律」、「良知／懲罰」、「契約／權威」的議題。有些研究者曾依其所研究的文化特色，將這些道德兩難故事稍加修改，但其議題卻保持不變。Snarey（1985）認為：經過這樣的調整之後，Kohlberg 的訪談問卷雖然並非完全不受文化影響，但對不同文化卻是公平的。

Kohlberg 修正了 Piaget 的問卷方法，使其成為一個更有系統而且能夠廣泛應用的半臨床（semi-clinical）問卷方法。由於運用這個方法，需要有專門技術，而且問卷資料的評分，必須先熟悉其評分系統，因此，評分系統曾經被修改過許多次，而有不同的名稱，例如：「文句和故事計分法」（Sentence and Story Scoring）（1958）、「結構問題計分法」（Structural Issue Scoring）（1971）和「標準計分法」（Standard Form Scoring）（Kohlberg, Colby, Gibbs, & Speicher-dubin, 1978）。

➢ 實徵研究的發現

以往有許多心理學者曾經使用Kohlberg的典範，在世界各地完成了一系列的實徵研究。根據 Snarey（1985）的回顧，他們至少在 27 個國家做過 45 項研究，其中包括美國、加拿大、英國、德國等西方社會；香港、台灣、日本、印度、以色列等文化背景不同但卻深受西方文化影響的社會體系，以及阿拉斯加、土耳其、新幾內亞、桑比亞、肯亞等地的部落或村落。Snarey 認為：世界上文化的歧異雖然可以說是有無限多，但曾經用Kohlberg的模式和測量工具加以研究過的文化，其歧異和數目已經足以評估上述第一項假設所宣稱的文化普遍性。

至於第三個假設，所有橫斷式研究都未曾發現有「跳階」（stage skipping）的現象，其中 85% 的資料顯示：道德發展的主要階段及階段的範圍都是隨年齡的增加而往前進，只有 15% 的資料出現迴退現象，三個為期 9 至 20 年，以及一個二年期的縱貫式研究，則發現有少數迴退現象。

受到爭議最多的是第四、五兩項假設。目前所有的研究都顯示出：階段一到階段三的發展歷程，很可能是跨文化的，階段四的一致性較低，但並不構成問題。最令人感到困擾的是屬於「後俗規階段」的階段四及五，在所有西方文化的都市地區以及 91%的非西方都市地區，都可以找到屬於「後俗規階段」的道德論點，但在既有的八個村莊或部落社會中，都未曾發現這樣的論點。

不僅如此，在許多非西方社會中所蒐集到的道德論點，並不能納入 Kohlberg 的計分系統之中。諸如此類的案例，在以色列（Snarey, 1982）、土耳其（Nisan & Kohlberg, 1982）、印度（Vasudev, 1983）、新幾內亞（Tietjen & Walker, 1984）、台灣（程小危，1991；Lei & Cheng, 1984）、肯亞（Edwards, 1986）及香港（Ma, 1997）等地都曾發現過。這一點，對 Kohlberg 的理論構成最大的挑戰。有些西方學者因此認為：Kohlberg 的理論是建立在西方理性主義、個人主義和自由主義的預設之上（Shweder, 1982），以美國白人男性知識份子的價值觀作為道德成熟的目標。所謂「倫理客觀主義」（ethical objectivism），既未充分考量不同社會文化脈絡中的道德判斷，亦未涵蓋其他實質性的倫理哲學（Weinreich-Haste & Loche, 1983），其實含有明顯的意識型態和種族中心偏見，採用他的道德困境和計分方式，對非西方的道德思維可能造成系統性的偏誤。

➢ 華人社會中的實徵研究

以往也有許多心理學者採用 Kohlberg 的研究典範，在華人社會中檢驗道德發展具有文化普遍性的假設。他們大多是從他編製的「生命對法律」、「良知對懲罰」、「契約對權威」三個道德兩難困境中，選出一個，將之譯成中文之後，依照當地文化的情況略加修改，告訴受試者，再用深度晤談法，問他們一系列的問題，然後依Kohlberg的評分系統，評定他們的反應。傅寶玉與雷霆（1991）曾經將以往在華人社會中，採用此類研究典範所獲得的數據予以統合，繪成圖 6-1，並以之與 Kramer（1968）和 Turiel（1974）在美國所完成的兩項縱貫資料之聚合互相比較（如圖 6-2 所示）。從這兩項資料的比較中，我們可以看出幾項趨勢：

1. 前俗規階段：隨著年齡的成長，階段一的「懲罰與順從」（punishment and obedience orientation）和階段二的「享樂主義取向」，華人和美國人樣本都一致性地減少。可是，華人樣本到了 16 歲時，這兩個階段完全消失；而美國樣本仍然有人繼續使用此二階段之道德思維，顯示出

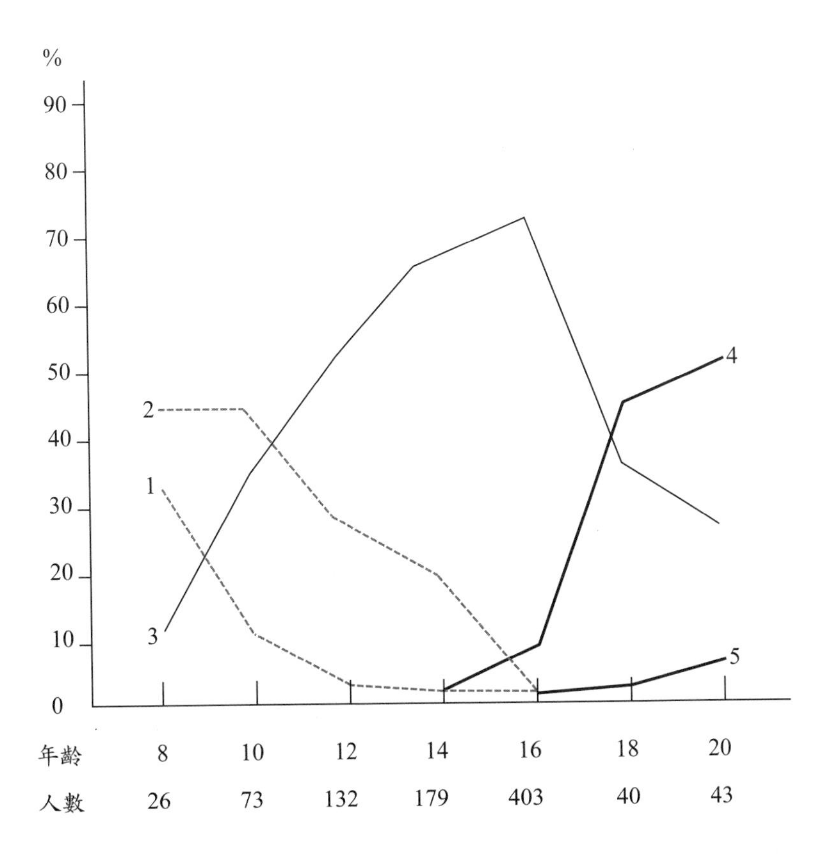

圖 6-1　中國樣本中各年齡組上各階段道德思慮之平均百分比

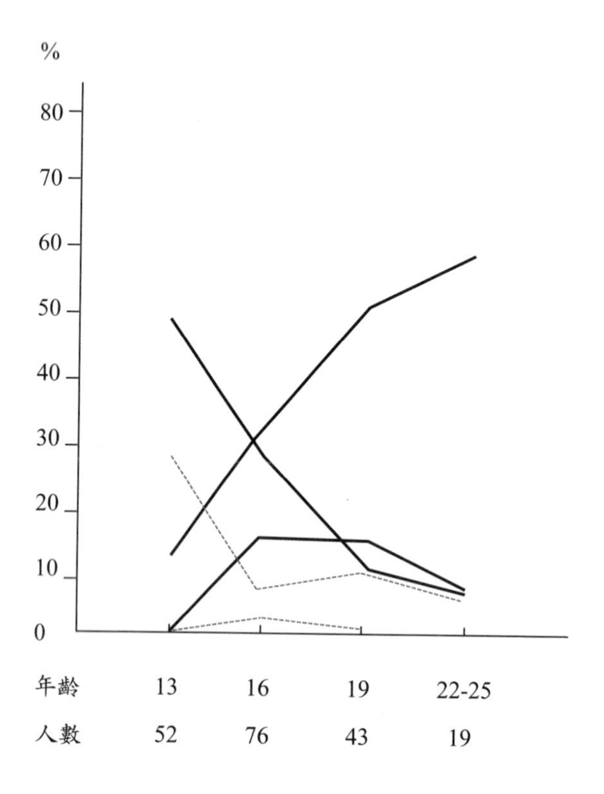

圖 6-2 美國樣本中各年齡組上各階段道德思慮之平均百分比

華人兒童的道德思維較美國兒童早熟。

2. 俗規階段：美國樣本從 13 歲起，其階段三「好孩子取向」即持續下降，階段四「維持社會秩序」卻持續成長，而成為他們在中末期青少年（later adolescence）的主導階段。華人樣本則不然，在 14 歲之前，他們並不會使用階段四思考。從 8 歲之後，階段三的使用即逐漸增加；13 歲之後，即成為主導階段。到了 16 歲，其使用比率幾乎達到 90%。過了 16 歲之後，階段三才迅速降低，階段四則快速增加，並在 18 歲成為主導階段。兩者相互比較，可以很清楚地看出：和美國中末期青少年的道德發展相較之下，華人青少年的道德發展很明顯地較晚達到階段四。

3. 後俗規階段：正如以往研究所發現的（Kohlberg, Levine, & Hower, 1983: 60），在這兩個群體中，都未發現有人使用階段六的思考方式，因此此一階段並未列入計分。美國樣本從 13 歲起，開始有人使用階段五「社會契約、功利及個人權利取向」（social contract, utility, individual right），但華人樣本卻要到 20 歲以後才有人加以使用。

使用Kohlberg的研究方法讓我們看到：華人兒童的道德思維較美國兒童早熟，到了青少年時期，他們在階段四、階段五的道德發展又較美國兒童遲緩，Kohlberg 的理論卻無法解釋：為什麼會有這種現象？不僅如此，程小危（1991）和雷霆曾經使用 Kohlberg 的研究典範，在台灣從事長期的實徵研究。他們所蒐集到的資料顯示：華人參與者做道德判斷時所使用的許多思維方式，無法用Kohlberg的計分系統來加以計分。從這樣的研究發現裡，我們很容易看到「強加式客位」研究取向的侷限。當我們把西方的研究典範移植到華人社會中時，我們不僅會看到許多扞格不入的現象，所蒐集到的資料，也很難加以解釋。

第二節　Rest 的四部分模式

➢ 四部分模式

從 Popper（1972）「進化認識論」（evolutionary epistemology）的科學哲學來看，任何一種科學理論，都是科學家為了解決特定問題而建構出來的。當某一種主流理論不能解釋實徵研究的發現，而累積愈來愈多的異例時，便有其他科學家會對這個問題提出試探性的理論（tentative theory），或試探性的解決方案（tentative solution）。Rest（1979a）注意到Kohlberg的研究典範在理論與經驗研究上所遭遇到的困難，因此他承襲了 Piaget 所建立的研究傳統，建構出道德思慮的四部分模型（Four Part Model），並據此而發展出「定義議題測驗」（The Defining Issues Test, DIT）的研究工具（Rest, 1974,

1979b）。Rest 與 Kohlberg 一樣，認為道德思慮可分為兩種不同的層次：深層結構層次，把思慮階段看做是一種普遍的歷程（unified perspective）；道德具體層次，則是一種特定的思慮結果。他將道德判斷思考的組織系統區分為六階段，並以正義（justice）和逐步向前的均衡（progressive equilibrium）作為定義每一個階段的主要概念，但他並不認為認知發展是一個依序漸進的過程。他注意到：許多經驗研究顯示，結構轉化並不是突變的，其重新建構的方式，也不是以某種最終型式遍及整體結構，而是一個逐漸移轉的過程，呈現出階段不一致性（stage inconsistency）的現象。

Rest（1979a）的「四部分模式」中，第 I、II 兩部分分別涉及道德判斷的社會認知和社會思慮。社會認知涉及人們如何思考彼此對待的方式與動機；社會認知的發展，攸關個人對社會關係性質的理解。社會思慮涉及人們應該如何相互對待；社會思慮的發展，讓個人能夠以最妥善的方法，解決不同意見之間的衝突。這是社會理性結構的主要部分，它指出何種行動途徑最能達致理想，必須建立在個人對社會或人類關係的普遍觀點之上。至於這個理想的計畫是否能夠實現，取決於第III部分，亦即一個人真正想做的決策過程。在此過程裡，個人的動機系統決定執行何種計畫，並放棄其他的選擇。最後一部分，即第 IV 部分，涉及個人執行計畫時所表現的外顯行為。

➢ 原則性道德思維

以「四部分模型」作為基礎，Rest（1974, 1979a）設計出一個標準的「定義議題測驗」，他給受試者讀一系列六個道德困境（moral dilemma）的故事，每一個故事後面附有十二個與此道德困境有關的問題，然後要求受試者選出他認為最重要的四個議題（Rest, 1974, 1976; Rest, Cooper, Coder, Masanz, & Anderson, 1974）。由於其中某些議題的陳述，是以階段五和六的原則性道德觀點來界定困境，研究者可以受試者對這六個道德困境所選出的原則性陳述，計算出其「原則性道德思維」（principled moral thinking）分數（P 分數），來代表受試者的道德發展。

單文經（1980）、陳英豪（1980）與 Gendron（1981）均曾用「定義議題測驗」在台灣蒐集資料；馬慶強（Ma, 1988; Ma & Cheung, 1996）則用同樣的方法在香港從事研究；傅寶玉與雷霆（1991）聚合他們的研究發現，以之與美國同年齡者（American agemates）的 P 值（principles value）相互比較，並將其結果列於圖 6-3。

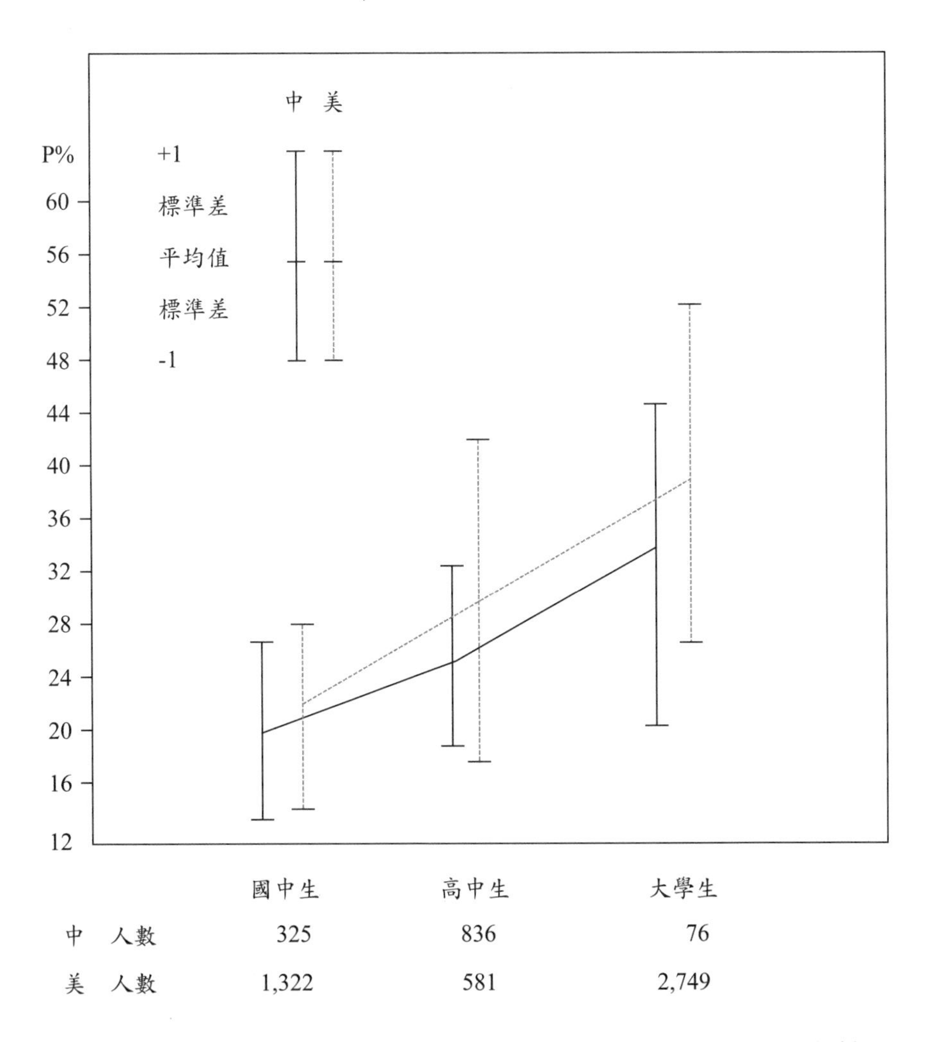

圖 6-3　中美學生的道德原則分數（P-index）之平均值和標準差

在初中學生群裡，中國和美國樣本間平均值的差異似乎相當微小（只有1.7%），但 t 檢定的結果卻顯示出顯著差異（$t(1645) = 3.93$，$p < .01$）。隨著年齡增大，他們之間的差異也逐漸增大：在高中學生群中，兩樣本間平均值的差異是5.3%；在大學生群體中，則為6.8%。此一年齡趨向（age trend）顯示：和美國同年齡者相較之下，中國受試者年齡愈大，就愈少使用原則性思維（principled reasoning）。

這是一個非常值得注意的發現。使用Kohlberg之典範所得的研究結果，華人青少年較常使用階段四：「維持社會秩序」，卻較少使用階段五「契約、權利及民主法制」的思維，和這樣的發現是十分相似的。所謂「原則性思維」，其實就是依普遍性的正義原則做道德判斷。從「現代社會」的角度來看，一個「現代青年」年齡愈大，就應當愈傾向於使用「原則性思維」。這種研究發現，是不是蘊涵著：華人參與者年齡愈大，就愈不「現代化」呢？

面對這樣的研究發現，我們該做何解釋？由於DIT的研究方法是建立在西方受試者對標準範型之題目的反映之上，我們無法推測：這些題目在其他文化裡是不是有相同的意義。不僅如此，DIT 的多重選擇格式，不能讓受試者自發地（spontaneously）說出自己內心的想法。而受試者的自發性反應，對於瞭解受試者之文化特色，尤其重要。凡此種種，都可以讓我們很清楚地看出：這種「強加式客位」研究取向，在解釋研究發現上的困難。

第三節 Bloom的社會原則和社會人道

不論是採用 Kohlberg 的研究典範，或是 Rest 的四部分模式在非西方社會中從事研究，都是屬於強加式客位研究取向。由於強加式客位研究取向對於本土社會中心理現象的理解，可能遭遇到上節所述的種種困難，過去也有許多心理學者企圖使用共有式客位研究取向，來解決這樣的難題。他們在建構理論的時候，採取普世主義的哲學預設，同時考慮本土（華人）及西方文化，希望建構出一種對雙方文化都公平（cultrually fair）的理論。然而，如果理論建構者對本土文化並沒有深入的瞭解，他往往憑著自己的想像，採用素樸實證主義的推理方式，建構出只適用於某些特定範疇的理論，它們所能夠解釋的問題仍然是十分有限。這裡要舉的兩個例子，是Bloom（1974, 1977）的社會原則和社會人道，以及 Wilson（1974）有關華人社會政治道德思維的研究。

➢ 社會人道的考量

Bloom（1974, 1977）在香港、法國和美國所作的比較研究，一開始便是站在西方人的立場，思考華人社會中政治社會思慮的特色，從事研究概念的建構。他首先界定兩個向度作為道德思慮和社會政治思慮的基礎：

第一個向度是「社會原則」：它涉及個人對於社會上的法律和政治制度之正當性想法。具有高度社會原則性的人，會不斷以他個人所覺知的道德正確立場，檢視社會立法所定義的正確行為，並依照個人價值系統，來評估每種社會要求。他拒絕接受任何未經質疑的傳統價值觀，而以自己的慎思明辨作為道德判斷的依據，並不認為自己必須對政治權威所做的每一個要求負責。

第二個向度是「社會人道」：它是指個人對他人選擇的行動及其意涵有相當的敏感度，他判斷社會政治問題的價值基礎，在於強調移情（empathy）、同情不幸或利他主義，亦即不忍見人遭受苦難。社會人道傾向愈強的人，愈不會替使人陷入苦難的政治和社會行動辯護（Bloom, 1974: 8），不管他們是否假借維護「正當」、「良善」或「公義」之名作為藉口。一個具有高度社會人道的人，不一定認為他有義務去質疑當權者的要求，但是他會覺得自己是屬於某些弱勢群體的一分子，認為當務之急是避免個體的不幸，找出減少個人不幸的方法。

➢ 兩種社會思慮

依據這樣的理念，Bloom（1974）設計了一份「社會原則量表」（Social Principledness Scale）和「社會人道量表」（Social Humanism Scale），量表

中每一項目各有四個選項，藉由受試者的反應，可以判定他們在這兩個向度上的得分。他假設：這兩個政治道德思慮的向度，具有跨文化的普遍性，不論是在中國或西方文化中的個人，都會依據這兩個向度，思考有關政治道德的議題。為了檢驗這樣的假設，他分別在香港、法國和美國蒐集資料，並用因素分析的方法加以分析。結果顯示：每份量表的因素分析均獲致一個強力的單項因素：在香港、法國、美國的「社會原則量表」所得的內在一致性係數分別為 .71、 .72 和 .82；而「社會人道量表」則分別為 .80、 .82 和 .83。這些例證顯示：在每個文化裡，「社會原則量表」和「社會人道量表」都分別測到兩種性質不同而各自內在一致的社會思慮向度。

至於不同文化間的差異，Bloom（1974）的實徵結果顯示：在「社會原則量表」上，香港樣本的得分平均值是 .170，法國是 .471，在美國是 .429，不同文化平均值差異的單向變異分析達到高顯著水準（$F(2.461) = 81.82$，$p < .001$）。他對香港社會原則得分特別低的解釋是：因為「中國文化特別強調順服權威和避免衝突」（p. 95），這種順服權威的特徵，至今仍存在他們的政治思慮取向中。

第四節 華人的政治社會思維

除了 Bloom（1974, 1977）之外，R. W. Wilson（1974）也曾經採取共有性客位研究取向，研究華人社會中的社會政治思維。在 1970 年代，他曾經到過台灣從事長期的田野研究，並以他編製的測量工具，在台灣、香港和紐約的中國城進行跨文化比較研究，並將他的研究結果寫成兩本專著《中國兒童眼中的政治》（Wilson, 1970）和《道德國家》（*The Moral State*）（Wilson, 1974），兩本書都有中文譯本。他不僅考量華人社會中社會政治思維的實質內容，發展測量工具，進行文化比較研究，而且進一步企圖將道德的認知發展理論和社會學習理論結合在一起，建構出他自己的道德發展理論。

➢ 道德發展模型

Wilson（1974）的道德發展理論把道德發展的認知觀點和社會學習理論整合在一起，認為：道德能力發展成熟的最高階段，應當包含幾項內在的道德能力：利他的覺察力（altruistic awareness）、同理心（empathy）與個人責任（personal responsibility）。

利他的覺察力是瞭解他人的相關目標，並調整個人需要的認知能力，這種認知能力可以使每個人的機會達到最大。同理心是在情感上站在他人立場，並企圖減少其苦痛之能力，其最高形式是個人和對方情意交感的狀態。個人責任是不受團體或權威人物等情境因素（situational cues）的影響，憑藉相互性與個人意志來作判斷的能力；它讓個人能夠藉由情意交感，而以一種關懷他人的內化標準來做判斷。

Wilson（1974）的道德發展模型認為：這些道德能力的發展受到若干外在因素的影響，其中較重要的是情感操縱（affective manipulation）、道德教化（moral training）與自主訓練（autonomy training）。

所謂情感操縱，是操縱某些特殊形式的情感以引發焦慮，使兒童害怕權威或擔心被貶斥，而重視他人的觀點與意見，尤其是權威人物。道德教化是灌輸某種社會觀點，以確保行為受到社會的贊同，並形成共識，使其符合維護社會秩序的價值。自主訓練是透過彼此接受的規則，在團體中以互相合作的方式來發展自主性，使內化的原則成為道德行動的力量，個人也願意為這種行動的後果負責。雖然每個人經驗到的情感操縱、道德教化與自主訓練都有所不同，生活在同一團體或文化中的人們通常都會有一些共同的經驗，形成類似的價值與行為型態，構成道德信仰的內涵，以及表達道德情感的特殊型式。

Wilson（1974）的認知發展理論主張：隨著年齡成長，個人的道德發展階段也愈趨向成熟。然而，道德能力並不僅和認知結構有關，它還包含感情與意志特質的人格展現。因此，道德成長的階段特徵，並不只是一種受年齡影響的內在能力變化，而且和智力發展、同理心與自我統整能力的發展有關。這些能力受到社會氛圍的影響，而在漫長而複雜的學習過程中逐漸成形。

➢ 道德思慮的兩個向度

Wilson（1974）應用人類學的田野觀察法和認知問卷法，研究中國社會中的道德思慮。在他的研究架構中，有二個主要向度：

第一是他人中心主義與自我中心主義（Heterocentrism/Autocentrism）：所謂「他人中心取向」，是以他人所提供的價值取向作為個人行為時，所引用的權威來源；所謂「自我中心取向」，則是以一組內化的原則或規則作為個人理想行為的標準。這兩個名詞的意義和 Piaget 所說的他律性與自律性（Heteronomy vs. Autonomy）十分類似，但是 Wilson（1974: 128）強調：這二個名詞並不是兩個發展階段，它們是可以同時存在於個體之中的兩種價值取向，代表各個人或各個文化不同類型的態度傾向，其間沒有連續性。

第二是特殊主義與普遍主義（Wilson, 1974: 128）：特殊主義是指：個人行為的可欲標準（the standards of desirability），主要是來自特殊關係（specific relationships）；普遍主義則是指：個人行為的可欲標準主要是指向對任何人都適用之一般原則。特殊主義與他人中心有關，普遍主義則與自我中心主義相關聯。

➢ 兒童的政治社會化

以這樣的概念作為基礎，Wilson（1974）編製了兩份量表，量表中的每一項目分別敘述一個與政治有關的情境，其後附有四個選項，藉由受試者的選擇，可以判斷其「特殊主義／普遍主義」或「他人中心／自我中心」傾向。然後再以這樣的量表作為工具，以三年級、五年級及七年級的兒童為參與者，在台灣（n = 335）、香港（n = 362）、美國（n = 297）及紐約中國城（n = 90）從事兒童政治社會化的比較研究。

他根據其社會學習模型假設：個人價值取向與內化或外控的羞愧（internalized or externalized shame），與受文化因素制約的風俗時尚有關。當個人是以他人提供的線索作為行為的標準，羞愧心被外在情境所激發，行為的可欲標準主要指向特定關係，個人即會傾向於做出他人中心或特殊主義的反應。相反的，當個人傾向於以內化學習到的意向來對待他人，羞愧心為內化的客觀規範所激發，行為的可欲標準主要指向普遍原則時，個人則傾向於做出自我中心或普遍主義的反應。

他的研究結果顯示：在普遍性價值取向（orientation to universalitic values）上的反應，各組的平均百分比值（mean percentage value），台灣兒童為 75%，美國 72%，香港 69%，中國城 61%；六個問題中有四題具組間差異顯著性。在人們是否以內化普遍原則（即 referenced general principles）作為行動指導的五個問題裡，受試者的反應顯示：台灣兒童為 79%，香港 74%，中國城 72%，美國 66%。

整體而言，受個體自主理想與強調普遍原則之文化規範所影響的美國兒童，在普遍性項目（universalistic terms）上，其反應程度並不一定高於台灣兒童，與其預期假設並不相符。

➢ 共有式客位研究取向的批判

Bloom（1974, 1977）與 Wilson（1974）都是在研究社會政治思維，他們的發現卻似乎互相矛盾。Bloom 發現：香港樣本在「社會原則量表」上的得分比西方樣本低，但他們在「社會人道量表」上的得分比西方樣本高，這跟一般人對華人的認識是十分相似的。然而，Wilson 的研究卻顯示：華人兒童在普遍性項目上的反應程度並不一定低於美國兒童，這種不一致的發現，該如何解釋呢？

當然，有些人可能會說：這兩個研究所使用的工具不一樣，所以會得到不同的結果。可是，從科學的角度來看，如果兩套測量工具所測的理論構念是一樣的，以它們作為工具所得的研究結果，也應當十分相近才對，所以這樣的解釋並不合理。另外一個比較有說服力的解釋，是考慮這兩個研究之參與者在年齡方面的差異。Wilson（1974）之研究的參與者是三到七年級的兒童；Bloom（1974, 1977）之研究的參與者是 21 到 25 歲的大學生。本章第一節提到，傅寶玉與雷霆（1991）回顧以往在華人社會中使用Kohlberg之典範所完成的研究顯示：在前俗規階段，華人兒童的道德思維較美國兒童早熟，但他們卻比美國兒童較晚達到階段四的「維持社會秩序取向」以及階段五的「社會契約、權利及民主法治取向」。使用 Rest 之典範所完成的研究也顯示：和美國同年齡者相較之下，中國受試者年齡愈大，就愈少使用原則性思維。從這個角度來看：Bloom與Wilson的研究結果和以往實徵研究的發現是相符的。

即使如此，我們仍然只是用某些實徵研究的發現，在解釋另一些實徵研究的發現而已。我們仍然是「知其然而不知其所以然」，無法在理論的層次上回答前述的問題。從實用主義的角度來看，實徵研究的發現必須放置在理論的脈絡中來加以解釋（Laudan, 1977），倘若既有的理論不足以解釋一再出現的異例，我們便需要建構出新的理論，來解決我們所面臨的難題。然則，我們需要什麼樣的理論才能應付這樣的挑戰，並滿足我們的認知旨趣？

第五節 人類發展的存在面相

我們可以借用 Gibbs 對 Kohlberg 研究典範的批判來思考這個問題。John Gibbs 是 Kohlberg 的學生，他在和 Kohlberg 長久合作之後，試圖用 Piaget 種族發生學的觀點重新解釋其理論（Gibbs, 1977, 1979）。他認為：人類發展的獨特之處，在於它有「標準的」和「存在的」兩種面相。依照Piaget的觀點，人類的智慧是一種包含社會、道德和邏輯思維等不同層面的整體現象，其發展和其他生物一樣，都遵循一定的「標準程序」；然而，其成熟卻能作為人類特有之存在面相發展的基礎。

➢ 反思自身的存在

Gibbs（1979）所提出的道德發展理論，其「標準面相」之四階段和Kohlberg 理論的階段一至四是互相對應的。然而，到了青少年時期，隨著第二度思維的不斷「擴大」，在標準發展最高階段的個人，逐漸能夠用一種客觀的後設觀點，來瞭解現代的複雜社會系統。不僅如此，他還能夠反思自己存在於世間中的特殊情況。反思自身存在的結果，讓他可能從「社會成員之外的立場」，界定一種「道德理論」，來說明自己所遵循的道德原則（Kohlberg, 1973: 192）。然而，由於此種「存在面相」的發展不會受到胚胎發生學之因素（epigenetic factors）的影響，它並不遵循一定的標準序列，世界各地的人在構思其道德、科學和生活哲學時，也會顯現出各種不同的智慧。在這個階段，當個人試圖界定其道德哲學時，流傳於社會中的規範性哲學，很可能成為其第二度思維或後設倫理反思的材料。

倘若 Gibbs（1977）的論點是可接受的，階段一至階段四是真正的認知發展階段，則中、美兩個樣本在俗規及前俗規階段上的不同，應當是兩個文化教養方式之差異所致（例如：Ho, 1986; Wu, 1996）。他們發展的速率雖然有所不同，但卻都經歷了同樣發展階段的順序，正如 Kohlberg（1981）所預言的那樣。然而，這兩個群體在後俗規階段的差異反映出文化內容的不同，跟認知發展或成熟並沒有任何關聯。

➢ 華人社會中的規範哲學

從 Kohlberg（1981）為後俗規階段之道德思維所訂的正當性標準，我們可以更清楚看出這一點。第五個階段的正當性標準是：「覺察到人們持有許多不同的價值和意見，大多數價值和規則對某一群體來說都是相對的，它們之所以被強調，通常是因為它們是社會契約；然而，不管大多數的意見如何，在任何社會裡，有些非相對的價值和權利，像生命與自由等等，都應當被強調。」任何人都不難看出：這樣的觀點基本上反映出西方個人主義的價值觀。

這樣的觀點把個人的生命、自由和權利都當作是一種「非相對的」價值，不論在任何情況下都應當被強調。

然而，華人青少年到了後俗規階段，他們道德思維的正當性標準是什麼？華人社會中所流傳的規範性哲學又是什麼？用「強加式客位研究取向」，將西方理論中所蘊藏的「正當性標準」強加到華人受試者身上，我們不僅無法回答諸如此類的問題，而且很可能得到：「**華人道德判斷的發展較美國參與者遲緩**」的偏頗結論。從科學哲學的角度來看，由於科學微世界基本上是研究者對某一特定問題所作的二度詮釋，倘若研究者對本土文化所知有限，只懂得用素樸實證主義方法，蒐集「貼緊現象」的實徵資料，作為建構理論的基礎，即使是採取「共有式客位」研究取向，用所謂「文化公平」的方法，考量本土文化的特性，建構出所謂「普世性」的研究典範，這樣的研究取向雖然比較適合於做文化比較研究，可是在研究結果不一致的時候，單憑理論自身也很難做出令人滿意的解釋。像本文第三節提及的 Bloom（1974, 1977）及第四節 Wilson（1974）的研究取徑，便是典型的例子。

➢ 演繹模型

我們可以再從主張邏輯實徵主義（logical empiricism）的科學哲學家 Hempel（1965）所提出的「演繹模型」或「覆蓋率模型」來說明：當科學家遇到這種難題的時候，應當採取的策略。Hempel 首先指出：科學的說明必須要滿足兩個基本要求，即說明的相關性和可檢驗性。所謂「說明的相關性」是指：提供的說明具有令人信服的充分理由；所謂「說明的可檢驗性」是指：科學說明要能夠接受經驗的檢驗。滿足這兩類要求的科學說明，通常包含兩類陳述：第一類陳述是某些「普遍定律」（general laws）；第二類陳述叫「先行條件」（antecedent conditions），以這兩類「說明項」（explanans）作為前提，經由邏輯演繹之後，便可以導出有關於 E 的「事象描述」，後者即為「待說明項」（explanandum），如下圖所示。

Hempel（1965）認為：這樣的演繹模型既可用於說明，又可用於預言。

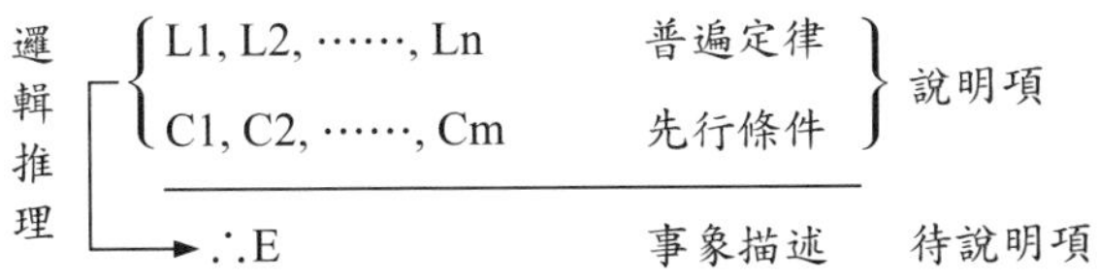

邏輯推理

L1, L2, ……, Ln	普遍定律	說明項
C1, C2, ……, Cm	先行條件	
∴E	事象描述	待說明項

如果我們先觀察到事象（E），然後提出各種普遍定律（L）和先行條件（C），這就是說明。相反的，如果各 L 和 C 為已知，由其中推演出 E，這就是在作預言。

從「演繹模型」或「覆蓋律模型」的角度來看，心理學者在從事實徵研究的時候，不論是採取「強加式客位」、「共有式客位」或是「主位」研究取徑，他們大多是以某種理論的「普遍定律」作為基礎，設定某種「先行條件」，並預測在此種條件下可能觀察到什麼現象。然而，如果他採取「強加式客位」的研究取向，將西方社會中所發展的研究典範，強加到非西方社會中的參與者，他便很容易遭遇到研究發現難以解釋的問題。在許多情況下，跨文化心理學者偏好採用的「共有式客位」研究取徑也無法解決這樣的難題。這時候，華人社會中的心理學者便應當懷疑以往理論中被視為「普遍定律」的適用性，改弦易轍，採取「主位」研究取徑，發展本土心理學的理論，來解決這樣的難題。

➢ 本土心理學的現身

從 Gibbs（1979）對 Kohlberg 理論的修正來看，人類道德發展的「標準面相」很可能是普世性的。然而，當個人認知能力發展成熟以後，他已經有能力反思自身存在的意義，他便可能選擇他認為最適當的道德原則，來引導自己的行動。這就是文化心理學者所強調的「一種心智，多種心態」（Shweder et al., 1998）。

然而，在世界邁向全球化的今日，各個不同地區之間的文化交流愈來愈頻繁，個人在反思自身存在意義的時候，可以做的選擇也愈來愈多。在這種情況下，所謂「主位」的研究取向，便是以本土文化的哲學人類學預設作為基礎，發展本土心理學的「科學微世界」，來解釋本土社會中人們在生活世界中的行動。我們可以先用馬慶強的雙參數道德發展理論，來說明這一點。

第六節 馬慶強的雙參數道德發展理論

Dien（1982）認為：Kohlberg 的道德發展理論反映出西方對「人」的觀點，認為人是能做理性抉擇的自主性道德主體；儒家則把人看做是宇宙秩序的一部分，與生具有維持和諧的道德良知，兩者之間有極大不同。儒家思想中最重要的道德傾向是「仁」，它以「孝道」為基礎，對親族產生深厚感情，再由家族的圈子擴及所有人類。她提到人類學家 Harumi Befu（1977）對於日本人送禮行為中涉及的「恩」、「義理」等概念之研究，並希望有人在中國社會中也從事類似研究。

基於這樣的見解，馬慶強認為：以往有許多學者批評 Kohlberg 的理論（1981, 1984）忽略了感性方面的道德發展（Gilligan, 1982; Peters, 1971）。由於中國人在道德思維和判斷方面，傾向於同時強調情（即仁愛、慈愛、親愛）及理（即理智），中國人的道德發展理論模式，應當比西方傳統的認知發展取向，更為著重感性方面的道德發展。

➢ 參數一：公義

職是之故，馬慶強試圖將道德發展的感性及認知兩方面結合起來，成為一個七階段的發展理論（Ma, 1997），並提出有關中國人道德發展的兩個基本參數（fundamental parameter），主張中國人的道德發展，在認知方面是由「公義」這個研究參數表達，其構想基礎是 Kohlberg（1981, 1984）的道德判斷發展理論；感性方面則是由「利他行為與人際關係」這個研究參數表達，其構想基礎是他自己所完成的一系列研究（Ma, 1982, 1989, 1992, 1993, 1996）。這七個階段中的每一個階段都有一個普遍結構，並由此普遍結構得出一個西方式副結構及一個中國式副結構。

公義（justice）涉及排解人際糾紛的理性原則。這個研究參數是以Kohlberg（1981, 1984）的道德判斷發展理論作為基礎的。該理論主張：人類在互相衝突的情境下的道德判斷，可以排列成六個不同道德階段的發展序列，這個序列對所有人都是不變的。

➢ 參數二：利他行為與人際關係

馬慶強採用儒家、道家和佛教的思想來詳述中國式副結構的特色。利他行為（altruism）與人際關係（human relationship），是個人對於他人的感性傾向（affective orientation）；它是在不期望報酬的情況下自願進行的行為，其目的是使接受者提高其生存能力；促進接受者在認知、道德和自我等方面往較高層次的發展，幫助他獲得新的心理能力，滿足生理、安全、歸屬與愛、尊嚴與自我實現（self-actualization）等方面的需求（Maslow, 1987），以回復和維持情緒的穩定。

馬慶強（1997）以道德之認知發展為基礎，提出一個利他行為的七階段發展理論，這七個階段是：⑴自我中心；⑵互惠性利他行為與工具性目的；⑶首屬群體的利他行為；⑷規範性的利他行為；⑸實用的利他行為；⑹自然的利他行為；⑺聖人式的利他行為。

馬慶強將人際關係的階層加以排列，並且假設個人對他人作出利他行為的傾向，隨著以下的次序而遞減：

R_1：近親，譬如父、母、子、女、兄、弟、姊、妹。

R_2：最好的朋友或知己。

R_3：三種特別的陌生人：

1. 弱者，譬如一個盲人。
2. 幼者，譬如一個六歲的小童。
3. 社會的菁英，譬如一位曾經獲得諾貝爾獎的科學家。

R_4：普通的陌生人。

R_5：你不喜歡的人或敵人。

從以上的析論中，我們可以看出：他的雙參數理論是以Kohlberg的道德發展理論而發展出來的。他也同意Kohlberg的論點，認為：兒童道德判斷認知發展的階段是普世性的，這個階段性可以用「公義」（即本文所謂的「正義」）思維的發展來加以表達；然而，由於中國人的道德思維傾向於情、理並重，因此，要研究華人的道德發展，在理論上必須考慮另一個參數，即：「利他行為與人際關係」。換言之，道德判斷的認知發展階段所反映的是普世性的心智（universal mind），「利他行為與人際關係」則反映出較多華人社會中獨特的心態（specific mentality）。用Wilson（1974）的理論來說，前者主要是由認知成熟（cognitive mentality）的因素所決定，後者則接受社會學習經驗的影響。

➢ 助人的代價與道德困境

我們可以舉一個例子來說明：如何以馬慶強的雙參數理論來從事本土社會心理學的實徵研究。在馬慶強的指導之下，Tam（2003）設計了一份「道德發展問卷」（Moral Development Questionnaire）來衡量受試者的「道德取向」（moral orientation）與「道德判斷階段」（moral judgment stage）。該問卷包含兩個道德困境：「應試途中」及「郵輪意外」，其內容分別為：

〈應試途中〉

假設你是一位高中學生，從小已訂下目標要升上大學。今天正是你應考大學入學考試的日子，你很有把握能取得優良的成績。然而在趕赴試場途中，你卻看到路人甲絆倒在地上，他頭部因撞上了硬物而不停地流著血。如果你現在停下來幫他的話，便會因缺席應考而不能升讀大學了。

〈郵輪意外〉

假設你在一次乘坐郵輪的旅途中，郵輪發生意外沉沒，你墮進冰冷的海水中，大概只能支撐一段很短的時間。幸好此時有一架拯救直升機正向你徐徐地放下繩索和救生圈。然而這時你卻發現在你身旁不遠處，還有一位生還者（乘客甲）正在水中浮沉著，看上去便知道他再也不能支持下去了。你知道如果你將自己的救生圈交給他的話，你便會淹死在大海中。

在衡量「道德取向」時，「道德發展問卷」要求每一位參與者在一個七點量尺（由「一定會幫」到「一定不會幫」）上指出：他們在這兩個假設性的道德困境中（D_1及D_2）中，幫助某一特定對象（X）的傾向。在每一道德困境中，又有三種不同的情境變化：S_1：幫忙的代價極高；S_2：幫忙的代價很高，但旁邊有他人同在；S_3：幫忙的代價很低。參與者必須回答：他在某一特定情境中幫助 X 的可能性。

➢ 人際關係與道德取向

至於參與者所幫助的對象，則是依據馬慶強所提出的人際關係階層（Ma, 1989, 1997）而做不同的變化：R_1：直系親屬（父親或母親）；R_2：最要好的朋友；R_3：弱小的陌生兒童，或社會中的菁英；R_4：一般的陌生人；R_5：你不喜歡的人或陌生人。因此，使用「道德發展問卷」可以測出參與者在有三種情境變化的兩種道德困境中，對五種不同關係對象，共計三十種的「道德取向」。

至於「道德判斷階段」的衡量方面，研究者先邀請一些學歷背景不同的參與者來參與深度訪問。他先讓參與者看上述兩個道德困境，要求他們填答有關「道德取向」的問題，然後探問他們做出某種選擇的理由。在從他們的反應中，根據其理論架構，抽取出可以代表不同階段之道德判斷的原型反應（prototypic responses），以之作為編製「道德判斷測驗」的材料，來測量參與者的道德判斷階段。

這樣編成的測驗，在每一種道德困境之後，都附有七項道德階段原型的陳述。每一位參與者都必須在五點量尺（由「非常重要」到「不重要」）上評估：每一陳述對於他們決定選擇其助人傾向的重要性。譬如：在「應試途中」的道德困境裡，「幫助X後，街上的路人會不會給我報酬？」和「就算街上也有路人願意幫助 X，我是否也應該毫不退讓去幫 X？」分別代表階段 II 和階段 V 的道德階段原型陳述。

➢ 困境中的道德取向

依照 Tam（2003）的觀點，這兩種測量工具在衡量道德發展的兩個不同層面：「道德取向」代表參與者在閱讀某一特定情境中之困境後，所做出的第一反應；「道德判斷」則是他們做出決定後，對自身抉擇所提出的理由。一個人在做出道德抉擇時，可能是瞬間的及時反應，並不一定會想到什麼道德判斷的理由；然而，事後他們仍然可以說出自己為什麼要出此種道德抉擇。他認為：這樣的問卷設計正可以衡量參與者道德發展的這兩個層面。

這項研究的主要發現之一，是「人際關係」（R_i）和兩種「道德困境」（D_i）之間有顯著的交互作用（如圖 6-4 所示）。更清楚地說，比較參與者在「應試途中」（D_i）和「郵輪意外」（D_2）兩種道德困境中對五種人際關係所做出的道德傾向分數，D_1R_3、D_1R_4、D_1R_4 顯著地低於 D_2R_3、D_2R_4、D_2R_5，但在 D_1R_1 和 D_2R_2 之間則沒有顯著差異。換言之，如果求助者是參與者的父母或好朋友，參與者在這兩種困境中的幫助傾向並沒有顯著差異。

同樣的，在「人際關係」（R_i）和三種「情境」（S_i）之間也有顯著的交互作用（如圖 6-5 所示）。事後檢定的結果顯示：這三種情境中的助人傾向不論其對象是誰，都有一致性的主效果，即 $S_3R_i > S_1R_i > S_2R_i$；不過 S_2R_1 雖然小於 S_3R_1 和 S_1R_1，但在 S_1R_1 和 S_3R_1 間卻沒有顯著差異。由此可見，大體而言，助人時必須付出的代價愈低，參與者幫助對方的傾向愈高。然而，這樣的命題卻會受到「人際關係」因素的干預：如果求助者是參與者的直系親屬，除非有他人在場，否則不論自己必須付出什麼代價，參與者都會有同樣的助人傾向。

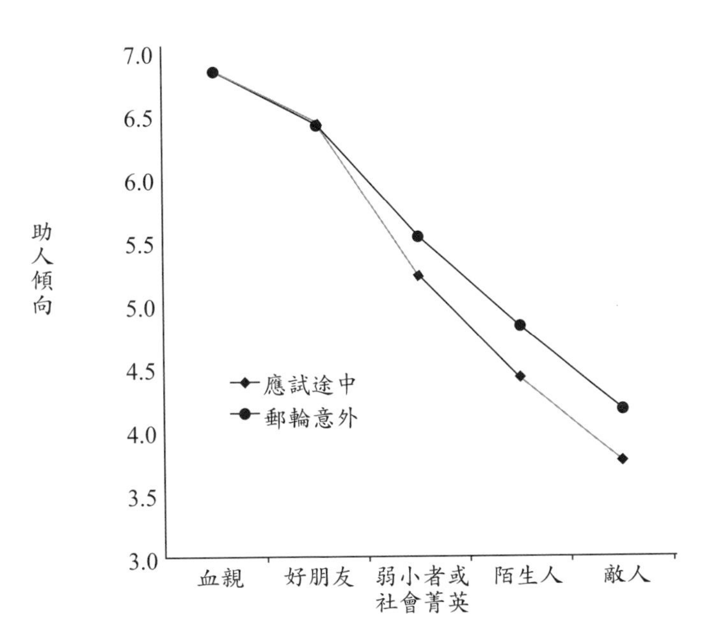

圖 6-4　「應試途中」和「郵輪意外」兩種困境中，對五種人際關係的助人傾向

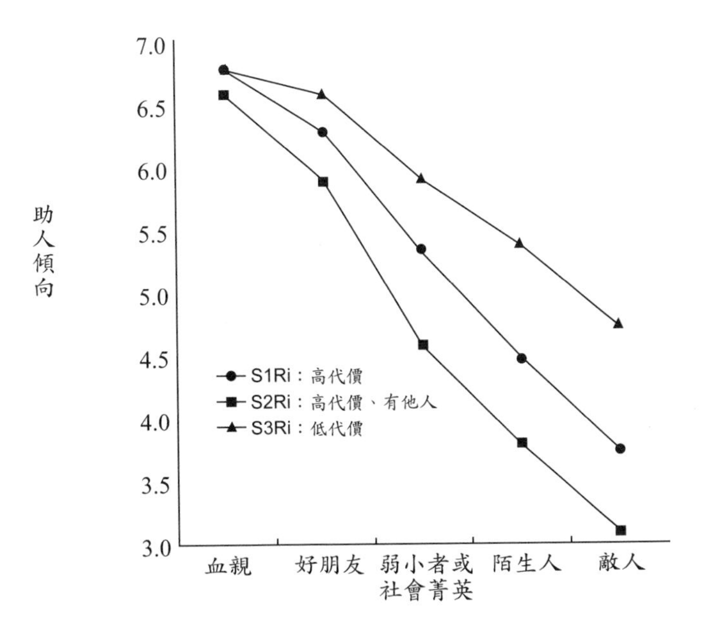

圖 6-5　在三種情境中，對五種人際關係的助人傾向

第七節 科學哲學的反思

筆者一向主張：本土心理學要有真正的進展必須要做三個層次的突破：哲學的反思、理論的建構以及實徵研究（Hwang, 2005, 2006）。在本章中，筆者從科學哲學的角度，對以往有關華人道德觀及正義觀之實徵研究及其所根據的理論做了批判性的回顧，並指出發展本土心理學的必要性。從本章的理論分析及實徵研究中，我們可以很清楚地看出：強加式客位及共有式客位之研究取向的限制。

➢ 科學理論的提出

從 Popper（1972）的「進化認識論」來看，科學問題的產生通常是出自於下列三種不同情境：⑴理論與觀察或實驗的結果不一致；⑵理論系統內部發生互相矛盾的現象；⑶兩個不同理論之間的互相衝突。這時候，科學家便可能提出試探性的理論。

Popper（1963）首先用四段圖式來說明科學理論的提出：

P1→TT→EE→P2

P 表示問題（problem），TT 表示試探性的理論（tentative theory），EE 表示排除錯誤（error elimination）。倘若要以此一圖式來表示普遍性的試錯法，則圖式中的 TT 可以改變為 TS（試探性的解決，tentative solution）。後來，他又將這個圖式修改為下圖（Popper, 1972: 313），而成為此一圖式的普遍形式：

這個經過修正後的普遍圖式，其意思為：當科學家原有的知識陷入困境的時候，他會設法對這個問題情境提出試探性的解決方案。這種解決方案可能不只一個，它也不一定正確，因此必須將錯誤的解決方案排除掉，保留尚未被否定掉的解決方案。這樣留下來的方案又可能遭遇到新的問題，如此往復，以至於無窮。

當心理學者採取「強加式客位」的研究取徑，企圖用西方社會中發展出來的研究典範，研究非西方社會中人們的心理與行為時，他們便可能遭遇到上述的困境，而採取文化比較心理學的「共有式客位」，或本土心理學的「主位」研究取徑，試圖建構出新的理論，來解決這樣的難題。當然，這樣提出來的試探性理論並不僅只一個，也不等於真理，它們之間可以彼此競爭，一個理論可能被後來的觀察或實驗否證掉。因此，一個科學的理論必須具有「可否證性」（falsificability）。如果一個理論的陳述或命題無法用經驗的方法來加以驗證，則它便不能稱做是「科學」的。

➢ 對「素樸否證論」的挑戰

然而，Popper 的學生 Lakatos（1970）卻指出：Popper 的否證論只是一種「素樸否證論」或是「教條否證論」（dogmastic falsificationism），其最大錯誤在於：科學理論並不如Popper說的那樣，一旦為經驗所否證，就立即遭到拋棄。經驗的反駁並不能淘汰一個理論。為什麼呢？

首先，「素樸否證論」認為：科學理論的核心為全稱命題。事實上，學術界公認為成功的科學理論有許多是屬於「概率式理論」（probabilistic theories），在邏輯上，再多的觀察事件也不可能否證一個概率式命題。

「素樸否證論」主張：科學知識的劃界標準為可否證性（falsifiability）。否證特定理論的前提是：我們必須有一組絕對無誤的觀察陳述作為經驗基礎。然而，經驗論者的這種期待，絕不可能成為事實。由於經驗有主觀性，不同的人對於同一事實會有不同的觀察結果。所謂「經驗的否證」其實是因人而異的，並沒有絕對的客觀標準。

「教條否證論」將理論和推測的命題劃在一邊，將事實的和觀察的命題劃為另一邊，假設兩者之間存有一條自然的或心理學上的分界線。事實上，沒有任何一個觀察陳述是無誤的：我們的知覺並不可靠，觀察會受到先入為主的預期或理論的影響；即使真有完全客觀的觀察，我們對於觀察結果的陳述也必然隱含著某種詮釋，而詮釋又和所有的理論一樣，是易謬可錯的。人類的感官經驗不可能不受到以往經驗的影響，在觀察命題和理論命題之間，也沒有任何天然的或心理的分界。不僅科學的理論命題是易謬可錯的，而且所有觀察命題都是易謬可錯的。所謂以「觀察」（或實驗）予以否證的觀點，其實只是教條而已。

在本土心理學興起之前，不論是採取「強加式客位」的研究取徑，引用西方的研究典範，或是採取「共有式客位」的研究取徑，將華人文化考量在內，他們在華人社會中從事有關道德斯維或道德判斷的研究時，都曾經遭遇到許多「異例」，都發現許多理論難以解釋的經驗現象。可是，從 Lakatos（1970）對「社會科學綱領」的主張來看，一般的科學理論都含有「若其他情況不變」（ceteris paribus）的條件句。任何有關理論正確性的檢驗都是有條件的，不論實驗或觀察都受到一定條件的制約。當經驗（實驗或觀測）與理論不一致時，研究者無法確知：到底是理論的錯誤，或是某些實驗或觀察條件不符合理論的要求。有名的「Duhem-Quine 命題」指出：訴諸「輔助假設」，則理論永遠不可能被駁倒。換句話說，只要想像力夠的話，我們永遠能夠想出「輔助假設」（auxiliary hypotheses），把問題歸諸於其他因素，把反例消化掉，從而保護特定理論，使其不受否證的威脅。

因此他提出「精緻否證論」（sophisticated falsificationism）的觀點，主張以「理論系列」的概念取代「理論」，他認為：任何理論都不是孤立存在的，而是一系列相互聯繫，具有嚴密內在結構的理論系統。這樣的理論系統他稱之為「科學研究綱領」。只有以「科學理論系列」或「科學研究綱領」作為科學評價的對象，才能說明科學的韌性和科學發展的評價問題。

➢ 增生原則

提倡「科學無政府主義」（scientific anarchism）的 Feyerabend（1978）也是 Popper 的學生，他一方面反對 Popper 的否證主義，一方面提出增生原則（principle of prolification），主張：即使某種觀點已經得到高度確證和普遍接受，科學家也應該發明和精心設計與此公認觀點不一致的理論。他指出，任何一個理論總與所得的證據不相一致，其周圍都圍繞著一個由「偏差噪音」所構成的海洋，跳出這個海洋的手段之一，就是建構另外一個理論，來擴大這種偏差。

理論僅在一定程度上與事實一致。如果我們發現：有一個理論能夠完全描述所有的事實，這倒會令人感到奇怪。習慣於以單一理論思考問題的心智，甚至不會注意到它最明顯的弱點。建構其他的新理論，可以幫助人們克服這種心理上的盲點。如果我們能夠建構出一個理論，它既能斷言這種不一致，又能重複舊有理論過去的成功，並有支持它的獨立新證據，我們就有充分理由放棄舊有的理論。

結　論

從上述科學哲學的反思可以看出：即使已經有心理學者針對某一特定範疇中的對象發展出某種本土性的理論，我們仍然有必要再發展出其他的理論或理論系列，來提出另一種不同的觀點。本章第六節說明馬慶強如何以「主位式」的研究取向，發展出華人社會中雙參數的道德發展理論，Tam（2003）的論文則提供了一個例子，說明如何以這個理論作為基礎，在華人社會中從事本土心理學的實徵研究。在思考 Tam 的研究結果時，我們又不得不回到本文第五節提到的 Gibbs（1979）的論點：到了認知發展階段五的「存在面相」，華人在其文化傳統中所學習到的規範性哲學是什麼？其道德思維的正當性標準又是什麼？

馬慶強（1997）認為：對華人道德思維影響較大的文化傳統是道家、儒家和佛家。然而，他並沒有再進一步分析：他的雙參數道德發展理論模型和道、儒、佛各家思想之間的關係。本書則是從社會心理學的角度，建構出〈人情與面子〉的理論模型，再以此作為基礎，用結構主義的方法，分析儒家的文化傳統。從建構實在論的角度來看，任何一位心理學者都可以從某一個特定立場，建構本土心理學的科學微世界。這樣建構出來的科學微世界，其「可外推性」（strangificability）有大有小：有些科學微世界中的語言和命題可以翻譯成其他微世界中的語言，具有強大的可外推性（Wallner, 1994）；有些科學微世界中的語言和命題則不具備這樣的功能，其適用範圍比較窄，也不能外推到其他微世界之中。我們兩人雖然都是採取本土心理學的「主位」研究取徑，兩人所建構出來的「科學微世界」卻各有不同的「可外推性」。在下一章中，我們將做更進一步的討論。

參考文獻

馬慶強（1997）：〈中國人之感性與認知方面的道德發展〉。《本土心理學研究》，7，166-212。

陳英豪（1980）：〈修訂道德判斷測驗及其相關研究〉。《教育學刊》，1，334-361。

傅寶玉、雷霆（1991）：〈社會思慮發展研究在港、台〉。見楊中芳、高尚仁（編）：《中國人．中國心》（頁 214-304）。台北：遠流圖書公司。

單文經（1980）：《道德判斷發展與家庭影響因素之關係》。台灣師範大學教育研究所碩士論文。

程小危（1991）：〈道德判斷發展研究的泛文化性探討〉。見楊中芳、高尚仁（編）：《中國人．中國心》（頁 333-400）。台北：遠流圖書公司。

Berry, J. W., Poortinga, Y. H., Segall, M. H., & Dasen, P. R. (1992). *Cross-cultural psychology: Research and applications*. Cambridge, MA: Cambridge University Press.

Befu, H. (1977). Social exchange. *Annual Review of Anthropology, 6*, 255-281.

Bloom, A. H. (1974). *Social principledness and social humanism: A cross-cultural investigation into dimensions of politico-moral reasoning*. Unpublished doctoral dissertation, Harvard University, Cambridge, MA.

Bloom, A. H. (1977). Two dimensions of moral reasoning: Social principledness and social humanism in cross-cultural perspective. *Journal of Social Psychology, 101*, 29-44.

Colby, A., & Kohlberg, L. (1984). *The measurement of moral judgment* (Vols. I and II). NY: Cambridge University Press.

Dien, D. S. F. (1982). A Chinese perspective on Kohlberg's theory of moral development. *Developmental Review, 2*, 331-341.

Edwards, C. P. (1986). Cross-cultural research on Kohlberg's stages: The basis for consensus. In S. Modgil & C. Modgil (Eds.), *Cognitive development and epistemology* (pp. 419-430). NY: Academic Press.

Feyerabend, P. K. (1978). *Against method: Outline of an anarchistic theory of knowledge*. London: Verso.

Gendron, L. (1981). *An empirical study of the Defining Issues Test in Taiwan*. Unpublished manuscript, Fujen Catholic University, Taipei County, Taiwan.

Gibbs, J. C. (1977). Kohlberg's stages of moral development: A constructive critique. *Harvard Educational Review, 47*, 43-61.

Gibbs, J. C. (1979). Kohlberg's moral stage theory: A Piagetian revision. *Human Development, 22*, 89-112.

Gilligan, C. (1982). New maps of development: New visions of maturity. *American Journal of Orthopsychiatry, 52*, 199-212.

Hempel, C. G. (1965). *Aspects of scientific explanation*. NY: Macmillan.

Ho, D. Y. H. (1986). Chinese patterns of socialization: A critical review. In M. H. Bond (Ed.), *The psychology of the Chinese people* (pp. 1-37). Hong Kong: Oxford University Press.

Hwang, K. K. (2005). A philosophical reflection on the epistemology and methodology of indigenous psychologies. *Asian Journal of Social Psychology, 8*, 5-17.

Hwang, K. K. (2006). Constructive realism and Confucian relationism: An epistemological strategy for the development of indigenous psychology. In U. Kim, K. S. Yang & K. K. Hwang (Eds.), *Indigenous and cultural psychology: Understanding people in context* (pp. 73-108). NY: Springer.

Kohlberg, L. (1971). From is to ought: How to commit the naturalistic fallacy and get away with it in the study of moral development. In L. Mischel (Ed.), *Cognitive development and epistemology* (pp. 151-284). NY: Academic Press.

Kohlberg, L. (1973). Continuities in childhood and adult moral development revisited. In P. B. Baltes & K. W. Schaie (Eds.), *Life-span developmental psychology* (2nd ed.). NY: Academic Press.

Kohlberg, L. (1981). *Essays on moral development (Vol.1): The philosophy of moral development*. San Francisco, CA: Harper and Row.

Kohlberg, L. (1984). *Essays on moral development (Vol.2): The psychology of moral development*. San Francisco, CA: Harper and Row.

Kohlberg, L., Colby, A., Gibbs, J., & Speicher-dubin, B. (1978). *Standard from scoring manual*. Cambridge, MA: Center for Moral Education, Harvard University.

Kohlberg, L., Levine, C., & Hower, A. (1983). Moral stages: A current formulation and a response to critics. In J. A. Meacham (Ed.), *Contributions to human development* (Vol. 10). NY: Karger.

Kramer, R. (1968). *Moral development in young adulthood*. Unpublished manuscript, University of Chicago, Chicago, IL.

Lakatos, I. (1970). Falsification and the methodology of scientific research programmes. In I. Lakatos & A. Musgrave (Eds.), *Criticism and the growth of knowledge*. Cambridge, MA: Cambridge University Press.

Laudan, L. (1977). *Progress and its problems: Toward a theory of scientific growth*. New Dehli: Ambika Publications.

Lei, T., & Cheng, S. W. (1984). *An empirical study of Kohlberg's theory and scoring system of moral judgment in Chinese society*. Unpublished manuscript, Center for Moral Education, Harvard University, Cambridge, MA.

Ma, H. K. (1982). *A study of moral development with special reference to psychological needs, human relationships and structures of judgment*. Unpublished Ph. D. dissertation, University of London, London.

Ma, H. K. (1988). Objective moral judgment in Hong Kong, Mainland China, and England. *Journal of Cross-Cultural Psychology, 19*, 78-95.

Ma, H. K. (1989). Moral orientation and moral judgment in adolescents in Hong Kong, Mainland China, and England. *Journal of Cross-Cultural Psychology, 20*, 152-177.

Ma, H. K. (1992). The relation of altruistic orientation to human relationships and moral judgment in Chinese people. *International Journal of Psychology, 27*, 377-400.

Ma, H. K. (1993). The relationship of altruistic orientation to human relationships and situational factors in Chinese children. *Journal of Genetic Psychology, 154*, 85-96.

Ma, H. K. (1996). Moral orientation and moral judgment of Chinese adolescents. In G.

K. Becker (Ed.), *Ethics in business and society: Chinese and Western perspectives*. Heidelberg: Springer-Verlag.

Ma, H. K. (1997). The affective and cognitive aspects of moral development in Chinese (in Chinese). *Indigenous Psychological Research in Chinese Societies, 7*, 166-212.

Ma, H. K., & Cheung, C. K. (1996). A cross-cultural study of moral stage structure in Hong Kong Chinese, English, and Americans. *Journal of Cross-Cultural Psychology, 27*, 700-713.

Maslow, A. H. (1987). *Motivation and personality* (3rd ed.). NY: Harper & Row.

Nisan, M., & Kohlberg, L. (1982). University and variation in moral judgment: A longitudinal and cross-sectional study in Turkey. *Child Development, 53*, 865-876.

Peters, R. S. (1971). Moral development: A plea for pluralism. In T. Mischel (Ed.), *Cognitive development and epistemology*. NY: Academic Press.

Piaget, J. (1932). *The moral judgment of the child*. Glencoe, IL: The Free Press.

Popper, K. (1963). *Conjectures and refutations: The growth of scientific knowledge*. London: Routledge & Kegan Paul.

Popper, K. (1972). *Objective knowledge: An evolutionary approach*. Oxford: Oxford University Press.

Rawls, J. (1971). *A theory of justice*. Cambridge, MA: Harvard University Press.

Rest, J. R. (1974). *Manual for the defining issue test: An objective test of moral judgment development*. Minneapolis, MN: University of Minnesota.

Rest, J. R. (1976). New approach in the assessment of moral judgment. In T. Lickona (Ed.), *Moral development and behavior: Theory, research, and social issues* (pp. 198-218). NY: Holt, Rinehart, and Winston.

Rest, J. R. (1979a). *Development in judging moral issues*. Minneapolis, MN: University of Minnesota Press.

Rest, J. R. (1979b). *Revised manual for the defining issues test*. Minneapolis, MN: Moral Research Projects.

Rest, J., Cooper, D., Coder, R., Masanz, J., & Anderson, D. (1974). Judging the important issues in moral dilemmas. *Developmental Psychology, 10*, 491-501.

Shweder, R. (1982). Liberalism as destiny. *Contemporary Psychology, 27*, 421-424.

Shweder, R. A., Goodnow, J., Hatano, G., Le Vine, R., Markus, H., & Miller, P. (1998). The cultural psychology of development: One mind, many mentalities. In W. Damon (Ed.), *Handbook of child psychology (Vol. 1): Theoretical models of human development*. NY: John Wiley & Sons.

Snarey, J. (1982). The social and moral development of kibbutz founders and sabras: A longitudinal and cross-sectional cross-cultural study (Doctoral dissertation, Harvard University, 1982). *Dissertation Abstracts International, 43*, 3416b, (University Microfilms No. 83-02, 435).

Snarey, J. R. (1985). Cross-cultural universality of social-moral development: A critical review of Kohlbergian research. *Psychological Bulletin, 27*, 202-232.

Tam, K. K. (2003). *Situational influences on moral orientation and moral judgment of the Chinese people: Theoretical exploration and empirical validation*. Unpublished doctoral thesis manuscript, Hong Kong Baptist University, Hong Kong.

Tietjen, A., & Walker, L. (1984). *Moral reasoning and leadership among men in a Papua New Guinea village*. Unpublished manuscript, University of British Columbia, Vancouver, Canada.

Turiel, E. (1974). Conflict and transition in adolescent moral development. *Child Development, 45*, 14-29.

Vasudev, J. (1983). *A study of moral reasoning at different life stages in India*. Unpublished manuscript, University of Pittsburgh, PA.

Wallner, F. (1994). *Constructive realism: Aspects of new epistemological movement*. Wien: W. Braumuller.

Weinreich-Haste, H., & Locke, D. (Eds.) (1983). *Morality in the making: Thought, action, and the social context*. Chichester: John Wiley & Sons.

Wilson, R. W. (1970). *Learning to be Chinese: The political socialization of Chinese and American children*. NY: The Free Press.

Wilson, R. W. (1974). *The moral state: A study of the political socialization of Chinese and American children*. NY: The Free Press.

Wittgenstein, L. (1945). *Philosophical investigations* (G. E. M. Anscombe, Trans.). Oxford: Blackwell.

Wu, D. Y. H. (1996). Chinese childhood socialization. In M. H. Bond (Ed.), *The handbook of Chinese psychology* (pp. 143-154). Hong Kong: Oxford University Press.

第七章

儒家社會中的道德思維與道德判斷

本書第六章將以往心理學者對華人道德思維和道德判斷所作的研究，做了批判性的回顧。筆者指出：不論是強加式或是共有式的研究取徑，都有一定的限制，即使是本土心理學的「主位」研究取徑所建構出來的科學微世界，也有不同程度的「可外推性」，本土研究者必須正視此一問題，並設法提高其科學微世界的可外推性。

本書第五章分析了儒家思想的內在結構。根據這樣的分析，我們不難看出：對華人道德思維影響最大的是儒家的文化傳統，尤其是儒家的「庶人倫理」。用康德《道德形上學底基本原理》（*Groundwork of the Metaphysic of Morals*）一書的主張來說（Kant, 1797/1963），支持西方道德體系的力量，源自基督教的宗教形上學；然而，支持儒家道德體系的力量，則是源自於儒家的宇宙觀和生命觀。儒家的「庶人倫理」對於華人的道德思維雖然有直接的影響，我們要瞭解儒家的道德形上學，卻必須將儒家的「庶人倫理」放置在儒家思想的整體結構中來加以理解。為了說明筆者所建構的「儒家關係主義」理論系列跟其他本土心理學者的「主位」研究取徑有何不同，在第五章呈現「儒家思想的內在結構」之後，本章將進一步從倫理學和心理學的角度，分析儒家「庶人倫理」的性質。

第一節　儒家的「庶人倫理」

在本書第五章中，筆者指出：儒家所主張的「仁道」，可以再區分為

「庶人倫理」和「士之倫理」：「庶人倫理」是包括「士」在內的每一個人都必須遵循的倫理準則，是人之所以為「人」的基本條件，因此，在提出「仁者，人也」的命題之後，《中庸》又進一步闡述：

> 「仁者，人也；親親為大。義者，宜也；尊賢為大。親親之殺，尊賢之等，禮之所由生也。」〈第二十章〉

➢「仁、義、禮」倫理體系

這一段話充分說明了儒家思想中「仁」、「義」、「禮」三個概念之間的密切關係（黃光國，1995：238）。更清楚地說，儒家主張：個人和任何其他人交往時，都應當從「親疏」和「尊卑」兩個認知向度（cognitive dimensions），來衡量彼此之間的角色關係：前者是指彼此關係的親疏遠近，後者是指雙方地位的尊卑上下。做完評定之後，「親其所當親」，是「仁」，「尊其所當尊」，是「義」；依照「親親之殺，尊賢之等」所做出的差序性反應，則是「禮」。

儒家認為：在人際互動的場合中，在「程序正義」方面應當根據「尊尊原則」，由占有較尊貴地位的人扮演「資源支配者」的角色，來選擇資源分配或交易的方式。他在作決策的時候，則必須像〈人情與面子〉的理論模式所描述的那樣，根據「親親原則」來分配資源（如圖 5-1 所示）。

筆者針對「庶人倫理」所建構出的模型，可以說是儒家對人際關係之倫理安排所主張的「原型」（prototype）。從儒家的觀點來看，在社會互動的過程中，依照「尊尊法則」來決定誰有決策權力，固然是合「義」的；這位擁有決策權的資源支配者依照「親親法則」來分配資源，也是合「義」的。值得強調的是：儒家「庶人倫理」所主張的「義」，並不是西方文化中所主張的普遍性「正義」，而是以「仁」作為基礎的「仁義」或「情義」。在圖 5-1「資源支配者的心理歷程」裡，雙方「關係」中的「情感性成份」，對應於儒家所主張的「仁」；依照雙方「情感性成份」的多寡，選擇適當的「交換法則」，是「義」；經過考量得失後所表現出來的行為，則必須合於「禮」。

➢ 五倫

當這樣的「原型」落實在某一特定的角色關係之中時，儒家對於各種不同的角色關係，進一步做出了不同的倫理要求。儒家認為：君臣、父子、夫婦、兄弟、朋友是社會中五種最重要的人際關係，儒家稱之為「五倫」。五倫中，父子、夫婦、兄弟三倫旨在安排家庭中的人際關係，是屬於「情感性關係」的範疇；朋友、君臣則是「混合性關係」。儒家認為：五倫中每一對角色關係的互動，都應當建立在「仁」的基礎之上。然而，由於五倫的角色關係各不相同，他們之間應當強調的價值理念也有所差異：「**父子有親，君臣有義，夫婦有別，長幼有序，朋友有信。**」值得強調的是：在儒家的觀念裡，這五種角色關係中，除掉「朋友」一倫外，其他四倫都蘊涵有「上／下」、「尊／卑」的縱向差序關係。依照儒家所主張的「十義」，扮演「父、兄、夫、長、君」等角色的人，應當分別依照「慈、良、義、惠、仁」的原則作出決策；而扮演「子、弟、婦、幼、臣」等角色的人，則應當依照「孝、悌、聽、順、忠」的原則，接受他們的指示。

在這「十義」之中，儒家最重視的是「父慈／子孝」。他們之所以特別重視「父／子」之間倫理關係的安排，跟儒家的生命觀有十分緊密的關聯。儒家在反思「自我」生命的起源時，他們並不像基督教那樣，設想出一位獨立於世界之外的「造物主」；相反的，他們從自己的宇宙觀出發，認識到一項簡單而且明確的事實：自己的生命是父母親肉體生命的延續。儒家有關「孝道」的觀念，都是從這一個不容置辯的事實衍生出來的。

第二節 儒家的積極義務和消極義務

為了要說明儒家倫理和西方個人主義倫理的不同，我們可以引用西方倫理學對「積極義務／消極義務」以及「不完全義務／完全義務」的區分，來說明儒家倫理的性質。首先，筆者要強調的是：全盤套用西方倫理學概念來理解儒家倫理，可能遭遇到的困難，然後，再用一套修正過的概念系統，來說明以人際情感作為基礎之儒家倫理的屬性。

Nunner-Winkler（1984: 349）引述倫理學家Gert（1973）的觀點，指出：「消極義務」（negative duties）是要求人不作某種行為，譬如：不可殺人、不可偷盜、不可撒謊等等。由於它只是「不作為的義務」（duty of omission），在不跟其他義務衝突的情況下，不論是在任何時、空，或者是對任何人，個人都應當嚴格遵行，不能因為個人的性情偏好而有所例外，由於它具有強制性，所以康德又稱之為「完全義務」（perfect duties）（Kant, 1797/1963），譬如：Kohlberg 之後俗規道德中的「傷害原則」、「正義原則」，都是此中之例。康德甚至認為：即使對兇嫌撒謊可以挽救朋友的性命，個人也不應當撒謊。

➢ 積極義務與消極義務

「積極義務」可說是康德倫理學中所說的「不完全義務」（imperfect duties），它是要求個人「作為的義務」（duty of commission）。它通常是指引人們行動的格律（maxim），譬如：「諸善奉行」，而不會說出具體的行動。由於「積極義務」通常並不界定其使用範圍，也不會顯示對什麼人做了什麼樣的善事，才算是完成此種義務，而個人又不可能隨時隨地對任何人都承擔起「積極義務」，因此，個人往往必須具有康德所謂的「判斷權力」（power of judgment），考慮各種具體的時空條件，以及其本身的性情偏好，來決定是否要做出符合道德格律的行動。由於「積極義務」允許有例外，因此又稱為「不完全義務」。違反「完全義務」通常會被認為是一種罪惡（vice），而未實踐「不完全義務」則只是缺乏美德（lack of virtue）而已。

以上的理論分析，是西方學者對理性主義倫理所做的後設倫理反思。當我們要用這樣的觀點，來思考儒家倫理的性質，我們馬上會遭遇到相當大的困難。儒家所主張的「仁道」，也可以分為「積極義務」和「消極義務」兩個層面。可是，我們卻無法用上述的理路來判定：「仁道」中包含的「積極義務」與「消極義務」和康德所分出的「不完全義務」和「完全義務」互相對應。從康德倫理學的觀點來看，儒家的「仁道」本質上全部是「不完全義務」，其中並無「完全義務」可言；然而，儒家的生命觀卻以為：作為「仁道」之核心的「孝道」，應當是一種「完全義務」。這一點，對於瞭解儒家的特性有十分重要的含意，必須再做進一步的詮釋。

儒家的「仁道」包含有「積極」和「消極」兩個層面，積極的「仁道」是以各種不同的資源加惠於他人。譬如：孔子說：「夫仁者，己欲立而立人，己欲達而達人」《論語．雍也》，孟子也因此而極力推崇禹和稷：「禹思天下有溺者，猶己溺之也；稷思天下有飢者，猶己飢之也」《孟子．離婁下》。

然而，這種「人飢己飢、人溺己溺」的精神畢竟是只有像禹、稷那樣的聖人才做得到，一般人所擁有的資源有限，他如何能夠對所有的人都實踐「積極義務」？因此孟子主張：「仁者以其所愛，及其所不愛」《孟子．盡心下》，「老吾老，以及人之老；幼吾幼，以及人之幼」《孟子．梁惠王上》。先愛跟自己關係最親近的父母，然後再視彼此關係的親疏遠近，一層層地往外施「仁」，結果便成為如前節所述具有差序性質的「庶人倫理」。

➢「己所不欲，勿施於人」的消極義務

除此之外，儒家所主張的「仁道」還包含有「消極」的層面，這就是孔子所說的：「己所不欲，勿施於人」《論語．顏淵》，也就是子貢所說的：「我不欲人之加諸我也，我亦欲無加諸人」《論語．公冶長》。由於這是一

種「消極義務」，此處所指的「人」，並不是指某一特定對象，而是指所有的其他人，包括不屬於「五倫」之內的其他人。用〈人情與面子〉的理論模型來看，這種「消極義務」不僅適用於「情感性關係」或「混合性關係」，而且也適用於「工具性關係」之中。

從前述對「完全義務」所下的定義來看，「己所不欲，勿施於人」是「每個人不管對誰在任何情況下都應當嚴格遵行」的一條格律，應當是屬於「完全義務」才對。然而，從康德倫理學的觀點來看，儒家所主張的「仁道」，不論是積極或消極義務，都是「不完全義務」，其中並無「完全義務」可言。儒家主張由親而疏的「庶人倫理」，固然是「不完全義務」，儒家所主張的「己所不欲，勿施於人」，也是一種「不完全義務」。

康德是個理性主義者，他認為：適用於一切有理性者的「斷言律令」（categorical imperative）之一是：「行動者行為的格律依每一個有理性者的意志，必須能成為普遍的自然法則。」從人的特殊自然稟賦，從某些情感和癖好，甚至從人類理性獨有的一種特殊傾向推衍出來的原則，並不一定適用於每一個有理性者的意志，它固然能提供我們一項格律，但卻不能作為一項法則；換言之，它能提供一項主觀原則，但卻無法提供一項客觀原則（Kant, 1797/1963）。由於「己所不欲，勿施於人」是以個人的情感和癖好（欲）為基礎，在《道德形上學底基本原理》一書的一項註腳中，康德特別提到孔子所說的這句話，認為它無法作為一項普遍法則，因為它不包含「對自己的義務底根據，也不包含對他人的愛底義務，最後亦不包含彼此間不可推卸的義務底根據」，所以它並不能稱為是一項「完全義務」。

以上的論述顯示：硬要用康德的理性主義倫理學來判定儒家倫理的屬性，並不恰當。因此，本文主張：融會西方倫理學對「積極義務／消極義務」、「不完全義務／完全義務」的區分，另外提出一套新的概念架構（如表 7-1 所示），來描述儒家這種以人際間之情感作為基礎的「仁道」。

在表 7-1 中，我們將儒家倫理的內容依道德主體行動的「作為／不作為」分成三類。從儒家的角度來看，「己所不欲，勿施於人」這種以「仁心」作

表 7-1　由行動、理性及情感等三種不同觀點所判定的儒家倫理之特性

儒家倫理之內容	Gert 之行動觀	康德之理性觀	本文之情感觀
銀律	消極義務	不完全義務	消極義務（完全義務）
庶人倫理（孝道）	積極義務	不完全義務	無條件的積極義務
士之倫理（忠）	積極義務	不完全義務	積極義務（不完全義務）

為基礎的「銀律」是可以「終身行之」的「消極義務」。在不跟其他義務發生衝突的時候，每個人在任何情況下都可以嚴格遵循，而且也應當嚴格遵循。孟子在〈公孫丑上〉中強調：「行一不義，殺一無辜，而得天下，皆不為也。」可以說是「銀律」的具體實踐。以康德的概念來說，作為道德主體的個人，都有不可泯滅的人格尊嚴，都是目的自身。除非他因為道德的理由而應受到懲罰，我們便不可以犧牲他，以他作為工具，來達成其他目的，即使是為了「得天下」，也不可以（李明輝，1990）！

➢ 孝道：無條件的積極義務

然而，從儒家的角度來看，作為「庶人倫理」之核心的「孝道」，雖然是「積極義務」，可是，個人並不能隨自己的意志來決定要不要「盡孝」。由於儒家的生命觀認為：「身體髮膚，受之父母」，個人的生命是父母親生命的延續，對個人來說，「盡孝」固然是個人的義務，「不孝」卻是一種無可原諒的罪惡。因此，我們無法說「孝道」是康德所界定的「完全義務」，我們卻應當說：它是一種「無條件的積極義務」。

從儒家對於「君／臣」關係和「父／子」關係之論述的對比中，我們最容易瞭解「孝道」這種「無條件的積極義務」之屬性。儒家雖然強調「尊尊

法則」，主張「父慈／子孝」、「君仁／臣忠」，然而，如果居上位者所作的決定背棄了「仁」的原則，儒家卻主張：「當不義則爭之」：

> 子曰：「天子有爭臣七人，雖無道，不失其天下。……父有爭子，則身不陷於不義。故當不義，則子不可以不爭於父，臣不可以不爭於君，故當不義則爭之。從父之令，又焉得為孝乎？」《孝經．諫爭》

值得強調的是：在先秦儒家的概念裡，「君臣」和「父子」是兩種截然不同的關係。在這兩種關係裡，居於優勢地位者犯了不義之行，居於卑下地位者經過反覆諍諫後，居上位者如果不願聽從，居下位的反應也應當有所不同。在儒家看來，父母親是自己生命的根源，是「己身所從出」之人，親子之間的關係，是永遠無法切斷的血緣關係。在「孝」的大前提之下，父母有過，作子女的人只能「下氣怡色，柔聲以諫」、「諫而不逆」。縱然「父母怒，不悅，而撻之流血」，表現出極端「不慈」的行為，子女也只能忍耐，「號泣而隨之」、「又敬不違」《禮記》。換言之，子女對父母親的「孝」，是一種必須無條件踐行的「積極義務」，不能隨個人的判斷來決定「做」或「不做」，我們可以稱之為「無條件的積極義務」。

➢ 忠：積極義務

儒家雖然要求每一個人在其生活中踐行「庶人倫理」，在兩千多年前的戰國時代（西元前 403 至前 221 年），先秦儒家並不認為：每一個庶人都有相同的權利可以參與「公共領域」或「公共場域」中的事物，並形成「公共意見」或「共同世界」。相反的，他們賦予作為知識份子的「士」一種強烈的使命感，要求他們實踐儒家的文化理想。由於「士」可能在政府組織中占有某種主要的職位，因此儒家希望他們在自己能力所及的範圍之內施行「仁道」。施行「仁道」的範圍愈廣，個人的道德成就也就愈高。這就是所謂的

「修身、齊家、治國、平天下」。

在戰國時代，作為國家統治者的君王掌握有最大的權力。依照儒家的「尊尊法則」，居上位的人擁有較大的決策權力；因此，依照儒家的構想，「士」一旦出仕之後，他實踐儒家文化理想的最重要途徑便是「以道事君」。儒家認為：「君仁莫不仁，君義莫不義，君正莫不正」，只要「一正君，而國定矣」《孟子・離婁》，因此，作臣子的人，最重要的職責便是「格君心之非」，引君於正途：

「君子之事君也，務引其君以當道，志於仁而已。」《孟子・告子》

用儒家的概念來說，「以道事君」就是所謂的「忠」。「君仁／臣忠」固然是儒家的理想，然而，當擁有決策權的君王企圖做出違反「仁道」的決定時，作為臣下的人，又該如何呢？

君臣之間並不像父子關係那樣，有不可割裂的血緣關係。有一次，孟子在和齊宣王對話時，便將君臣之間的關係區分為「貴戚之卿」和「異姓之卿」。貴戚之卿與國君關係密切，反覆規勸他而不聽，則可能危及國家。在「民為貴，社稷次之，君為輕」的原則下，應該易置之。異姓之卿與國君關係疏遠，反覆勸諫而不聽，便應當離開職位他去，不必留情。如果君王暴虐無道，有勢力的諸侯更應當挺身而出，弔民伐罪。孟子在討論「湯放桀」和「武王伐紂」的案例時，說過一段很出名的話：

「賊仁者謂之賊，賊義者謂之殘，殘賊之人，謂之一夫。聞誅一夫紂矣，未聞弒君也。」《孟子・梁惠王下》

由此可見，儒家雖然把「君仁／臣忠」界定為一種「積極義務」，然而，「臣」在踐行此種義務的時候，卻必須考量各種客觀條件，來判斷他是否要「盡忠」。換言之，「盡忠」是一種典型的「不完全義務」，我們可稱之為「有條件的積極義務」。

從「積極義務」的定義來看，「有條件」一詞純屬多餘，因為所有的「積極義務」都應當是「有條件的」。此處之所以提出這樣一個累贅的概念，只不過是希望藉由它和「無條件的積極義務」對比，來突顯出「孝道」的特殊屬性而已。因此，在表 7-1 中，我們仍然稱之為「積極義務」。

第三節 分殊理性

文化心理學家 Shweder、Mahapatra 與 Miller（1990）指出：在道德的領域裡，「理性」並不是只有一種形貌。他們提出「分殊理性」（divergent rationalities）的概念，認為：世界上可用理性來加以捍衛的道德準則（moral code）並不只有一種。任何可以訴諸理性的道德準則，必然是由兩類概念所構成的：一類概念具有強制性，沒有強制性的概念，它們根本就不成其為道德準則；另一類概念則具有可替代性（discretionary），它們可以用其他的概念來加以取代，而不減損其理性訴求。如果一種道德準則將具有可替代性的概念全部抽離掉，則不僅其理性訴求將大為減弱，道德準則亦將變成空洞的教條。

➢ 西方個人主義道德的特性

依照 Shweder 等人（1990）的分析，Kohlberg 對後俗規階段的道德概念有三個層面具有強制性：⑴抽象的自然律觀念（abstract idea of natural law）：有些行動或作為，不管能帶給個人多少愉悅，也不管是否為既有的法律或規則所允許，其本質都是錯誤的；⑵抽象的傷害原則（abstract principle of harm）：限制個人為所欲為的合法理由之一，是認定該項作為會傷害到某些人；⑶抽象的正義原則（abstract principle of justice）：同樣的案例必須用同樣的方式予以對待，不同的案例必須受到不同的對待。

Shweder 等人（1990）認為：這三個原則應當被所有的道德哲學家廣為接受，因而具有道德上的普遍性。除此之外，Kohlberg 的理論還有一些概念具有可替代性，它們並不被所有的理性思想家所接受，而可以用其他的概念或前提來代替，並建構出其他的道德準則。這些具有可替代性的概念包括：⑴以權利作為基礎的自然法概念（a right-based conception of natural law）：Dworkin（1977）認為：所有的道德準則都會論及個人的權利、個人的義務以及社會的目標，但它們給予這三者的優先性卻有所不同。Kohlberg 的後俗規道德所強調的是人的自然「權利」，而不是其自然「義務」或「目的」；⑵抽象的自然個人主義（natural individualism in the abstract）：強調「先於社會」的「個人」和「自願主義」，而不以「角色」或「地位」作為前提；⑶認為每一個「人」（person）都是「道德主體」（moral agents），不論其身分背景，都具有「道德平等性」（moral equivalents），其他非人的生物（nonhuman living things）則不具備此一特性，亦不能作為道德主體；⑷將個人必須全力捍衛的「自我的領域」（territories of self）劃在個人身體的範圍之內；⑸把「正義」看做和「平等」同義（justice as equality），認為每一個人都是同樣的單位，其宣稱都應當受到同樣對待；⑹主張「世俗主義」（secularism），反對神聖權威，認為：自然律是能夠為人類自己發現之物，不必借助於權威所啟示或傳授的真理。

➢ 儒家倫理的屬性

從以上的析論中，我們可以看出：儒家的「銀律」以及作為「仁道」之核心的「孝道」，也是一種倫理的自然律，是具有強制性的。然而，作為一種道德準則，儒家的「庶人倫理」有沒有可替代性的層面呢？我們可以用 Shweder 等人（1990）對 Kohlberg 後俗規道德的分析作為參考架構，來回答這個問題：⑴儒家認為：由於個人的生命是祖先生命的延續，他們並未預設一個獨立於人類之外的「造物主」，因此，儒家並不把「自我的領域」劃在個人身體的範圍之內，反而將整個家庭看做是一個「大我」，個人的「自我」只不過是「大我」的一部分，「大我」是他必須全力捍衛的範圍；⑵儒家的自然法概念是以自然的「義務」和「目的」作為前提，而不是以自然的「權利」作為前提（黃俊傑，1997）；⑶它所強調的是社會「角色」和「地位」，而不是「先於社會」的「個人」，個人主義的觀念在儒家中並不受到重視；⑷儒家雖然認為：每一個人都可以作為「道德主體」，可是，每一個人的道德成就卻可以有高下之別：個人施「仁」的範圍愈大，他的道德成就也就愈高。因此，並不是每一個人在道德上都是平等的。儒家之所以賦予「士」一種實踐道德的使命感，希望他們有機會出仕時，能夠盡力追求道德成就，其理由即在於此；⑸基於以上的理由，儒家並不認為：每一個人在道德的領域裡都是同樣的單位，他們的道德宣稱都應當受到同樣的對待；⑹換言之，儒家反對道德「世俗主義」，他們認為：許多倫理自然律都是由聖人啟示出來，而可以傳授給個人。

倘若我們拿儒家的「庶人倫理」和 Shweder 等人（1990）對 Kohlberg 後俗規道德的分析互作比較，我們可以看出：這兩套道德準則各有其強制性的層面，也各有其可替代性的層面，分別代表了兩種「分殊理性」。用 Max Weber（1978）的概念來說，Kohlberg 的後俗規道德可以說是一種「形式理性」（formal rationality），儒家的「庶人倫理」則是一種「實質理性」（substantive rationality）（Brubarker, 1984）。然而，這兩種「分殊理性」會不會發生衝突？

➢ 儒家的道德困局

這個問題的答案應當是肯定的。本節引述 Shweder 等人（1990）的論點，認為 Kohlberg 之後俗規道德所強調的抽象自然律概念、抽象的傷害原則，和抽象的正義原則具有強制性，即使是儒家也不會加以反對。然而，儒家所主張的「孝道」在本質上是一種「無條件的積極義務」，它也具有強制性，兩者很可能發生衝突。在儒家經典中，便記載了幾則有關此類衝突的故事：

> 葉公語孔子曰：「吾黨有直躬者，其父攘羊，而其子證之。」子曰：「吾黨之直者異於是。父為子隱，子為父隱，直在其中矣。」《論語・子路》

我們說過：「孝道」是儒家庶人倫理的核心，個人在決定施「仁」之順序時，父子關係應列為第一優先。「不可偷盜」是一種普遍性的「消極義務」，也是一種具有強制性的「完全義務」，因為「偷盜」行為違反了「傷害原則」。然而，在兩者發生衝突的時候，儒家卻認為應當堅持孝道，而寧可放棄對「不可偷盜」的堅持。

《孟子・盡心上》中還有一則故事，可以說明儒家處理此類困境的方式：

> 桃應問曰：「舜為天子，皋陶為士，瞽瞍殺人，則如之何？」孟子曰：「執之而已。」「然則舜不禁歟？」曰：「夫舜惡得而禁之！夫有所受之也。」「然則舜如之何？」曰：「舜視天下猶敝履也。竊負而逃。遵海濱而處，終身忻然，樂而忘天下。」

這是桃應用以測試孟子的一個虛構情境，不過孟子的回答卻反映出儒家解決此類問題的方式。瞽瞍是舜的父親，皋陶為士，聽命於天子舜。天子的父親殺人，儒家認為：天子不能禁止司法人員依法逮捕罪犯。然而，若是坐視父親被判死刑，則天子將蒙受不孝之名。在國法和親情衝突之下，孟子認為天子應當「視天下猶敝履也」，拋開天子的角色，背負父親，逃到國法所不能及之海濱，「終身忻然，樂而忘天下」。儒家認為，這種作法是「重私而不廢公」，兩全其美，既不廢國法，又兼顧及私情。因此，朱熹在註本章時說：「為公者，但知有法，而不知天子父之為尊；為子者，但知有父，而不知天下之為大；蓋其所以為此心者，莫非天理之極，人倫之至！」

然而，現代倫理學經常討論一項康德式的道德判斷普遍化問題：「假定所有人都採取同樣的行動，後果又是如何？」（What if everyone did the same?）換言之，假定每個人在同樣的道德情況，都像舜一樣的「竊負己父而逃」，或像孔子所主張的那樣「父為子隱，子為父隱」，整個社會又將變得如何？這是儒家實質理性倫理難以解決的困局，其含意值得吾人再三深思。

第四節 儒家倫理的調整

在傳統中國社會中，諸如此類的衝突或許不容易為人們所察覺，然而，在中西文化密切接觸之後，儒家倫理的內在困局便開始明顯地曝露出來。自從十九世紀末葉，西方文化挾其船堅砲利之優勢，大舉入侵中國以來，中國社會無論在政治、經濟、文化各方面，都產生了巨大的變化，儒家倫理也難免要受到衝擊，而不得不做出相當大程度的調整。就本文的旨趣來看，儒家倫理在近代中國先是經過「新文化運動」的重大衝擊，接著又在台灣經歷過「公德運動」的調整。

➢ 新文化運動

民國初年，袁世凱復辟帝制，通令尊孔讀經，並企圖訂孔教為國教，引起了知識界的激烈辯論。「新文化運動」發生之後，更演變成為對儒家思想的全面批判。新文化運動在本質上是以對西方文化的片面瞭解，來打擊儒家倫理。譬如，陳獨秀批判儒家的「三綱」之說：「儒者三綱之說，為一切道德政治之大原。君為臣綱，則民於君為附屬品，而無獨立自主之人格矣；父為子綱，而子於父為附屬品，而無獨立自主之人格矣；夫為妻綱，則妻於夫為附屬品，而無獨立自主之人格矣。率天下之男女，為臣，為子，為妻，而不見有一獨立自主之人格，三綱之說為之也。緣此金科玉律之道德名詞，曰忠、曰孝、曰節，皆非推己及人之主人道德，而為以己屬人之奴隸道德也。」因此，他號召全國青年男女，「各其奮鬥以脫離此附屬品之地位，以恢復獨立自主之人格」。

魯迅在《狂人日記》中則借狂人之口，直斥儒家道德「吃人」：「我翻開歷史一看，這歷史沒有年代，歪歪斜斜的每頁上都寫著『仁義道德』幾個字。我橫豎睡不著，仔細看了半夜，才從字縫裡看出字來，滿本都寫著兩個字是『吃人』！」

被胡適稱讚為「隻手打孔家店的老英雄」吳虞接著寫了一篇〈吃人與禮教〉，抨擊儒家的封建禮教：「孔二先生的禮教講到極點，就非殺人吃人不成功，真是殘酷極了。一部歷史裡面，講道德、說仁義的人，時機一到，他就直接間接的都會吃起人肉來了。」「我們中國人，最妙的是一面會吃人，一面又能夠講禮教。吃人與禮教，本來是極相矛盾的事，然而他們在當時歷史上，卻認為並行不悖的，這可真是奇怪了！」「我們如今應該明白了，吃人的就是講禮教的！講禮教的就是吃人的呀！」

在當時中國的政治和社會氛圍之下，許多知識青年將西方的「德先生」和「賽先生」當作新偶像頂禮膜拜，新文化運動愈演愈烈，「吃人的禮教」、「打倒孔家店」變成喧騰一時的口號。儘管新文化運動的主要領導人物並未全面否定傳統，新文化運動實際上卻演變成為「整體性的反傳統主義」（Lin, 1979），並為後來的「文化大革命」，做了鋪路奠基的工作。

➢ 公德運動

除了「新文化運動」之外，儒家思想最值得吾人注意的重大調整之一，是「公德」觀念的興起。依照歷史學者陳弱水（1997）的考據，「公德」觀念源自於明治時代的日本。日本對於「公德」觀念的使用，有兩個主要的性質：一是個人對集體利益和在公共場所所應有的行為；另一則是對社會上其他人（主要是陌生人）應有的德行。在十九世紀末，甲午戰爭之後，中國在列強的侵辱之下，面臨亡國的危機，知識界中興起了「群學」的思潮，提倡「群重己輕，捨己為公」，梁啟超遂於二十世紀初將其介紹至中國。梁啟超公德觀念的主要指涉之一，就是國家觀念與愛國心，要求個人為比「小我」更重要的「大我」奉獻努力。此外，公德還指涉個人對社會的義務，梁啟超稱之為「社會倫理」。他在〈論公德〉一文中，批評中國傳統的五倫大多為「私德」，其中僅有「朋友」一倫為不完全之社會倫理。他特別強調：「凡人對於社會之義務，決不徒在相知之朋友而已。即已絕跡不與人交者，仍於社會上有不可不盡之責任」（梁啟超，1987：13；引自陳弱水，1997：43）。

依照陳弱水的考察，此一概念在華人社會中的主要演變方向，是褪減去民族主義和政治倫理的意味，而逐漸轉變成為一個單純的社會倫理觀念。1963 年 5 月 18 日，一位署名為狄仁華的美國留學生在台灣《中央日報》上發表了一篇文章，題目為「人情味與公德心」，以他自己的生活經驗為例，指出中國人欠缺公德心，認為這是對中國「革命和建國運動一個很大的障礙」。文章刊出後，引起了極大的反響，台大學生立即發起了「五二〇自覺運動」。陳弱水分析當時所發表文章所提到有關公德的具體例子，發現它通常用來指稱「不作為」或「消極性」的公民行為，而且與法律或公共場所的規則有關。它基本上是要求公民不要破壞公共利益，或不要妨礙在公共領域中活動的他人，而不涉及公共利益的創造或公共事務的參與。

從筆者對儒家思想的分析來看，不論是「三綱革命」，或是提倡「公德心」，對儒家文化傳統的改造都有極其重要的含意。筆者說過，儒家的「庶人倫理」在「程序正義」方面強調「尊尊法則」，在「分配正義」方面強調「親親法則」。所謂「三綱」，其實就是將上述「庶人倫理」的形式結構落實在「君／臣」、「父／子」、「夫／妻」等三對角色關係之中，而特別強調其「尊尊法則」。所謂「三綱革命」，就是不再強調這三對角色之間的「上／下」關係，而以一種較為平等的方式，重新安排彼此之間的關係。

「三綱革命」除了使維持「上／下」關係的「尊尊法則」發生鬆動之外，它同時也使「親親法則」產生了變化。用〈人情與面子〉的理論模式來看，當個人從家庭解放出來之後，他有愈來愈多的機會跟屬於家庭之外的人建立「工具性關係」，而必須以一種普遍性的準則跟他人進行互動。「公德」就是這樣的準則之一，它雖然是在外來文化的刺激之下產生的，但也是一種「消極義務」，和儒家所主張的「己所不欲，勿施於人」不相悖背，可以做為現代華人社會中人際互動之指引。

第五節　儒家社會中的道德思維

在上一節中，筆者是在「文化／歷史」的層次上分析儒家思想的形貌及其演變。就心理學的層次而言，並不是每一個生活在華人社會中的個人對其文化傳統及其演變都會有所瞭解。我們可以用人類學家 Harris（1989）對個人、自我和「人」的分殊，來說明這一點：「個人」（individual）是「生物學」的概念，它把個人看做是人類的一份子，跟宇宙中的其他生物並沒有兩樣。「人」（person）是「社會學」的概念，它將個人看做是「社會中的行動者」（agent-in-society），他對既有的社會秩序採取特定的立場，並據以擘畫出一系列的行動，以達成個人的目標。「自我」（self）是「心理學」的概念，它把個人看做是經驗匯聚的中樞，其中包括因個人認同而產生的經驗。

➢ 集體實在

筆者對儒家「庶人倫理」的分析，主要是在文化的層次上描述儒家理想中的「人」對其人際關係的安排。這種核心的文化理念（core cultural ideas）記載在哲學或意識型態的文本之中，告訴人們什麼是善，什麼是道德，以及如何做一個「人」，而構成所謂的「集體實在」（collective reality），它們在透過兒童教養方式、教育系統、風俗習慣，以及法律系統等等社會心理的運作歷程，將各種社會互動的劇本（scripts for social interaction）傳遞給個人，並構成其「個人實在」（individual reality）（Markus & Kitayama, 1994）。譬如：Shweder 所提出的「社會溝通理論」（social communication theory）認為，在兒童成長的過程中，其生活環境中道德秩序的守護者，譬如：父母、教師或同儕，在其家庭、學校和社會生活的實踐中，會以命令、威脅、禁止、責怪、辯解等各種語言交換的方式，將他們對各種重要道德事件的詮釋告訴兒童，以維繫社會活動的常規運作（Shweder & Much, 1991; Shweder et al., 1990）。

值得強調的是：「集體實在」正如「集體良心」一樣，是可以獨立於任何特定的個人而存在的（Durkheim, 1898/1953）。通常只有少數的文化專家才能夠說清楚核心文化理念的意義（Menon & Shweder, 1994），一般人通常只能說出其集體實在或個人實在的一小部分。然而，一旦個人能夠說出某種文化理念，他便能夠以之作為意識反思的對象，並將其整理成為有意圖之行動的基礎。不僅如此，當前的台灣社會可以說是一種多元文化的混合體，一方面保有儒家傳統的某些成份，一方面又不斷吸收外來的工商業文明；兒童們也在這種多元文化的氛圍中成長，並塑造出他們的「自我」。掌握住這些概念，我們才能進一步解釋台灣社會中道德思維研究的各項發現。

➢ 對道德兩難困境的反應

以往學者們使用Kohlberg的典範在華人社會中從事道德思維的研究時，經常發現：許多受試者的道德關懷很難用Kohlberg的計分系統來予以評分。這類反應大多跟華人的孝道和差序格局有關（程小危，1991；Lei & Cheng, 1984; Ma, 1997）。雷霆指出：有些跟孝道和群體利益有關的價值通常被歸類為階段三，結果使受試者的反應集中在俗例層次之上，但是有些「企圖要解開善盡孝道與堅持個人原則之困境的道德判斷，在計分手冊上卻無法找到」（Lei & Cheng, 1984: 13）。然而，他並未有系統地分析這些無法計分的道德判斷，因此他認為：要對這些反應的文化模式作任何斷言，恐怕還言之過早（Snarey, 1985: 224）。

在一篇題為〈道德判斷發展研究的泛文化性探討〉的文章中，程小危（1991）用四個道德兩難的故事訪問160位台大學生，分析其中40位大四學生在Kohlberg道德判斷晤談問卷上的反應，並將現行評分手冊較難處理的道德考慮，區分為「差序格局」和「孝道」兩大類，很完整地呈現出來。她問道：「以上種種處理『親疏關係』的論點是否反映『文化差異』？Kohlberg

的理論架構能否容納這些觀點？本文無法針對這個問題提供一套全面性的答案」（程小危，1991：365）。

程小危所提出的幾種可能的觀點雖然頗具啟發性，但卻不足以解釋她所蒐集到的資料。Shweder與Much（1991）指出：受訪者在日常生活中對自身道德判斷所提供的理由通常是「淺顯」（thin）易見的，研究者應當用Geertz（1973）所謂對文化的「深厚描述」（thick description）來瞭解蘊涵在其中的意義。用 Schutz（1967）的概念來說，受訪者對其道德判斷所提出的理由是「第一度的解釋」，研究者根據某一特定立場所作的詮釋，則是「第二度的解釋」。本節的主要目的，就是要用筆者對儒家思想的分析，將程小危認為Kohlberg的理論難以解釋的質化資料，作「深厚的描述」或「第二度的解釋」。茲將受訪者所做的陳述重新分類如下。

➢ 親疏有別的理由

「我們的血液裡，有更深一層共同的血液存在。」

「一個人的生命，只對在乎他的人有意義，假如他不在乎，就根本沒有意義可言。」

「每一條生命都是很珍貴的，但並不是每一條生命對個人的意義都一樣，為了救一條生命而去偷這個藥的話，必須視此生命對他的意義而定，對於外人只能施予同情，而不是真愛。」

「比較親的人生活在一起，一定會有感情，可是對陌生人的話，就覺得沒有什麼感情，他的存在不存在對你來說，都沒有什麼重要性。」

「感情比較好，他怎麼樣，你同樣感到不舒服，你會感到擔心。可能是因為感情上、價值上的共同……會讓你更願意去無怨的付出，無條件的付出。」

「比較親近的人，如陳先生的太太，他太太生病，他每天看到太太痛苦的情況，會直接給他強烈的外在刺激，很自然的會引發出他對她的關心，如果不是那麼接近的人，也許給他沒有那麼強烈的感受。如此來看，親疏關係也不是一個絕對的衡量標準，而是生活中常常接觸的。」（程小危，1991：355）

華人是生活在一個以自己作為中心的人際關係網中。在以上的陳述裡，受訪者以各種不同的理由說明為什麼人際關係必須親疏有別。這些理由包括：血緣、對個人的意義、共同的價值觀、居住在一起、生活中常常接觸等等。這許許多多不同的理由使人與人之間產生親疏不同的感情，用〈人情與面子〉的理論模式來說，這是指人與人之間「關係」的「情感性成份」有親疏的不同，用儒家「庶人倫理」的「仁、義、禮」的倫理體系來說，這是指個人的「仁心」必須由近及遠，努力往外推愛。

➢ 回報的規範

「對你比較親近的人，對你的付出也不一樣。人與人之間的關係是相互的，相對付出比較多，責任也就比較重。回饋、感恩也可以施給陌生人，但是會更想施給那些曾經跟你一起走過的人、彼此幫助長大的。因為我認識他，我們的心曾經連在一起過、交會過。」

「你接受他們的付出不同，回報他們的道德責任就比較大，是相對問題。」

「我從小受教育就想做到愛沒有等差，可是後來我不能這樣做，因為這樣做，是對我親人的一種不公平。」（程小危，1991：356）

「每個人都有一種親疏遠近之分，每個人都有跟他比較接近的人，對他的幫助大一點；也有跟他比較疏遠的人，對他幫助比較小一點。」

「我想你比較親近的人，除了基本上人與人之間相處對待的道德責

任外，還有一些屬於你們之間獨特關係、獨特情誼上的互相幫助的一些責任。」（程小危，1991：358）

回報（reciprocity）是人類社會中共有的規範（Gouldner, 1960），儒家社會亦不例外。個人的人際關係網絡就是建立在「回報」的基礎之上。然而，個人之所以要回報其他人，他所提出的原因卻會因文化的不同而有所不同。在〈忠與孝：儒家思想中的兩種社會認同〉一文中，筆者強調：儒家的生命觀把個人的生命看做是父母生命的延續，子女的生命看做是自己生命的延續，整個家庭的成員看做是完整「大體」的不同部分（Hwang, 1999），掌控家庭中資源分配之權力的人，必須以「需求法則」盡力滿足其他成員的需要；對方承受了他人的恩惠，也有「回報」的道德義務。在「五倫」關係中，父母是個人生命的來源，對自己的恩惠最大，他回報的道德義務也最強：

「父兮生我，母兮育我，父母之恩，昊天罔極！」

對於關係比較疏遠的人，他回報的義務也相對減弱。在熟識的親戚、朋友之間，由於他們共同生活在某種關係網裡，彼此間的關係有時間上的延續性，因此必須以「人情法則」和對方交往：在對方有需要時，向對方伸出援手；個人接受了他人的恩惠，也必須設法給予回報。至於在個人關係網外的陌生人，則沒有這種積極性的道德義務。

➢ 對親友的積極義務

「因為一個人本身能力有他的極限，而他平常生活中所接觸的人非常之多，那如果他對每一個人的道德責任的那種能量都付出同樣多的話，那這個人他本身到時會枯竭而死。」

「感情一定要瞭解，要相處以後才會產生的。我之所以關心某人，我可能跟他有感情，如果是陌生人，根本沒什麼感情，不認識他不瞭解他，所以就覺得不會很關心他，我對他，沒什麼責任，我不會去侵害他，可是我對他也沒有什麼其他要作為的義務。」（程小危，1991：355）

在本章第二節，筆者區分出「積極義務／消極義務」，同時指出：儒家的「五倫」要求個人對特定的角色對象「施仁」，將自己擁有的資源給予對方，其本質是一種「積極義務」；而在十九世紀末、二十世紀初期由日本引入中國社會而發展出來的「公德」，則是一種普遍性的道德，其本質為「消極義務」。有些受訪者在談到為什麼需要親疏有別時，便提到個人資源的有限性，認為如果對每個人的道德責任「都一樣多的話」，他本身一定「會枯竭而死」。有位受訪者更清楚地說明他對陌生人的態度是：「我不會去侵害他，可是我對他也沒有什麼其他要作為的義務。」換言之，他認為自己對陌生人只有遵行「公德」的「消極義務」，並沒有積極作為的義務。

「陌生人應該有他的家人朋友來負這個責任，一個人不可能管所有的事情……你的生命可能已經為很多人在負責任，你可能有你自己的家庭，萬一你去救一個人而讓其他更多人受害的話，那是不應該的。」

「陌生人，我覺得（我）不需要（幫他忙），可是他可以把這件事揭露出來，也許他可以告訴那個陌生人的家屬、朋友，然後讓他們去做這件事。……我是陳先生的話，我會覺得我會沒那麼強的動機去做這件事情，可是我還是希望那個人能活下來，所以我希望一些比我更適合或更有動機的人去做這件事。」（程小危，1991：357）

受訪者認為他對陌生人並沒有「積極義務」，那麼，誰對他有這種義務呢？受訪者的回答是「陌生人的家屬、朋友」、「他的家人」。這種回答也十分符合儒家的理念，譬如：孟子便很清楚地說過：「人人親其親，長其長，而天下平」《孟子．離婁上》。

➢ 社會規範

「有時候可能是說我們本來是很願意付出的，可是跟別人互動裡面，你會感覺到說，別人他的觀念裡面親疏要有不同，或是用漸近的方式來表達你們的關係。所以你會學到這種方式。所以有些時候，問題不完全在於自己，而是在於大環境標準或是別人的標準影響。」（程小危，1991：359）

「為陌生人偷藥，我想人家法律觀點也不會體諒這種行為。……大家可能不會去深入瞭解，他的動機不曉得為什麼，就是說大家不會接受這個事情。」

「您在這個團體之內，您就要有它的遊戲規則，現在陳先生很愛他的太太的話，就等於說：這套規則之內，允許您有這一條路可以去走。但今天您與他是陌生人的話，就等於沒有這條路可走了，因為您已不具備那種資格，等於說您還是要回歸到原則來。」（程小危，1991：356）

當「親親法則」變成一種社會規範之後，有些受試者便認為它是一種「大環境標準」、「別人的標準」，或是「遊戲規則」。「為陌生人偷藥」違背了這樣的社會規範，是「大家都不會接受」的。

➢ 西方文化的影響

從以上的析論中，我們可以很清楚地看出：在程小危所蒐集到的資料中，用Kohlberg的計分系統無法分類的資料，其實是華人在日常生活中用以維繫其社會關係網絡的一套理念，這套理念可以說是根植於儒家「庶人倫理」

的深層結構。然而，在西方文化的衝擊之下，也有較少數的受試者認為：「道德不應該依親疏有別」。依程小危蒐集的資料，他們所提出的理由包括：

> 「既然你心中形成一種道德責任來說，應該是普遍的，就是說不具有特定對象的。」
>
> 「我覺得既然他出現一種道德標準的話，應該對任何人都適合，如果不能每個人都適用的話，根本這道德已有問題，他自己所堅持的道德已被否定。」
>
> 「雙重標準就是沒標準，社會就沒秩序。」
>
> 「道德不只是管理自己行為的準則，也是整個社會維繫社會秩序的命脈，那如果我們容許一個破壞的例子，這樣子導致的結果，很可能會變成一個『主觀』，然後會產生一種相對的價值，就會在社會上產生一種比較讓人無所適從的準則。」
>
> 「道德責任應該是一個比較超然的東西，基於理性分析的，不受感情的影響。愛、不愛是捉摸不定的，基於人道精神的原則是不變的。我們都是人類，彼此互相幫助、一起生存。」
>
> 「因為每個人都是一樣的，有人是你的母親，有人與你沒有這樣關係，但是都是一個人，就是用一個角度來看，人都是平等的。」
>
> 「因為上帝造人都是按照祂的形象樣式創造的，就表示說任何一個人都是同價、都是平等，因為每個人都是神的形象樣式。」
>
> 「愛有等差並不表示道德有等差。愛比較偏於自然而然而生的情感，道德其實也包含了情感。但是道德有它不可以搞亂的秩序，就是，每個人都是個目的。那個顯然就把愛裡面那個『愛有等差秩序』平化了。在道德領域裡面，每個人都應該為自己的行為負責，每一個都應該待別人把別人當成人來看，所以你不能辜負任何人。」（程小危，1991：359-360）

從受訪者的反應中，我們可以很清楚地看出西方文化的影響。譬如說：「上帝按照祂的形象造人，所以每個人都是平等的」、「每個人都是目的，都應當把別人當成人來看。」道德原則是「基於理性分析的，不受感情的影響」、「每個人都應當為自己的行為負責」、「主觀」的道德或「相對的價值」會「讓人無所適從」、「導致社會秩序的破壞」。這些論述都在某些程度上反映出西方個人主義或理性主義的理念，這樣的理念可以用來支撐「普遍性的倫理原則」。

➢ 儒家倫理的困境

本章第二節提到：根據 Nunner-Winkler（1984）的分析，適用於任何對象的普遍性原則具有「消極義務」的性質。值得強調的是：西方個人主義和理性主義的理念，固然可以用來支撐屬於「消極義務」的普遍性倫理原則，但東方集體主義的文化並非完全不講究普遍性倫理原則。事實上，像「不可殺人」、「不可偷盜」、「不可撒謊」之類的「消極義務」，在東方社會中也一直長久存在，不過在儒家文化的優勢主導之下，中國人並未發展出一套精緻的哲學理念來支撐這樣的「消極義務」。當這種「普遍性的倫理原則」和儒家倫理主張的「積極義務」發生衝突的時候，儒家主張：應當將屬於「消極義務」的「普遍性倫理原則」置於次要地位。

程小危曾經以「舜父殺人」故事問三位受訪者，其中有一位受訪者的分析是這樣的：

> 「舜的處理，他身為一個君主，當然知道國家有法令。他也知道君主一個很重要的責任是要維護國家法令的尊嚴，因為惟有維護國家的尊嚴，才可以建立一個合理的社會秩序。可是他對他父親有一個那樣不忍的心情，再怎麼也不能由他的手中，把他父親繩之以法。只是因為那顆心，那顆心裡面的那份心意，他無法作到職位上所本來賦予他的責任，他就拋掉這個責任，他就不需負擔這個社會責任

了。他就背他父親逃走了。可是你注意喔，他逃走了，他只是順著孟子所謂四端之心，人的一個道德本能，那個不由自主所萌發出來的一個意志，他順著這樣一個意向去做它，在形式上看起來，他是違背了國家的法律。可是，至少在舜的心目中，至少在萌發的根源，他做的一個價值在位階上是高於國家法令之上的。如果你要從法律的觀點來看這個故事的話，舜也沒有下令說不抓他爸爸吧！只是他自己卸下這樣一個政府的職位，我作這件事，我已不配留在這個職位上了，就是我不承擔這樣一個社會責任，然後帶著父親逃走了。我想你也可以來追我啊！他是逃到北海之濱，逃遠遠的。追到是一回事，追到兩人入獄又是一回事，孟子都沒說，我想他也不會反對。」（程小危，1991：363）

這位受訪者很清楚地說：當舜背負其父而逃的時候，他心中價值（孝道）的位階是高於國家法律之上，這顯然反映出儒家的觀點。然而，並不是所有的人都持有相同的觀點。另外兩位受訪者在面臨同樣困境時，便有不一樣的反應：

「我想人之常情會這樣，至於說會這樣是不是能推到說應該這樣，我覺得在這當中還有一個 gap。如果以孔子講當然親疏有別，就為什麼是你爸爸生你而不是那個人生你！假設天地之間的道理是，就你和他之間父子關係是天經地義，就以這個為中心去推，推己及人或是把別人當成自己爸爸。但你最先要孝敬的是你爸爸。但如果是墨子的話，階級就打破，如果是基督徒，主耶穌的教訓，我就不知道，我在想我們主耶穌的教訓真的就像墨子一樣？我還在想這個問題。我覺得不是很清楚，因為祂在十字架上，祂還特別把他的母親交給約翰，祂對於自己肉身的母親還是有一種特別的負擔，那種負擔不只是出於天性，可能也是出於一種律，就是人應當孝敬父母，這個很重要，這個非常非常重要……。」

這一位受訪者企圖站在孔子、墨子以及耶穌基督的角度，來思索這個問題，儘管如此，他仍然肯定儒家的價值：「人應當孝敬父母」、「你最先要孝敬的是你的爸爸。」另外一位受訪者則乾脆承認他「無法解決這個問題」：

> 「你對每一個人都應該堅守你的原則，事實上你那個情感會有差異，可是你的道德判斷應該要求，我覺得道德判斷雖然已經包含了情感，可是比較高層的愛已經經過精鍊化的愛，它會跟理性的判斷，也就是……，我這邊可能會產生一個矛盾，這大概是我的一個問題，我既然贊成說道德理性和道德情感應該是自然而然、同時一樣的發生的。可是我還沒辦法解決，我還是認為愛是有等差的，那我目前還沒辦法解決這個問題。」（程小危，1991：363-364）

第六節　儒家社會中的道德判斷

上一節以本章對儒家倫理的分析作為基礎，對在台灣社會中完成的一項有關道德思維的質化訪談資料重作解釋。根據這樣的理論分析，我們當然也可以從事量化的實徵研究。我們可以舉一個例子來說明這一點。

➢ 特殊主義與消極義務

資源支配者依照關係的親疏遠近決定施予對方的恩惠，並給予對方不同的生活資源，似乎是適用於不同文化的原則。然則，一般學者常說：華人文化特別重視「人情」，外來的西方文化則強調「法律」，這正好代表「特殊主義」和「普遍主義」的差異。這是什麼意思呢？以筆者對於儒家文化傳統的分析，如何能夠讓我們看出華人文化的特色？

筆者認為：一般所謂「特殊主義」和「普遍主義」的對比，並不足以說明中、西文化在道德判斷上的差異。倘若我們將道德行動的內容區分為實踐「積極義務」和不違反「消極義務」兩大類，我們將更能夠看出中、西文化之差異。更清楚地說，中、西文化在「特殊主義」和「普遍主義」方面的差異，並不表現在他們針對不同社會對象必須實踐的積極義務之上。當資源分配者有權力自由分配他所掌控的資源時，不論是在那個文化，他都會傾向於分配較多資源給較親近的人。然而，當他人違反了「不得作為」的消極義務時，強調「特殊主義」的文化會依彼此「關係」的不同，作出不同的道德判斷；強調「普遍主義」的文化則傾向於用同樣的標準，來作出一致性的道德判斷。我們可以用危芷芬與黃光國（1998）所做一項台灣和美國大學生道德判斷的文化比較研究，來說明以上的論點。

➢ 由親及疏：積極義務的實踐

以台灣和美國大學生各 194 位為對象，他們研究的第一部分要求受試者評估 14 項「積極義務」對各種不同社會對象的適用程度。將受試者對此量表之反應作因素分析，結果得到兩個因素「義務奉獻」和「公平對待」（如圖 7-1 及圖 7-2 所示）。文化比較的結果顯示：台灣大學生和美國大學生在判斷自己對他人所應踐行的「積極義務」時，同樣都會考慮該交往對象與自己之間關係的親疏遠近，並作出不同的判斷。他們同樣都認為：對待與自己較為親近的父母、配偶、子女和家人應當採取義務奉獻的原則，而不應該斤斤計較；相反地，對於與自己較疏遠的朋友、同事、陌生人和競爭者，則適用公平對待的原則，而不是對他們作出義務奉獻。這表示：無論是台灣大學生或美國大學生，都必須視情境中互動對象的特殊性來實踐其義務。個人與互動對象的關係愈是親近，就對他們負有愈大的義務。然而，由於華人社會中特別強調「仁道」的價值，因此台灣大學生對於不同社會對象願意承擔的「積極義務」，其程度要大於美國大學生。

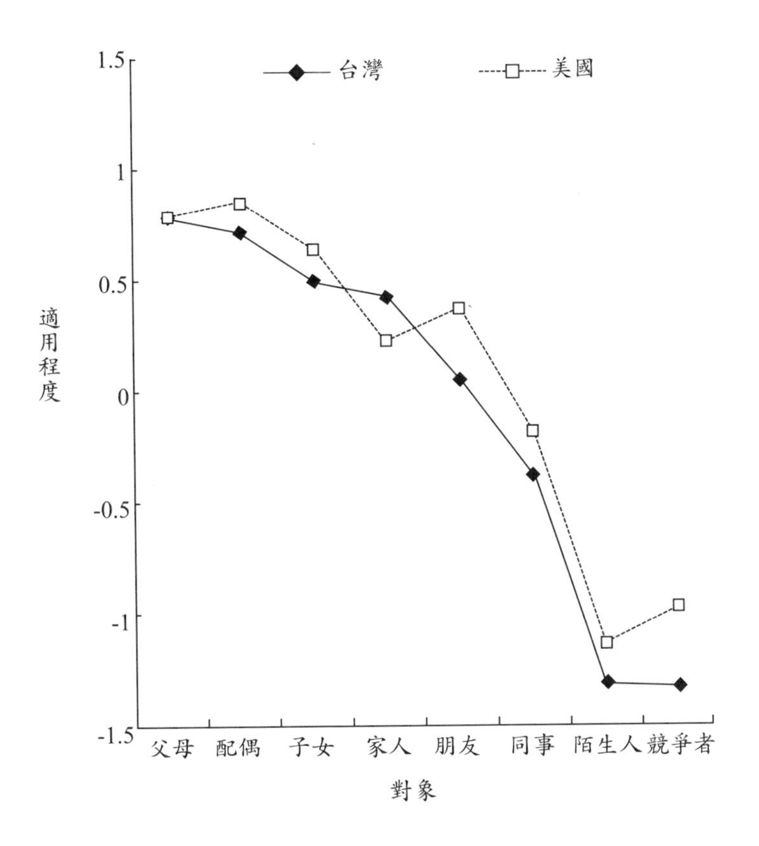

圖 7-1　台灣大學生與美國大學生在「義務奉獻」因素上之因素分數

這樣的結果也和西方的研究發現是相當一致的。許多西方社會心理學者的實徵研究都一再顯示：只要個人對某一社會對象具有義務感，他便可能做出任何一種的施恩行動。而親屬關係的類型又跟個人的義務感有密切的關聯。其中可能使個人感到最強之義務感的是跟自己有血緣關係的父母及子女；其次是跟自己的子女、父母或配偶有關係的親屬；其他較遠的親屬所引發的義務感則和朋友、鄰居屬於同一層次；離異後的配偶，其義務感最低（Amato, 1990; Cunningham, 1986; Dovidio, Piviavin, Gaertner, Schroeder, & Clark, 1991; Waite & Harrison, 1992）。

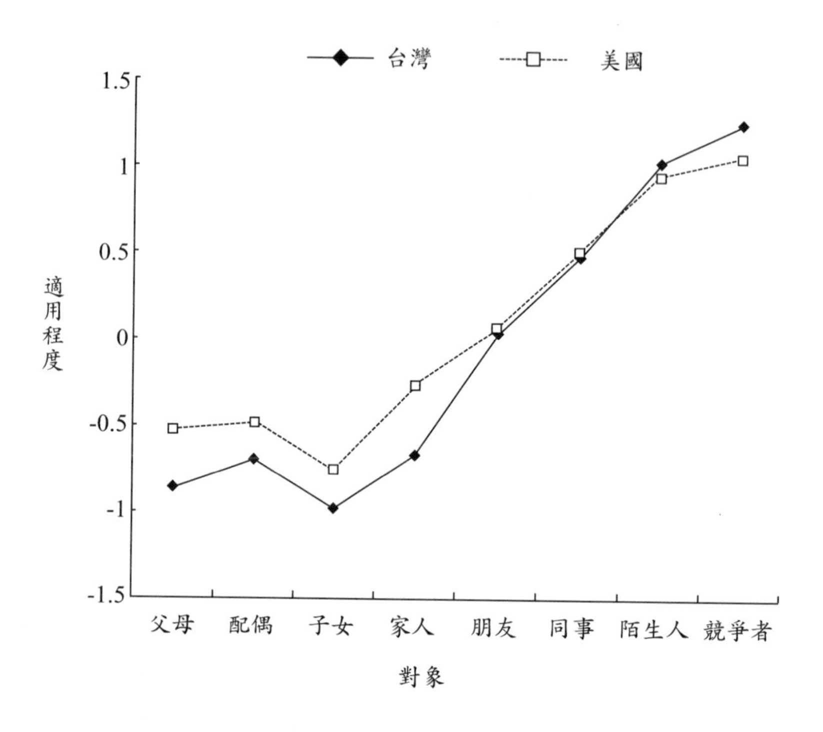

圖 7-2　台灣大學生與美國大學生在「公平回報」上的因素分數

➢ 違反法律的判斷

該研究的第二部分要求受試者面對不同關係對象作出 20 種違背「消極義務」的行為時，逐一判斷其錯誤程度，並將其反應作因素分析。結果得到三個因素。

因素 I「違反法律」包含：「送禮賄賂別人或收受賄賂」、「爭先恐後不排隊」、「逃漏稅」、「利用內線消息炒作股票以獲利」、「隨意拋棄垃圾」和「虐待自己的孩子」等六個項目。這些行為或者破壞社會秩序，或者為法律所禁止，故命名為「違反法律」。

在這個因素上，無論行為者是誰，美國大學生對這些行為所評定的錯誤程度都比台灣大學生更高（如圖 7-3 所示）。但是整體來看，美國大學生對

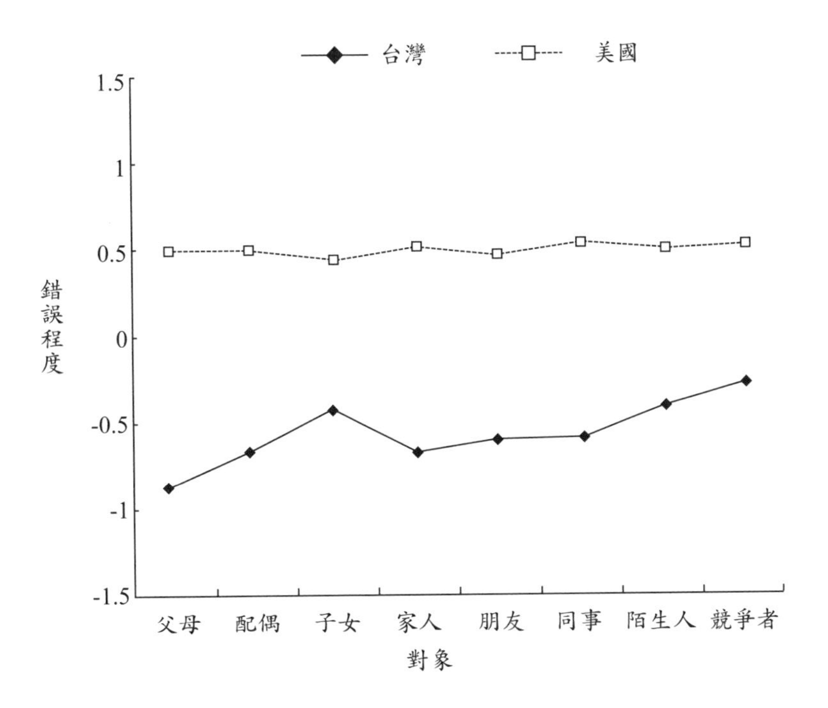

圖 7-3　台灣大學生與美國大學生在「違反法律」因素上之因素分數

於各對象之間的評分差異並不大，而台灣大學生的評分則隨著行動者與自己關係之疏遠而逐漸上升。換言之，對於這些違反法律的行為，美國大學生採取同樣的標準去判斷行為的錯誤程度，並不會因行動者與自己關係之親疏而改變其判斷標準；但是台灣大學生卻認為，當家庭外成員做出此類行為時其錯誤程度較高，而家庭內成員之錯誤程度較低。

➢ 違反家庭倫理

因素II「違背家庭倫理」共包含7個項目，如：「與人未婚同居」、「不祭祀祖先」、「因意見不合而離婚」等，大多和家庭內的親情與婚姻的維繫有關，故命名為「違背家庭倫理」。違反家庭倫理是未能對特定社會對象（家人）盡到「積極義務」，而不是違反「消極義務」；用西方倫理學的標準來看，它是缺乏「美德」，但並不是一種「邪惡」。

整體而言，對於這一類行為，美國大學生所評定的錯誤程度比台灣大學生更高（如圖 7-4 所示），但是其意義必須藉由交互作用來解釋。如將受試者對不同社會對象所做之評分加以比較，則可以看出：子女、配偶、父母、家人是屬於評分較高的一組，其次分別是親戚、朋友、同事，評分較低的則是競爭者和陌生人。由於這類行為只發生在家庭中，當家人做出此類行為時，個人經常是直接的受害者，自然對於行為者的譴責也較為嚴苛；而家庭外成員的行為，既不與自身直接有關，又不便於任意批評，故對於行為者採取較為寬容的態度。

由事後比較的結果可知，中、美兩組受試者對於配偶所評定的錯誤程度之差異，達到統計上的顯著水準（$F = 7.03$，$p < .05$），表示當配偶做出這些

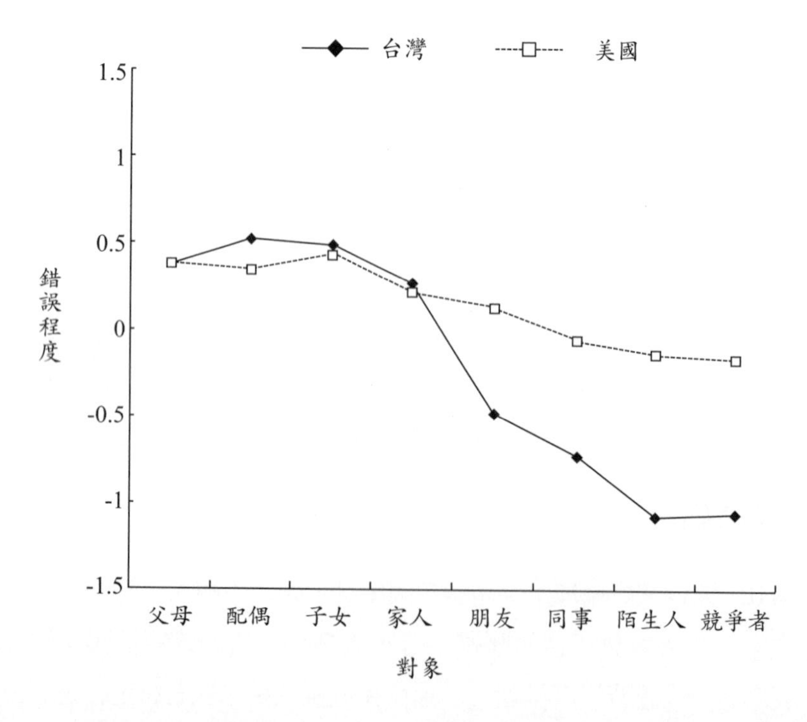

圖 7-4　台灣大學生與美國大學生在「違背家庭倫理」因素上之因素分數

違反家庭倫理的行為時，台灣大學生比美國大學生所評定的錯誤程度更嚴重，也就是採取更嚴苛的標準。除此之外，由圖 7-4 的曲線中可以看出，兩組受試者對於家庭內成員的評分極為相近；但是如果行動者屬於家庭以外的對象，則台灣受試者的評分顯著地低於美國受試者。這表示當朋友、同事、陌生人或競爭者做出這些行為時，台灣大學生比美國大學生採取的態度更寬容。

➢ 侵犯他人權益

因素 III「侵犯他人權益」，在此因素上有高負荷量的題目都是一些直接侵害他人權益的行為，像是「侵占他人遺失的貴重財物」、「在禁菸區吸菸」、「未得到對方允許便借用其物品」等，故將之命名為「侵犯他人權益」。

本因素和因素 I 的行為內容雖然同樣違反「消極義務」，但因素 I 中大多數項目的行為都是破壞社會秩序，而為法律所禁止；本因素的大多數項目則是直接損及某一特定「他人」之權益，兩者的影響範圍有所不同。而且，本因素中各項行為所侵害的「他人」，是一般性的「他人」，而不是像「家人」那樣特定的社會對象。做出此類行為是「違反道德標準」，而不是未能「實踐義務」，這是本因素和因素 II 的不同之處。

事後比較的結果顯示：中、美兩組受試者對於父母做這類行為所評的錯誤程度，並沒有顯著的差異（F = 0.54，*n.s.*）；但是對其餘的行為者，台灣受試者所評定的錯誤程度，都顯著地高於美國受試者的評分，而且兩組受試者的評分差距，隨著行動者與自己之間關係之疏遠而擴大（如圖 7-5 所示）。也就是說，對於與自己關係愈疏遠的對象，台灣大學生評定的錯誤程度更顯著地高於美國大學生的評分。

這樣的結果有十分重要的意涵。因素 I 和因素 III 都是侵犯他人權利的行為，而因素 II 當中的行為則是違背了個人對家人應盡的義務。前兩個因素涉及西方倫理學所稱的「消極義務」，也是不得作為的義務（duty of omission）。因素 II 則是未盡「積極義務」，亦是儒家倫理觀的核心。當我們比

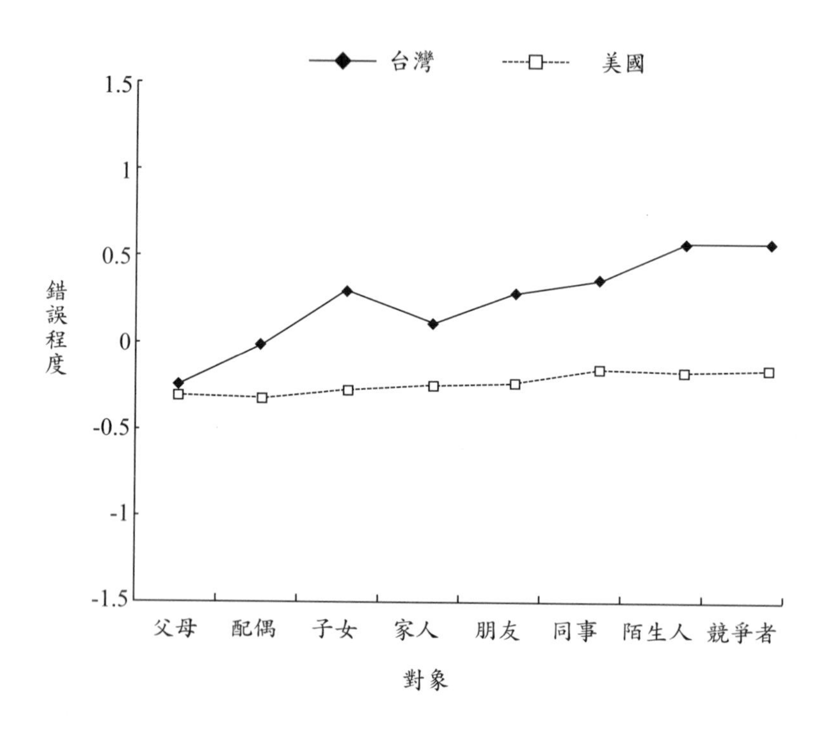

圖 7-5　台灣大學生與美國大學生在「侵犯他人權益」因素上之因素分數

較台灣大學生和美國大學生對這兩類行為的判斷時，可以看出：當道德判斷涉及未盡到對家人的積極義務時，兩組大學生都會考慮行為者與自己的關係，而對其錯誤做出程度不等的評分，他們在這兩個因素上評分的差異並不顯著。但是對於侵犯個人權利的行為而言，不管行為者是一般社會大眾，還是特定他人，美國大學生都不會因為行為者與自己的關係，而影響到對該行為之錯誤程度的評定；相反地，台灣大學生在判斷侵犯個人權利的行為時，卻會考慮行為者與自己的關係親疏遠近，而作出不同的判斷。換句話說，中、美文化在「普遍主義」和「特殊主義」上的差異，並不展現在他們實踐「積極義務」，將自己所掌控的資源分配給他人的作為之上，而是展現在他們對他人行為做出違反「消極義務」時所作的道德判斷之上。

第七節　「情理」與「法理」

我們可以再用林淑萍（1999）所作的另一項研究，來說明華人在有關係或沒關係的其他人作出違法行為時，他們可能作出的不同處置。在華人社會中，個人對於社會事件合理性的判斷，通常有兩種不同的社會認知原則：「情理」和「法理」。用前述「儒家關係主義」的概念架構來看，當一位華人面對一樁社會事件，而必須判斷該一事件的「合理性」時，他可以說是在扮演「資源分配者」的角色，必須將該一事件所有當事人的處境一起加以考量。倘若社會事件的當事人跟判斷者是屬於「工具性關係」，或者「情感性成份」淡薄，則他傾向於依照普遍性「公平法則」的「法理」來作出合理性的判斷。反之，倘若涉及社會事件的當事人與他是屬於情感成份較重的「情感性關係」或是「混合性關係」，則他傾向於以「需求法則」或「人情法則」的「情理」來作判斷。

➢ 都市與鄉村社會

依據這樣的構想，林淑萍以台灣社會中經常發生的社會事件作為藍本，編製了四個情境故事（scenario），每一個故事中的當事人都因為個人特殊情境因素，在無意中作出一項損害不特定他人權利的違法事件。結果該一事件被相關的主管單位發現，並由執行權威依法予以處理。其處理方式可能是強調普遍性法律的「法理」，也可能是考量當事人處境的「情理」，然後要求受試者對執法權威處理方式的合理性作出判斷。舉例如下。

一輛雅哥轎車綠燈時行經十字路口，遭受一輛酒後駕車闖紅燈的小貨車撞擊。小貨車司機因車速過快當場死亡，雅哥的車主則是右手骨折受傷。兩邊的車主（雅哥傷主與小貨車家屬）經由地方調解委員會調解，結果調解委員會判定由雅哥車主賠償撫慰金給小貨車家屬。

就針對上述事件的判決，您覺得調解委員會這樣的作法合理嗎？

□非常不合理　□有點不合理　□有點合理　□非常合理

以台北及馬祖兩地的居民各 175 人為對象，研究者要求受試者分別站在當事人家屬或旁觀者的角度，對執法權威處理方式的合理性作判斷。結果顯示：受試者站在旁觀者的立場，較他站在當事人家屬的立場傾向於強調「法理」（如圖 7-6 所示），整體而言，馬祖地區的居民又比台北市民傾向於強調「情理」。

該研究的結果顯示：對於華人而言，「關係」是一個相當重要（salient）的社會認知原則。當判斷者跟當事人存有某種「情感性關係」時，他會傾向於強調「情理」；當他跟當事人之間的關係不包含任何「情感性成份」時，他就會傾向於強調普遍性的「法理」。然而，個人是否傾向於發展出某種特

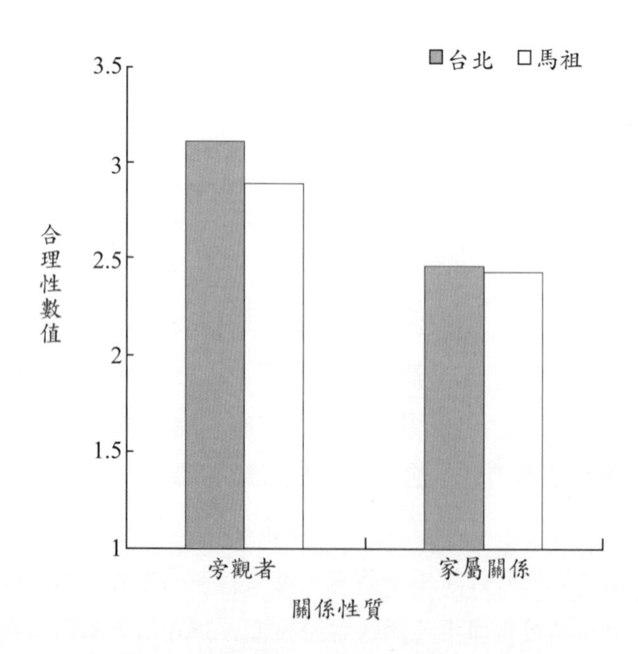

圖 7-6　居住不同地區與社會事件當事人關係不同之受試者對仲裁者依法裁決所作的合理性判斷

定的社會認知原則，又跟個人的生活經驗有密切的關聯。馬祖地區的居民日常生活中主要的互動對象是其親密社會中的他人，他們對社會事件的合理性判斷傾向於強調「情理」；台北市的居民在其生活世界中有較多的機會與屬於工具性關係的其他人交往，他們較重視公平的「法理」。

第八節　關係主義與個人主義：自我的界線

李美枝（1993）用情景實驗法（scenario experiment）所作的另外一項研究，可以讓我們更清楚地看出：華人的關係主義和美國人的個人主義對於他人作出違背「消極義務」之違法行為時，所作道德判斷上的差異。該一實驗為 3×2 的因子設計：第一個獨變項為目標人物，分成受試者本人、受試者父親、一個陌生人；第二個獨變項為目標人物的行為，分成不當與非不當。針對這六個實驗情境，她編製了六套發生車禍的故事。在行為不當的情況下，目標人物開車旅遊途中，在濱海公路上瞥見一秀麗景觀，欲與同行者下車觀賞，沒有做適當的措施，就在公路上快速往路邊停靠，跟在後頭的一部卡車見狀緊急煞車，在卡車後頭的幾部轎車一時措手不及，而碰撞在一起。雖然這起車禍沒有造成任何人的傷亡，但是相碰的四部車子卻或多或少有所損壞。出事後，肇禍者急忙逃離現場。在行為非不當的情況下，也是發生同樣的車禍事件，雖然車禍的發生與目標人物有關，但該故事卻很清楚的敘述：過錯是肇因於跟在目標人物車後的幾部車子的駕駛人，因為他們沒有保持應有的安全距離。受試者看完這篇故事後，要想像自己遭遇到這件事情，並回答幾個問題，其中幾題是用來作統計分析的依變項題目。

➢ 內團體偏私

她以台灣北部某國立大學選修社會心理學的學生 132 人及美國賓州州立大學的學生 66 人為受試者，採受試者間設計（between subjects design），使每個實驗情況維持台灣受試者 22 人，美國受試者 11 人。每位受試者都必須回答兩個問題：⑴目標人物肇事之後，安然無恙地逃離現場是公平的嗎？受試者必須在七點量表上評定其不公平的程度；⑵如要對肇事者施以罰款，應罰它多少錢？罰款的範圍從 NT1,000 元到 NT100,000 元。由於台幣與美元單位不同，所以在做罰鍰的分析時，先把受試者所判定的錢數轉化成為常態分數。

以文化群體和目標人物作為獨變項，以受試者所評定的公平知覺和罰鍰分別作為依變項，作變異數分析。結果顯示：這兩個獨變項在公平感（$F(2,186)=8.96$，$p<.001$）及罰鍰（$F(2,930)=5.70$，$p<.005$）上的交互作用，均達到統計上的顯著水準。將這兩組受試者在這兩個依變項上所得的分數，繪如圖 7-7 及圖 7-8 所示。

多重比較的結果顯示：美國受試者的罰款決定，並沒有偏袒自家人的情況；他們對父親所作的判斷幾乎等同於對陌生人。反之，台灣受試者就很清楚地表露袒護自家人的心態；相對於陌生人，當父親作了同樣一件既違反法律又違背道德的行為，台灣受試者判定其不公平的程度較低，認定的罰款數額也顯著地低於陌生人。這符合了本實驗的假設：屬於個人主義型的美國受試者，較有普同主義（universalism）的取向，在涉及法律與道德的事件時，他們對待陌生人一如對待自己的家人；反之，台灣受試者因人論事的反應，則顯現出特殊主義（particularism）的傳統文化精神。

然而，如果把受試者本人作為目標人物的資料併入分析，就可以發現美國受試者的普同主義與公平取向，只表現於不涉及他自己的時候。台灣受試者對父親的公平評量最高，且顯著不同於陌生人的評量；美國受試者則把自己的公平程度評得最高，而對父親及陌生人的評定沒有顯著差異。在罰鍰方面，相對於陌生人，台灣人明顯的偏袒自家人，美國人則毫不偏袒為父者。

➢ 兩種文化的對比

本實驗的結果支持了 Triandis 及其同仁的論點，謂美國個人主義文化的特點之一，是較不關切內團體的人，與內團體成員保持距離（Triandis, 1989;

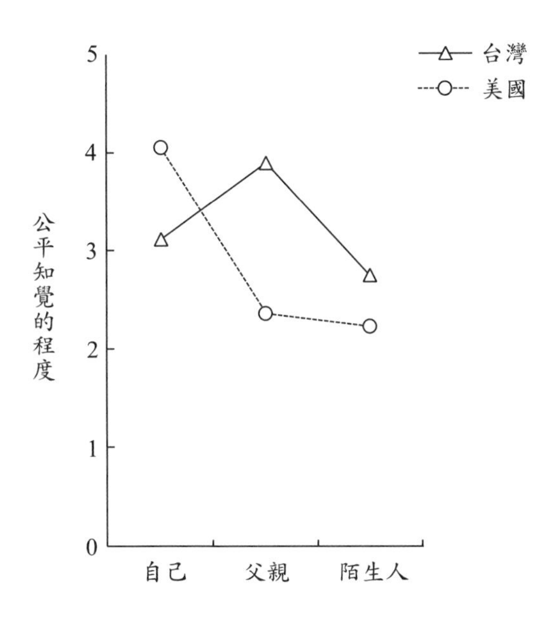

圖 7-7　台美受試者對不同目標人物之公平知覺的判斷

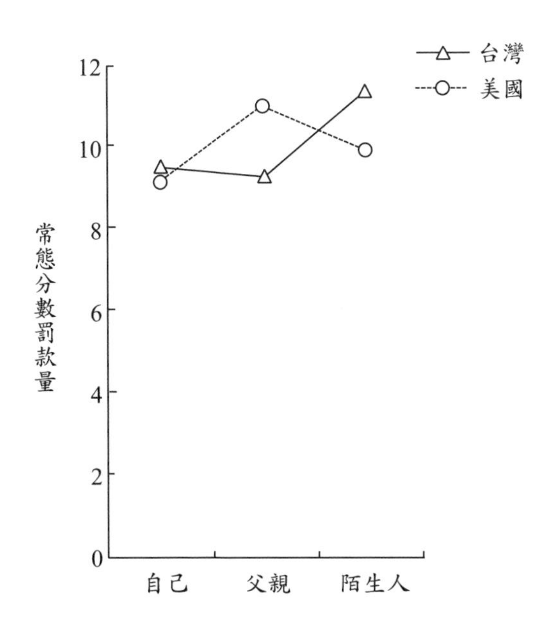

圖 7-8　台美受試者對不同目標人物的罰鍰判決

Triandis, Bontempo, Villiareal, Asial, & Lucca, 1988; Triandis, McCusker, & Hui, 1990）。他們常將個人的界線劃在身體的立即範圍之外（Shweder et al., 1990）。相反的，在儒家關係主義的影響之下，華人認為：自己的生命是父母生命的延續，父母和自己是一體的，無論在任何情況下，都應當將父母包含在自我的範疇之內（Hwang, 1998, 1999），他們甚至必須重視父母的利益，更甚於自己的利益，這才是所謂的「孝道」。

這一系列研究的結果，使人想到儒家經典中有關「父親偷羊」和「舜父殺人」的道德困境。換言之，儒家十分清楚：偷竊或殺人都是一種「不得作為」的「消極義務」，然而，當它跟親情發生衝突的時候，儒家認為：無論如何，個人都應當對親人加以維護。本研究以行為科學的研究方法，很清楚地說明出：在儒家文化影響之下，華人面對此類道德困境時，所作出的判斷方式。

結　論

筆者十分同意文化心理學（cultural psychology）的基本主張：人類只有一種心靈（mind），但卻可能有許多種不同的心態（mentalities）。由於人們在不同的文化社群（cultural communities）中成長，他們的思想和行動所依循的價值、目標和世界觀各有不同，一種普遍心靈的抽象能力也可能發展出許多種不同的心態。

然而，就某種特定的文化傳統而言，該文化傳統內容的各個不同部分，必然構成一種整體性的「意義之網」，我們要瞭解：該文化中人們所獨有的心態，最好先在文化的層次上，分析該文化傳統的內在結構，然後再以之作為參考架構，到該文化中從事實徵研究。

本章便採取了這樣的研究策略。以本書第五章的「儒家思想的內在結構」作為基礎，在本章中，筆者採取了道德多元論（Plurelism）的立場，認為道德並不是一種不變的客觀實在，而是依歷史、文化、情境或個人的脈絡而變的（Kurtines, Alrarez, & Azmitia, 1990）。筆者認為：儒家倫理和 Kohlberg 關於後俗規道德雖然都同樣建立在自然主義和理性主義的立場，但它們卻代表了道德範疇中兩種不同的「分殊理性」，惟有掌握住這兩種道德之間的微妙差異，我們才能瞭解華人關係主義文化中的社會行為，才能看出儒家文化傳統在現代社會中可能遭遇到的困難，也才能看出套用西方典範研究華人心理可能發生的問題。在本文中，筆者即以本書對儒家倫理的分析為基礎，比較它和Kohlberg後俗規道德的不同，並重新解釋台灣社會中有關道德思維之實徵研究的若干發現。筆者希望：這樣的研究取徑能夠為華人的本土社會心理學建立一種新的研究傳統。

參考文獻

危芷芬、黃光國（1998）：〈積極義務與消極義務：台美大學生道德判斷的文化比較研究〉。《中華心理學刊》，40，137-153。

李明輝（1990）：〈孟子與康德的自律倫理學〉。載於《儒家與康德》（頁47-104）。台北：聯經出版公司。

李美枝（1993）：〈從有關公平判斷的研究結果看中國人之人己關係的界限〉。《本土心理學研究》，1，267-300。

林淑萍（1999）：《情理與法理：事件合理性判斷的兩種準則》。台灣大學心理研究所碩士論文。

梁啟超（1987）：《飲冰室專集》。台北：中華書局。

陳弱水（1997）：〈公德觀念的初步探討：歷史源流與理論建構〉。《人文及社會科學集刊》，9，39-72。

程小危（1991）：〈道德判斷發展研究的泛文化性探討〉。見楊中芳、高尚仁（編）：《中國人．中國心》（頁333-400）。台北：遠流出版公司。

黃光國（1988）：《儒家思想與東亞現代化》。台北：巨流圖書公司。

黃光國（1995）：〈儒家價值觀的現代轉換：理論分析與實徵研究〉。《本土心理學研究》，3，276-338。

黃俊傑（1997）：〈儒學與人權：古典孟子學的觀點〉。見劉述先（編）：《儒家思想與現代世界》（頁 33-35）。台北：中央研究院中國文哲研究所籌備處。

Amato, P. R. (1990). Personality and social network involvement as predictors of helping behavior in everyday life. *Social Psychology Quarterly, 53*, 31-43.

Brubarker, R. (1984). *The limits of rationality: An essay on the social and moral thought of Max Weber*. London: Geoger Allen & Unwin.

Cunningham, M. R. (1986). Levites and brother's keepers: Sociobiological perspective on prosocial behavior. *Humboldt Journal of Social Relations, 13*, 35-67.

Dovidio, J. F., Piviavin, J. A., Gaertner, S. L., Schroeder, D. P., & Clark, R. D. (1991). The arousal: Cost-reward model and the process of interaction. In M. Clark (Ed.), *Review of personality and social psychology* (Vol. 12) (pp. 86-118). Newbury Park, CA: Sage.

Durkheim, E. (1898/1953). Individual representations and collective representations. In D. F. Pocock (Trans.), *Sociology and philosophy* (pp. 1-38). NY: The Free Press.

Dworkin, R. (1977). *Taking rights seriously*. Cambridge, MA: Harvard University Press.

Geertz, C. (1973). *The Interpretation of cultures*. NY: Basic Books.

Gert, B. (1973). *The moral rules*. NY: Harper & Row.

Gouldner, A. (1960). The norm of reciprocity: A preliminary statement. *American Sociological Review, 25*, 161-179.

Harris, G. G. (1989). Concepts of individual, self, and person in description and analysis. *American Anthropologist, 91*, 599-612.

Hwang, K. K. (1998). Two moralities: Reinterpreting the finding of empirical research on moral reasoning in Taiwan. *Asian Journal of Social Psychology, 1*, 211-238.

Hwang, K. K. (1999). Filial piety and loyalty: Two types of social identification in Confucianism. *Asian Journal of Social Psychology, 2*, 129-149.

Kant, I. (1797/1963). *Groundwork of the metaphysic of morals* (H. J. Paton, Trans.). NY: Harper & Row.

Kurtines, W. M., Alrarez, M. A., & Azmitia, M. (1990). Science and morality: The role of values in science and the scientific study of moral phenomena. *Psychological Bulletin, 107*, 283-295.

Lei, T., & Cheng, S. W. (1984). *An empirical study of Kohlberg's theory and scoring system of moral judgment in Chinese society*. Unpublished manuscript, Center for Moral Education, Harvard University, Cambridge, MA.

Lin, Y. S. (1979). *The crisis of Chinese consciousness: Radical anti-traditionalism in the May fourth era*. Madison, WI: The University of Wisconsin Press.

Ma, H. K. (1997). The affective and cognitive aspects of moral development in Chinese. *Indigenous Psychological Research in Chinese Societies, 7*, 166-212.

Markus, H. R., & Kitayama, S. (1994). The cultural shaping of emotion: A conceptual framwork. In S. Kitayama & H. R. Markus (Eds.), *Emotion and culture* (pp. 339-351). Washington, DC: American Psychological Association.

Menon, U., & Shweder, R. A. (1994). Kali's tongue: Cultural psychology and the power of shame in Orissa, India. In S. Kitayama & H. R. Markus (Eds.), *Emotion and culture* (pp. 241-285). Washington, DC: American Psychological Association.

Nunner-Winkler, G. (1984). Two moralities? A critical discussion of an ethic of care and responsibility versus an ethic of rights and justice. In W. M. Kurtines & J. L. Gewintz (Eds.), *Morality, moral behavior, and moral development* (pp. 348-361). NY: John Wiley & Sons.

Schutz, A. (1967). *The phenomenology of social world* (G. Walsh & F. Lehert, Trans.). Evanston: Northwestern University Press.

Shweder, R. A., & Much, N. C. (1991). Determinations of meaning: Discourse and moral socialization. In R. A. Shweder (Ed.), *Thinking through cultures: Expedition in cultural psychology* (pp. 186-240). Cambridge, MA: Harvard University Press.

Shweder, R. A., Mahapatra, M., & Miller, J. G. (1990). Culture and moral development. In J. Stiger, R. A. Shweder & G. Herdt (Eds.), *Cultural psychology: Essays on comparative human development* (pp. 130-204). NY: Cambridge University Press.

Snarey, J. R. (1985). Cross-cultural universality of social-moral development: A critical review of Kohlbergian research. *Psychological Bulletin, 97*, 202-232.

Triandis, H. (1989). The self and social behavior in different cultural contexts. *Psychological Review, 96*, 506-520.

Triandis, H. C., Bontempo, P., Villiareal, M. J., Asial, M., & Lucca, N. (1988). Individualism and collectivism: Cross-cultural perspectives on self-in group relationships. *Journal of Personality and Social Psychology, 54*, 323-338.

Triandis, H. C., McCusker, C., & Hui, C. H. (1990). Multi-method probes of individualism and collectivism. *Journal of Personality and Social Psychology, 59*, 1006-1020.

Waite, L. J., & Harrison, S. C. (1992). Keeping in touch: How women in mid-life allocate social contacts among kith and kin. *Social Forces, 70*, 637-655.

Weber, M. (1978). *Economy and society* (G. Roth & C. Wittich, Trans.). Berkeley, CA: University of California Press.

第八章

儒家關係主義與社會交換

在本書第四章中，筆者說明：如何以人類社會關係共同的深層結構作為基礎，建構出〈人情與面子〉的理論模型；在本書第五章中，筆者又說明：如何以〈人情與面子〉的理論模型作為基礎，分析儒家思想的「內在結構」。

從「建構實在論」的角度來看，〈人情與面子〉的理論模型，以及儒家思想的「內在結構」，都是筆者所建構出來的一種「微世界」；這樣找出來的「結構」或「模型」都具有共時性（synchronic），沒有時間向度，也不會因為時間的經過而轉變。以儒家思想的深層結構中所蘊涵的哲學人類學預設作為基礎，東亞地區許多深受儒家文化傳統影響的國家，在其歷史長河裡，都曾經發展出各式各樣的「語言遊戲」（language game），讓社會中的個人有所依循，得以和他人進行社會互動。由文化之深層結構所衍生出來的各種語言遊戲之間，總有或多或少的相似性，Wittgenstein（1945/1958）稱之為「家族相似性」（family resemblance），它可以反映出儒家文化的生活形式（forms of life），讓人們看出儒家文化傳統的特色。

在個人的生活世界裡支撐其語言遊戲的文化理念可能透過小說、戲劇、諺語、民俗、神話等等不同的媒介傳遞個人，經過潛意識化的過程，進而影響個人的行動；然而，行動者本身卻未必能夠覺察到有任何「模式」或「結構」的存在。用Levi-Strauss（1976）的術語來說，某一文化成員在日常生活中自行建立的模型，稱為「意識的模型」（conscious model），研究者為遂行其研究目的，針對某一特定範疇揭發出來的模型，稱為「潛意識的模型」（unconscious model）。更清楚地說，文化的深層結構是理性在無意識中創造出來的，一般人的理性並不一定能馬上認識它，往往要經過研究者本身的再詮釋，結構才能明白地呈現在人們面前。

第一節 儒家「庶人倫理」的可外推性

從建構實在論主張的「語言外推」（linguistic strangficability）的策略來看，一個科學理論的微世界如果能翻譯成為另一種理論的語言，前者便可以取得後者的學術成就，而有較大的可外推性（strangificability）。相反的，倘若一個科學理論的微世界不能翻譯成另一種理論的語言，它對後者便沒有可外推性，彼此之間是不可通約的（Wallner, 1994）。

筆者以儒家經典中所記載的語言文字為材料，分析儒家思想的內在結構，其中的「庶人倫理」和〈人情與面子〉的理論模式具有一種同構的（isomorphic）的關係，它們之間是可以彼此外推的。以往有許多社會科學工作者也曾經企圖建構出不同的理論模式，來解釋華人的社會行為。此處值得追問的問題是：他們所建構出來的理論模式，和儒家庶人倫理之間的可外推性又是如何？在本節中，我們將介紹費孝通的差序格局、許烺光的「心理社會圖」以及何友暉的關係取向，並且說明：這些理論與本書立場之間的關聯。

➢ 差序格局

在社會科學界中，最先試圖描繪中國人社會關係的特色，而經常為人所引用者，為費孝通（1948）所提出的「差序格局」。在《鄉土中國》一書中，他對此一概念的描述是：西方個人主義社會中的個人，像是一支支的木柴，他們的社會組織將他們綁在一起，成為一捆捆的木柴；中國社會的結構好像是一塊石頭丟在水面上，而發生的一圈圈推出去的波紋，每個人都是他社會影響所推出去的圈子中心，而跟圈子所推及的波紋發生聯繫。這個像蜘蛛網的網絡，有一個中心，就是「自己」（如圖 8-1 所示）：「這個富於伸縮性的網絡，隨時隨地都是以『自己』作為中心，這並不是個人主義，而是

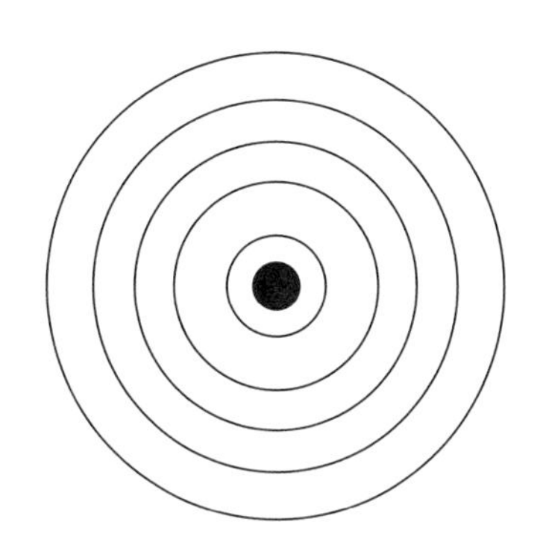

圖 8-1　中國社會的差序格局

資料來源：費孝通（1948）

自我主義。」「我們所有的是自我主義，是一切價值以『己』作為中心的主義。」

費孝通對華人在其生活世界中之社會網路所作的比喻像是蜘蛛網，個人自己位於網絡的中心，與其關係親密程度不同的他人，則在其心理場域中和他形成不規則形狀的同心圓。

➢ 心理社會圖

費孝通有關「差序格局」的概念雖然經常為華人心理學家所引用，究其本質不過是一種不精確的比喻而已。從學術的角度來看，許烺光所提的「心理社會圖」（psychosociogram）其實更能夠精確地描述華人社會心理的特色（Hsu, 1971）（如圖 8-2 所示）。許烺光是國際知名的心理人類學家，他在其學術生涯中曾經嘗試從不同的角度來描述中國人的社會行為。他先是用「情境中心／個人中心」（situation-centered vs. individual-centered）一組概念的對比，來突顯中國人和美國人的性格（Hsu, 1953）；接著用「父子軸／夫妻軸／母子軸」三組概念，分別說明中國、美國和印度的文化（Hsu, 1963, 1965）。在他學術顛峰時期，又提出「心理社會圖」的概念，來描述中國人

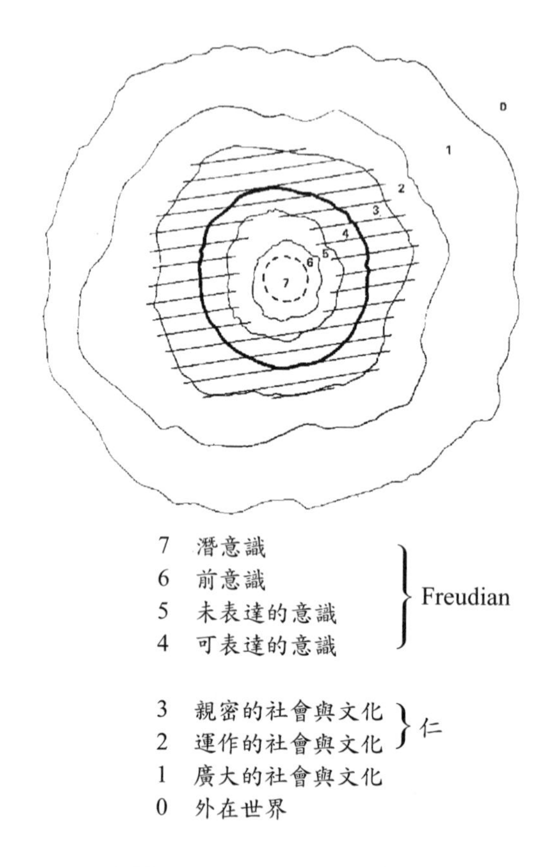

圖 8-2 人的心理社會圖

資料來源：取自 Hsu (1971: 25)

的社會心理。

許烺光的「心理社會圖」包含有七個不規則的同心層，由內而外依次為：「潛意識」（unconscious）、「前意識」（preconscious）、「未表達的意識」（unexpressed conscious）、「可表達的意識」（expressed conscious）、「親密的社會與文化」（intimate society and culture）、「運作的社會與文化」（operative society and culture）、「廣大的社會與文化」（wider society and culture），以及「外在世界」（outer world）。圖中第四層稱為

「可表達的意識」，包含個人能夠跟他人溝通的觀念和直覺，例如：喜、怒、愛、惡、貪、懼，以及依其文化之道德、社會與技術標準而做事情的正確方法。第三層包含個人和與之有親密關係的重要他人（significant others），以及個人的寵物、用具和收藏品，個人與之存有一種感情，並不僅是因為它有用而已。相形之下，個人與屬於第二層的其他人交往，主要是因為對方對他「有用」，而不是他對於對方有什麼感情，它們之間所建立的只是正式的角色關係而已。

圖 8-2 中的斜線覆蓋三、四層的全部，以及第二、五層的部分，是人作為社會及文化存在的核心部分，許烺光稱之為「仁」，認為它和英文的 personage 約略相當，是指個人與他人之間的互動。在這個範疇裡，每個人都必須盡力維持其精神與人際平衡，使其保持在令人滿意的水準之上，許烺光稱之為「心理社會均衡」（psychosocial homeostasis），華人通常稱之為要「做人」，或「學做人」。

在《文化與自我：亞洲的與西方的觀點》（*Culture and Self: Asian and Western Perspectives*）一書中，許烺光更進一步區辨兩種不同的人性觀（Hsu, 1985）：Ptolemian式的人性觀把個體看做是整個宇宙的中心，他跟其世界中的其他人是互相對立的；Galiean 式的人性觀並不把人看做是一個固定的實體，他必須與其關係網內的其他人保持一種動態平衡的關係。許烺光認為，性格（personality）一詞是源自個體主義的概念，其著眼點在於個體深層的情結和焦慮，屬於Ptolemian式的人性觀；中國文化中的「仁」要求個人在「一個矩陣或一個架構中定位，其中的每一個個體都嘗試要將其心靈與人際關係維持在一個令人滿意的程度之上」，許烺光將此一狀態稱為「心理社會均衡」，屬Galiean式的人性觀。在他看來，對中國人而言，人之所以為「人」的關鍵，在於人際關係的處理，而不在於性格，「性格」一詞是可以置諸於腦後的。

➢ 微世界之間的外推

費孝通（1948）的差序格局、許烺光（Hsu, 1971, 1985）的心理社會圖、筆者〈人情與面子〉的理論模型，和儒家的「庶人倫理」，都可以看做是社會科學家為描述華人社會心理所建構出來的「微世界」。依照「建構實在論」所主張的「語言外推」（linguistic strangificaiton）策略（Wallner, 1994），如果一個「微世界」所主張的命題可以翻譯成另一個微世界的語言，代表它有更大的真理；若是無法翻譯，表示取得該命題的原則與方法有問題。

許烺光是世界知名的人類學家，他所提出的「心理社會圖」是以二十世紀中葉盛行於世界的心理分析理論作為基礎，其中所用的語言，像意識、前意識、潛意識等等，都是心理分析理論中的語言。

以筆者對儒家庶人倫理的分析和許烺光的作品互相比較，我們可以看出：許烺光所謂的「父子軸」可以說是「尊尊法則」的一種體現。儒家「庶人倫理」的「仁、義、禮」倫理體系則和許烺光的「心理社會圖」有某種程度的對應關係：在「心理社會圖」中，所謂「仁」，是指資源支配者與他人關係中的「情感性成份」，「有用」則是指兩人之間的工具性成份。第三層的「親密社會」包含資源支配者的「情感性關係」與「混合性關係」，第二層的「運作社會」則涵蓋其「工具性關係」。個人在其生活世界中，用各種「合宜（義）的」交易法則與他人交往，他所知覺到的社會世界，將形成如許烺光所描述的那種「心理社會圖」，或是費孝通所描述的那種「差序格局」，其目的是保持個人的「心理社會均衡」。換言之，筆者〈人情與面子〉的理論模型是以社會交換論的語言，更加精確地描述許烺光所謂「心理社會均衡」的狀態，而筆者對儒家思想的分析，則是將之與儒家文化傳統掛上鉤，聯結在一起解釋。

以上的分析顯示：當我們考量儒家「庶人倫理」在華人生活世界中的可能展現，〈人情與面子〉理論模型和儒家「庶人倫理」中的許多命題，便可以翻譯成許烺光有關「心理社會圖」的主張，或是費孝通對於「差序格局」

的描述。可是，許烺光有關「心理社會圖」的主張，或費孝通所描述的「差序格局」，卻無法翻譯成儒家關係主義中的任何一種理論模型。因此，我們可以說：與之相較之下，筆者主張的儒家關係主義有較大的可外推性。

第二節　由「關係取向」到「儒家關係主義」

本章一再強調：〈人情與面子〉的理論模型和儒家的「庶人倫理」都可以看做是儒家關係主義理論系列的一部分。除此之外，何友暉所提出的「關係取向」（何友暉、陳淑娟、趙志裕，1991；Ho, 1993）和「方法論的關係主義」（Ho, 1998; Ho & Chiu, 1998），對於儒家關係主義的理論建構也有十分重要的貢獻，必須在此加以析論。

➢ 關係取向

關係取向（relational orientation）是何友暉最先提出來的概念。他在批判許烺光的「情境中心論」（Hsu, 1963）、「心理社會均衡論」（Hsu, 1985）、何友暉的「集體取向論」（Ho, 1979）和楊國樞的「社會取向」（Yang, 1981）之後（何友暉等人，1991；Ho, 1993），認為：「關係取向」一詞最能夠捕捉住中國社會心理學的神髓。何友暉認為：此一名詞不僅具有本土特色，並且能夠將西方社會心理學「個人取向」的構想清楚地區分開來。在中國式的社會生存論影響之下，「人際關係除了在人類性格發展過程中承擔歷史使命之外，它也在個體有生之年，為生命定出人之所以為人的意義。個人的生命是不完整的，它只有透過與其他人的共存才能盡其意義。沒有他人，個人的生命本身便失卻意義」（何友暉等人，1991）。

何友暉指出：在中國文化裡，自我並不是一個個的自我，它對自己的存在、獨特性、方向感、目標和意願均沒有很強的自覺。自我與非自我間的界線不清，人我的疆界不明。中國人的自我可稱為「關係性自我」，它對其他人的存在具有高度的覺察能力。別人在自己現象世界的出現與自我的浮現，已到了水乳交融的境界；自我與他人同體，並在現象世界中分化開來，形成「在他人關係中的自我」（何友暉等人，1991）。在〈亞洲社會心理學中的關係取向〉一文中，何友暉進一步分析日本和菲律賓文化，他認為上述的建構同樣也可以用來描述亞洲人的「身分認同與自我」（Ho, 1993）。

➢ 方法論的關係主義

基於這樣的觀點，何友暉提出了「方法論的關係主義」（methodological relationalism）之重要概念（Ho, 1991, 1998）。他認為：「方法論的關係主義」和「方法論的個人主義」是互相對立的。所謂「方法論的個人主義」是指：如果不瞭解有關個人的事實，吾人便不可能對社會現象做出完備的解釋。因此，「個人」是社會科學分析的基本單位。在心理學中，最廣為人知的例子是Allport（1968）對社會心理學所下的定義：「社會心理學旨在瞭解並說明個人的思想、感受和行為，如何受到他人真實的、想像的或隱含的出現之影響。」

相對之下，方法論的關係主義認為：社會現象的事實和原則不可以化約到關於個人的知識之上。他們是由許多個人所形成的關係、群體和機構之中滋生出來，並獨立於個人特徵之外（Ho, 1998）。關於個人的任何事實都必須放在社會脈絡中，來加以瞭解。西方的許多社會思想家，像 Durkheim、Weber與Marx都主張這種立場，譬如Durkheim（1895/1938）便堅決主張：「每當一種社會現象是直接用心理現象來加以解釋，我們便可以斷言：這種解釋必然是虛假的。」

根據「方法論的關係主義」，何友暉認為：在做「關係分析時，理論家試圖解釋個體的行為，必須先考慮文化如何界定關係」，因此，其「策略性的分析單位並不是單獨的個體或情境，而是『各種關係中的人』（person-in-relations，其焦點為不同關係中的個人）以及『關係中的人們』（persons-in-relation，其焦點為在某一關係脈絡中互動的人們）」（Ho, 1998; Ho & Chiu, 1998）。

➢「人」與「自我」

何友暉的這個論點是十分值得注意的。在建構「儒家關係主義」的研究傳統時，「各種關係中的『人』」和「關係中的『人』們」是兩個十分重要的概念，首先，我們要談的是其中「人」的概念。本書第五章第八節曾引述人類學家 Grace G. Harris（1989）的分析，說明：在社會科學中，個體、自我和人這三個概念有截然不同的意義。「個體」是一種生物學層次的概念，是把人（human being）當作是人類中的一個個體，和宇宙中許多有生命的個體並沒有兩樣。「人」是一種社會學層次的概念，這是把人看做是「社會中的行動者」（agent-in-society），他在社會秩序中會採取一定的立場，並策劃一系列的行動，以達成某種特定的目標。「自我」則是一種心理學層次的概念，這是把人看做是一種經驗匯聚的中樞（locus of experience），其中最重要的部分包括經驗到自己是一個什麼樣的人。

要把「人」看做是「社會中的代理人」，必須注意：在「社會關係的系統」（systems of social relationships）中，依循某種道德秩序（moral order）而生活的人，如何採取行動，並對他人的行動做出反應。由社會內部的角度來看，社會道德秩序（sociomoral order）的行動者，其所有的動作和宣稱都是公共建構歷程的結果。參與社會互動的人會依照文化特有的「理路」、規則、價值標準，以及他們對事實（factuality）的認識，來從事這種建構工作。他們會不斷的稱呼、分析，並詮釋彼此的行動，同時對行動的原因產生出公共論述之流（a stream of public discourse）。

個人在反思自身所察覺到的「我」，是一種心理學層次的體驗。生活世界中的「社會行動者」對於作為一個人應當遵循何種道德秩序所做的各種宣稱，則是一種社會學層次的論述。社會心理學家用各種不同的預設，建構出各種不同的理論或模型的「微世界」，來描述該一文化中理想的「人」應當如何安排各種不同社會關係，這樣的理論或模型將描述何友暉所謂的「不同關係中的人」；當這位理想的「人」在其生活世界中依照某種道德秩序而與他人互動時，他所知覺到的社會世界將形成何友暉所謂的「關係中的人們」。

第三節　角色「關係」的認知結構

在前一節的論述中，筆者對何友暉有關「方法論的關係主義」之主張進行辯證性的批判。筆者認為：〈人情與面子〉的理論模型以及儒家的「庶人倫理」都是在理論的層次上分析：「不同關係的人」應當如何與他人進行社會互動。筆者對儒家「庶人倫理」所作的描述，包括「尊尊法則」和「親親法則」，可以說是儒家倫理的「深層結構」，當它展現在「五倫」的角色關係之間時，儒家又為「不同角色關係中的人」界定出不同的倫理要求。當華人在其生活世界中依照這樣的倫理要求和其關係網內的其他人進行互動時，他在其現象界中所知覺到的「關係中的人們」便形成如費孝通「差序格局」或許烺光「心理社會圖」所描述的那種樣態。這是社會學層次的分析，是儒家認為個人應當如何安排自我與他人的關係。換言之，華人之所以傾向於和「關係中的人們」保持「心理社會均衡」，是他們實踐社會道德秩序（sociomoral order）的結果；這種社會道德秩序主要是源自於儒家的文化傳統，它促使華人採取許烺光所謂的 Galiean 式的人性觀。至於在現實生活裡，儒家社會中的個人究竟如何安排其自我與他人的關係，則純粹是個實徵性的問題，必須用心理學的方法做實徵性的探討，才能得到答案。

在本書第六章第五節中，筆者引用 Hempel（1965）的「演繹模型」或「覆蓋率模型」，說明科學家如何用科學理論來說明或預測經驗界中的現象。在本節中，我們將說明以儒家關係主義的理論作為基礎，在各種先行條件下做出預測，用量化方法進行實徵研究，以闡明儒家關係主義的重要命題。首先，我們要談的是華人社會中，人們對於各種不同角色「關係」的認知結構。

➢ 角色對待關係的認知結構

莊耀嘉認為：研究者不提供受試者判斷的準則，讓受試者直覺地判斷角色關係規範的類似性，可以避免測量量尺的誘導作用，並反映出受試者內隱而且較為自發的、突顯的（salient）的認知概念（Chuang, 1998）。因此，他用一種特殊的方法，探討華人知覺各種不同角色關係時所使用的內隱認知結構。他要求台灣高屏地區的 87 位國小教師及 68 位屏東師院的學生，在電腦螢幕上判斷 28 種角色對待關係的相似性。這些角色對待類別涵蓋了重要的家庭角色關係，如父待子、兄待弟等，也包括了師生、朋友、上司與下屬的對待關係。除了傳統的五倫關係之外，也包含在現代社會裡重要的角色對待關係，如員工與雇主、鄰居、陌生人等關係。這些「角色對待關係」的類別在關係的親疏遠近、地位的分殊或平等性及性別等向度上，各有幾個具代表性的角色。各「角色對待關係」皆敘明對待關係之主體與客體，而且明言是「對待」關係，例如：將父子關係分為「父親對待兒子」與「兒子對待父親」。

研究進行時，每一位受試者必須做378對（28×27/2）的正式配對判斷。在每次判斷作業裡，電腦螢幕上方的左、右邊，分別呈現一種人際對待關係，例如：「母親對待兒子」與「父親對待兒子」。在螢幕的下端，則呈現一個七點量尺，範圍從1到7。數字1、3、5、7之下分別標明「應該全然不同」、「應該有些部分相同」、「應該大部分相同」、「應該完全一樣」。受試者如按數字 7 的鍵，表示認為這兩種對待關係「應該完全相同」；如按數字 1 表示認為這兩種對待關係「應該完全不同」。從 2 至 6 的數字，分別代表這兩種對待關係的相同程度，數字愈大，表示認為它們愈應該相同；數字愈小，表示認為它們愈應該不相同。

然後，他用個別差異多元向度尺度法（INDSCAL, Individual Difference Multidimensional Scaling）來分析他所蒐集到的資料，結果得到了兩個主要的向度（如下頁圖 8-3 所示）。

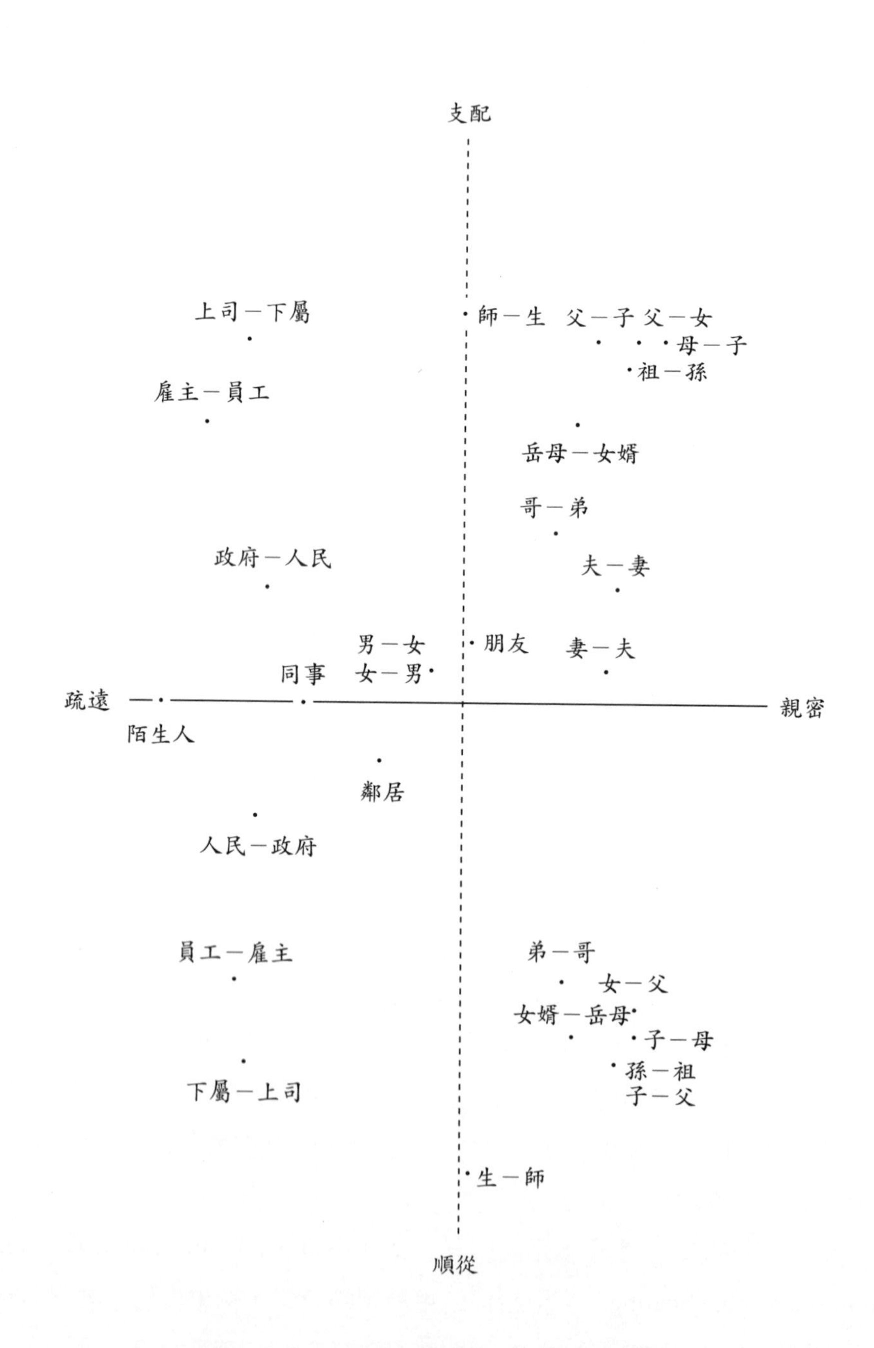

圖 8-3 大學生對角色規範的認知結構

➢ 親疏向度

第一個向度反映角色對待方式應考量關係的「親疏遠近」。以大學生而言，在此向度之落點為高正值的角色關係，皆為核心家庭之近親關係，如：「母親－兒子」（1.14）、「女兒－父親」（1.03）、「兒子－母親」（1.00）、「祖父－孫子」（1.03）。隨著血緣關係的減弱，在此向度的值就循序降低，如：「哥哥－弟弟」（.50）、「岳母－女婿」（.68），循至「老師－學生」已降為.03。非血緣的熟識關係則大都轉為負值，如「朋友－朋友」（-.06）、「鄰居－鄰居」（-.58）、「同事－同事」（-.93）、「上司－下屬」（-1.38）與「下屬－上司」（-1.44），而「陌生人－陌生人」則如所預期的，在此向度的值最低（-1.82），顯示應以最疏遠的關係待之。

以成人而言，各角色關係在第一個向度的落點順序，也顯示此一向度的「親疏」性質。大體而言，大學生與成人對各角色關係在親疏向度上的排序相當一致，其相關值達 r =.79。顯然，大學生與成人皆明顯地會以親人、外人的觀念來決定適當的角色對待方式。只要是親人關係，在第一個向度的數值全部是正的，而熟人、外人類別的角色對待關係在第一個向度的數值，則大多為負的。不過，大學生與成人對某些角色關係的親疏定位略有不同，如成人可能由於工作經驗的緣故，而認為上司與下屬、雇主與員工之對待，關係應該比朋友或同事關係要來得親近，而大學生則認為朋友之間應該比上司與下屬、雇主與員工之對待關係來得親近。成人也可能由於當父母的親身經驗，而傾向認為父母對待子女的親近性，應略高於子女對待父母的親近性；大學生則認為二者應該不分軒輊。另外，較之大學生而言，成人似乎將兄弟、祖孫、鄰居、同事、朋友、陌生人等關係定位得疏遠一些，這可能是成人的生活重心置於核心家庭所致。

在「親疏」向度方面，受測者大致認為無論雙方之角色關係為何，雙方互動應當遵循「報」的規範（Yang, 1957）或「平等互惠法則」（equality matching）（Fiske, 1991, 1992）。以父子關係而言，大學生認為「父親對待兒子」應然的親疏程度（.85）大抵與「兒子對待父親」的程度（.94）相若；成人認為「父親對待兒子」應然的親密程度（1.10）亦大抵等於「兒子對待父親」的程度（.93）。其他關係也大多遵循此一對等回報法則，如大學生認為「老師對待學生」的合宜親疏程度（.03）幾乎等於「學生對待老師」的程度（.02）；成人認為「上司對待下屬」之合宜親疏程度（-.16）也大抵相當於「下屬對待上司」的程度（-.30）。

➢ 尊卑向度（支配－順服）

第二個向度則反映了角色規範應遵守的「尊卑」法則，上對下或尊對卑的角色對待關係，在此向度的落點皆為正值；而下對上或卑對尊的角色對待關係，在此向度的落點則皆為負值。以大學生而言，父待子是 1.35，子待父即反過來為-1.30；上司待下屬是 1.27，下屬待上司則為-1.32；老師待學生是 1.38，學生待老師則為-1.70。以成人而言，結果亦然，父待子是.99，子待父即反過來為-1.63；上司待下屬是.88，下屬待上司則為-1.30；老師待學生是 1.07，學生待老師則為-1.59。

大學生與成人對各角色對待關係在「尊卑」向度的定位，相當一致，其相關達 r =.94。大學生與成人皆認為父待子、父待女、母待子、兄待弟、祖父待孫子、岳母待女婿、老師待學生、上司待下屬、政府待人民、雇主待員工等關係裡，前者對後者應扮演尊位、權威的角色，而後者則應扮演卑順的角色。不過，較諸大學生而言，成人似乎較不重視上位者的支配角色，但卻似乎較強調下位者的卑順行為。例如：就大學生而言，「父待子」在此向度的值為 1.35，而子待父則為幾乎對稱的負值-1.30；而成人之「父待子」的值為.99，但「子待父」卻出現比對應之負值還極端的負值-1.63。

至於鄰居、朋友、同事、陌生人之間的相待之道，則大體認為應平權相待。在夫妻關係方面，大學生及成人皆認為：夫妻應保持大致平等，但對配偶皆擁有某種程度的支配性關係。就大學生而言，「丈夫對待妻子」在此向度的值為.45，而「妻子對待丈夫」的值略降為.14；就成人而言，「丈夫對待妻子」在此向度的值為.81，而「妻子對待丈夫」略降為.59。大學生及成人雖然皆認為夫妻應大致平等相待，但「丈夫對待妻子」在此向度的值略高於「妻子對待丈夫」，這可能意涵著：受測者認為丈夫的權勢仍應略為高於妻子。

第四節　關係與資源分配

瞭解華人對於各種「角色關係」的知覺之後，緊跟而來的問題是：個人在與自己關係不同的他人進行互動時，可能表現出什麼樣的社會行為？本書第四章指出：筆者是以社會交換理論作為基礎，建構出〈人情與面子〉的理論模型。和各種不同類型的交換行為比較之下，資源分配是相對比較單純的社會交換。依照〈人情與面子〉的理論模型（Hwang, 1987），資源分配者在和關係不同的其他人進行社會互動時，很可能採取不同的交往法則。這種社會交往的法則，最容易在資源分配的具體行動中彰顯出來。

➢ 社會交換的資源

在開始評介有關華人社會交換的研究之前，我們必須先釐清：人們到底有哪些可以用來作社會交換的資源？本書第四章第二節提到，Foa 與 Foa（1976）提出的「社會交換的資源理論」（resource theory of social exchange），將人們經常用來作社會交換的資源分為六大類。他們並用「具體性」（concreteness）和「特殊性」（particularism）兩大向度，來描述這六大類資源的性質（如圖 4-1 所示）。所謂「特殊性」是指個人只能和某些特定的對象交換某種社會資源，在這六大類資源中，「愛情」（love）的特殊性最高；「地位」（status）和「服務」（service）次之；「訊息」（information）和「財貨」（goods）又次之；「金錢」（money）的特殊性最低。所謂「具體性」是指某一類資源的抽象或具體的程度：在這六大類資源中，以「服務」和「財貨」的具體程度最高；「地位」和「訊息」的抽象程度最高；而「愛情」和「金錢」則居於期間。

➢ 關係與酬賞分配

瞭解社會交換中的「資源」，我們便可以進一步回顧若干有關華人資源分配的研究。在一項有關工作貢獻與酬賞分配的研究中，朱真茹與楊國樞（1976）發現：當台灣受試者的工作成績較其同伴差時，他們會依公平法則來分配酬賞；當他們的工作成績較優時，他們會依均等法則來分配酬賞。這個研究顯示：華人在分配資源時，傾向於考慮對方的利益；然而，該項研究並未考慮資源支配者與對方的「關係」對資源分配的影響。

Leung與Bond（1984）所作的一項文化比較實驗顯示：華人和美國受試者和不同關係的夥伴一起工作時，他們傾向於採取不同的規範：對於陌生人，華人比美國人更偏好使用公平法則；對於朋友，他們卻較可能遵循均等法則。Hui、Triandis與Yee（1991）的文化比較研究，也有類似的發現。不僅如此，Leung與Bond的研究還顯示出：當受試者的投入比朋友多的時候，他們比美國受試者更遵循均等法則。這個研究適度地補充了朱真茹與楊國樞（1976）早期研究之不足：換言之，華人考慮他人利益的傾向較適用於其熟人的範圍之內，較不適用於陌生人。

Zhang與Yang（1998）首先用情境實驗法（scenario）探討了各種社會關係與資源分配之間的關係。他們將228名北京的成人參與者分成六個群體，先要求他們閱讀一個情境故事，然後回答若干問題。該故事描述兩個人合力為公司做完一種工作後，獲得了人民幣100元的獎金。他們兩人對完成工作的貢獻分別為70%及30%。每一位參與者都必須想像自己是高貢獻者，並作六次分配，將獎金分配給六個和自己有不同關係的一位想像的工作夥伴，包括：父母、兄弟、朋友、同事、熟人，以及一位陌生人。在實驗過程中，所有的參與者都被分成五組，各組分別依照意願、合情合理、人情、應該、公正等五種不同的規範，將獎金分給六個不同的工作夥伴。此外，還有一個控制組，在沒有特定規範的指示下，依照自己的意願分配酬賞。

➢ 道德義務感與人情

他們的研究結果顯示：在「合理」、「應該」和「依自己意願」三種情況下，參與者的分配並沒有差異。換言之，在本研究的情境中，華人依照自己意願所表現的行為，和他們認為「應該」做的行為，以及他們認為「合理」的行為都是一致的。茲將參與者在這三種情況下所作的分配合併，並將他們在「人情」與「公正」情況下所做的反應一起繪圖，如圖 8-4 所示。

由圖 8-4 中，我們可以很清楚地看出：儒家關係主義的文化傳統對華人酬賞分配的影響。首先，我們該注意的是「關係」對於酬賞分配的影響。在該研究中，情境故事裡的六個工作夥伴對於工作的完成雖然都做出了同樣的貢獻，他們跟參與者的關係不同，參與者便傾向於他們做出不同的決策。參與者跟他們的關係愈近，給予他們的酬賞也愈多。如果他們判斷：某種「關

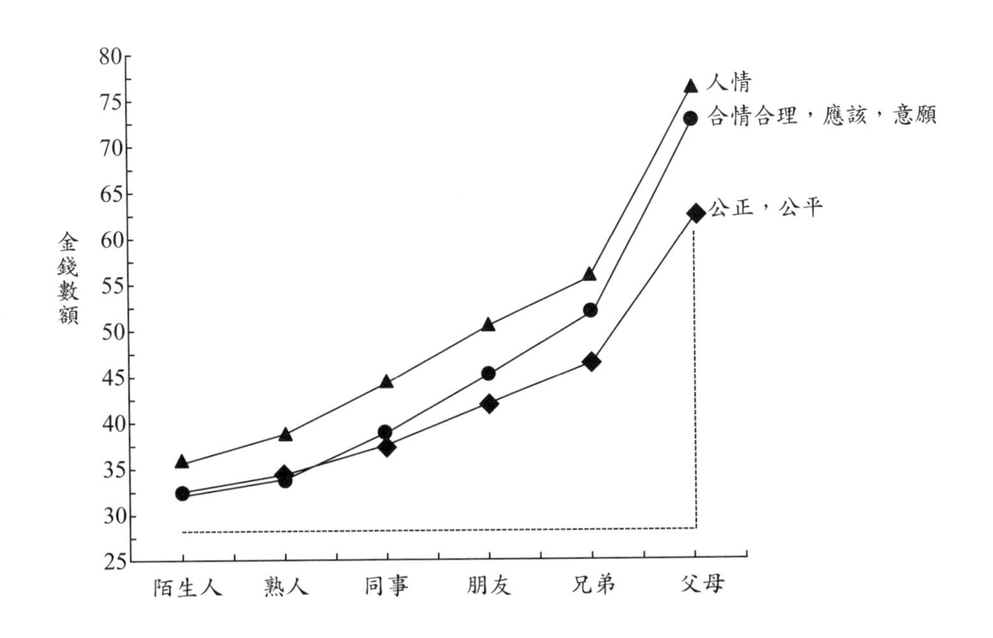

圖 8-4　在三種分配模式下，對六位不同夥伴所作的分配

資料來源：Zhang & Yang (1998)

係」對他們蘊涵有強烈的道德義務（譬如「家人」關係），在他們有機會分配酬賞時，他們便可能利用機會，給予對方較多的酬賞。相反的，如果某種「關係」蘊涵的道德義務較弱（像熟人或陌生人），他們便傾向於考量彼此的貢獻，採用「公平法則」來分配資源。

除此之外，值得注意的是：「人情」和「公正」對於酬賞分配的影響。依照〈人情與面子〉的理論模型（Hwang, 1987），在任何一種人際互動的情境裡，「關係」都包含有強調對方福祉的「情感性成份」，也有以他人作為「工具」，企求獲取個人利益的「工具性成份」。不論在哪一種人際關係裡，當「人情」的認知原則被強調時，資源分配者便比較可能考量對方的利益，給予對方較多的酬賞；當「公正」的認知原則被強調時，他便可能考慮彼此雙方的貢獻，給予自己較多的酬賞。

第五節　關係與社會交換

然而，資源支配者依照人際關係的親疏遠近，給予對方不同的酬賞，並不是儒家社會中獨有的現象，而是許多人類社會中共有的現象。譬如：Clark與Mills（1979）將人際關係區分為共享（communal）及交易（exchange）關係兩大類，在諸如家人及愛侶、朋友之類的共享關係間，當對方有需求時，人們會覺得有責任顧及對方的福祉，並且願意幫助對方；相形之下，在諸如陌生人或做買賣的交易關係之間，人們就不覺得要為對方的需求擔負任何特殊的責任。他們會依照過去曾獲得的幫助以及未來將獲得利益的期望，有條件地並相互地施予對方恩惠（Clark, Ouellette, Powell, & Milberg, 1987）。

➢ 義務感與角色要求

許多人類學的研究顯示：親族之間施予及收受的交換關係，都比非親族之間更為頻繁；親族間的互相幫助比較不講條件，而且不要求立即的回報；親族之間貴重禮物的交換或給予，也比非親族間頻繁（Essock-Vitale &

McGuire, 1980, 1985）。將較多的資源分配給內團體的成員，似乎是一種普世性的交換模式，在不同文化之間只會隨脈絡的不同而稍有變異（Van den Heuvel & Poortinga, 1999）。Cunnigham（1986）所作的文獻回顧顯示：親族間的緊密程度和提供協助的意願（willingness to provide aid），以及期望對方願意給予的協助都有關係。

許多比較朋友與陌生人之間互動方式的實驗研究也顯示：人們期望朋友比陌生人更會互相幫忙（Bar-Tal, Bar-Zohar, Greenberg, & Herman, 1979）。事實上，除非幫助對方會威脅到自我形象，在大多數情況下，他們也比陌生人更可能幫助對方（Tesser, Miller, & Moore, 1988; Tesser & Smith, 1980）。朋友在分配金錢的時候，較可能考慮對方的需求（Lamm & Schwinger, 1980, 1983）。在同樣情況下，陌生人則會更精密地計算雙方對於聯合作業的貢獻（Clark, 1984; Clark, Mills, & Corcoran, 1989）。

這種共享關係間的助人行為，很可能是出自個人對不同社會對象的義務感。Rossi 與 Rossi（1990）問一群成人樣本：他們對不同的親戚所產生的義務感（felt obligations），以及感受到義務感的大小。他們發現：人們通常對自己的父母及子女有最大的義務感，其次是媳婦或女婿（children-in-law），然後是養子女（stepchildren）、岳父母、手足兄弟、祖父母、孫子女。對朋友的義務感都低於所有的親戚。

這樣的義務感跟日常生活中的助人行為有密切的關聯。Amato（1985, 1990）將助人行為（helping behavior）分為有計畫的（planned）和自發的（spontaneous）兩大類，他以美國大學生及成人樣本為對象所做的研究顯示：日常生活中的助人行為大多是助人者（help giver）事先規劃，並且主要是給予朋友、家人以及組織中所熟習的其他人，幫助陌生人只占助人行動的一小部分。因此，他認為：在日常生活中，助人行為主要是出自於角色的要求（role requirement），是由社會關係所決定的。

➢ 差序性遞補模式

Cantor（1979）研究給予老年人的協助行為，並發展出一個「差序性遞補模式」（hierarchical compensatory model），認為支持的給予（support-giving）是提供者和接受者之間關係緊密度和原初性（closeness and primacy）的函數。親族是最恰當的照顧者，其次是重要他人，然後才是正式機構。Waite 與 Harrison（1992）分析美國普查局（U. S. Bureau of the Census）在「國家型成年婦女長期研究」（National Longitudinal Study of Mature Women）中對 3,677 名中年婦女之社會接觸（social contacts）所蒐集的資料，也提出類似的差序模式（hierarchical model）。

以往的學者大多是以社會生物學（如 Cunningham, 1986; Essock-Vitale & McGuire, 1980, 1985）或增強理論（如 Clark et al., 1987; Dovidio, Piviavin, Greatner, Schroeder, & Clark, 1991）來解釋這種現象。換言之，親密關係間的互助行為似乎是一種普世的現象，但我們如何能夠用它來說明華人社會行為的獨特之處？

第六節　代間交換與孝道

本書第七章指出：儒家文化將孝道視為一種「無條件的積極義務」。我們可以用中、西社會中有關「代間交換」（intergenerational exchange）的比較研究，來說明儒家社會中「孝道」的特色。西方社會中的「差序性遞補模式」認為：家庭成員提供給老年人支援或協助的可能性有其優先順序。當優先順序的成員無法提供支援或協助時，則由接續順序的成員遞補提供（Johnson, 1983; Shanas, 1979）。

➢ 女兒優先 vs. 兒子優先

在西方社會裡，家庭成員提供給老年人的優先順序依次為配偶、女兒及兒子（Brody & Schoonover, 1986; Litwak, 1985; Sherman, Ward, & Mark, 1988），女兒比兒子提供較多的協助和時間給年老父母。然而，「性別意識模型」（gender ideology model）進一步指出：西方社會對不同性別的子女有不同的角色期待，男性通常被教化成為經濟提供者的角色，女性則被教化成為照顧者。西方社會中的實徵研究結果也顯示：美籍女兒提供給父母較多的日常勞務協助，例如：接送、照料以及準備餐食（Matthews & Rosner, 1988; Stoller, 1983）；而兒子則提供給父母較多的財務幫助（Montgomery & Kamo, 1989）。

然而，不論是「差序性遞補模式」或是「性別意識模型」，移植到儒家社會後，都會發生不適用的情形。過去針對台灣樣本的實徵研究結果顯示：不論是在財務或家務內容的幫助上，兒子提供給父母的幫助均較女兒為多（吳味卿，1993；林松齡，1993；陳育青，1990；Hermalin, Ofstedal, & Lee, 1992）。不僅如此，西方的「競爭承諾模型」（competing commitments model）指出：當子女必須承擔較多樣的角色責任時，他們可提供給父母支持或協助的剩餘時間便相對減少（Ross, 1987）。西方社會中實徵研究的結果也發現：已婚子女提供給父母的照顧與時間比未婚子女少（Lang & Brody, 1983; Matthews, Werkner, & Delaney, 1989; Stoller, 1983）。但在台灣的實徵研究卻發現相反的結果：在職場工作或已婚的子女反倒比尚未工作或未婚的子女提供給父母較多的照顧（Hermalin et al., 1992; Lin et al., 2003）。

➢ 兒子優先的孝道責任

諸如此類的研究發現在在顯示：在西方社會中所發展出來的親子互動模型很難適用在儒家社會；儒家社會中的相關現象必須用儒家關係主義中的孝道來加以解釋。葉光輝（2009）分析中央研究院五期二次「台灣社會變遷基本調查研究」資料的結果發現：在家務支持與情感關注等內容項目上，親子兩代間主要是依循「互惠原則」進行代間交換；當一方提供較多的援助與支持時，另一方會根據人際互動的回報原則，提供較多的援助與支持回饋給對方。然而，在金錢項目的援助與支持上，則是以對方的需求為基礎，依循「需求法則」而運作。當一方（通常是年老父母這一方或收入較低者）的需求量愈高時，另一方（通常是成年子女這一方或是收入較高者）必須盡其能力提供較多的幫助。

在提供給父母金錢及勞務援助的頻率方面，則是中國父子軸社會中強調「兒子優先的孝道責任」（Hsu, 1963）：兒子應比女兒提供父母較多的奉養及照顧。不過所謂「兒子優先的孝道責任」，主要是顯現在已婚族群的子女身上，而不是顯現在未婚族群的子女身上。換言之，相較於已婚的女兒而言，已婚的兒子會提供給自己父母較多的金錢及勞務援助，但未婚的兒子並未比未婚的女兒提供給父母較多的金錢及勞務援助。已婚女兒比已婚兒子提供給父母的金錢援助頻率較少，主要原因可能是她們擁有的金錢資源比較少，也比較不能自主。對已婚女性群體進一步分析的結果顯示：她們提供給自己父母與提供給配偶父母金錢支持頻率，兩者並無明顯差異。

➢「需求法則」與長期互惠

金錢援助頻率的分析結果，也支持了孝道規範中的「長期互惠原則」：相較於低教育成年子女者，過去受到父母較多栽培與投資的高教育成年子女，會提供給父母金錢財物援助的頻率較多。但從父母身上獲得較少的金錢援助者，自己提供給父母的金錢援助並不是較少，反倒是較多（$r = -.43$，$p < .001$）。從儒家關係主義的角度來看，孝道規範中的「長期互惠」，其實是建立在雙方各盡其角色義務，以滿足對方合理需求的「需求法則」之上。這樣的「需求法則」可以用來說明：當父母的教育程度愈低時（即較為弱勢，需求較高），成年子女提供給他們金錢援助的頻率愈高。

在提供給父母家務支持的頻率方面，最主要的兩個關鍵因素為：子女是否與父母同住，以及父母提供給子女家務頻率的多寡。當成年子女與父母同住時，父母若提供給子女的家務協助頻率愈高，基於代間互惠原則，子女也會提供父母較多的家務協助，做為回饋。然而，若子女不與父母同住，而且父母也未提供給子女家務協助，子女提供給父母家務支持的頻率，就相對少了許多。整體而言，台灣民眾家庭勞務的代間交換行為，大致都可以用華人孝道規範下的「需求法則」、「互惠法則」，以及「兒子優先的孝道責任」原則來加以解釋。

值得特別注意的是，這項研究是以國科會社會變遷基本調查所蒐集到的資料作為基礎，作次級資料的分析所獲得的結論。當初調查問卷的設計者對華人社會中的孝道及代間交換，可能並沒有建構出完整的理論，他們所擬定的調查項目也不見得周延。譬如說：在結婚之後，「兒子比女兒以更多的金錢與勞務回報父母」，事實上，在許多情況下，是媳婦代替兒子以勞務服侍父母。諸如此類的例子，更說明了建構本土社會心理學理論的重要性和必要性。

第七節　關係脈絡與社會規範

家庭內代間交換行為的研究顯示出西方社會交換理論的侷限。在西方文化中發展出來的社會交換理論是建立在「報的規範」（norm of reciprocity）之上，後者預設：當個人受到資源支配者的恩惠時，他會產生心理上的欠負感（sense of indebtedness）而感到不舒服（Chadwick-Jones, 1976; Gouldner, 1960; Roloff, 1987）。欠負感的大小是恩惠之受者（即請託者）所獲得的利益和施者（即資源支配者）所付出之代價的函數（Greenberg, 1980）。個人在其社會化過程中將會學到：一旦接受了他人的恩惠，就會感受到回報的義務（feeling of obligation to repay），施與受兩者之間必須成比例，以恢復雙方關係的平衡（Greenberg, Block, & Silverman, 1971; Greenberg & Frisch, 1972）。

「報的規範」以及因而產生的欠負感雖然是普遍性的，本書第四章對社會交換理論所作的批判性回顧指出：在交換中和他人維持均等的關係，反映出西方文化中個人主義的預設。個人主義文化強調：人際關係的維繫，取決於個人在社會交換中對於代價和收益的算計；儒家關係主義卻要求個人依照自己在關係網絡中所占的位置，善盡義務並採取合宜行動，以維持人際關係的和諧。韓貴香、李美枝與黃光國（Han, Li, & Hwang, 2005）指出：儒家雖然強調「尊尊法則」，然而當居上位者要求個人幫忙時，個人是否會接受他的請求，取決於請託內容是否符合雙方的關係脈絡（relational context），以及主導該情境的社會規範。如果兩者相符，則會誘發權威取向的認知架構；反之，如果請託內容不符合其關係脈絡，則可能引發自主性的認知架構與心理的抗拒（psychological reactance），而拒絕其請託。

基於這樣的推論，他們設計了兩種不同版本的問卷，並以來自台灣六所不同大學的 182 名研究生為參與者，將他們隨機分派成兩組，每組各有 44 名男生及 47 名女生，分別填寫其中一份問卷。每份問卷均包含兩則情境故事，兩組參與者分別回答他們是否願意接受來自教授（縱向關係）或同學（橫向關係）的兩種不同請託。與教授和研究生之關係脈絡相符的請託主題為「學術工作」，包括：登記資料、統計分析、準備教材等等；與其不相符的請託主題則為「幫忙家務」，包括：清潔打掃、照顧幼兒、上街購物等等。在每一個情境故事後面分別附有十個項目，參與者必須在由 1（非常不重要）至 7（非常重要）的七點量尺上，評估每一個項目對於他們接受或拒絕對方請求的重要性。

結果顯示：在「學術工作」的協助方面，參與者接受教授請託的比例（82.4%）顯著地高於接受同學請託的比例（50.5%）〔$\chi(1)2 = 20.737$，$p < .001$〕；在要求「幫忙家務」方面，參與者接受教授請託的比例（38.9%）和接受同學請託的比例（33%）則沒有顯著差異〔$\chi(1)2 = .689$，$p > .05$〕。

他們將受試者接受或拒絕請託的理由做因素分析，結果得到四個因素：「服從權威」、「自我主張」、「社會拒絕的焦慮」以及「期望獲得回報」。其中「服從權威」（obedience to authority）和「自我主張」（self-assertion）與本文主題有關，因此以之作為依變項，比較「接受組」和「拒絕組」在這兩個因素上得分的差異。結果顯示：不論是在「學術協助」或是「家務協助」方面，「接受組」評定「服從權威」的重要性都大於「自我主張」；「拒絕組」評定「自我主張」的重要性都大於「服從權威」。

在Foa與Foa（1976）「社會交換的資源理論」（resource theory of social exchange）中，請求幫助是要求對方提供「服務」。本研究的發現可以用來支持本書所強調的文化心理學基本主張：「一種心智，多種心態」，即人類先天的心智會決定其社會行為的深層結構；但各個不同的文化卻會塑造出該文化中人們特有的心態，讓他們在不同的關係脈絡下，以不同的認知架構和他人玩不同的「語言遊戲」。在下一節中，我們將再舉一個例子來說明：即便是在儒家文化中，各個不同的儒家社會還會因為他們所玩的特殊「語言遊戲」，而塑造出不同的心態。

第八節　中國與日本：兩種儒家社會的比較

用Foa與Foa（1976）的「社會交換的資源理論」來看，地位（status）是個人所掌握的一項重要資源。對他人的地位表示尊重，則是個人和他人進行互動時，可以贈予對方的一種社會資源。用謙虛的方式或稱呼對外人描述內團體成員，是華語、日語、韓語等東亞國家語言共有的現象。例如：要表現相當於華語的「敝公司」（bi-gong-si）時，日語裡有所謂「敝社」（hei-sha）的說法，在韓語裡也有「폐사」（pye-sa）一詞，轉換成漢字，即為「敝社」。然而，要將該詞翻譯成英語，卻只能用 “our company” 來表示。在歐美的語言中，不僅沒有與「敝公司」意義相互對應的辭彙，歐美文化中也沒有將自己所屬的公司地位往下放一級，來表示尊敬的習慣。

➢ 日本文化中的相對敬語

然而，如果我們比較東亞不同文化之間的語言習慣，除了發現其共通性之外，仍然有其差異之處。根據比較語言學的研究，在東亞文化中，日本文化獨有的特徵之一為「相對敬語」（白同善，1993）。這是一種依照發話者、聽話者以及話題中人物的關係，來決定尊敬程度的敬語使用方式。舉例說明如下。

有一家 A 公司，該公司有 X 經理與 Y 屬下。當 Y 要陳述以 X 經理為動作主題的內容時，基於 X 與 Y 的上下關係，Y 必須對 X 經理使用尊敬語。例如：將「X 部長見てください」（X 經理請看一下），改為「X 部長ご覧ください」（X 經理請過目一下）；而「X 部長食べてください」（X 經理請吃看看）則以「X 部長お召し上がりになってください」（X 經理請品嚐看看）來表現。但假設交易對象B公司的Z先生（所謂的外人）打電話到公司，而 Y 代替 X 經理接電話時，將用以下的對話。

Z：「Xさんはいらっしゃいますか？」（請問X經理在嗎？）
Y：「今 X はおりません（X 現在不在）。1 時間後にもどります。」（他一個小時之後回來。）

底線的部分是使用尊敬語的描述，網底的部分是使用標準體的描述。在上述 Y 的發言中，動作主體雖為 X 經理，但是卻移除了「先生」或「經理」的敬稱，動詞也並未使用敬語。Y 首先必須判斷談話的對象（Z）是屬於內團體或外團體。如果對方是屬於外團體的人，發話者在提到屬於內團體的人（X 經理）時，不應該使用尊敬語（如圖 8-5 所示）。因此在表面上，Y 並沒有當場對 X 表示尊敬。換言之，對發話者而言，談話對象是內團體或是外團體的判斷，將先於判斷動作主體與自己的上下關係。這就是相對敬語的結構。

➢ 日本傳統社會的巢狀結構

日本文化為什麼會發展出這樣相對敬語的語言體系呢？為了回答這樣的問題，大導寺慎吾與黃光國（2009）引用日本社會學者有賀喜左衛門描述日本社會所提出的理論。有賀在日本傳統農村家庭社會進行大量的實地考察（field study）後，在 1967 年發表了一篇題為〈公與私〉的學術論文。其中提

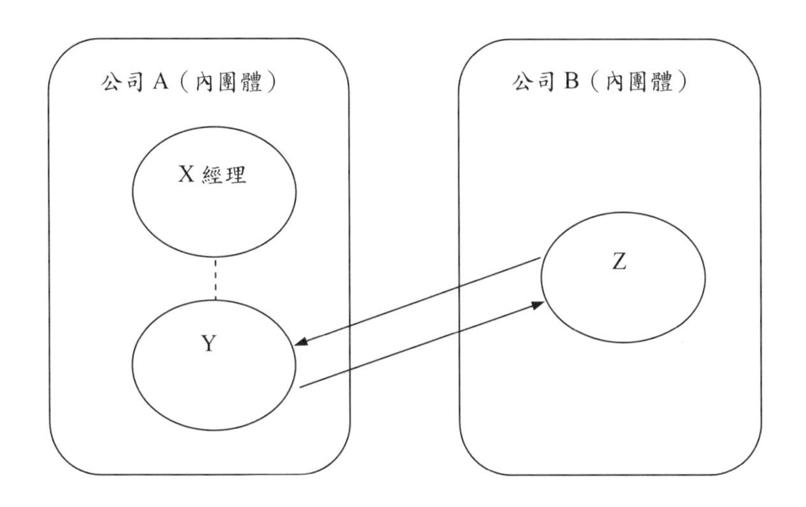

圖 8-5　相對敬語的關係結構模型

到，「公」在英語翻譯為 Public，而「私」則翻譯成 Private。但是，有賀指出：在英語及日語中，其意義所包含的概念卻有所不同（有賀喜左衛門，1967）。在西歐的社會結構中，Public 是獨一無二的，大家在概念上先有一個稱之為 Public 的共同平台（platform），所有的個人都是對著 Public。

相對的，在日本「公」（オオヤケ）並不是獨一無二，而是多數的存在。如以家庭為最小的集團來說，家長就是「公」，而家長以外的成員就是「私」（ワタクシ）。在該家長所屬的上位集團中，家長就成為「私」，並相對產生另外一個「公」，即所謂的「公人」。有賀所考量的家族模型，是巢狀的結構（nested structure）。日本傳統社會的結構和西歐獨一無二的Public不同的是：其中夾著家族以及中間團體，而形成疊層狀的「公與私」（如圖 8-6 所示）。

從人類學的角度來看，日本之所以會產生上述的社會結構，源自於日本文化中稱為「家元」的一種獨特的次級團體。人類學家許烺光認為：不管那個社會的成員，其生命都是從某種形式的初級親屬團體開始。除非他們終身要當該初級團體的成員，否則他們就是待加入或形成其他種類的次級團體。

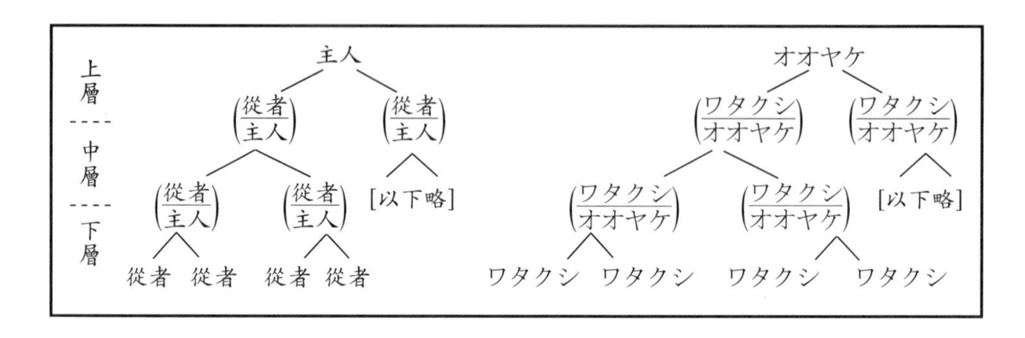

圖 8-6　有賀的日本傳統家族模型

作為這些次級團體的成員，他們的行為將深受其初級親屬團體的影響（Hsu, 1975）。

➢ 家元與階等關係

這種對個人行為影響重大的次級團體，在中國稱為「宗族」（clan），在印度稱為「種性」（caste），在美國稱為「社團」（club）（Hsu, 1963），在日本則為「家元」（iemoto）。中國家庭的財產繼承法則為「均分制」，日本「家元」的核心則是單嗣繼承，通常由長子繼承家屋、財產和祖先牌位，此稱為「本家」（honke）；他的兄弟（通常是弟弟）分得部分遺產，或者屈從於嗣子，或者建立自己的家庭，此稱為「分家」（bunke）（Hsu, 1975）。

在都市地區，這些被嫡系排除的兄弟，必須參加或建立可以讓他們生活的次級團體，日本人稱之為「同族」（dozoku）。同族的成員並不是由個人所組成，而是由具有家長的母法人（本家）和幾個各有家長的子法人（分家）所組成，前者為優位團體；後者為從屬團體。團體內的成員有血緣關係，但同族內的團體之間，並沒有血緣關係。

日本人的「同族」跟中國人的「宗族」完全不同：中國人在其宗族中的資格，取決於他在親屬關係中的位置。當一個中國人遷居異地時，他只要對遠親確認自己在親屬網絡中的位置，就能夠重新啟動他們彼此之間的親屬紐帶。這樣的紐帶可能隱而不顯，但卻不會完全被抹消。

相形之下，日本的「同族」則是強調所謂「場」的住緣關係，其成員必須參與「家元」的經濟、社會和儀式活動，他們由一群有共同意識型態的人自願結合而成，有共同目標，願意遵守同樣的行為法則（Nakane, 1967）。在日本傳統社會裡，諸如插花、茶道、柔道、書法、繪畫、能劇、歌舞伎、古箏、歌詠、射箭、服裝設計、烹飪等等的流派，以及武士集團，都是依照「家元」的原則組織而成的。

屬於「同族」的「家元」十分重視階等關係：「分家」在經濟、社會和儀式上明白地從屬於「本家」，並且使用一種特殊的親屬，他們稱呼「本家」的家長和他的妻子為「父」與「母」；「分家」的家長和妻子則為「叔」和「嬸」。「本家」的兒子無論年齡大小，「分家」的兒子都必須稱之為「兄」。更為獨特的是：這種親屬稱謂的用法是永久性的，所有接續世代的「本家」的家長及其配偶，對所有接續世代的「分家」的成員都將是「父」與「母」，他們的子女則為「兄」與「姊」（Nagai, 1953）。從儀式性家族成員的觀點來看，「本家」的家長和其真正親族的「分家」的家長們全都是「父」或「母」（Nagai, 1953）。「同族」具有法人（corporation）的性質，其成員的單位則是從屬的法人。每個單位法人在「家元」的整體網絡上被排定了一個位置，並保有這個位置到無限世代。

在傳統社會裡，日本人必須根據「家元」的親屬稱謂體系，來使用其獨樹一格的「相對敬語」；到了現代社會，日本人仍然必須根據他們對互動雙方在「內／外團體」中「上／下位階」的認知，用相對敬語來表現內團體的謙虛行為。

➢ 相對敬語與內團體謙虛

根據語言學的研究，以上「相對敬語」的用法，只存在於現代日語之中。雖然鄰近的韓國也存在著敬語體系，但韓語中所使用的是「絕對敬語」。對某特定的人物，無論人稱或是場合如何變化，仍然使用固定的敬語。在現代的華語中，既沒有像日語那樣高度文法化的敬語表現，語言的使用也沒有依照談話對象的區分，而發生相對變化的語法規則及習慣。關於這一點，華語的語言習慣是與韓語較為接近的（朱金和，1989）。由此可知，在東亞各國中，相對敬語可以說是日本文化裡獨特的語言習慣。

更清楚地說，台灣和日本雖然同樣受到儒家文化的影響，然而，漢民族的初級團體是「家庭」，個人在家庭之外最先參與的次級團體是「宗族」（Hsu, 1963）。華語中敬語的使用，雖然會強調「內／外團體」之分，可是，當個人和外團體成員交往時，不會再因為雙方的「上／下」之分或「親／疏」之別，而使用不同的敬語。

例如：在以自己父親為話題，向家族或親戚以外的他人做描述時，東亞文化由於存在著對外團體謙虛地表現有關內團體事物的行為規範，因此無論是在日本或台灣，發話者向屬於外團體的談話對象提到有關內團體成員的事情時，都傾向於謙虛地向聽話者表達自己父親的事情。然而，在使用相對敬語的日本，當談話對象是很親近的關係他人時，「表現自己父親的事情」的謙虛程度將受到壓抑。相對的，當個人與談話對象關係非常疏遠時，將能夠促進謙虛程度。但是，在使用絕對敬語的台灣，個人與屬於外團體之談話對象的親疏關係，將不會影響內團體的謙虛程度。

因此，吾人可以推論：在向屬於外團體之談話對象提到自己所屬之內團體的事物時，日本文化中的發話者將先考量對方關係是親近或是疏遠，再決定謙虛的程度；而台灣文化則是無論對方是親近或是疏遠，皆表示一定程度的謙虛。

基於這樣的推論，大導寺慎吾與黃光國（2009）設計了兩種情境故事，故事中的主角分別向兩個談話對象描述他所尊敬的內團體的第三者（父親／指導教授）。他所設定的兩個談話對象均屬於外團體，但對發話主角而言，一為「很親近的人物」，另一為「十分疏遠的人物」。然後要求台灣及日本的大學生參與者各 86 位，在李克特四點量尺上評估：發話主角在談判第三者的「能力／努力／名聲／成就」等面向時，應該表現何種程度的謙虛？

結果如圖8-7所示：在日本參與者中，當發話者和談話對象較為「疏遠」時，其內團體謙虛程度（$m_2 = 12.35$，$SD_2 = 2.76$）比雙方關係「親近」時（$m_1 = 11.07$，$SD_2 = 2.55$）有顯著增加（$t = 5.36$，$p < .001$）。但在台灣參與者中，不論談話對象為「疏遠」（$m_2 = 10.44$，$SD_2 = 2.15$）或「親近」（$m_1 = 10.28$，$SD_1 = 2.01$），發話者的內團體謙虛程度並沒有顯著差異（$t = 0.06$，n.s.）。

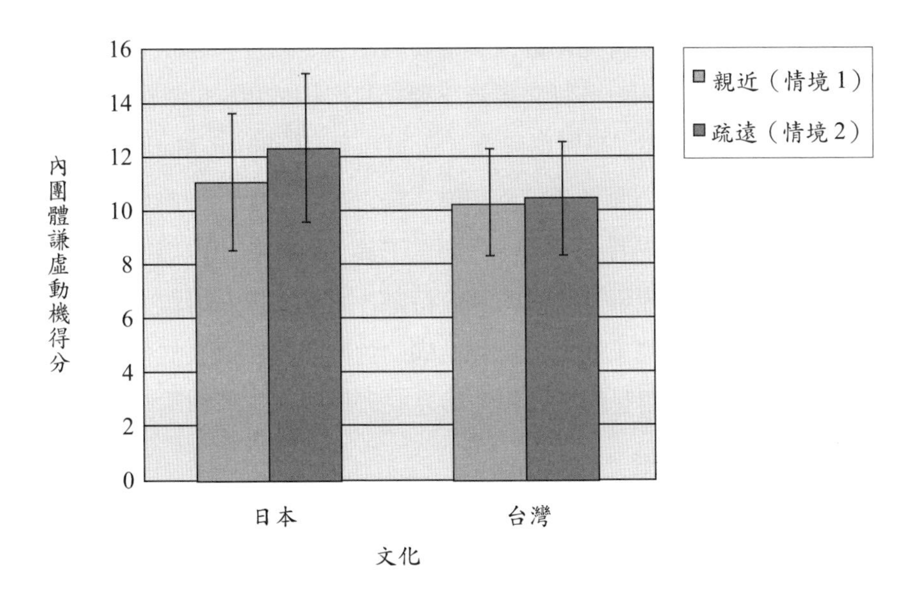

圖 8-7　研究一中日本與台灣參與者對「親近」及「疏遠」的談話對象提到父親時的謙虛程度

➢ 社會結構與內團體謙虛

以台日文化的差異為基礎，大導寺慎吾與黃光國（2009）更進一步推論：在日本文化中，在上位團體（上位的公）之下，在某外團體中，如果包含著同一個內團體的結構關係，發話者描述內團體的謙虛程度將會受到抑制。

相對之下，在沒有上位團體的結構關係之中，內團體的謙虛程度將得以促進。另一方面，在台灣文化中，有無上位團體的情境因素，不會影響內團體的謙虛程度。因此，他們又設計了一個實驗：在一個情境故事中，設定包含雙方在內的「上位的公」，另一個情境故事則不設定「上位的公」，做為對照。然後再以與研究一同樣的方式，探討「有／無上位的公」是否會影響內團體的謙虛程度。結果也支持了他們的推論。

不論是從跨文化心理學或是儒家關係主義的角度來看，大導寺慎吾與黃光國（2009）的這項研究都有極其重要的意義。以往心理學者在比較不同文化間的謙虛行為時，大多將之視為「獨立我／相依我」的一個面向，採取性格心理學的取徑，來從事實徵研究（例如 Heine, Lehman, Markus, & Kitayama, 1999）。有些文化心理學者雖然知道「語言」的重要性，並且經常提到維根斯坦「語言遊戲」或者 Vygotsky「語言工具」的概念，但卻很少有人從語言遊戲的角度，來研究東亞人民的謙虛行為。大導寺慎吾與黃光國（2009）這項研究不僅首開先例，他們從社會結構的角度，說明儒家文化傳統在日本和中國的不同，可以說是儒家關係主義之心理學研究的一項重要突破。

結　論

本章以儒家關係主義的理論模型為基礎，一方面回顧以往社會科學家針對華人社會所建構的理論模式，包括費孝通（1948）的差序格局、許烺光（Hsu, 1971）的「心理社會圖」，以及何友暉的關係取向（何友暉等人，1991；Ho, 1993），說明：儒家關係主義比以往學者所建構出來的理論模式有較大的可外推性；另一方面根據 Hempel（1965）的「演繹模型」或「覆蓋率模型」，說明如何以儒家關係主義的「普遍定律」作為前提，設定各種不同的「先行條件」；導衍出有關儒家社會中「關係」與交換行為的假設，來從事社會心理學的實徵研究。

儘管儒家關係主義比以往學者所建構的理論模型有較大的「可外推

性」，而且可以預測或解釋許多新的現象，然而，主張「科學無政府主義」的 Feyerabend（1978）指出：今日我們肯定為基本之科學原理的許多想法，在歷史上都曾經被判定是荒謬的；而歷史上許多被當做是基本原理的東西，後來又證實是愚蠢的錯誤。因此，一個理論、一種觀點或一種意識型態的暫時後退，並不能做為排除它的理由。

基於這樣的見解，在「增生原則」之外，他又主張「韌性原則」（principle of tenacity），認為：一個舊理論即使受到事實的反駁和否認，它也應當被保留下來，因為它的內容可能對得勝的對手理論有所貢獻。如果因為某一種觀念不符合流行的科學觀點、原理或理論，便堅持要將之排除，這等於是要把科學的一個暫時性退卻，變作爭論的永久仲裁者。這不是科學的勝利，反倒會導致科學的退化。在檢視儒家關係主義及其對手或相關理論之間的關係時，Feyerabend（1978）所提出的這個觀點，是特別值得我們引以為鑑的。

參考文獻

大導寺慎吾、黃光國（2009）：〈台日內團體謙虛行為之差異〉。《中華心理學刊》，印刷中。

白同善（1993）：〈絶対敬語と相対敬語：日韓敬語法の比較〉。《世界の日本語教育日本語教育論集》，3，195-207。

朱金和（1989）：〈中日敬語の試比較〉。《神戸学院大学教養部紀要》，127，121-130。

朱真茹、楊國樞（1976）：〈個人現代性與相對作業量對報酬分配行為的影響〉。《中央研究院民族學研究所集刊》，14，79-95。

有賀喜左衛門（1967）。《有賀喜左衛門著作集 4：封建遺制と近代化》。東京：未来社。

何友暉、陳淑娟、趙志裕（1991）：〈關係取向：為中國社會心理方法論求答案〉。見楊國樞、黃光國（主編）：《中國人的心理與行為》。台北：桂冠圖書公司。

吳味卿（1993）：《台灣地區老人照顧與社會網路關係之研究》。中正大學社會福利研究所碩士論文。

林松齡（1993）：〈老年人社會支持來源與老人社會需求：兼論四個社會支持模式〉。見王國羽（編著）：《社會安全問題之探討》。嘉義：中正大學社會福利研究所。

陳育青（1990）：《台灣地區世代移動之探討》。台灣大學經濟研究所碩士論文。

費孝通（1948）：《鄉土中國》。上海：觀察社。

葉光輝（2009）：〈台灣民眾的代間交換行為：孝道觀點的探討〉。《本土心理學研究》。印刷中。

Allport, G. (1968). The historical background of modern social psychology. In G. Lindzey & E. Aronson (Eds.), *Handbook of social psychology* (2nd ed.) (Vol. 1, pp. 1-80). Reading, MA: Addison-Wesley.

Amato, P. R. (1985). An investigation of planned helping behavior. *Journal of Research in Personality, 19*, 232-252.

Amato, P. R. (1990). Personality and social network involvement as predictors of helping behavior in everyday life. *Social Psychology Quarterly, 53*, 31-43.

Bar-Tal, D., Bar-Zohar, Y., Greenberg, M. S., & Herman, M. (1979). Reciprocity behavior in the relationship between donor and recipient and between harm-doer and victim. *Sociometry, 40*, 293-298.

Brody, E. M., & Schoonover, C. B. (1986). Patterns of parent care when adult children work and when the do not. *The Gerontologist, 26*, 372-381.

Cantor, M. (1979). Neighbors and friends: An overlooked resource in the informal support older parents and their children. *Research in Aging, 12*, 3-35.

Chadwick-Jones, J. K. (1976). Distributive justice, injustice and reciprocity. In *Social exchange theory: Its structure and influence in social psychology* (pp. 242-276). NY: Academic Press.

Chuang, Y. C. (1998). The cognitive structure of role norms in Taiwan. *Asian Journal of Social Psychology, 1*, 239-251.

Clark, M. S. (1984). Record keeping in two types of relationships. *Journal of Personality and Social Psychology, 47*, 549-557.

Clark, M. S., & Mills, J. (1979). Interpersonal attraction in exchange and communal relationships. *Journal of Personality and Social Psychology, 37*, 12-24.

Clark, M. S., Mills, J., & Corcoran, D. M. (1989). Keeping track of needs and inputs of friends and strangers. *Personality and Social Psychology Bulletin, 15*, 533-542.

Clark, M. S., Ouellette, R., Powell, M., & Milberg, S. (1987). Recipient's mood, relationship type, and helping. *Journal of Personality and Social Psychology, 53*, 94-103.

Cunningham, M. R. (1986). Levites and brother's keepers: Sociobiological perspective on prosocial behavior. *Humboldt Journal of Social Relations, 13*, 35-67.

Dovidio, J. F., Piviavin, J. A., Greatner, S. L., Schroeder, D. P., & Clark, R. D. (1991). The arousal: Cost-reward model and the process of interaction. In M. Clark (Ed.), *Review of personality and social psychology* (Vol. 12) (pp. 86-118). Newbury Park,

CA: Sage.

Durkheim, E. (1895/1938). *The rules of sociological method.* Glencoe, IL: The Free Press.

Essock-Vitale, S. M., & McGuire, M. T. (1980). Predictions derived from the theories of kin selection and reciprocation assessed by anthropological data. *Ethology and Sociobiology, 1*, 233-243.

Essock-Vitale, S. M., & McGuire, M. T. (1985). Women's lives viewed from an evolutionary perspective. II. Patterns of helping. *Ethology and Sociobiology, 6*, 155-173.

Feyerabend, P. K. (1978). *Against method: Outline of an anarchistic theory of knowledge.* London: Verso.

Fiske, A. P. (1991). *Structures of social life: The four elementary forms of human relations*. New York: The Free Press.

Fiske, A. P. (1992). The four elementary forms of society: Framework for a unified theory of social relations. *Psychological Review, 99*, 688-723.

Foa, U. G., & Foa, E. B. (1976). Resource theory of social exchange. In J. W. Thibaut, J. T. Spence & R. C. Carson (Eds.), *Contemporary topics in social psychology*. Morristown, NJ: General Learning Press.

Gouldner, A. W. (1960). The norm of reciprocity: A preliminary statement. *American Sociological Review, 25*, 161-178.

Greenberg, M. S. (1980). A theory of indebtedness. In K. Gergen, M. Greenberg & R. Wills (Eds.), *Social exchange: Advances in theory and research* (pp. 3-26). NY: Plenum.

Greenberg, M. S., Block, M. W., & Silverman, M. A. (1971). Determinants of helping behavior: Person's rewards versus other's costs. *Journal of Personality, 39*, 79-93.

Greenberg, M. S., & Frisch, D. M. (1972). Effects of intentionality on willingness to reciprocate a favor. *Journal of Experimental Social Psychology, 8*, 99-111.

Han, K. H., Li, M. C., & Hwang, K. K. (2005). Cognitive responses to favor requests from different social targets in a Confucian society. *Journal of Social and Personal Relationships, 22*, 283-294.

Harris, G. G. (1989). Concepts of individual, self, and person in description and analysis. *American Anthropologist, 91*, 599-612.

Heine, S. J., Lehman, D. R., Markus, H. R., & Kitayama, S. (1999). Is there a universal need for positive self-regard? *Psychological Review, 106*, 766-794.

Hempel, C. G. (1965). *Aspects of scientific explanation*. New York: Macmillan.

Hermalin, A. I., Ofstedal, M. B., & Lee, M. L. (1992). *Characteristics of children and intergenerational transfers* (Comparative Study of the Elderly in Asia Research Report No. 92-21). Ann Arbor, MI: University of Michigan.

Ho, D. Y. F. (1979). Psychological implications of collectivism: With special reference to the Chinese case and Maoist dialecties. In L. H. Eckensberger, W. J. Lonner & Y. H. Poortinga (Eds.), *Cross-cultural contributions to psychology* (pp.143-150). Lisse, Netherlands: Swets Zeitlinger.

Ho, D. Y. F. (1991). Relational orientation and methodological relationalism. *Bulletin of the Hong Kong Psychological Society, 26-27*, 81-95.

Ho, D. Y. F. (1993). Relational orientation in Asian social psychology. In U. Kim & J. W. Berry (Eds.), *Indigenous psychologies: Research and experience in cultural context* (pp. 240-259). Newbury Park, CA: Sage.

Ho, D. Y. F. (1998). Interpersonal relationships and relationship dominance: An analysis based on methodological relationalism. *Asian Journal of Social Psychology, 1*, 1-16.

Ho, D. Y. F., & Chiu, C. Y. (1998). Collective representations as a metaconstruct: An analysis based on methodological relationalism. *Culture and Psychology, 4*, 349-369.

Hsu, F. L. K. (1953). *Americans and Chinese: Two ways of life*. New York: Abelard-Schuman.

Hsu, F. L. K. (1963). *Clan, caste & club*. New York: Van Nostrand Reinhold Co.

Hsu, F. L. K. (1965). The effect of dominant kinship relationships on kin and nonkin behavior: A hypotheses. *American Anthropologist, 67*, 638-661.

Hsu, F. L. K. (1971). Psychological homeostasis and jen: Conceptual tools for advancing psychological anthropology. *American Anthropologist, 73*, 23-44.

Hsu, F. L. K. (1975). *Iemoto: The heart of Japan*. Cambridge, MA: Schenkman Publishing Co.

Hsu, F. L. K. (1985). The self in cross-cultural perspective. In A. J. Marsella, G. DeVos & F. L. K. Hsu (Eds.), *Culture and self: Asian and Western perspectives* (pp. 24-55). New York: Tavistock.

Hui, C., Triandis, H., & Yee, H. C. (1991). Cultural differences in reward allocation: Is collectivism the explanation? *British Journal of Social Psychology, 30*, 145-157.

Hwang, K. K. (1987). Face and favor: The Chinese power game. *American Journal of Sociology, 92*, 944-974.

Johnson, C. L. (1983). Dyadic family relations and social support. *The Gerontologist, 23*, 377-383.

Lamm, H., & Schwinger, T. (1980). Norms concerning distributive justice: Are needs taken into account in allocation decisions? *Social Psychology Quarterly, 43*, 425-429.

Lamm, H., & Schwinger, T. (1983). Need consideration in allocation decisions: Is it just? *Journal of Social Psychology, 119*, 205-209.

Lang, A. M., & Brody, E. M. (1983). Characteristics of middle-aged daughters and help to their elderly mothers. *Journal of Marriage and the Family, 45*, 193-202.

Leung, K., & Bond, M. H. (1984). The impact of cultural collectivism on reward allocation. *Journal of Personality and Social Psychology, 47*, 793-804.

Levi-Strauss, C. (1976). *Structural anthropology* (M. Layton, Trans.). New York: Basic Books.

Lin, I. F., Goldman, N., Weinstein, M., Lin, Y. H., Gorrindo, T., & Seeman, T. (2003). Gender differences in adult children's support of their parents in Taiwan. *Journal of Marriage and Family, 65*, 184-200.

Litwak, E. (1985). *Helping the elderly: The complementary roles of internal networks and formal system*. NY: The Guilford Press.

Matthews, S. H., & Rosner, T. T. (1988). Shared filial responsibility: The family as the primary caregiver. *Journal of Marriage and the Family, 50*, 185-195.

Matthews, S. H., Werkner, J. E., & Delaney, P. J. (1989). Relative contributions of help by employed and nonemployed sisters to their elderly parents. *Journal of Gerontology, 44*, 36-44.

Montgomery, R. J. V., & Kamo, Y. (1989). Parent care by sons and daughters. In J. A. Mancini (Ed.), *Aging parents and adult children* (pp. 213-230). Lexington, MA: Lexington Books.

Nagai, M. (1953). *Dōzoku: A preliminary study of the Japanese "extended family" group and its social and economic functions* (based on the researches of K. Ariga). Ohio State University Research Foundation Interim Report No. 7.

Nakane, C. (1967). *Kinship and economic organization in rural Japan*. London: Athlone Press.

Roloff, M. E. (1987). Communication and reciprocity within intimate relationships. In M. E. Roloff & G. R. Miller (Eds.), *Interpersonal process: New directions in communication research* (pp. 11-38). Newbury Park, CA: Sage.

Ross, C. E. (1987). The division of labor at home. *Social Forces, 65*, 816-833.

Rossi, A. S., & Rossi., P. H. (1990). *Of human bonding: Parent-child relations across the life course*. New York: Aldine de Gruyter.

Shanas, E. (1979). The family as a social support system in old age. *The Gerontologist, 19*, 169-174.

Sherman, S., Ward, R., & Mark, L. (1988). Women as caregivers of the elderly instrumental and expressive support. *Social Work, 33*, 164-167.

Stoller, E. P. (1983). Parental care-giving by adult children. *Journal of Marriage and the Family, 45*, 851-858.

Tesser, A., Miller, M., & Moore, J. (1988). Some affective consequences of social comparison and reflection processes: The pain and pleasure of being close. *Journal of Personality and Social Psychology, 54*, 49-61.

Tesser, A., & Smith, J. (1980). Some effects of friendship and task relevance on helping: You don't always help the one you like. *Journal of Experimental Social Psychology, 16*, 583-590.

Van den Heuvel, K., & Poortinga, Y. H. (1999). Resource allocation by Greek and Dutch students: A test of three models. *International Journal of Psychology, 34*, 1-13.

Waite, L. J., & Harrison, S. C. (1992). Keeping in touch: How women in mid-life allocate social contacts among kith and kin. *Social Forces, 70*, 637-655.

Wallner, F. (1994). *Constructive realism: Aspects of a new epistemological movement*. Wien: W. Braumuller.

Wittgenstein, L. (1945/1958). *Philosophical investigations* (G. E. M. Anscombe, Trans.). Oxford: Blackwell.

Yang, K. S. (1981). Social orientation and individual modernity among Chinese students in Taiwan. *Journal of Social Psychology, 113*, 159-170.

Yang, L. S. (1957). The concept of pao as a basis for social relations in China. In J. K. Fairbank (Ed.), *Chinese thought and institutions* (pp. 291-309). Chicago, IL: University of Chicago Press.

Zhang, Z., & Yang, C. F. (1998). Beyond distributive justice: The reasonableness norm in Chinese reward allocation. *Asian Journal of Social Psychology, 1*, 253-269.

第九章

儒家社會中的生活目標與成就動機

本章的主要目的，是要從科學哲學的觀點，回顧台灣心理學社群對成就動機的研究。由於華人文化對教育及學業成就的重視，台灣心理學社群對成就動機的研究，幾乎是跟它自身的歷史一樣長久。台灣心理學社群對成就動機的研究取向，不僅深受美國的影響，而且反映出某一特定時空條件下，台灣學術社群對所謂「社會科學研究」的理解。本章回顧台灣心理學社群對成就動機的研究取向，也等於是在回顧台灣心理學術社群的研究取向。因此，本章第一節在回顧台灣心理學界對成就動機所作的研究之後，第二節將從科學哲學的觀點，對於盛行於台灣學術社群中的「素樸實證主義」的研究取向提出批判。

當科學哲學的主流從實證主義移植到後實證主義，許多西方心理學者致力於建構關於成就動機的理論之後，仍然有許多非西方心理學者沿用此種素樸主義的研究取向，試圖從西方的理論中導衍出若干假設，從事命題檢驗的工作。本章第三節先討論認知心理學對成就動機的研究，然後介紹Dweck與Leggett（1988）的智力內隱理論，並從後實證主義的觀點，對其理論的預設提出批判，然後，在第四節中，說明筆者如何以儒家關係主義的預設作為基礎，建構出有關儒家社會中生活目標與成就動機的理論。本章其餘各節則將呈現出筆者及其研究團隊根據此一理論模式所完成的實徵研究。

第一節　台灣心理學界對成就動機的先期研究

台灣心理學界對於成就動機的研究，深深受到美國的影響。二十世紀初，人格心理學者Murray（1938）在其著作《性格的探究》（*Explorations in Personality*）一書中，首先提出「成就需求」（need for achievement）的概念，並試圖用當時流行的投射測驗測量心理需求，作為研究工具。到了1955年，初正平在其學士論文中，修訂Murray（1943）所編的「主題統覺測驗」（Thematic Apperception Test, TAT），使其能夠適用於中國學齡兒童（Chu, 1955）。她還建立了TAT客觀的施測方式與計分方法，希望它能成為一套適用於中國兒童的標準化測驗，測量包括成就需求在內的各種心理需求（Chu, 1968a, 1968b）。

➢ 成就動機的測量

在那個時代，McClelland（1955, 1961）試圖從心理學的觀點，重新解釋社會學家Max Weber有關西歐資本主義興起的理論。Weber（1958, 1968）從社會學的角度指出：基督新教倫理和資本主義精神有高度的親和性（affinity），是促成西歐資本主義興起的精神意索（ethos）；McClelland（1961）則是從兒童社會化的角度說明：信仰基督新教的歐洲社會特別重視子女的獨立訓練，因而促使子女產生較強的成就動機。同時，Atkinson（1958）提出的冒險偏好模式，將成就動機區分為追求成功和逃避失敗兩個成份，兩者都是由需求（need）、期望（expectancy）及價值（value）三個因素所構成。

這一系列的理論進展不僅促使美國的心理學者用實驗方法，從事相關研究，而且發展出各種不同的測量工具，來測量成就動機。這樣的時代風潮也影響到台灣的心理學界。在那個時代，黃堅厚將「愛德華個人偏好量表」（Edwards Personal Preference Schedule, EPPS）譯成中文（Hwang, 1967），成為台灣心理學界研究心理需求的主要工具。由於EPPS原先是採取強迫選擇（forced choice）的方式作答，受試者必須在每對語句中選出一個自己偏好的陳述，如此得到的內在差異分數（ipsative score），只能作個人內（intra-individual）比較，不能做個人間（inter-individual）比較，而且未曾控制住社會贊許性（social desirability）因素的影響。黃國彥、鄭慧玲與楊國樞（1978）因此將其作答形式改為六點單題式的自我評定（self-rating）量表。他們的研究結果顯示：無論是男生或女生，其 15 項心理需求之間存有頗高的相關，跟 EPPS 原量表各項因素之間相關甚低的現象並不符合。

諸如此類的現象，其實是將西方發展出來的測量工具移植到非西方社會中，經常遭遇到的問題。郭生玉（1973）改變這種將西方測量工具全盤移植的作法，他在其碩士論文中，根據 Entwistle（1968）、Hartley 與 Holt（1971）以及 Russell（1969）等人所建立的「成就動機量表」，改編成一套測量在校學生學業成就動機的客觀性紙筆測驗，而廣為台灣的學術界採用。根據余安邦與楊國樞（1991）的統計，截至 1990 年為止，在他們所蒐集到的 110 篇台灣地區有關成就動機的研究中，最常使用的測量工具就是郭生玉（1973）編製的「學業成就動機問卷」（約占 48%），其次是黃堅厚（Hwang, 1967）編譯的 EPPS（約占 18%），其他學者編成的十種問卷或量表，則是零星地被使用。

➢ 工具主義的研究

整體而言，1990 年之前的 35 年間，台灣地區有關成就動機或成就需求的研究旨趣，既不在於檢驗西方既有的理論，也不在於建構可以解釋本土社會現象的理論，而是在於編製適用於本土社會的測量工具，大量蒐集實徵研究資料，充分顯現出「工具主義」和「實證主義」的特色。這種研究方式也獲致了一些有意義的研究發現，例如：郭生玉（1973）、鄭慧玲與楊國樞（1977）、林邦傑（1978）以及盧欽銘（1980）等人，均曾以郭生玉編製的「學業成就動機問卷」作為工具，對不同群體的國中學生進行施測，並用三種不同的工具測量受試者的自我概念。四項研究結果都發現：凡有積極自我概念者，其成就動機均比較強烈；而有消極自我概念者，成就動機則較缺乏。

在這個階段，有關學生學業成就動機的研究，大多是由師範教育體系的教授們所完成。他們深感興趣的研究主題之一，是學校因素對學生成就動機的影響。他們的研究結果發現：教師民主式（相對於權威式或放任式）的教學方式（吳武典、陳秀蓉，1978）、教師自評對學生喜愛的程度（陳李綢，1980）、教師對男生講解和溫暖，以及對女生講解和懲罰的教學行為（郭生玉，1980，1982），均與學生的成就動機有顯著的正相關。這些研究其實都有相當重要的意義。令人遺憾的是，在這個階段，從這些實徵資料的累積中，台灣的心理學者並未發展出有關成就動機的理論模式，也沒有想要把這些研究結果放置在本土理論的脈絡中來加以解釋。

➢ 社會取向的成就動機

最早試圖修正西方學者所發展的成就動機概念與理論者，是余安邦與楊國樞（1987）。他們分別就「成就目標」（achievement goal）、「成就行為」（achievement behavior）、「結果評價」（outcome evaluation）、「最後的後果」（final consequence）及「整體特徵」（overall characteristic）等五方面，對相關文獻做了深入的回顧，並將成就動機分為「社會取向成就動機」與「個我取向成就動機」兩種類型。他們認為：所謂「個我取向成就動機」，強調的是自我設定的成就目標與良好標準。它是指個人想要超越某種內在決定的目標或優秀標準的一種動態心理傾向，該目標或優秀標準的選擇主要是決定於個人自己；個人行為的特性以及行為結果的評價，也是由個人自己所決定。

相反的，「社會取向成就動機」則見諸於非西方文化之傳統集體主義社會中的人民（例如：日本人或中國人）。它是指一種個人想要超越某種外在決定的目標或優秀標準的動態心理傾向，該目標或優秀標準的選擇，主要是決定於他人或者個人所屬的團體與社會（例如：父母、師長、家庭、團體或其他重要他人）；個人行為的特性，以及行為結果的評價與後果，也是由他人、個人所屬團體或社會所決定。

根據這樣的概念架構，他們一方面有系統地撰寫題目，一方面參考以往國內外學者所編訂的各種成就動機問卷，擬出250個題目，刪除掉不適當的題目之後，將所餘題目編成兩套預試題本，然後以台灣的中學生作為對象，反覆進行大樣本施測，並將所得結果進行嚴謹的項目分析和因素分析，最後編成測量兩種成就動機的正式量表，各包含30個項目，然後對成就動機與成就行為的關係，以及影響成就動機的家庭教化因素，進行有系統的探討（余安邦，1991，1993）。

第二節　素樸實證主義研究取向的批判

用他們編製的量表做了十幾年的實徵研究之後，余安邦（2005：672）對以往心理學者所做的成就動機研究曾經提出相當中肯的批評：

> 他們似乎對「文化」概念的理解停留在相當粗淺的層次，甚至將文化化約（reduce）為若干社會文化變項（socio-cultural variable），例如：性別、教育程度、階級、年齡等等，因而忽略了文化之豐富而深沉的意涵。由於將文化變項化，以及將成就之意義與內涵類別化（或量化）的結果，這方面的研究遂落入去脈絡化（de-contextualized）的陷阱，從而失去了生態效度（ecological validity）與實踐效度（practical validity）的有力支持。
> 這些研究通常在進行成就之意義的文化比較之後，再就其差異性做事後的解釋（*post boc* explanation）。這種做法其實是典型的跨文化比較研究的翻版，從而未能從「土著觀點」（from the native's point of view），以被研究者之近經驗概念（experience-near concept）切入（Geertz, 1984）。換言之，這種類型的研究是沿襲自歐美學術界實證論（positivism）的知識傳統，而非從文化心理學（cultural psy-

chology）的角度所做的研究探討，故缺乏成就觀念與成就意義之深層的文化歷史的豐富意涵。

這樣的批評是十分正確的。余安邦對早期成就動機研究的批評有兩個重點：第一是實證主義；第二是化約主義。這兩者是國內心理學界乃至整個社會科學界常用的研究取向，它們對本土心理學在非西方國家中的發展都有十分重要的意涵，值得我們在此做進一步的析論。

➢ 實證主義的研究

先談實證主義。在 1920 年代，維也納學圈的召集人 M. Schlick（1882-1936）在閱讀維根斯坦的著作《邏輯哲學論叢》（*Tractatus Logico-Philosophicus*）（Wittgenstein, 1922/1961）之後，大為欣賞，主動邀請維根斯坦參加維也納學圈的活動，不僅對維也納學圈的成員造成了重大影響，他本人也開始提倡邏輯實證論，在維也納學圈的積極推廣之下，對世界各地的學術社群造成了廣大的影響。

Schlick（1936）後期的哲學很嚴謹地區分邏輯實證和經驗實證兩者的不同。他認為：當我們在陳述一個經驗命題的意義到底是什麼的時候，我們其實是在說明：在什麼樣的條件下，這個句子是一個真命題，我們是在陳述證實（或否認）這個句子的方式。因此，他提出了邏輯實證論最出名的一項主張：「一個命題的意義，就是證實它的方法。」

邏輯實證論傳到台灣之後，在 1950 年代，經過台灣大學哲學系殷海光教授的大力提倡，時至今日，對台灣學術界仍然有莫大的影響。許多自然科學家或社會科學家在從事研究工作時，仍然不知不覺地受到邏輯實證論的影響。他們大多是移植西方流行的研究典範，從西方主流的理論中導衍出命題，從事「後續增補」（follow up）的命題檢驗工作。

➢ 邏輯經驗主義

殷海光本人著有〈邏輯經驗論導釋〉（殷海光，1957/1985c）以及〈邏輯經驗論底再認識〉（殷海光，1960/1985），很仔細地介紹〈運作論〉（殷海光，1957/1985b），並在〈經驗科學整合底基礎〉（殷海光，1957/1985a）一文中介紹「覆蓋律模型」，他也知道邏輯實證論後來已經發展成為邏輯經驗論。然而，仔細檢驗殷海光的著作，我們可以發現：他並未注意到 Popper（1934, 1963）的「進化認識論」對邏輯實證論的衝擊，也未能覺察到 Hempel（1966）後來所提倡的「邏輯經驗主義」和早期維也納學圈竭力鼓吹的邏輯實證論，其實已經有根本性的不同。

Hempel（1905-1997）是德國人，在 1929 至 1930 年間曾經參加過維也納學圈的活動。1934 年在柏林大學獲得哲學博士學位。納粹勢力興起之後，Hempel 和許多著名的學者都流亡到美國。他先後在耶魯大學、普林斯頓大學和匹茲堡大學任教，不斷地吸收其他學派的批評和見解，並持續地修正自身學派的觀點。他在許多重要問題的主張都和早期的邏輯實證論相距甚遠，然而，他的修正卻使邏輯經驗主義在美國大受歡迎，也因而影響到世界各地的科學社群。

在《自然科學的哲學》（*Philosophy of Natural Science*）一書中，Hempel（1966）區分了科學「發現的心理學」和「驗證的邏輯」。「發現的心理學」容待下節再做細論。在「驗證的邏輯」方面，他重新解釋了「演繹模型」（又稱「覆蓋律模型」，見本書第六章第五節）在科學研究上的用途。當他用「演繹模型」來檢驗邏輯實證論的基本主張：「一個命題的意義，就是證實它的方法」時，他卻發現了這個意義標準的種種困難。為什麼呢？

➢ 驗證的邏輯

Hempel（1966）指出：在科學說明的「演繹模型」中，「普遍定律」通常是以「全稱語句」（universal sentence）或已經得到「高度確證」（highly confirmed）的「統計概率語句」（statistic probability sentence）來加以表述。可是，由於人類不可能做無限次觀察或檢驗，按照這個標準來看，所有「全稱判斷」的命題都會變成為無意義的命題。

基於這樣的見解，Hempel（1966）提出了兩個邏輯公式，藉以說明「否證」和證實假設之間的不對稱性。在「演繹模型」中，經由正確的邏輯推理所導出的假設，通常也是以「全稱語句」或「高概率語句」來表述。設定假設為 H，它所蘊涵的某種可觀察的事件為 I：

> 如果 H 是真，那麼 I 也是真的，
> 可是，經驗證據顯示 I 不真，
> 因此，H 不真。

這種推論形式在邏輯上稱為「否定後件推理」，它在演繹上是正確的，所以否定性的檢驗在邏輯上是可以接受的。

相反的，邏輯實證論者所謂「證實」假設的邏輯公式是：

> 如果 H 真，那麼 I 也是真的，
> 由於經驗證據顯示 I 真，
> 因此 H 真。

這種推理形式在邏輯上稱為「肯定後件的謬誤」，它在演繹上是無效的，不論我們做了多少次成功的檢驗，都不能肯定地證明一個假設為真，因此不能以有利的檢驗結果來證實一個假設。

因此，Hempel 認為：有利證據的單純重複，對於增強支持假說的程度貢獻不大。唯有提高觀察和測量的精確性，使實驗條件更為嚴格，才能增大驗證的份量；至於不同種類或範圍更廣的證據，則能對假設提供有力的支持。

➢ 整體論的提倡

可是，他在進一步探討此問題時卻發現：在實際的科學研究活動中，假說的驗證和否證，並不是像前兩個公式所說的那麼簡單。一般說來，科學家在檢驗一項假說時，往往必須藉助於若干輔助性假設，這就是前述「演繹模型」中的「先行條件」。這些輔助性假說，有些涉及科學理論本身，有些涉及實驗設計，有些涉及儀器設備，有些涉及研究程序，他們合併起來才能蘊涵一個可觀察的事件。

當科學家得到一個否定性的研究結果時，往往不會輕易地否定自己的假設，他們會仔細檢查實驗的儀器設備，反覆考慮自己的實驗設計，甚至重做實驗。這些步驟其實就是在考量：是不是其他的輔助性假設出了問題？

由此可見，否定一個假設並不是容易之事。Hempel（1977）因此提出了「整體論」的觀點，他認為：理論系統中各個詞句的認識意義，是一個程度問題，不能絕對地劃分為「有／無」意義。在科學活動中，受到檢驗的並不是單個假設，而是跟這個假設有關的其他命題所組成的理論系統。

➢ 後續增補的研究

在實證主義盛行的非西方社會，社會科學家（以及大多數的自然科學家）大多抱著「實驗主義」的心態，他們並不瞭解 Hempel 的邏輯經驗主義對早期實證主義的反省，反倒以為從事科學研究工作就是要「大膽假設，小心求證」，他們或者把西方學者所建構的理論當做是「真理」，從中導衍出若干假設，從事「後續增補」的研究工作；或者不需要任何理論，憑自己的生活經驗，擬出若干假設，便開始從事研究工作。

非西方社會的科學工作者雖然不重視科學哲學對於「本體論／知識論／方法論」的反省，可是他們通常卻非常重視研究方法。他們大多受過良好的統計訓練，在從事研究工作時，展現出「工具主義」的特色。他們或者花費大量的金錢，購置西方國家最新發展出來的量測儀器，或者根據「運作論」

（operationalism）的主張，模仿西方學者的做法，發展自己的測量工具。心理學者在發展心理計量工具的時候，則往往呈現出余安邦所批評的「化約主義」。

從科學哲學的角度來看，社會科學家在建構某種「科學微世界」時，一定要清楚說明自己的立場，他們不僅要清楚某一特定「科學微世界」的應用範疇，而且要說明他們的分析究竟是社會文化、物理對象，抑或個人心理經驗的層次。如果他們像 Carnap（1925/1963/1995）在其名著《世界的邏輯結構》（*The Logical Structure of the World*）一書中的主張那樣，試圖將某一個層次的現象用另一個層次的概念或語言來加以表達，他們便可能已經走上「化約主義」的道路。

➢ 化約主義的批判

人格心理學家在測量他們基於某種學術立場而感興趣的人格變項時，經常會不知不覺地使用「化約主義」的方法。他們往往針對他們所感興趣的行為範疇，蒐集相關項目，編成問卷，大量蒐集資料，再用因素分析的方法找出其中所包含的因素，然後宣稱：他們是用「運作主義」的方式，在界定某一個人格變項。大抵而言，他們所感興趣的人格變項文化意涵愈豐富，他們用以測量該變項的項目內容愈是繁複多變，便愈可能發生「化約主義」的問題。

西方心理學者對成就動機的測量，固然可以說是「將文化化約成社會文化變項」，本書第一章所提到的「現代性／傳統性」以及「個人主義／集體主義」的心理學研究，也都跳脫不了化約主義的窠臼。余安邦與楊國樞（1987，1991）雖然曾經從成就目標、成就行為、結果評價、最終後果以及整體特徵等五個方面，對相關文獻做了深入的回顧，但是他們並沒有進一步發展出理論，來說明這五者之間的複雜關係。相反的，他們仍然是採取傳統人格心理學的研究取徑，將「個我／社會」二方對立，編製出「個我取向」和「社會取向」兩份成就動機量表。編製單一向度的成就動機量表固然是化約主義的研究取徑，編製雙向度的成就動機量表又何嘗不是化約主義？

這種以「工具主義」、「化約主義」作為基礎，強調「大膽假設，小心求證」的實驗主義，致力於蒐集實徵研究數據，卻輕忽理論建構的研究取向，可以稱之為素樸實證主義（naïve positivism）。素樸實證主義者以為：理論是從反覆出現的現象中歸納出來的，只要努力蒐集實徵研究資料，便可以從其中歸納出理論。

➢ 創造性的想像

這種觀點和後實證主義者的看法完全相反。在《客觀知識》一書後所附的一篇演講稿中，Popper（1972）用水桶和探照燈的對比來說明兩種不同的知識論。所謂「水桶」的知識論，是把從事科學研究比喻成向水桶中倒水，只要辛勤地蒐集實徵研究資料，「理論」便會自然而然地像水一樣的滿溢而出。Popper完全反對這種觀點。他認為：科學活動並不是向水桶中倒水，而是像探照燈，科學家必須不斷地提出問題，用理性思考進行猜想，這樣才能把理論的光投向未來。

Hempel（1966）所主張的「發現的心理學」也和Popper一樣，認為：科學假說的形成和提出，並沒有任何指導性的規則或程序可供遵循；從經驗材料中，科學家也不可能用「歸納法」機械地推導出假說或理論。在《自然科學的哲學》一書中，Hempel指出：科學假說和理論不是從觀察事實中歸納出來的，而是科學家為了說明他們所觀察到的事實，而發明出來的。它們是科學家對現象之間可能的種種聯繫，或隱藏在現象後面的一致性和模式，所提出的一些猜測。從經驗性的材料過渡到理論，需要有創造性的想像。任何一種假說或理論都包含一些概念上的術語，這一類理論絕不是通過大量的觀察，從現象中歸納出來的，而是科學家在自己的頭腦中構想出來的。

瞭解後實證主義的科學哲學家對於理論建構的觀點，我們更容易看出工具主義和化約主義的侷限。余安邦與楊國樞（1987，1991）在列出成就動機的五個層面之後，如果他們用 Popper（1972）所謂理性的猜測，或 Hempel

（1966）所謂創造性的想像，思考這五個層面所涉及變項的屬性，以及它們彼此之間的關係，他們或許可以發展出一個理論模式，來說明這五者之間的關係。可是，他們並沒有這麼做。他們的做法是將這五個層面合併在一起，「共一爐而冶之」，編成兩個量表，用項目分析和因素分析的方法來分析資料。有高度相關的項目本來就會聚集在同一向度上，因素分析和項目分析的結果，固然可以為這種化約主義的研究取徑取得正當性，可是由此更進一步發展理論的契機也因此喪失掉了。

第三節　儒家社會中成就動機的文化分析

然而，我們該如何研究儒家社會中的成就動機呢？在前一節中，筆者指出：社會科學家在建構其科學微世界時，必須先清楚地界定他的分析層次，以免陷入化約主義的陷阱。針對這個問題，我們也應當從文化傳統和心理學兩個不同的層次來加以考量。

➢ 儒家思想的轉化力量

本書第五章提到：儒家思想的內在結構是由下列成份組成的：

1. 立仁道於天道。
2. 仁道：
   ⑴庶人倫理：「仁、義、禮」倫理體系。
   ⑵士之倫理。
3. 修身以道：好學、力行、知恥。
4. 濟世以道。

在〈儒家思想的轉化力量〉一文中（Hwang, 1991），筆者指出：先秦儒家相信：他們所主張的「仁道」是和「天道」相通的，每一個人都應當盡心努力實踐「仁道」。尤其是對於知識份子（士），儒家更賦予他們一種「以道濟世」的使命感，希望他們用「好學」的方法學習「仁道」，如果自己的所作所為違背了「仁道」，更應當引以為恥。學成之後，如果有機會出仕，在政府擔任官職，則應當抱持「以道濟世」的理想，希望能夠做到「修身、齊家、治國、平天下」，這就是孟子所說的「窮則獨善其身，達則兼善天下」《孟子・盡心上》。

➢ 追求成就的動機來源

自從唐朝（618-906）設立科舉制度，開科取士之後，個人必須先通過科舉考試，才能擔任官職，參加國家考試成為知識份子社會地位提升的最重要管道。明代（1368-1643）將科舉考試的形式訂為八股作文，儒家所主張的「仁道」變成科舉考試的主要內容。直到 1905 年，科舉制度廢除之後，由西方傳進來的各種知識體系才取代了儒家的「仁道」，成為學校所傳授的主要知識。然而，在儒家文化傳統影響之下，父母及老師仍然可能鼓勵學童用「好學、力行、知恥」的方法，去學習新的知識體系。在這種情況下，促使個人追求成就的動機來源可能有三種：

1. 個人從學習本身所獲得的滿足感。這是個人因為熟悉其學習材料，能夠用它解決各種相關問題而獲致的一種自我效能感（self-efficacy），這也就是西方心理學所謂的內在動機（intrinsic motivation）。
2. 個人以其成就獲取各種報償後，以之滿足個人其家庭成員之需求所獲致的滿足感。這就是西方心理學所稱的「外在動機」（extrinsic motivation）。
3. 個人因此其學業或工作成就，受到關係網內其他人的尊重，自己覺得很有面子，因而產生精神方面的滿足感。

以上所述，是在文化的層次上，分析儒家社會中知識份子的成就動機。以上述「歷史／社會／文化」的分析作為基礎，我們可以在心理學的層次上，進一步發展出適用於儒家社會中的成就動機理論。

第四節 西方社會中的成就動機理論

從1970年代之後，隨著後實證主義科學哲學的進展，認知心理學快速發展，許多採取認知研究取向的成就動機理論也大量湧現（例如：Heckhausen, 1977; Heckhausen, Schmalt, & Schneider, 1985; Kukla, 1972; Kukla & Scher, 1986; Nicholls, 1984, 1987; Weiner, 1974, 1985）。這些理論所提出的認知因素，包括：個人的歸因歷程、個人對成敗的主觀機率、個人賦予行為後果的價值、個人對自己主觀能力的評估，以及個人努力意願的程度等等。他們試圖清楚界定每一個變項的屬性，建構理論來說明各變項之間的關係，並發展各種測量工具，來檢驗他們的理論。

➢ 習得無助 vs. 精熟取向

從「進化認識論」的科學哲學來看（Popper, 1972），面對這樣的情勢，任何一位心理學者都可以建構出他們自己的理論，來和其他的理論互相競爭（見本書第六章第七節）。值得強調的是：這是理論與理論之間的競爭，而不是描述某些經驗現象的命題和命題之間的競爭。我們可以舉下述例子來說明這一點。

以往西方心理學的研究發現，學生在學習過程中遭遇到挫折的反應有個別差異。進入學齡期的晚期之後，有些學生會出現「習得無助」（learned helplessness）的行為組型，他們十分在意失敗的結果，因而感覺沮喪、退卻不前，不願意再嘗試具有挑戰性的作業（Dweck, 1986; Dweck & Bempechat, 1983）。相對的，有些學童則會採「精熟取向」（mastery oriented）的反應行為組型，他們不但不會被失敗擊垮，反而能夠保持高昂的學習動機，並樂於接受挑戰。大體而言，「習得無助」的學童傾向於將其失敗歸為無法控制、不易變動的內在因素，如：本身能力太差，因而對未來的成功失去信心；「精熟取向」的學童卻傾向於將失敗歸因為可以控制的內在因素，譬如：自己努力不夠，因而願意繼續努力以追求未來的成就（Dweck & Elliott, 1983）。

➢ 智力本質觀與智力增進觀

Dweck在累積多年有關「習得無助」與「精熟取向」兩種學習組型的研究之後，提出「智力內隱理論」（implicit theory of intelligence）的概念，用以解釋具有不同行為組型的人，對成就所持有的意義系統。她認為：個人對智力所持有的深層信念，稱為「智力內隱理論」，其個別差異會使個體在面對學習活動時產生不同的認知、情緒與行為。智力內隱理論主要可分為兩大類：智力本質觀（entity theory）與智力增進觀（incremental theory）。相信「智力本質觀」的兒童認為：智力是固定不變的特質，不論一個人如何努力，都無法改變他原有的智力本質。相反的，相信「智力增進觀」者則認為：智力是可變的，經由個人的學習可以使其智力獲得增長，他們比較肯定努力的價值，也較願意努力（Dweck & Leggett, 1988）。

智力內隱理論的個別差異使學生在參與學習活動時，會有不同的注意焦點，賦予學習活動不同的意義，而形成不同的「作業目標」。所謂「作業目標」是指個體在有關成就的情境中，參與學習活動時所追求的目標或意義。持有「智力本質觀」的兒童具有能力固定的信念，他們常將學習活動視為個人能力的檢驗，因此他們的作業目標是展示出自己內在的「智力實體」，希望獲得正向的能力評價，避免負向的能力評價，這種作業目標因此被稱為「表現目標」（performance goal）。持有「智力增進觀」者，其作業目標在於透過解決問題的過程，增進自己對作業的理解，提升自己的能力，因此被稱為具有「學習目標」（learning goal）的傾向（Hong, Chiu, & Dweck, 1995）。

➢ 表現目標與學習目標

Dweck與Leggett（1988）因此提出了一個理論模型，說明「智力內隱理論」（包括「智力本質觀」、「智力增進觀」兩種）、「作業目標」（包括

「表現目標」、「學習目標」兩種）與「學習行為組型」（包括「習得無助」、「精熟學習」兩種）三者間的關係（如表 9-1 所示）。他們認為：持有「智力本質觀」與「表現目標」的學童，會因為自己對於學習該項作業信心程度的高低，產生截然不同的學習型態。因為他們視能力為固定的本質，無法加以改變，在信心程度高時，他們可以保持高昂的學習動機，有「精熟取向」學習型態。不過，信心程度低落的學童，一旦面臨困難的作業，便會將失敗歸因於穩定的內在特質，譬如：自己缺乏能力，因而缺乏動機，不願意再繼續嘗試，而顯現出「習得無助」的行為組型（Ames, 1992; Ames & Archer, 1988; Covington, 1992）。持「智力增進論」與「學習目標」者，則無論信心程度高低，都可以保持高昂的學習動機，呈現出「精熟取向」的學習行為（Hong, Chiu, Dweck, Lin, & Wan, 1999; Mueller & Dweck, 1998; Sorich & Dweck, 1997）。更清楚地說，兩種智力內隱理論者的差異，主要是表現在面對較困難的學業挑戰，或遭遇到作業活動失敗時的信心程度。對自己有強烈信心的學生較能夠勇於面對失敗與挑戰，並把握機會從中學習；對自己能力信心不足的學童，在遭遇到困難的時候，則傾向於表現出「習得無助」的行為組型。

表 9-1　成就情境中的理論、目標與行為模式

內隱理論	目標取向	察覺到的當下能力	行為模式
能力本質論（能力固定）	表現目標：目標在於獲得正向的評價	高	精熟取向（尋找挑戰、高度堅持）
	表現目標：目標在於逃避負向的評價	低	感到無助（逃避挑戰、低堅持度）
能力增加論	學習目標：目標在於增進能力	高或低	精熟取向（尋找增進學習的挑戰，高度堅持）

資料來源：Dweck & Leggett (1988)

由此可見，持「表現目標者」，並不一定會發展出不適應（maladaptive）的學習行為，也不一定會帶來負向的學習效果。Elliot 與 Harackiewicz（1996）更進一步針對展現目標的內涵進行理論上的修正，將之區分為「以表現趨近為目標」（performance approach）與「以表現逃避為目標」（performance avoid）兩類型，並將作業目標修正為「學習目標」、「展現趨近目標」與「展現逃避目標」的三目標架構。「以表現趨近為目標」者以積極地追求成功為目標；「以表現逃避為目標」者則以儘量避免失敗為目標。在這樣的區分下，研究結果一致顯示：「以表現逃避為目標」者，有較多不適應的學習狀態，這可能是因為他們信心程度較低的緣故。

➢ 方法論的個人主義

Dweck 與 Leggett（1988）的成就動機模式主要是在探討：在同樣學習情境中的個人，為什麼會追求不同的作業目標？他們回答此一問題的思路，是以個人的「內隱理論」（implicit theories）作為概念化的基礎，認為個人對於自身智力所抱持的不同「內隱理論」，會使個人產生不同的關懷，並促使個人追求不同的作業目標。基於同樣的預設，在同一篇論文中，他們又試圖建立關於社會動機、道德或其他外在屬性的普遍「內隱理論」模式，希望用來探討個人認為自己是否可以控制其某種特性的信念，對其認知、情緒和行為所造成的後果。

從儒家關係主義（Hwang, 2000, 2001）的角度來看，個人內隱理論的這種一般概念化方式，很明顯地是以「方法論的個人主義」作為基礎，是個人主義文化思維的一種產品（Salili, Chiu, & Lai, 2001），它假設：個人是其行動的中樞，個人對其智力、道德、社會或其他人格屬性是否可變的內隱理論，將會決定其目標的選擇以及伴隨而生的認知、情緒和行為模式。

➢ 方法論的關係主義

倘若我們要發展一個理論模型，來研究儒家社會中的成就動機與學習行為，我們可以將 Dweck 與 Leggett（1988）的成就動機模型看做是思考問題的參考架構，但卻不宜將 Dweck 的研究典範一成不變地移植到儒家社會之中，也不能只做枝枝節節的修正。我們必須改弦易轍，採用「方法論的關係主義」（Ho, 1991），重新建構適用於儒家社會和文化的理論模型。

從文化心理學的角度來看，我們應當把「文化看做是一個整體」（Culture-as-a-whole），採用辯證的方法，思考每一個文化因素（cultural factor）和整個文化系統之間的關聯，重新建構一個理論模型。用 Vygostsky（1987）所主張的辯證心理學來說，這種文化結構中的每一個單位（unit）仍然保有其整體的基本特質（the basic characteristics of the whole），而不是將整體文化拆解成互不隸屬的元素（elements）。這可以是說跨文化心理學者所主張的一種「主位式研究取向」（emic approach）（Berry, 1989）。

更清楚地說，個人主義的文化強調「以權利作為基礎」的道德（right-based morality），個人有選擇其生活目標（life goal）的權利。然而，儒家關係主義的文化強調「以義務作為基礎」的道德（obligation-based morality），個人不僅必須和關係網絡內的其他人保持不同的關係，而且有義務和某一事件「有關係的其他人」（persons-in-relation）互相協商，以決定其重大的生活目標。

第五節 儒家社會中的成就動機理論

基於這樣的見解，筆者以其對「儒家關係主義」的分析作為基礎（Hwang, 2000, 2001），建構出一個儒家社會中的成就動機模型，如表 9-2 所示。表 9-2 第一行將本模式所涉及的層面分為：生活目標、努力美德觀、知覺到的作業能力、努力精進觀、內在動機、外在動機和行為模式等七項。這個理論模型中所涉及的許多變項，雖然是源自 Dweck 與 Leggett（1988）的理論，但其具體內涵卻已經根據儒家社會的特色而重新加以界定，請予特別注意。

➢ 儒家社會中的成就目標

在表 9-2 的最左邊一欄，將儒家社會中的成就目標分成「縱向傑出」、「個人目標」和「橫向傑出」三大類。所謂「縱向傑出」是儒家文化中社會賦予高度價值的生活目標，達成此種目標通常蘊涵著在激烈競爭的過程中獲得勝利，同時也蘊涵著可能受到社會的高度讚賞。「個人目標」是個人出自於自身的興趣而決心想要追求的目標，個人之所以追求此種目標，純粹是出自於個人的內在動機，跟他是否能夠得到外在的酬賞並不相干。至於「橫向傑出」則介於兩者之間，它蘊涵著達成個人所追求的某種目標，這種成功可能受到個人所認同的少數群體所讚許，不過它並不像「縱向傑出」那樣，是整個社會鼓勵個人追求的那種成功。

由於追求縱向成就是社會網絡中重要他人（significant others）期許個人達成的成就目標，在儒家文化傳統影響之下，個人對於「努力」所抱持的態

表 9-2　儒家社會中的生活目標與成就動機理論

生活目標	努力美德觀	知覺到的作業能力	努力精進觀	內在動機（學習目標）	外在動機（表現目標）	行為模式
縱向傑出	高	高	高（智力增進觀）	增進能力	表現趨近目標＞表現逃避目標	精熟取向（迎接挑戰、高堅持）
	高	低	低（智力本質觀）	模糊	表現趨近目標＜表現逃避目標	無助感
個人目標	低	高	低	增進能力		（迎接挑戰、高堅持）
橫向傑出	高	高	高	增進能力	表現趨近目標：獲得我群正向評價	（迎接挑戰、高堅持）

度，包含有「努力美德觀」和「努力精進觀」兩組重要的信念：所謂「努力美德觀」是把努力追求成就目標看做是個人應盡的義務，不努力便沒有盡到「做人」應盡的義務；所謂「努力精進觀」是相信個人的能力具有可塑性，只要肯努力，投入較多的時間和努力，一定可以學會必要的作業，並達成其目標。

在「作業目標」方面，筆者的成就動機模型將其分為內在動機的「學習目標」和外在動機的「表現目標」兩大類，並採取「學習目標」、「表現趨近目標」和「表現逃避目標」的三分架構。基於儒家關係主義的特殊考量，該模型將「學習目標」界定為「增進個人作業能力」，並將「表現趨近目標」界定為「獲得正向社會評價」，將「表現逃避目標」界定為「逃避負向社會評價」。

➢ 縱向傑出 vs.個人目標

依照表 9-2 的理論模型，儒家社會鼓勵絕大多數的兒童要去追求「縱向傑出」的「成就目標」。他們把努力追求此類目標看做是學生應盡的義務，並且相信只要肯努力學習，一定可以提升個人的能力。如果個人對於自己的作業能力有足夠的信心，認為自己有能力學會這種作業，他會以增加此種作業能力作為「學習目標」，以獲得正向和社會評價作為「表現目標」，同時呈現出「精熟取向」的行為模式，持久不懈地學會應付此種作業過程中的各種挑戰。

然而，如果個人對自己的能力沒信心，不相信自己能夠達到縱向成就的目標，但在重要他人的期待之下，又認為自己有義務必須去追求這樣的目標，在作業能力無法增進的情況下，他會感受到學習目標模糊的困擾，並且以逃避負向社會評價作為「表現目標」，甚至呈現出逃避挑戰、作業不持久的「無助」行為模式。

由於追求「個人目標」主要是出自於個人自己的抉擇，而不是出自社會的期許，個人之所以會追求這種成就目標，一方面是出自於個人自己的興趣，另一方面也是因為他具有這方面的能力，能夠孜孜不倦地學習相關作業，表現出「精熟取向」的行為組型。

「橫向傑出」可以說是由「個人目標」所衍生出來的。個人剛開始追求此方面的目標時，可能是出自於自己的抉擇，然而，當他在這方面有所成就之後，可能會受到親友或同儕團體的鼓勵，並對他有所期待。這時候他可能相信自己具有達成「橫向成就」目標的潛能，認為只要經由個人的努力，一定可以把這種潛能開發出來。他在追求此種成就目標時，同樣會以增進能力作為「學習目標」，以獲得正向評價作為「表現目標」，並且呈現出「精熟取向」的行為模式。

➢ 內在動機與外在動機

以北美為主的個人主義社會極為重視目標的自主選擇權，強調成就目標之自主興趣的影響與發展。例如：動機心理學者 Deci 與 Ryan（1985, 1991, 2000）所提出的「自我決定理論」（self-determination theory）認為：人類天生具有只為滿足興趣而行動的內在心理動機，基於內在動機而從事的行動，其過程本身就是行動的目的。相對地，個體為了外在賞罰、限制、社會期許或要求等外在動機而從事之行為，其內在動機會遭到減損。因此，在動機發展歷程上，外在動機可以看做是發展程度較低的動機形式。在兒童發展早期，個體通常都是在外在動機的誘導下，從事學習活動。等到他對學習活動產生內在興趣，他便能逐漸擺脫外在動機的操縱，改由其內在動機決定其學習活動。

然而，儒家文化的理想價值與個人主義文化相當不同。就社會心理學的層面來說，個人主義理想重視的是個體的獨立自主與內在一致性，儒家文化強調的是個人的社會角色義務（role obligations）與行為的合宜性（behavioral adequacy）（Hwang, 1998, 2001）。無論是社會角色義務或行為合宜性，都與社會期許有關。

當代一些研究顯示：東亞社會人們追求成就的心理與行為，不但與自主興趣有關，還受到社會期許所影響。例如：Iyengar與Lepper（1999）以美國社會中的白人兒童與亞裔兒童（包括日裔與華裔）作為受試者，探討目標選擇權如何影響不同文化族群兒童的成就動機與行為表現。實驗結果發現：白人兒童的成就動機與「自我決定」息息相關，他們只有在「自我決定」的情況下，才會有高度動機，並且對於成就表現、作業的喜愛程度、選擇挑戰的難度與次數都會增加；亞裔兒童卻在「自我決定」和「內團體決定」兩種情況下，都有較高動機和較好的行為表現，甚至在「內團體決定」情況下，表現更好，而且動機更強。

➢ 多重目標的理論模式

這樣的研究結果可以用「多重目標」（multiple-goals）的理論模式來加以解釋（如：Lock & Latham, 1990），譬如：Maehr與Braskamp（1986）所提出的「個人投資理論」（theory of personal investment）認為：學習的動機行為是由四類普世性的目標所決定：任務目標（task goals）旨在提升自己，設法增進個人對該任務的瞭解；自我目標（ego goals）旨在競爭中勝過並領導他人；社會團結目標（social solidarity goals）旨在取悅他人，或關心他人的福祉；外在目標（extrinsic goals）則是為了外在酬賞或認可而工作。Salili、Chiu與Lai（2001）的實徵研究顯示：在香港及加拿大的華人學生，其社會取向的目標，顯著高於歐裔的加拿大學生。

用本研究所提出的成就動機理論來看（如表9-2所示），在儒家社會中，當兒童在追求其「縱向成就」的目標時，其關係網絡中的重要他人會不斷評估其學習成果（Chen & Stevenson, 1989; Salili, 1994, 1995; Stevenson et al., 1990; Sue & Okazaki, 1990），他在追求其「學習目標」時，必須一面追求正向社會評估，一面逃避負向社會評估（Salili & Hau, 1994; Salili, Hwang, & Choi, 1989）。當他自覺自己能力能夠勝任該項作業時，其追求「表現趨近目標」的外在動機會大於「表現逃避目標」，他會傾向於表現出樂於接受挑戰的「精熟取向」的行為模式。相反的，當他認為自己的能力不足以勝任該項作業時，他不僅會感到「學習目標」模糊，同時也會因為「表現逃避目標」大於「表現趨近目標」，而表現出「無助」的行為模式。

➢ 自我決定的發展

從這樣的理論分析來看，兒童在追求社會所重視的「縱向傑出」目標時，由於其「學習目標」的達成，不僅可獲得正向社會評估，而且可避免負向社會評價，因此，在「學習目標」和「表現趨近目標」、「表現逃避目標」之間，會有一定程度的相關。依照 Deci 與 Ryan（1985, 1991, 2000）的「自我決定論」，兒童年齡愈大，達成「學習目標」的內在動機，愈不受獲得正向社會評估及逃避負向社會評估等外在動機的影響，它們之間的相關會隨之減弱。同樣的，由於成績愈好的學生，讀書的內在動機愈強，愈不受外在誘因的影響；和成績較差的同學比較之下，其「學習目標」和「表現趨近目標」以及「表現逃避目標」之間的相關也相對較低。

➢ 外在動機的弱化

我們可以用蔡宜妙（2003）所做的一項實徵研究，來說明上述的論點。為了探討「成就動機的文化特徵」，蔡宜妙以大台北地區國中一年級學生 330 位（男生 170 人，女生 160 人）及高中二年級學生 311 位（男生 189 人，女生 122 人）作為參與者，高中組係選取台北地區高中聯招成績在前面區塊和後面區塊的兩所學校學生，分別為「甲高中組」及「乙高中組」；以班級團體施測方式，請參與者填寫一份問卷，其內容包括：「成就目標取向」、「智力本質觀」和華人特有的「努力相關信念」等預測變項，以及「自我設限」、「拖延閒混」、「歸因模式」和「罪惡感情緒」等效標變項。

在「成就目標取向」（goal orientation）的測量方面，她採用密西根大學教育學院所發展的「適應性學習模式量表：目標取向子量表」（Pattern of Adaptive Learning Scale，簡稱 PALS）作為研究工具，該量表為七點量尺，題目包含：「學習目標」五題，如「我在課堂上目標之一是盡我所能學習到愈多愈好」；「展現趨近目標」五題，如「能夠看起來比班上其他同學聰明對我來說很重要」；「展現逃避目標」四題，如「我的目標之一是避免讓別人認為我在班上不聰明」。

該研究的三組參與者對「努力美德觀」、「努力工具觀」、「智力本質觀」的平均值列於圖 9-1。圖 9-1 顯示：「國中組」在「努力美德觀」與「努力工具觀」兩個變項上的得分，均顯著高於兩個高中組（$F(2, 945) = 5.69$，$p < .01$；$F(2, 945) = 30.02$，$p < .001$）；但其「智力本質觀」的得分卻比兩組高中組都來得低（$F(2, 945) = 25.78$，$p < .001$）。換句話說，和高中生相較之下，年齡較小的「國中生」比較相信「努力是一種美德」、「努力可以改變能力」，他們也比較不相信智力是一種不能改變的特質。這可能是因為：年齡較小的國中生，較容易接受父母及師長所強調的傳統價值觀；年齡較大的高中生，學習經驗較為豐富，他們也比較容易體會到努力的侷限，以及智力不容改變的本質。

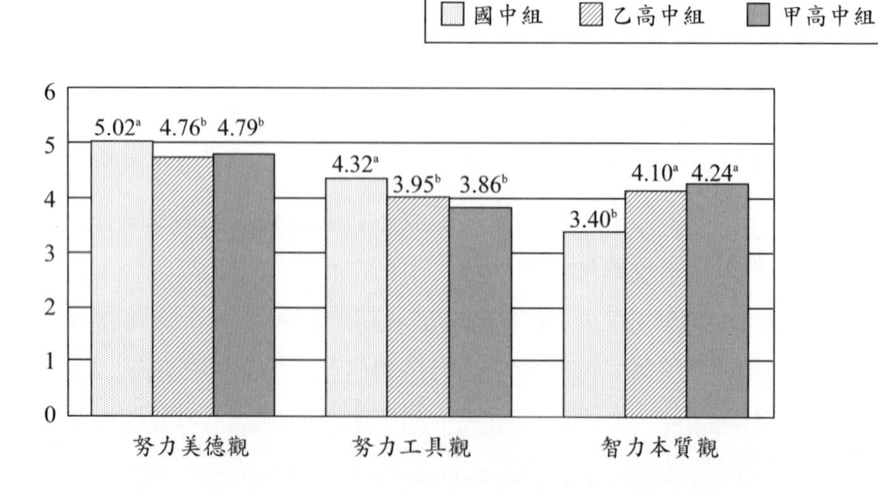

註：下標符號為三組之比較，符號不同者在杜凱氏 HSD 事後比較達顯著。

圖 9-1　三組學生之智力本質觀及努力相關信念

➢ 三種目標的關聯

這三組參與者在三類成就目標上所得分數的相關列於表 9-3。表 9-3 顯示：對於這三組參與者，其「表現趨近目標」和「表現逃避目標」之間，均有十分顯著的相關（.675***，.757***，.710***，$p < .001$）。換言之，在學習活動中，冀望得到正向社會評價和希望避免負向社會評價，是個人性格特質的一體兩面，傾向於獲得正向社會評價的人，同時也會設法避免負向社會評價。這三組參與者「學習目標」和「表現趨近目標」之間的相關（.310***，$p < .001$；.249***，$p < .001$；.117*，$p < .05$）均分別高於它跟「表現逃避目標」之間的相關（.215***，$p < .001$；.155***，$p < .001$；-.007，n.s.）。

表 9-3　三組參與者在 PALS 上所測得三種成就目標內之相關

	學習目標	表現趨近目標	表現逃避目標
	【國中組】		
1.學習目標	—		
2.表現趨近目標	.310***	—	
3.表現逃避目標	.215***	.675***	—
	【乙高中組】		
1.學習目標	—		
2.表現趨近目標	.249***	—	
3.表現逃避目標	.155***	.757***	—
	【甲高中組】		
1.學習目標	—		
2.表現趨近目標	.117*	—	
3.表現逃避目標	-.007	.710***	—

*$p < .05$; **$p < .01$; ***$p < .001$

此一事實顯示：對華人學生而言，當他們在追求「學習目標」時，同時也在追求獲得正面社會評估的「表現趨近目標」，以及避免受到負面社會評估的「表現逃避目標」。然而，這兩種相關係數的大小，均是「國中組」大於「高中組」，「乙高中組」又大於「甲高中組」。換言之，學童年齡愈大，其學業成績愈好，他追求達成其「學習目標」的內在動機，與追求或避免社會評估的外在動機，愈傾向於彼此互相獨立。

第六節 生活目標之達成：自尊與面子

「面子」是瞭解華人社會行為的核心概念（Hwang, 2006; Zai, 1995）。在儒家關係主義的影響之下，「面子」可以說是一種「依附於社會的自尊」（social-contigent self-esteem）（Hwang, 2006; Ng, 2001），是個人在某一特定情境中因為他人的評估，而感受到的「自我心像」（self-image）（Chen, 1988）。當個人或與其有關係的其他人因為其成就或道德行動，受到正向或負向的社會評估時，都可能使個人感受到「面子」的增加或減損（Cheng, 1986; Ho, 1976; Hu, 1944）。

➢ 自尊與面子

當個人達成其學習目標滿足其內在動機時，他很可能感受到「自尊」的提升。在華人社會裡，當個人受到正向社會評估，而達成其「表現趨近目標」時，他會感受到「有面子」，相反的，如果他受到負向社會評估，而無法達成其「表現趨近目標」時，則他會感受到「沒面子」。

基於這樣的見解，黃光國（2004）根據 Kitayama、Markus、Matsumoto與Norasakkunkit（1997）所蒐集的資料，稍加修改後，作了一項研究，藉以說明儒家社會中生活目標的特色。Kitayama 等人曾經作過一個很有創意的研究，來說明與自我有關的負面訊息如何可能影響日本人的自尊。他們要求 63 位日本京都大學的學生以及 88 位美國奧立崗大學的學生盡可能描述能夠增加以及減損其自尊心的情境，前者界定為「成功指導情境」，後者為「失敗指導情境」，兩組大學生分別得到 913 及 1,582 種情境。從受試者的八種不同組合（文化×性別×指導語）中，用隨機取樣的方法，每一種各取 50 個情境，總共得到 400 個情境，編成一份問卷，然後要求 124 位美國及 143 位日本大學生受試者，仔細閱讀每種情境，想像自己處於該情境中，並判斷該情境是否會增加或減損其自尊。如果其答案是肯定的，再在一個由 1（輕微）到 4（非常）的四點量尺上，判斷該情境影響自尊的程度。結果顯示：(1)不管是面對日本製造的情境，或是美國製造的情境，日本大學生都認為：失敗情境比成功情境更會影響其自尊，而美國受試者的組型正好與此相反；(2)日本人在失敗情境中評估其自尊喪失的程度，比他們在成功情境中評估其自尊提升的程度來得大；(3)日本人提出較多自我貶抑的情境，而美國人則提出較多自我抬升的情境。由以上的研究發現可以看出：日本人與美國人自我抬升的傾向正好相反，他們對與自我相關的負面訊息較為敏感。

從儒家關係主義的角度來看（Hwang, 2000, 2001），東亞社會中的個人是置身於一張由和他有關係之他人所構成的關係網絡之中，他對其生活世界中的重要他人必須承擔一定的角色義務。一個人在生活中可能經歷到許多不同的成功或失敗事件，這些事件有些與其角色義務有關，有些卻是純粹個人之事，與其角色義務無關。前者不僅會影響個人的自尊，而且會因為他人的評估，而影響個人的面子感受；後者則是純粹個人之事，與他人牽涉，因此較可能影響個人的自尊，而較不會影響個人的面子感受。

➢ 生活目標的組型

由於 Kitayama 等人（1997）的研究參與者是日本京都大學和美國奧立崗大學的學生，筆者認為：他們陳述的成功或失敗的情境，既代表西方個人主義文化中大學生所追求的生活目標，也包含東亞關係主義文化中大學生的生活目標。倘若表 9-2 儒家社會中之成就動機的理論模型對成就目標的區分是可以接受的話，像台灣大學生這種深受西方文化影響的群體，在其生活世界中既可能追求社會所讚許的縱向成就，也可能追求出自個人興趣的「個人目標」，這些「個人目標」也可能因為受到親友及同儕的支持，而轉化為橫向成就。

如果我們從 Kitayama 等人（1997）所蒐集的「日本情境」和「美國情境」中，篩選出涉及「達成／未達成」個人生活目標的項目，由其中隨機抽樣，編成問卷，對一組台灣大學生進行施測，要求他們評估每一「成功」或「失敗」情境提升或減損其自尊的程度，再將所蒐集到的資料進行因素分析，從所得到的因素結構中，我們將可看出東亞社會中包括大學生成就目標在內的生活目標的因素組型。

在儒家關係主義的文化裡，和個人所界定的其他生活目標相較之下，對於「縱向成就」的生活目標，通常一般人會賦予較高的社會價值。個人在其社會化過程中，很可能將此種價值內化，而賦予較高的個人價值。在追求此類生活目標成功或失敗時，他不僅可能感受到較強烈的自尊增加或減損，而且也可能感受到強烈的面子增加或減損。假設儒家社會中的人們對於生活目標的價值評估有高度的共識，倘若我們要求另外三組獨立的台灣大學生分別評估每一「成功」或「失敗」情境增加或減損其面子的程度、對個人的重要性，以及其同儕群體對於每一情境的重視程度，則連同第一組大學生所作的「自尊」評估，我們將可分別計算出四組參與者評估每一情境對個人自尊和面子影響程度、個人價值觀和社會價值觀的平均值。

➢ 台灣大學生的生活目標

基於這樣的見解，筆者將Kitayama等人（1997）所蒐集的400個「日本情境」和「美國情境」譯成中文，排除掉涉及社會結構的項目，留下有關「達成／未達成」個人生活目標之項目，從其中隨機選出100個項目，編成四份量表，作為本研究所使用的工具。

本研究之參與者為台灣大學各個不同院系修習心理學相關課程之大學生共482名，其中男性209名，女性273名。本研究以集體施測的方式蒐集資料，以第一組參與者對「自尊量表」上各項目之反應分數作因素分析，將可能影響個人自尊的情境依其性質分類，並將有同樣性質的情境聚集在一起，結果共得到五個因素。在這五個因素中，三個因素與「成功情境」有關，兩個因素與「失敗情境」有關。本研究再依照第三組參與者在「個人價值量表」上各項目反應之平均值大小，將該因素內之項目重新排列，藉以看出參與者個人對其所賦予的價值。為了說明各因素的意義，茲將跟「成功」有關的各因素，列於表 9-4；仔細檢視表 9-4 中各因素的意義，結果發現：如果將因素I中的各項目，自N46「當我很快學會一項新技能」以下，切割為兩部分，並分別命名為「自我效能」（self-efficacy）和「自我肯定」（self-affirmation），則其意義將更為清楚。茲將各因素的意義分別解釋如下。

1. 因素 IA：個人目標：「自我效能」

這是追求自我所界定的某種「成就目標」，在達成其「學習目標」時，覺得自我能力增強的一種感受。在這個因素上得高分的參與者覺得自己「腦筋清楚，思慮頗有收穫」、「能理解困難的觀念」、「能完全理解一本有深度的書」、「能瞭解與自己平時立場相反的議題」、「在遭到困難時，能認知到自己的改變」、「能坦然面對自我」、「為我所相信的事挺身而出」、「為我自己作出正面的決定」，或「最好的抉擇」。不僅如此，他覺得自己「身體活躍、能夠跑、走、騎車、游泳」，也能夠「很快學會一項新技能」、「一天內能作完許多事情」，自己是「持續地在進步」，這些項目的內容都跟個人自覺能掌控達成某些目標的個人能力有關，此種感受，多種目標的理論模式或者稱之為「自我感」（sense of self）（Maehr & Braskamp, 1986），或者稱之為「作業目標」（task goal）（Maehr & Midgley, 1996），Bandura（1997）稱之為「自我效能」（self-efficacy），因此，我們將「個人成就目標」的這一部分命名為「自我效能」。

表 9-4 成功事件之因素、因素負荷量、對個人及社會之重要性，及其對個人自尊與面子之影響

因素	因素負荷量	項目	自尊		面子		個人價值		社會價值	
			Mean	SD	Mean	SD	Mean	SD	Mean	SD
IA	0.75	N39 當我能坦然面對自我的時候。	2.07	1.40	1.49	1.69	3.54	0.69	2.50	0.80
	0.54	N28 當我覺得我持續地在進步時。	2.54	1.00	1.89	1.46	3.54	0.59	2.16	0.71
	0.64	N57 當我作出一個困難的決定，並且知道我已經做了最好的選擇時。	2.25	1.09	1.60	1.40	3.49	0.57	2.40	0.76
	0.71	N58 當我為我自己作出正面的決定。	2.20	0.96	1.58	1.26	3.46	0.63	2.33	0.69
	0.77	N40 在遭受困難時認知到自身的轉變。	1.60	1.83	1.52	1.41	3.41	0.70	2.57	0.85
	0.65	N59 身體活躍，能夠跑、走、騎車、游泳。	1.52	1.27	1.33	1.31	3.39	0.70	1.75	0.94
	0.69	N38 當閱讀一本頗有深度的書，而自己又能完全理解時。	2.23	0.95	1.67	1.39	3.30	0.71	2.19	0.83
	0.49	N63 當我為我所相信的事挺身而出時。	2.21	1.06	1.80	1.31	3.29	0.68	2.35	0.72
	0.67	N37 當我腦筋清楚而且思慮頗有收穫時。	1.84	1.09	1.53	1.31	3.28	0.75	2.10	0.88
	0.45	N61 當我理解困難的觀念時。	2.13	1.14	1.84	1.19	3.22	0.65	1.86	0.70
	0.74	N41 當我試圖瞭解與自己平時立場相反的議題時。	0.97	1.60	0.81	1.33	3.13	0.71	2.04	0.79
	0.47	N34 在一天裡能作完許多事情時。	1.99	1.22	1.53	1.32	3.13	0.81	1.75	0.84
	0.46	N46 當我很快學會一項新技能時。	2.20	0.95	1.80	1.34	3.02	0.78	2.17	0.57

2. 因素 IB：個人目標：「自我肯定」

此部分項目大多跟追求某種個人成就目標的具體內容，滿足個人的某些需要有關，而甚少涉及他人，像「領到薪水」、「一個人輕鬆地獨處」、「在外頭的陽光底下坐著或散步時」、「聽音樂時」、「為自己作一頓豐盛

的早餐」。有些項目雖然也可能涉及他人，但仍然是以達成個人目標，肯定自我的價值為主，像「跑馬拉松的時候，我會堅持到最後不放棄」、「在人權組織從事義工工作」、「當我穿上我喜歡的衣服時」、「當我剪了一個很好看的髮型時」。仔細思考這些項目的意義，可以將之稱為「自我肯定」。

表 9-4 成功事件之因素、因素負荷量、對個人及社會之重要性，及其對個人自尊與面子之影響（續）

因素	因素負荷量	項目	自尊		面子		個人價值		社會價值	
			Mean	SD	Mean	SD	Mean	SD	Mean	SD
IB	0.59	N52 當我沉浸於對森林的敬畏之中時。	0.41	1.57	0.36	1.30	2.59	0.94	1.76	0.97
	0.35	N60 當我穿上我喜歡的衣服時。	1.70	1.03	1.52	1.15	2.57	0.94	1.75	0.77
	0.45	N55 聽音樂時。	0.58	1.08	0.54	1.11	2.54	1.06	1.63	0.72
	0.66	N62 當我在外頭的陽光底下坐著或散步時。	0.87	1.08	0.62	1.15	2.50	0.89	1.17	0.49
	0.39	N24 當我栽種的盆栽完全開花時。	1.45	0.98	1.09	1.26	2.48	0.92	1.62	0.82
	0.41	N30 結束一個冗長的實驗。	0.86	1.22	0.52	1.27	2.37	0.85	1.68	0.82
	0.52	N49 在人權組織從事義工工作。	1.34	1.10	1.11	1.18	2.33	0.77	2.02	0.71
	0.47	N35 當我為自己作一頓豐盛的早餐。	1.10	1.06	1.02	1.14	2.24	0.92	1.50	0.72
	0.46	N54 彈鋼琴時，只犯一點點錯誤。	0.58	1.79	0.43	1.86	2.18	1.00	1.83	0.85
	0.33	N56 養寵物。	0.59	0.89	0.40	1.07	2.01	0.91	1.94	0.75
	0.37	N47 跳舞時。	0.65	1.43	0.62	1.64	1.82	0.87	1.88	0.94

3. 因素 II：縱向傑出

因素 II 的項目內容主要是達到社會賦予高價值的某種目標，像「通過各種考試」、「被某所高中、大學或研究所錄取」、「受雇於第一流公司」、「在展覽會裡贏得獎賞」、「被選為某個團體的負責人」、「編輯的錄影帶成果良好」等等。達成此種目標通常蘊涵著在激烈的社會比較過程中獲得勝利，同時也蘊涵著可能受到社會的高度讚賞，可以說是東亞社會中最典型的「縱向傑出」。

表 9-4　成功事件之因素、因素負荷量、對個人及社會之重要性，及其對個人自尊與面子之影響（續）

因素	因素負荷量	項目	自尊		面子		個人價值		社會價值	
			Mean	SD	Mean	SD	Mean	SD	Mean	SD
II	0.66	N8 被某所高中、大學或研究所錄取。	2.98	1.08	2.85	1.13	3.66	0.57	3.10	0.70
	0.86	N23 當我通過有名望大學的入學考試時。	2.83	1.02	2.60	1.18	3.55	0.69	2.90	0.74
	0.57	N1 當我達成我的目標時。	2.62	0.89	2.14	1.29	3.55	0.63	2.34	0.60
	0.74	N7 通過各種考試。	2.61	0.99	2.44	1.23	3.47	0.67	2.66	0.77
	0.34	N14 當我完全獨立，不需仰賴父母。	2.12	1.46	1.64	1.41	3.40	0.75	2.36	0.87
	0.58	N18 當我精確地執行一項我策劃的計畫。	2.26	1.02	1.82	1.25	3.36	0.64	2.09	0.70
	0.64	N9 當我使用他國語言與外國人交談。	2.66	1.10	2.46	1.49	3.33	0.72	2.48	0.97
	0.63	N33 在一項重要的測驗中考得很好。	2.57	1.00	2.23	1.19	3.29	0.69	2.39	0.84
	0.43	N32 出版自己的書。	2.61	1.18	2.58	1.08	3.25	0.85	2.92	0.71
	0.44	N15 當事情照我的意思發展。	2.05	1.18	1.33	1.32	3.25	0.73	2.21	0.92
	0.74	N27 當我受雇於第一流的公司。	2.47	1.20	2.35	1.26	3.17	0.82	2.91	0.81
	0.69	N25 當我在展覽會裡贏得獎賞。	2.48	1.03	2.27	1.37	3.02	0.76	2.45	0.73
	0.44	N2 當我回想過去我所完成的某項困難工作時。	2.43	1.00	2.03	1.31	2.99	0.77	2.14	0.79
	0.45	N21 我編輯的錄影帶成果良好時。	1.90	1.02	1.71	1.03	2.76	0.74	2.20	0.59
	0.51	N13 當我被選為某個團體的負責人時。	1.92	1.27	1.53	1.38	2.73	0.84	2.17	0.77
	0.52	N22 當我的名字出現在刊物上，即使是因為某些瑣事。	1.52	1.02	1.05	1.31	2.42	0.94	2.30	0.78

4. 因素 III：橫向傑出

因素III的項目，大多蘊涵著達成某種個人所追求而又可能為其同儕團體所認可的目標，如「覺得自己騎機車的技術進步」、「露營的時候，很妥當地煮好一頓飯」、「在足球比賽中，射門得分」、「在球場內野表演出漂亮的接殺動作」、「打網球時，發球得分」、「打保齡球時，擊出全倒」等等，這種成功，可能被個人所認同的少數群體所讚許，但卻不像因素II的項目那樣，是整個社會鼓勵個人所追求的成功，因此稱之為「橫向傑出」。

表 9-4　成功事件之因素、因素負荷量、對個人及社會之重要性，及其對個人自尊與面子之影響（續）

因素	因素負荷量	項目	自尊		面子		個人價值		社會價值	
			Mean	SD	Mean	SD	Mean	SD	Mean	SD
III	0.54	N29 在球場內野表演出漂亮的接殺動作。	1.92	1.17	1.97	1.19	2.48	0.89	2.28	0.77
	0.32	N19 露營的時候，我很妥當地煮好一頓飯。	1.42	1.09	1.32	1.15	2.41	0.87	2.05	0.84
	0.39	N5 當我覺得騎機車的技術進步時。	1.21	0.92	1.10	1.04	2.36	0.89	1.79	0.62
	0.47	N12 在足球比賽中，射門得分。	2.03	1.18	1.95	1.42	2.34	0.95	2.13	0.72
	0.68	N3 打網球時，發球得分。	1.47	0.95	1.67	1.10	2.23	0.86	1.71	0.64
	0.34	N53 當我戒煙時。	0.74	1.05	0.83	1.23	2.17	1.19	2.51	0.77
	0.69	N4 打保齡球時，擊出全倒。	1.67	0.92	1.85	1.14	2.06	1.00	1.70	0.65

以上所述，係根據各因素所包含之項目內容，來解釋各因素之意義。然而，從表 9-2 儒家社會中的成就動機理論來看，這四個因素還有更深一層的意義，必須放置在儒家關係主義的脈絡中來加以解釋：在這四個因素中，「縱向傑出」、「橫向傑出」和「個人目標」都屬於某種「生活目標」，唯獨有「自我效能」是個人為了追求某種生活目標，而達成其「學習目標」時的一種主觀感受。換言之，不論個人是追求何種「生活目標」，他一定要先

達成相關的「學習目標」，並產生「自我效能」感，由於它是達成其他「生活目標」的先決條件，參與者認為：在上述四個因素中，它對個人最為重要，它的個人價值跟社會價值之間的差距也最大（如圖 9-2 所示）。

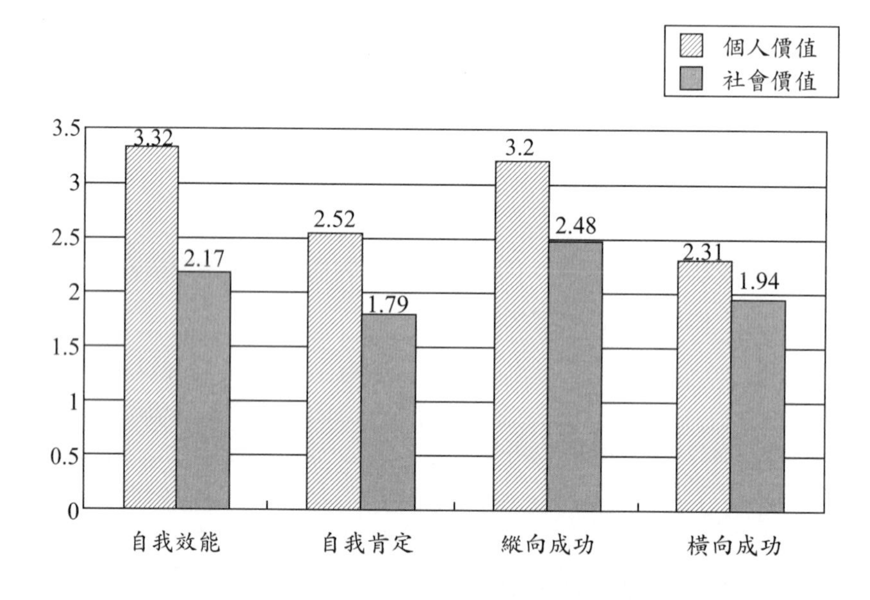

圖 9-2　參與者評定四類成功情境影響其個人價值與社會價值

➢ 成就目標的社會意義

瞭解「自我效能」在表 9-2 中的位置之後，我們便能夠進一步討論其他三種類型的成就目標在儒家社會中的意義：「縱向傑出」是社會高度讚許的目標，和其他兩類成就目標相較之下（如圖 9-2 所示），參與者認為：達成此種目標，會受到社會最高度的重視，此種目標對個人的價值也最高。當個人達成此種目標時，不僅可以滿足其強烈的內在動機，自尊提升的程度最高，而且會因為受到社會的正面評價，或獲得外在酬賞，而覺得最有面子（如圖 9-3 所示）。

用表 9-2 的理論模型來看，「橫向傑出」同時兼具「個人目標」和「縱向傑出」兩者的屬性：個人之所以選擇追求此類目標，原本是出自於個人自己的興趣，然而，當個人達成此種成就目標時，他卻很可能受到認同此一目標之小群體的讚賞。和「縱向傑出」相較之下，由於「橫向傑出」目標只受到少數群體的肯定，而不是受到一般社會大眾的肯定，認同「橫向傑出」的參與者雖然可能賦予它較高的價值，然而，並不是大多數參與者都認同這樣的目標，它在「個人價值及社會價值」上所得的平均值均較「縱向傑出」為低，個人價值之標準差的範圍（0.86～1.19）亦較「縱向傑出」（0.57～0.94）為大。他們達成「橫向傑出」之目標時所感受到自尊和面子增加的程度，也不如達成「縱向傑出」之目標時的相對感受（如圖 9-3 所示）。

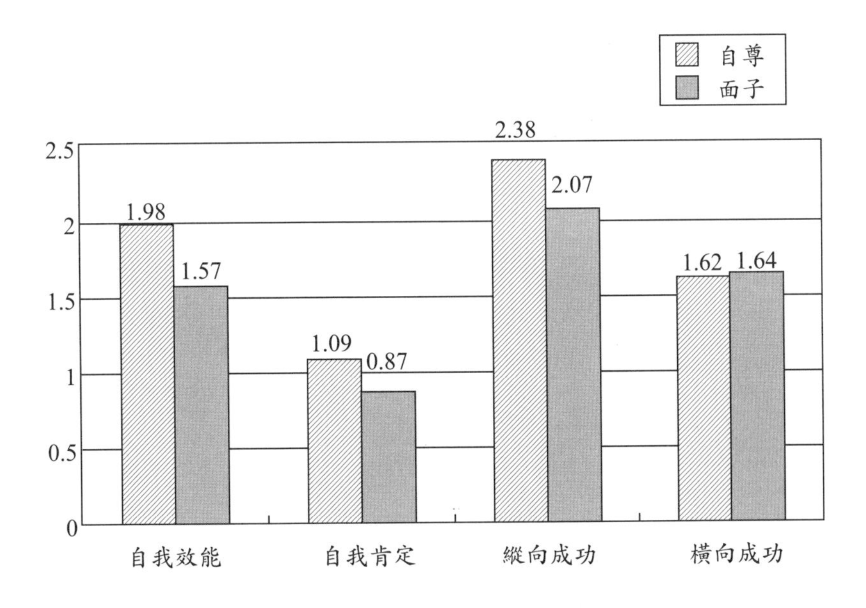

圖 9-3　參與者評定四類成功情境影響其自尊與面子的程度

和「縱向傑出」對比之下，「個人目標」是個人根據自己的內在興趣所界定的成就目標。有些人賦予它較高的「個人價值」，有些人卻不以為然，因此，其「個人價值」之標準差的範圍（0.77-1.06）遠較「縱向傑出」

（0.57-0.94）為大。換言之，參與者對於「縱向傑出」的「個人價值」有較為一致的看法，賦予「橫向成功」及「自我肯定」之「個人價值」，其看法則較為分歧。整體而言，參與者賦予「個人目標」之事件的個人價值雖然比「橫向傑出」來得高，但他們卻認為其社會價值不如「橫向傑出」（如圖 9-3 所示）。當他們達到「個人目標」事件時感到自尊和面子增加的程度，也相對地低於他們在達到「縱向傑出」或「橫向傑出」時的感受。

第七節 縱向目標與橫向目標的比較

從 Lakatos（1970）對「科學研究綱領」（scientific research programmes）的主張來看，一個科學家根據某種預設建構出某一種理論之後，任何其他科學家都可以根據同樣的預設，依自己的研究旨趣，決定各種不同的先行條件，考慮相關的層面，再建構出其他的理論，而構成理論系列。我們可以舉一個例子來說明這一點。根據筆者所提出的儒家社會中的成就動機理論，陳舜文等人以目標建構（goal construction）的來源作為基礎（Austin & Vancouver, 1996; Bandura, 1986; Gollwitzer, 1993），區分出兩類主要的成就目標：「縱向目標」（vertical goals）的建構主要源自個體所受到的「社會期許」（social expections）；「個人目標」（personal goals）的建構主要來自個體的「自主興趣」（autonomous interest）（Chen, Wang, Wei, Fwu, & Hwang, 2009）（如表 9-5 所示）。

➢ 縱向目標與橫向目標

在儒家關係主義的影響之下，華人關係網絡中的重要他人，可能因為個人所扮演的社會角色，而期許他達成某些特定成就目標，這些目標通常具有較高的社會價值，追求這些成就目標往往被視為是個人應盡的角色義務。換言之，這種目標的內容和標準主要是由外在社會所選擇與界定的，雖然個人有義務必須努力地追求此類成就目標，但卻不一定會對這些目標抱有內在興

表 9-5　成就目標基本類型之概念架構

	縱向目標	個人目標
目標建構主要來源	社會期許	自我興趣
選擇自由	無選擇（角色義務）	自我選擇
重要他人期許	高	低
社會價值	高	低
同儕競爭	高	低
對於成功之內隱信念	增進論（incremental belief）	本質論（entity belief）

趣。這種目標的範疇通常是由個人的社會角色所決定，範圍較狹窄，屬於相同社會角色的成員與同儕之間，很可能產生競爭或互相比較成就高低的心理，因此稱為「縱向目標」。

除了縱向目標之外，在華人社會中，個人也可以依據內在興趣，建構自己所欲追求的成就目標，這一點與強調個人主義的西方社會並無太大不同。此類目標的內容與標準是個人依據自主興趣所選擇與界定的，因此，他可以選擇的目標範疇較為寬廣，這些目標也不一定具有社會價值，關係網絡內的重要他人（例如：父母、師長）對他不會有一致的期待，故稱之為「個人目標」。當個人追求其目標有所成就，而受到親友或同儕團體的肯定，它也有可能衍生成為個人的「橫向傑出」。

➢ 學業與才藝

我們可以舉一個實徵研究的例子，來說明華人社會中這兩類目標的不同。對台灣的高中生而言，學校成績通常都被看作是一種縱向成就目標，學生有義務要努力追求此種目標；可是，才藝表現卻較少受到重視和鼓勵（Cheng, 1997, 1998; Cheng & Wong, 1996; Zeng, 1999），學生可以視個人的興趣，選擇要不要追求此類目標。王秀槐認為：對於學生的學習，文化差異扮演了重要的角色。為了說明縱向與橫向成就的不同，她所做的研究〈學生對學業成就和才藝表現的認知、觀念和歸因〉（Wang, 2003），根據表 9-5 的理論架構編訂出一份問卷，以就讀於台北市 12 所國民中學的 396 位學生作為對象，探討：⑴他們對於學業和才藝之本質的認知；⑵學生自己對一般能力、學業（縱向傑出）和才藝（橫向傑出）之能力所具備的信念；⑶給予學生兩個在學業及才藝方面成功的情境故事，要求學生將他們在學業和才藝兩方面的成就歸因於自己或他人；⑷學生在班上學業和才藝的自我評估。參與者必須在由 1 至 6 的李克特尺度上評估每一因素對其表現的重要性。

針對學業和才藝兩方面之成就，在表 9-6 中的八個向度中，除了其中一個向度之外，學生在其他各個向度上都有非常不同的觀點。

整體而言，和追求才藝方面的成就相比，在設定學業目標並追求學業成

表 9-6　參與者對學業成就和才藝表現的認知和歸因

項目	學業（Mean）	才藝（Mean）	t	Prob > $\|t\|$
父母的壓力	3.856	2.765	13.214	0.0001
師長的期待	3.403	2.651	10.709	0.0001
同儕競爭	4.288	3.136	14.897	0.0001
課後額外工作	3.927	3.905	0.230	0.8175
自我改善	2.732	3.563	-8.982	0.0001
進好學校	4.234	2.733	16.229	0.0001
興趣	3.123	4.777	-15.723	0.0001
努力	5.220	4.599	6.400	0.0001
自我改善	4.137	3.866	2.929	0.0037

就時，學生比較容易感受到來自父母和師長的期待以及同儕的壓力，並會考量學業成就對未來目標的幫助。其目標的設定並非出自個人的選擇，所以對此目標的興趣不高。可是，為了要達到此一目標，較會做自我改進，而且也比較害怕失敗。如果將學業和才藝分別看做是縱向和橫向的成就，學生對兩者的認知，有相當大的不同。

➢ 社會壓力和個人因素

將參與者在這八個向度上對這兩類成就目標的評估作因素分析，結果得到兩個因素：社會壓力（來自於父母、師長、同儕）和個人因素（努力、興趣、額外工作）（如表 9-7 所示）。將參與者在這兩個因素各四個項目上的得分加總，分別作 t 檢定，結果顯示：學業成就的動機社會壓力的重要性（$m_1 = 15.67$）大於個人因素（$m_2 = 11.26$），兩者之間有非常顯著的差異（$t = 20.63$，$p > 0.0001$）；在才藝的成就動機方面，個人因素的重要性（$m_2 = 17.10$）反倒比社會壓力（$m_1 = 16.22$）大，但兩者之間的差異並不顯著（$t = -3.65$，n.s.）。

表 9-7　學生對學業及才藝認知和歸因之因素分析

項目	因素 1：社會壓力	因素 2：個人努力
父母的壓力	0.747	
師長的期待	0.712	
進好學校	0.663	
同儕競爭	0.657	
努力		0.774
自我改善		0.674
興趣		0.579
額外課後工作		0.575

用表 9-2 的概念架構來看，此一研究發現很清楚地說明了縱向和橫向傑出的差異。再進一步考量學生相信他們追求這兩類目標的能力是否具有可塑性，資料分析的結果發現：他們對自己具備的能力是否能夠達到學業和才藝的目標，有相當不同的看法。學生們相信：為了要達到他們所設定的學業目標，他們本身的能力具有相當大的可塑性；可是，要達成才藝的目標，本身能力的可塑性就相當有限。

第八節 努力模式與能力模式

以往教育心理學者在香港（Salili & Hau, 1997）、澳洲（Rosenthal & Feldman, 1991）、韓國（Kim, Grant, & Dweck, 1999）、美國（Sue & Okazaki, 1990）、日本（Heine et. al., 2001），和台灣（Stevenson, Chen, & Lee, 1993）等地所作的文化比較研究一再顯示：美國的學生、老師及家長傾向採取能力模式（ability model），將成功歸諸於天份（innate abilities）。由於天份是固定不變的特質（fixed ability），天份高者，其天份已經足以使其成功，所以不需要努力用功；天份差者，其資質已差，再怎麼努力也學不會，所以也不需要努力用功。相反的，亞洲國家的學生、老師及家長傾向採取努力模式（effort model），認為個人的能力具有可塑性（malleable），個人可以透過努力而增加其能力，因此只要肯努力，投入較多的時間，人人都可以成功，精通課業（Stevenson & Stigler, 1992）。

➢ 社會壓力與努力模式

嗣後華裔學者 Cheng 與 Wong（1996）亦認同上述研究發現，並指出華人社會「勤能補拙」的觀念根深蒂固，相信努力能夠補救先天能力的不足，努力對成就表現具有工具性價值。陳怡靖（2004）使用 1997 年的「台灣地區社會變遷調查」的大規模資料作量化分析，結果顯示：台灣民眾傾向於將事業成就作內在歸因，相信努力必然會導致成功。這項發現和 1992 年的調查結果十分相似，而且中小學老師比其他職業者作內控歸因，間接反映學校在傳遞這種內控信念的社會價值觀。

D'Ailly（2003）曾依據「自我決定論」的概念與測量方法，針對台灣地區 806 名中高年級小學生進行調查研究，其結果顯示：台灣兒童的「努力程度」與「學業成績」有明顯的正相關，但他們對學業的「內在興趣」不僅與「努力程度」無關，甚至與「學業成績」還有負相關；相形之下，「社會價值」與「父母期許」等外在壓力卻與「努力程度」有正向關聯。從 Dweck 與 Leggett（1988）（如表 9-1 所示）以及本研究所提出的概念架構（如表 9-2 所示）來看，追求學業成就對於西方和亞裔的學生而言，具有完全不同的意義：和亞裔學生相較之下，西方學生可以依照其個人的意願來追求學業成就，他們求學的活動，很像亞裔學生追求橫向傑出的方式。相反的，亞裔學生追求學業的成就卻相當具有文化特殊性，他們是在社會高度的期待下，實踐自己的角色義務，其追求縱向傑出的活動，也很難用學習的內隱理論或其他西方心理學理論來加以理解。

在蔡宜妙（2003）的研究中，有一部分資料可以說明：在華人社會中「努力」和「智力」有截然不同的意涵。為了測量參與者的智力本質觀（entity view toward intelligence），她將 Dweck 等人測量國小學生的版本（Henderson & Dweck, 1990）譯為中文。

為了測量華人對於努力的信念，她自行設計了三項測量工具，其中「努力美德觀」（effort as a merit）量表測量「努力是個體追求的重要價值觀」、「是一種美德」等信念；「努力工具觀」（effort as a mean）測量參與者對「個體的成就表現不會侷限於個體的先天能力，而是取決於他有多努力」的信念。

除此之外，她又自行設計了幾項量表，測量學生在考試前「拖延閒混」的程度、成功與失敗的歸因、不努力是否有罪惡感，以及學習客觀表現。

➢ 努力美德觀

她的資料顯示：「努力美德觀」和「智力本質觀」之間，僅在「乙高中組」中有顯著的負相關（$r = .209^{***}$，$p < .001$），在「國中組」（$r = .144$，n.s.）和「甲高中組」（$r =.-.033$，n.s.），其相關均不顯著。換言之，對台灣社會中的華人參與者而言，「努力美德觀」和「智力本質觀」似乎是兩個互相獨立的概念，彼此之間並沒有一定的關聯。

進一步比較「智力本質觀」和「努力相關信念」與「成就目標取向」、「學習行為」指標，與「失敗後之歸因」等變項間之相關。結果顯示：在這三組參與者之間，「努力美德觀」和「學習目標」（$r = .592^{***}$，$.582^{***}$，$.576^{***}$）、「客觀學習指標」（$r = .246^{***}$，$.177^{***}$，$.235^{***}$）、「拖延閒混」（$r = -.438^{***}$，$-.310^{***}$，$-.338^{***}$）、「失敗後的努力歸因」（$r = .269^{***}$，$.259^{***}$，$.212^{***}$），以及「不努力會有罪惡感」（$r = .507^{***}$，$.618^{***}$，$.733^{***}$）之間，均有顯著而穩定的關係。換言之，愈認為努力是一種美德的人，學習課業的內在動機愈強，客觀學業指標愈好，愈不會做出「拖延閒混」的行為，失敗後較傾向歸因於不努力，不努力時則會有罪惡感。然而，「智力本質觀」除了在「國中組」跟「自我設限」（$r =.275^{***}$，$p < .001$）和「拖延閒混」（$r = .291^{***}$，$p < .001$）有顯著的相關之外，跟上述其他變項間的相關係數組型幾乎完全消失不見。這樣的數據強而有力的說明：對儒家社會中的華人學生而言，「努力美德觀」是預測學生成就動機與學習行為的重要變項，但「智力本質觀」卻不是。

這一點有十分重要的理論意涵。用 Dweck 與 Leggett（1988）的成就動機理論來看，學童所抱持的智力內隱理論（即此處所謂的「智力本質觀」），不僅會影響其成就動機，而且會影響其學習行為（如表 9-1 所示）。然而，用本章所提出的理論模式來看（如表 9-2 所示），在儒家社會裡，個人對「努力」所抱持的相關信念才是影響其成就動機及學習行為的重要因素，而不是智力內隱理論。

第九節　努力的道德意義

然而，華人學生為什麼傾向於表現出「努力」模式，而不是西方式的「能力」模式呢？Tweed與Lehman（2002）比較蘇格拉底與孔子的思想內涵中的學習觀，認為中西文化下的教育目標設定，可以反應出這些根深蒂固的思想傳統。蘇格拉底式的學習強調提問與辯證，並認為知識可以從思辯中推演而來；而孔子式的學習則強調努力、謙卑的學習（respectful learning），並從下苦工的過程中修身（behavioral reform）。Li（2002）進一步以原型研究法（prototype method），讓美國學生與中國學生針對「學習」（英語對應為learning）一詞進行自由聯想，採集相關的詞彙與片語，另外的一群受試者則對採集到的相關詞彙進行分類，以建構出美國學生與中國學生心中的學習模型，結果顯示：兩者的模型內容十分不同。

➢ 兩種學習模型

美國學生的學習模型顯示，學習是個體心智獲取外界知識的過程，知識獨立於個體，存在於外在世界裡，個體可以透過一些內在特質來得到知識，這些內在特質包含：認知、智力、能力、思考、溝通、積極投入等，以及一些動機因素如：興趣、好奇、樂意、承諾等。相較之下，華人的學習觀則認為人與知識不可切分，學習是生命不可或缺的意義。

華人的學習模型中主要的概念成份為「好學心」（hao-xue-xin, heart and mind for wanting to learn），包含：⑴學習乃終身志業；⑵學習「勤勉」、「下苦工」、「堅定」與「專注」的性情；⑶謙遜的學習；⑷渴望學習。「學習的目的」（purposes of learning）說明為何需要學習和學習的意義，包含：⑴人活著就要學習，如「刀不磨不利，人不學不精」；⑵功名之道，光宗耀祖；⑶貢獻國家，服務社稷，「修身、齊家、治國、平天下」。最後，「成就類型」（kinds of achievement）認為學習可帶來的結果，包含：⑴學問淵博、既深且廣；⑵培養能力，視能力為學習的結果而非天生特質；⑶修身進德；⑷有創見（Li, 2002）。

這種研究取向是劃定「學習」的範疇，就「學習」來論「學習」，並沒有將「學習」放置在文化的脈絡中來加以討論。本章所提出的成就動機理論，則是考量「儒家關係主義」的文化脈絡下所建構出來的，它能夠解釋表 9-2 中所列各變項間的關係。我們可以用同樣的思維方式，進一步討論「努力」在儒家文化中的特殊意義。

➢ 無條件的積極義務

在儒家社會中追求縱向成就，具有十分獨特的文化意涵。儒家社會中父母親期望子女把追求縱向成就看做是自己的角色義務，努力追求縱向的傑出。這樣的心理傾向，不僅具有文化意涵，而且具有心理學意涵。先從文化的意涵來說，在〈兩種道德〉一文中，Hwang（1998）指出：西方個人主義文化的道德觀是以「權利」作為基礎（right-based），它強調「不得作為」的「消極義務」（negative duties），個人應當以「尊重他人權利」作為道德判斷的原則，不得任意侵犯他人權利；違反了這些原則，就應當受到嚴厲的譴責。至於「應當作為」的「積極義務」，個人保有「選擇的權利」，可以考量各種主、客觀條件，決定自己是否願意做出此種行為。執行「積極義務」是一種「美德」，但如果不做，也沒有關係。

華人儒家文化中的道德觀則是以「義務」作為基礎（obligation-based）。由於儒家認為：父母和祖先是「己身之所出」，是自己生命的來源，對父母盡孝道是一種「應當作為」的「積極義務」。跟西方道德觀不同的是：這種積極義務是沒有選擇性的，不論在什麼情況下，個人都應當勉力從事，因此 Hwang（1998）稱之為「無條件的積極義務」（unconditional positive duty）。

依照 Hwang（1999, 2001）的分析，儒家的「庶人倫理」在親子關係上所強調的是「父慈、子孝」：父母親必須盡全力照顧子女、教養子女，希望他們能夠有美好的未來；子女則必須善盡孝道，達成父母親的期望，完成「無條件的積極義務」，以做為回報。

➢ 努力與孝道

儒家社會重視教育，強調「萬般皆下品，唯有讀書高」，藉由讀書來求取功名是社會上大多數人追求的共同目標。父母為了子女的未來，在教育子女的過程中，鼓勵子女努力用功讀書，告誡他們：有好的學業成就表現，將來在職場上才能出人頭地，占有比較優越的社會地位，掌握較多的社會資源。另一方面，子女與父母和家人間有休戚與共的關係，如果子女有傑出的表現，父母與家人都將引以為榮，認為他的成就可以光耀門楣。因此父母親通常都會要求子女用功讀書，追求好成績，子女也會聽父母親的話，積極努力，以盡孝道。

在儒家社會裡，作子女的人「努力用功」與「表現好成績」都是孝順父母的體現。子女在學期間，如果努力用功、表現優異，通常會受到社會的讚許，未來還會繼續努力。反之，如果他們的成績表現欠佳，通常都會被視為是努力不夠，必須更加努力。然而，在儒家社會裡，「努力」和「成績」卻有完全不同的意義：「努力」是追求目標的「過程」（process），是一種內在、穩定，而且可以受個人自己控制的特質；「成績」則是追求目標的「結果」（outcome），它受到個人能力、測驗難度及其他情境因素的影響。華人社會中經常鼓勵個人要「盡人事、聽天命」，就學生的處境而言，其意義就是：如果學生努力用功，他便已經盡到當學生的義務，至於成績好不好，則是另一回事，不用太過計較。

➢ 努力的道德性價值

為了檢驗這樣的推論，符碧真（2003）所做的〈學生對學習的道德性價值之研究〉一文中，以台灣北部地區的中學生作為參與者，其中包括國中生652 人，高中生 818 人，合計 1,470 人。研究工具為自編的情境問卷，由「努力」及「成就」兩項自變項所組成。「努力」變項分成「高努力」及「低努力」兩種，「成就」變項分成「表現好」及「表現差」兩種，總共組成四種情境，包括：「高努力－表現好」、「高努力－表現差」、「低努力－表現好」、「低努力－表現差」等四種。每位受試者填答一種情境問卷，以減少不同情境間的相互干擾，每種情境的受試者約各為 350 至 400 人。本研究對「高努力」的定義是「學生上完數學課後，回家會複習老師教過的內容，以及作課本或參考書上的練習題」；「低努力」的定義是「學生鮮少複習或作練習，考試前一天才把課本拿出來看一看」；「表現好」的定義在高中係指數學考試成績為「80 分」，在國中為「90 分」；「表現差」在國中及高中都是指「30 分」。

依變項包括：⑴情境中的行動者是否盡本分；⑵情境中的行動者是不是個好學生；⑶情境中的行動者努力夠不夠；⑷情境中的行動者未來是否還會繼續努力；⑸情境中的行動者心情是愉快還是難過等五項。參與者必須在 1 至 6 分的評量尺度上評量各情境故事中的行動者。

為了避免因為樣本數較大而產生顯著效果，因此以聯結強度（strength of association）作為計算效果值（effect size）的指標。結果分別列於圖 9-4 與圖 9-5。從圖 9-4 可以看出：高努力組不論表現好壞，都比低努力組被視為盡了學生本分；相反的，低努力組不論表現好壞，均比較被視為未盡學生本分。

圖 9-5 顯示：高努力組不論成績好壞，都比低努力組較被視為是好學生；反之，低努力組不論成績好壞，均比低努力組不被視為好學生。圖 9-4 和圖 9-5 的趨勢幾乎是一致的，換言之，本研究的參與者對「努力」與否賦予了一種道德上的正當性，凡是「努力」的學生，不論成績表現好壞，都已經盡了本分，都是好學生。反過來說，「不努力」的學生即使成績好，也不能說是一個盡本分的好學生。

更重要的是，在參與者的認知裡，一個人是否努力，幾乎已經變成其性格的一部分。從圖 9-6 可以看出，高努力組不論表現好壞，參與者都認為：他未來都比低努力組會繼續努力；低努力組不論表現好壞，參與者都認為：他們未來比較不會繼續努力。由此可知，在參與者大多把努力看做是性格的

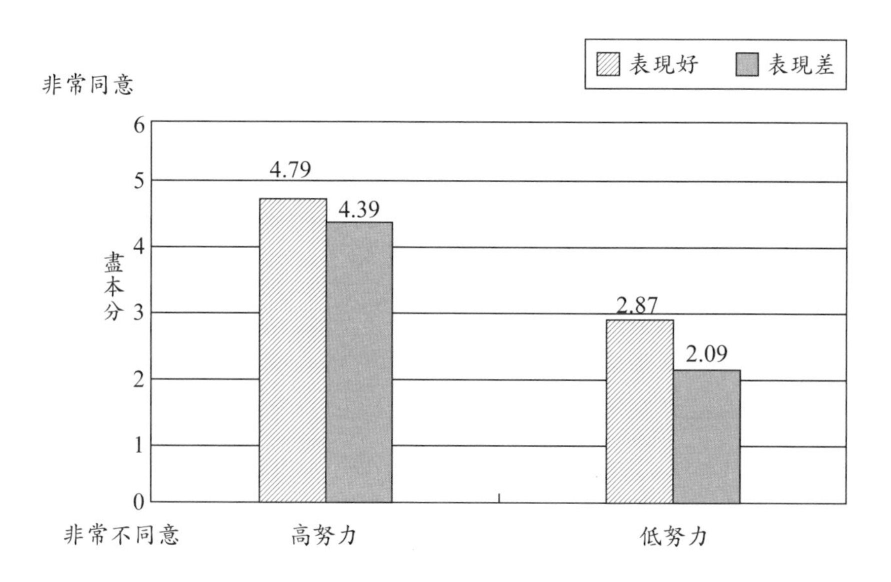

圖 9-4　參與者對不同努力與不同表現的學生在「盡本分」上評分的平均值

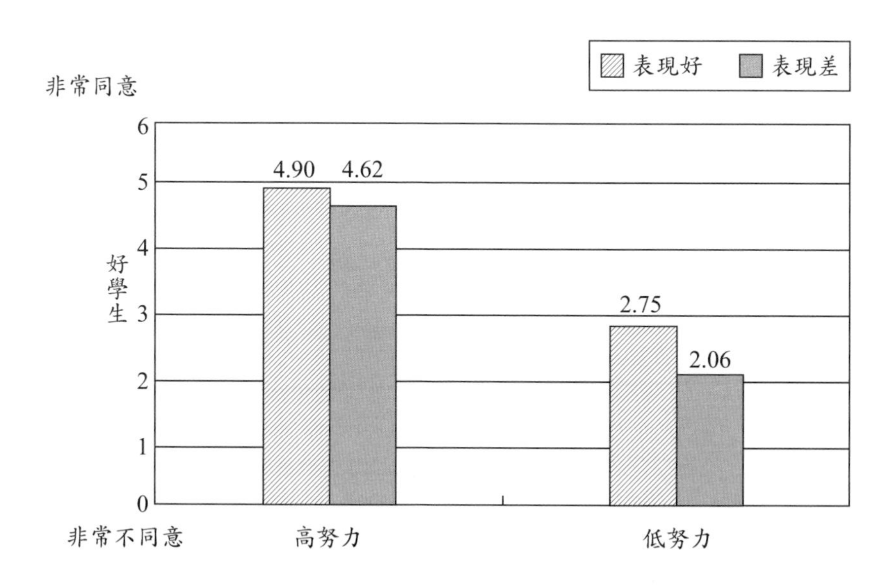

圖 9-5　參與者認為不同努力與不同表現的學生是「好學生」評分的平均值

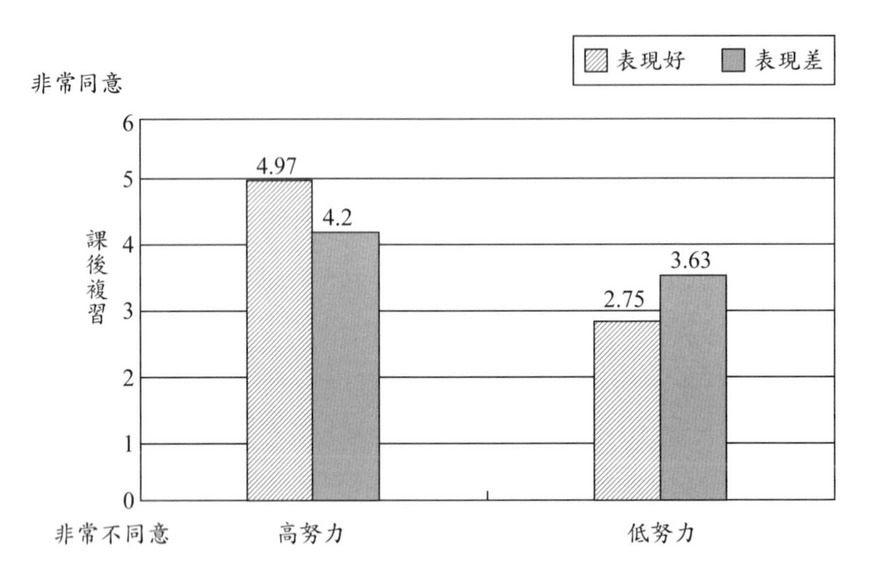

圖 9-6　參與者認為不同努力與不同表現的學生「回家以後會複習數學」評

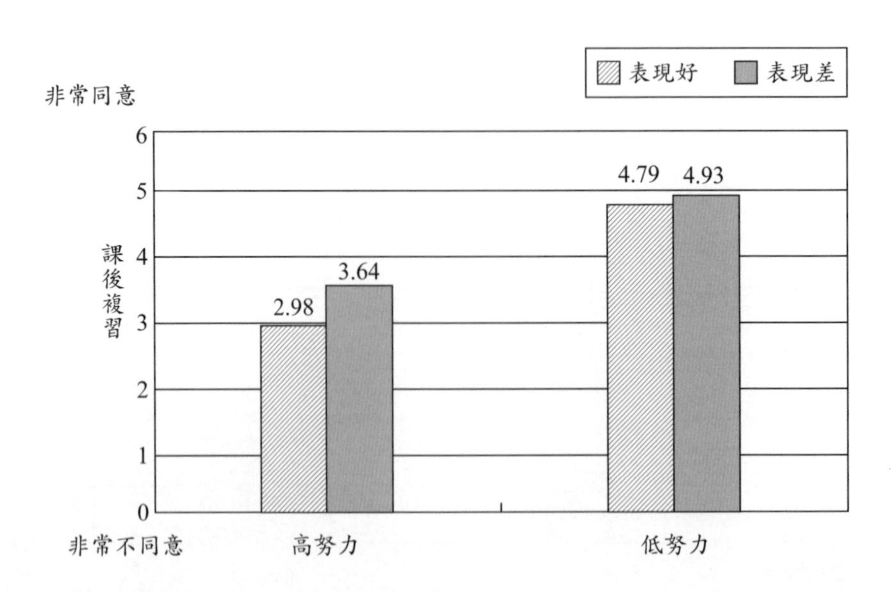

圖 9-7　參與者認為不同努力與不同表現的學生「努力還不夠」評分的平均值

一部分，努力者恆努力，不努力者恆不努力，並不會因為個人成績表現好壞而改變。

正因為參與者把「努力」看做是學生應盡的本分，他們普遍認為：凡是「不努力」的學生，都是「努力不夠」，都需要再加強。從圖9-7可以看出，低努力組不論表現好壞，都比高努力組被視為努力還不夠；高努力組不論表現好壞，均比低努力組不會被視為努力還不夠。

➢ 努力的動機

本研究的結果顯示：在儒家社會中，在評估一個學生「是否盡本分」、「是不是好學生」、「會不會繼續努力」、「努力夠不夠」時，只有「努力用功」的效果顯著，成績表現的因素影響不大。究其原因可能是：努力因素的特質是內在的、可控制的、穩定的（Weiner, 1986），是可以操之在我的；如果積極去做，會受到讚賞，如果不做，會受到譴責，因此對於「是否盡本分」、「是不是好學生」、「會不會繼續努力」、「努力夠不夠」的效果比較大。至於影響成績表現的因素則較為複雜，並非個人所能掌控。做得到或做不到，不能完全歸責於個人，相形之下，成績表現因素的影響就不像努力因素那麼大。

進一步分析高努力組，表現好與表現差者繼續努力的動機，可能各不相同。高努力表現好的學生，未來仍繼續努力，似乎顯示努力無止境，他們繼續努力，可能是為了維持既有的好成績，擔心「不進則退」，也可能是為了追求「好還要更好」。高努力表現差的學生，並未因成績不理想而放棄努力，未來還會繼續努力，可能是冀望「如果再努力一些，成績會變好」。

低努力組不論表現好壞，因為對於操之在我，應該積極努力去做的事，未盡力，很自然會被視為未盡本分、不是好學生、努力還不夠。特別值得一提的是「低努力、表現好」天才型的學生。這種天才型的學生在西方中學生中頗受同學歡迎（Juvonen & Murdock, 1995），但是卻被台灣中學生視為未盡本分、不是好學生、努力還不夠。檢視儒家文化社會的語彙與故事，可以發現與努力有關的成語或故事相當多，如「勤能補拙」、「業精於勤，荒於嬉」、「愚公移山」、「鐵杵磨成繡花針」等，但與天才有關的成語卻相當少，即使有，也是負面的評價。

第十節 努力與獎懲

儒家文化對於「努力」的信念，甚至會影響華人教師對於獎懲的使用方式。西方心理學的研究顯示，教師在道德事件方面，給予學生較多的懲罰；在學業成就方面，則是對於成績優異者給予較多的獎勵，但對於成績不佳者，並不會給予懲罰。為了塑造學生的正面行為表現，教師對道德事件與學業事件給予學生的獎勵與懲罰，具有不對稱性（Fuller, 1977; Weiner & Peter, 1973）。

西方心理學者對這樣的現象提出不同的解釋。Fuller（1977）認為：道德規範象徵行為的基本底線，遵行道德規範不應當受到獎勵；然而，違反者則應當被懲罰。相對之下，為了鼓勵學生有較佳的學業表現，教師對於成績優異者，則應當給予較多的獎勵，Hamilton、Blumenfeld與Kushler（1988）也同意這種觀點。Weiner與Peter（1973）則從行為難度的向度，解釋教師的獎懲行為。他們認為：對個人而言，遵守道德規範並不困難，違反道德規範則是刻意的行動，因為這樣的意圖不應被允許，所以對於違反道德規範者，教師應當給予懲罰，這是「意圖導向」的懲罰系統。跟遵守道德規範相較之下，對個人而言，獲得良好的學業成就是較為艱難的任務，有鑑於此，教師對於成績優異者應當施予獎勵，這是「結果導向」的獎勵系統。

在儒家社會中，教師對於學生道德與成就行為的獎懲方式，與西方社會並不相同。台灣社會中有關於體罰的研究顯示，舉凡學生的違規行為（如：遲到、曠課、服裝不整）、侵犯他人權益（如：破壞秩序、安寧、身體安全）、學習行為（如：不交作業、成績低落）、道德行為（如：說謊、偷竊）、對於師長的言行不當（如：辱罵師長、頂嘴）等，都可能遭受到教師的體罰（李介至、林美伶，2000；陳漢宗，1991；Lin, 1992），其內容包括道德事件與學業成就事件。換言之，華人教師不僅會懲罰學生違反道德規範的行為，而且會因為學生不交作業、成績低落等學業表現而給予懲罰。

為了解釋這樣的現象，顏綵思與黃光國（2009）指出：儒家以義務作為基礎的道德觀（obligation-based morality）與西方社會中以權利作為基礎的道德觀（right-based morality），有其根本的不同（Hwang, 1998）。在個人主義的文化影響之下，西方社會傾向於尊重個人選擇的自由。在學習情境裡，個人可以視自己的性向或偏好，作自己認為最有利的抉擇，所以他們的學習傾向於採取能力模式。在儒家關係主義的社會則不然，儒家的庶人倫理強調「父慈子孝」，認為孝道是一種「無條件的積極義務」（Hwang, 1998），父母親有義務養育子女，子女亦有義務盡心回報。在求學階段，努力學習是學生分內應做的事，不論學生的成就表現為何，不努力的學生就是沒有盡到本分，人們重視努力的過程更甚於其結果（符碧真，2003）。

基於這樣的見解，顏綵思與黃光國（2009）刻意以台灣北部國中學生119名（其中包括女生53名、男生66名）為參與者，要求他們填寫一項問卷，問卷的題項設計係以教師在教學中最常使用的「讚美」與「責備」代表教師能夠自行決定使用的「個人性」獎懲；以「記功」與「記過」代表需要呈報至學校相關單位方可實施的「制度性」獎懲。

參與者必須評估項目故事中的主角實踐積極義務或不違反消極義務時，教師給予讚美與記功的正當性，以及沒有做到積極義務或違反消極義務時，應當受到教師責備與記過的程度。「積極義務」的題項內容，主要為個人做（或不做）具有選擇性的美德行動，其具體情境為：故事主角（沒有）自告奮勇負責班上的資源回收工作，與在路上（沒有）協助需要過馬路的老人。在「消極義務」的題項方面，則是個人遵行（或違反）不具有選擇性的強制性行為規範為代表，其題項內容包括：故事主角（沒）有偷竊的行為、考試未（能）憑實力作答、（不）作弊等。

在學業成就部分，項目故事主角在學業表現好與不好時，各有努力與不努力兩種情況。參與者必須在由 -3 至 +3 的七點量尺上評估：故事主角在課業上相當努力或是不努力學習而成績優異的情況下，應當受到教師讚美與記功的程度；以及故事主角在相當努力學習，或是不努力學習而成績不好的情況下，應受到教師責備與記過的正當性。

他們將其研究結果呈現如圖 9-8 至 9-11。圖 9-8 顯示：參與者認為：對學生而言，不論學生實踐積極義務（$m = 2.26$），或是沒有違反消極義務（$m = 1.92$），都應當獲得教師個人性獎勵，其間差異並不顯著（$t = 0.14$，*n.s.*）。

由於實踐積極義務屬於美德，教師不僅應當給予個人性的讚美，而且應當給予制度性的記功（$m = 1.81$）。不違反消極義務屬於個人必須遵守的行為基本底線，教師雖然應當給予個人性獎勵，卻不宜給予制度性獎勵（$m = 0.92$），因此教師給予作到積極義務者的制度性獎勵，顯著多於遵守消極義務者（$t = -2.77^{**}$，$p < .01$）。

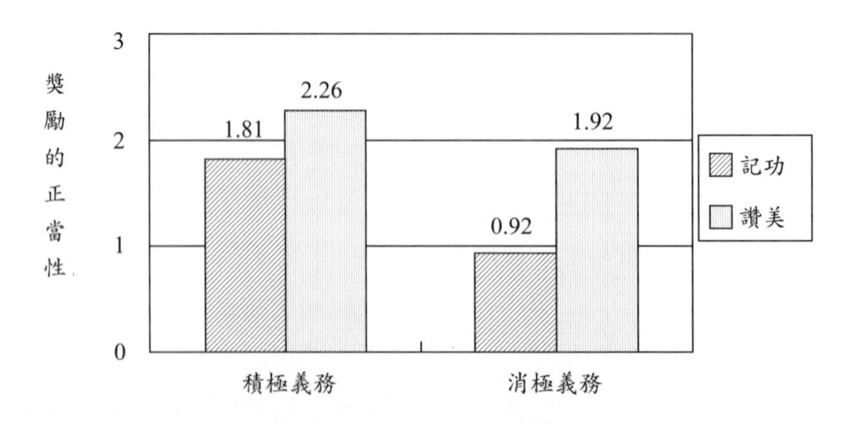

圖 9-8　參與者認為：學生遵守兩類道德規範時，教師應當給予記功與讚美的正當性

由於積極義務屬於可選擇性的表現，沒有作到積極義務者，只是比較不具美德而已，並不觸犯道德規範，不論基於學校立場或是教師個人立場，皆沒有理由為此施加懲罰。圖 9-9 顯示：參與者認為沒有做到積極義務者，不

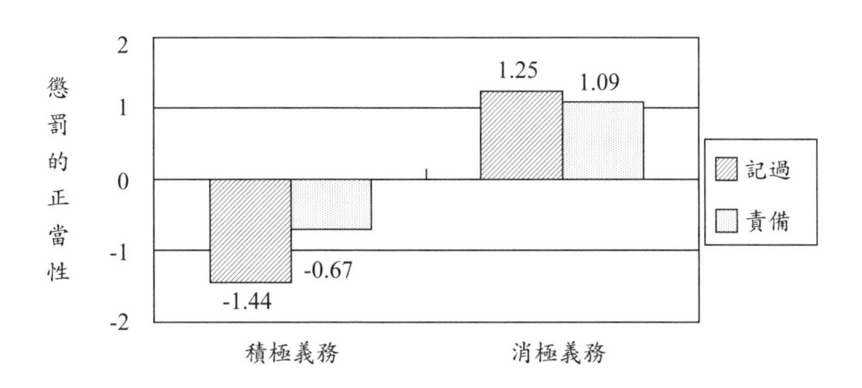

圖 9-9　參與者認為：學生違反兩類道德規範時，教師應當給予記過與責備的程度

應當受到教師的制度性（m = -1.44）或個人性（m = -0.67）懲罰；尤其是制度性懲罰，兩者之間有統計上的顯著差異（t = -3.03**，p < .01）。至於違反消極義務者，因為其行為違反了不得作為的義務，觸犯行為基本規範，因此應當受到懲罰。由於教師負有管教學生的責任，除了依照學校規定給予懲罰之外，對於違規者還應當給予立即的責備。教師給予立即性責備的正當性（m = 1.25）雖然略高於制度性的記過（m = 1.09），但兩者之間的差異並不顯著（t = 0.38，$n.s.$）。

為了突顯台灣社會中教師對於學業成績優異而努力或不努力的學生，給予獎勵的差異，他們首先以對 0 的 t 檢定，檢測參與者認為：成績優良的學生，在努力或不努力的條件下，是否應當受到教師讚美或記功。圖 9-10 顯示，參與者認為，當學生成績優異時，教師應該給予努力者記功（m = 1.10，SD = 1.71；t = 4.95***，p < .001）與讚美（m = 1.63，SD = 1.30；t = 9.63***，p < .001）的獎勵；而對於不努力者則不應該給予記功（m = -1.05，SD = 1.58；t = -5.11***，p < .001）或是讚美（m = -0.71，SD = 1.48；t = -3.71***，p < .001）。

教師在課堂中透過語言符號、口語表達，達到知識的傳承與行為的教養

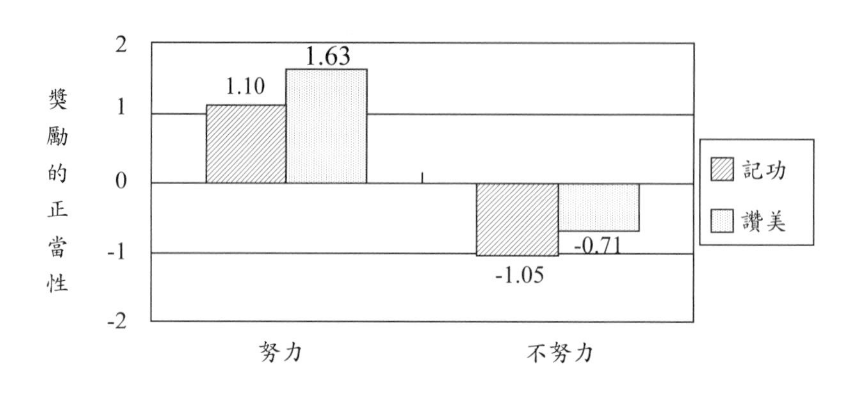

圖 9-10　參與者認為：學生成績優異時，教師對於努力與不努力者應當給予記功與讚美的程度

目的，而讚美就是教師最常用來增強學生良好表現的管道。以學生是否努力與獎勵類型記功或讚美為自變項，學生應當受到記功或讚美的程度為依變項，進行二因子變異數分析的結果顯示：參與者認為：當學生成績優異時，教師給予學生的讚美應當多於記功（$F(1, 58) = 4.82^{*}$，$p < .05$）。不僅如此，為了鼓勵學生的努力行為，在學生成績優異時，教師給予努力者的獎勵應該較不努力者為多（$F(1, 58) = 87.08^{***}$，$p < .001$）。

在西方文化中，教師對於成績不佳者，並不會特別施予懲罰。為了檢驗華人教師對於學業成績不佳的學生，是否會採用不同的懲罰模式，因此他們先以對 0 的 t 檢定，檢驗參與者認為：成績不佳的學生是否應當受到教師的責備或記過。圖 9-11 顯示：參與者認為：當學生成績不佳時，教師對於努力者不應該給予記過（$m = -1.30$，$SD = 1.96$；$t = -7.83^{***}$，$p < .001$）以及責備（$m = -1.13$，$SD = 1.92$；$t = -4.58^{***}$，$p < .001$）；對於成績不佳但不努力者，教師卻應當給予責備（$m = 0.95$，$SD = 2.32$；$t = 3.18^{**}$，$p < .005$）。此一結果顯示，參與者認為：對於已經盡到學生本分的努力學習者，即使其學業表現不佳，也不應該受到教師的懲罰，唯有當學生不努力且成績不佳時，才應當受到教師責備。

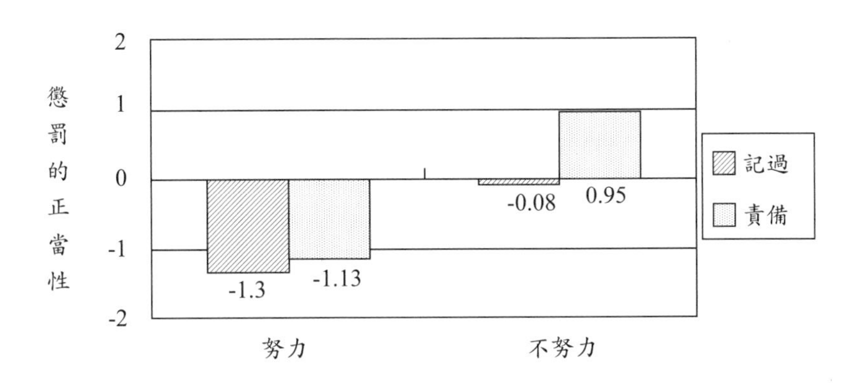

圖 9-11　參與者認為：學生成績不佳時，教師對於努力與不努力者應當給予記過與責備的程度

當進一步以 *t* 檢定比較成績不好且不努力者，應當受到教師兩類懲罰的分數差異，結果顯示：參與者認為不努力且成績不好者，應受到教師個人性責備的程度（$m = 0.95$）明顯高於制度性的記過（$m = -0.08$）（$t = -2.52^*$，$p < .05$）。換言之，一般學校雖然並不會針對學業成績不佳的學生，制訂出相對應的懲罰規範，但參與者卻認為：基於文化價值賦予的教養責任，教師應當負起引導學生努力向學的職責，以進一步提升其學業表現，因此教師應當給予不努力的學生個人性的懲罰。

反之，若學生學業成績不理想，但平時卻很努力，則不應該受到教師的制度性（$m = -1.3$）或個人性（$m = -1.13$）懲罰，兩者之間的差異並不顯著（$t = -0.47$，*n.s.*）。依據參與者的觀點，學生努力之後，已經盡到個人本分，因此不應該受到個人性懲罰，校規也不會針對成績不佳者規範相對應的懲罰方式。此一結果符合符碧真（2003）的研究發現，認為努力的學生就是盡了本分，不論表現為何，努力了就不應當受到懲罰。

結　論

台灣心理學社群對成就動機的研究，起源甚早。從此一研究議題的發展歷史，我們可以看出：台灣社會科學社群對其他議題的研究所遵循的哲學，也是大同小異的。筆者一向主張：非西方國家的心理學者所推動的心理學本土化運動要想有真正的進展，必須作三個層次的突破：哲學的轉向、理論的建構和實徵研究（Hwang, 2005a, 2005b, 2006）。因此，本章以較多的篇幅，從科學哲學的角度，深入討論早期實證主義研究取向所呈現出來的各項問題。當科學哲學的主流由實證主義轉向後實證主義之後，提倡「進化認識論」的Popper（1972）主張：當理論與觀察到的現象或實驗的結果不一致時，科學家便應當針對他的問題，提出嘗試性的理論或解決方案，來消彌理論與觀察現象間的不一致。

當非西方國家的心理學者將西方心理學的研究典範移植到非西方國家之後，必然會遭遇到上述的困難。然而，主張「科學無政府主義」的Feyerabend（1978/1996）指出：任何一個理論總是與實徵研究的證據不相一致，其周圍都圍繞著一個由「偏差噪音」所構成的海洋。然而，倘若我們不瞭解科學哲學的移轉對社會科學研究所蘊涵的意義，反倒習慣於以單一理論來思考問題，我們甚至不會注意到既有理論最明顯的弱點。因此，他主張「增生原則」（principle of prolification），認為：跳出這個「噪音海洋」的手段之一，就是建構另外一個理論，來擴大這種偏差。

在本章中，我們回顧以往 Dweck 與 Leggett（1988）的智力內隱理論在華人社會中所做的實徵研究，結果顯示：該理論並不能用來說明華人社會中兒童的許多學習行為。本章因此提出一個「儒家社會中的成就動機理論」，並以之作為基礎，完成了一系列的實徵研究，用以支持該理論的主要論點。我們希望本論文所提供的研究取向，能作為一個實例，用來說明筆者對於在非西方國家推展心理學的基本主張。

參考文獻

余安邦（1991）：〈成就動機的建構效度的研究〉。見瞿海源（編著）：《社會心理學新論》（頁 341-440）。台北：巨流圖書公司。

余安邦（1993）：〈社會取向成就動機與個我取向成就動機不同嗎：從動機與行為的關係加以探討〉。《中央研究院民族學研究所集刊》，76，197-224。

余安邦（2005）：〈成就動機與成就觀念：華人文化心理的探索〉。見楊國樞、黃光國、楊中芳（主編）：《華人本土心理學（下）》（頁 665-711）。台北：遠流出版公司。

余安邦、楊國樞（1987）。〈社會取向成就動機與個我取向成就動機：概念分析與實徵研究〉。《中央研究院民族學研究所集刊》，64，51-98。

余安邦、楊國樞（1991）：〈成就動機本土化的省思〉。見楊中芳、高尚仁（主編）：《中國人．中國心：人格與社會篇》（頁 201-290）。台北：遠流出版公司。

吳武典、陳秀蓉（1978）：〈教師領導行為與學生的期待、學業成就及生活適應〉。《教育心理學報》，11，87-104。

李介至、林美伶（2000）：〈國中教師管教現況與問題〉。《中等教育》，51（2），67-76。

林邦傑（1978）：〈田納西自我概念量表的內容及其輔導應用時應注意事項〉。《測驗與輔導》，6，406-407。

殷海光（1957/1985a）：〈經驗科學整合底基礎〉。《現代學術季刊》。載於《殷海光先生文集（一）》（頁 283-288）。台北：桂冠圖書公司。

殷海光（1957/1985b）：〈運作論〉。《現代學術季刊》。載於《殷海光先生文集（一）》（頁 343-374）。台北：桂冠圖書公司。

殷海光（1957/1985c）：〈邏輯經驗論導釋〉。《現代學術季刊》。載於《殷海光先生文集（一）》（頁 223-282）。台北：桂冠圖書公司。

殷海光（1960/1985）：〈邏輯經驗論底再認識〉。《現代學術季刊》。載於《殷海光先生文集（一）》（頁 593-610）。台北：桂冠圖書公司。

符碧真（2003）：〈學生對學習的道德性價值之研究〉。見華人本土心理學研究追求卓越計畫辦公室（編）：《華人本土心理學研究追求卓越計畫：92 年度計畫執行報告書》。台北：華人本土心理學研究追求計畫辦公室。

郭生玉（1973）：〈國中低成就學生心理特質之分析研究〉。《國立台灣師範大學教育研究所集刊》，12，41- 84。

郭生玉（1980）：〈教師期望與教師行為及學生學習行為關係之分析〉。《教育心理學報》，13，133-152。

郭生玉（1982）：〈教師期望與學生內外控信念關係之研究〉。《教育心理學報》，15，141-142。

陳李綢（1980）：〈教師喜愛學生程度與學生社交地位、成就動機及內外控信念之關係〉，《教育心理學報》，13，187-203。

陳怡靖（2004）：〈台灣中小學教師與不同職業民眾之成就歸因〉。《思與言》，42， 75-116。

陳漢宗（1991）：《大家談體罰》。台北：國立教育資料館編印。

黃光國（2004）。〈儒家社會中的社會目標與角色義務〉。《本土心理學研究》，22，121-194。

黃國彥、鄭慧玲、楊國樞（1978）：〈國中學生的心理需求與問題行為的關係〉。見文崇一、李亦園、楊國樞（主編）：《社會變遷中的青少年問題》（頁 61-75）。台北：中央研究院民族學研究所。

蔡宜妙（2003）：《成就動機的文化特徵：台灣地區青少年的努力信念》。台灣大學心理學研究所碩士論文。

鄭慧玲、楊國樞（1977）：〈成就歸因歷程對成就動機與學業成就的影響〉。《中央研究院民族學研究所集刊》，43，85-127。

盧欽銘（1980）：〈國小及國中學生自我觀念特質之分析〉。《測驗年刊》，27，33-43。

顏綵思、黃光國（2009）：〈儒家社會中師生的角色義務與獎懲正當性〉。未出版之手稿。

Ames, C. (1992). Achievement goals and classroom motivational climate. In D. H.

Schunk & J. L. Meece (Ed.), *Student perceptions in the classroom* (pp. 327-348). Hillsdale, NJ: Lawrence Erlbaum Associates.

Ames, C., & Archer, J. (1988). Achievement goals in the classroom: Students' learning strategies and motivational processes. *Journal of Educational Psychology, 80*(3), 260-267.

Atkinson, J. W. (Ed.) (1958). *Motives in fantasy, action, and society*. Princeton: Van Nostrand.

Austin, J. T., & Vancouver, J. B. (1996). Goal constructs in psychology: Structure, process, and content. *Psychological Bulletin, 120*(3), 338-375.

Bandura, A. (1986). *Social foundations of thought and action*. Englewood Cliffs, NJ: Prentice-Hall.

Bandura, A. (1997). *Self-efficacy: The exercise of control*. New York: W. H. Freeman.

Berry, J. W. (1989). Imposed etics-emics-dervied etics: The operationalization of a compelling idea. *International Journal of Psychology, 24*, 721-735.

Carnap, R. (1925/1963/1995). *The logical structure of the world.*《世界的邏輯結構》（蔡坤鴻譯）。台北：桂冠圖書公司。

Chen, C., & Stevenson, H. W. (1989). Homework: A cross-culture examination. *Child Development, 60*, 551-561.

Chen, C. C. (1988). The practical research and theoretical analysis of face in psychology. In Yang, K. S. (Ed.), *The psychology of Chinese people* (pp. 7-55). Taipei: Chuliu Book Co.

Chen, S. W., Wang, H. H., Wei, C. F., Fwu, B. J, & Hwang, K. K. (2009). Taiwanese students' self-attributions for two types of achievement goals. *Journal of Social Psychology*, in press.

Cheng, C. Y. (1986). The concept of face and its Confucian roots. *Journal of Chinese Philosophy, 13*, 329-348.

Cheng, K. M. (1997). Quality assurance in education: The East-Asian perspective. In K. Watson, S. Modgil & C. Modgil (Eds.), *Educational dilemmas: Debate and diversity: Vol. 4 Quality in education* (pp. 399-410). London: Cassell.

Cheng, K. M. (1998). Can education values be borrowed? Looking into cultural differences. *Peabody Journal of Education, 73*(2), 11-30.

Cheng, K. M., & Wong, K. C. (1996). School effectiveness in East Asia: Concepts, origins and implications. *Journal of Educational Administration, 34*(5), 32-49.

Chu, C. P. (1955). *A modification of TAT adapted to Chinese primary school children*. National Taiwan University, unpublished B. S. thesis.

Chu, C. P. (1968a). The remodification of TAT adapted to Chinese primary school children: I. Remodification of the pictures and setting up the objective scoring methods. *Acta Psychologica Taiwanica, 10*, 59-73.

Chu, C. P. (1968b). The remodification of TAT adapted to Chinese primary school children: II. The application and evaluation of pictures. *Acta Psychologica Taiwanica, 10*, 74-89.

Covington, M. L. (1992). *Making the grade: A self-worth perspective on motivation and school reform*. New York: Cambridge University Press.

D'Ailly, H. (2003). Children's autonomy and perceived control in learning: A model of motivation and achievement in Taiwan. *Journal of Educational Psychology, 95*, 84-96.

Deci, E. L., & Ryan, R. M. (1985). *Intrinsic motivation and self-determination in Human Behavior*. New York: Plenum.

Deci, E. L., & Ryan, R. M. (1991). A motivational approach to self: Integration in personality. In R. Dientsbier (Ed.), *Nebraska symposium on motivation* (Vol. 38) (pp. 237-288). Lincoln, NE: University of Nebraska Press.

Deci, E. L., & Ryan, R. M. (2000). The “what” and “why” of goal pursuits: Human needs and the self-determination of behavior. *Psychological Inquiry, 11*, 227-268.

Dweck, C. S. (1986). Motivational processes affecting learning. *American Psychologist, 41*, 1040-1048.

Dweck, C. S., & Bempechat, J. (1983). Children's theories of intelligence: Consequences for learning. In S. Paris, G. Olsen & H. Stevenson (Eds.), *Learning and motivation in the classroom* (pp. 239-256). Hillsdale, NJ: Lawrence Erlbaum Associates.

Dweck, C. S., & Elliott, E. S. (1983). Achievement motivation. In E. M. Hetherington (Ed.), *Socialization, personality, and social development* (pp. 643-691). New York: John Wiley & Sons.

Dweck, C. S., & Leggett, E. L.(1988). A social cognitive approach to motivation and personality. *Psychological Review, 95*(2), 256-273.

Elliot, A. J., & Harackiewicz, J. M. (1996). Approach and avoidance achievement goals and intrinsic motivation: A mediational analysis. *Journal of Personality and Social Psychology, 70*, 968-980.

Entwistle, D. R. (1968). To dispel fantasies about fantasy-based measure of achievement motivation. *Psychological Bulletin, 77*, 377-391.

Feyerabend, P. K. (1978/1996). *Against method: Outline of an anarchistic theory of knowledge*. London: Verso.

Fuller, L. L. (1977). *The morality of law*. New Haven, CT: Yale University Press.

Geertz, C. (1984). Culture and social change: The Indonesian case. *Man, 19*, 511-532.

Gollwitzer, P. M. (1993). Goal achievement: The role of intentions. In M. Hewstone & W. Stroebe (Eds.), *European review of social psychology* (Vol. 4) (pp. 141-185). Chichester, England: John Wiley & Sons.

Hamilton, V. L., Blumenfeld, P. C., & Kushler, R. H. (1988). A question of standards: Attributions of blame and credit for classroom acts. *Journal of Personality and Social Psychology, 54*, 34-48.

Hartley, J., & Holt, J. (1971). The validity of a simplified version of Baddeley's three-minute reasoning test. *Educational Research, 14*, 70-73.

Heckhausen, H. (1977). Achievement motivation and its constructs: A cognitive model. *Motivation and Emotion, 4*, 283-329.

Heckhausen, H., Schmalt, H. D., & Schneider, K. (1985). *Achievement motivation in perspective*. New York: Academic Press.

Heine, S. J., Kitayama, S., Lehman, D. R., Takata, T., Ide, E., Leung, C., & Matsumoto, M. (2001). Divergent consequences of success and failure in Japan and North America: An investigation of self-improving motivations and malleable selves. *Journal of Personality and Social Psychology, 81*(4), 599-615.

Hempel, C. G. (1966). *Philosophy of natural science*. Englewood Cliff, NJ: Prentice-Hall.

Hempel, C. G. (1977). Formulation and formalization of scientific theories. In F. Suppe (Ed.), *The structure of scientific theories* (pp. 245-254). Urbana, IL: University of Illinois Press.

Henderson, V., & Dweck, C. S. (1990). Achievement and motivation in adolescence: A new model and data. In S. Feldman & G. Elliott (Eds.), *At the threshold: The developing adolescent*. Cambridge, MA: Harvard University Press.

Ho, D. Y. F. (1976). On the concept of face. *American Journal of Sociology, 81*, 867-884.

Ho, D. Y. F. (1991). Relational orientation and methodological relationalism. *Bulletin of the Hong Kong Psychological Society, 26-27*, 81-95.

Hong, Y. Y., Chiu, C. Y., & Dweck, C. S. (1995). Implicit theories of intelligence: Reconsidering the role of confidence in achievement motivation. In M. H. Kernis (Ed.), *Efficacy, agency and self-esteem* (pp. 197-217). New York: Plenum Press.

Hong, Y., Chiu, C., Dweck, C. S., Lin, D. M. S., & Wan, W. (1999). Implicit theories, attributions, and coping: A meaning system approach. *Journal of Personality and Social Psychology, 77*, 588-599.

Hu, H. C. (1944). The Chinese concepts of "face". *American Anthropologist, 46*, 45-64.

Hwang, C. H. (1967). A study of the personal preferences of Chinese university students by Edwards Personal Preference Schedule. *心理與教育, 1*, 52-68.

Hwang, K. K. (1991). Dao and the transformative power of Confucianism: A theory of East Asian modernization. In W. M. Tu (Ed.), *The triadic chord* (pp. 229-278). Singapore: The Institute of East Asian Philosophies.

Hwang, K. K. (1998). Two moralities: Reinterpreting the finding of empirical research on moral reasoning in Taiwan. *Asian Journal of Social Psychology, 1*, 211-238.

Hwang, K. K. (1999). Filial piety and loyalty: Two types of social identification in Confucianism. *Asian Journal of Social Psychology, 2*, 163-183.

Hwang, K. K. (2000). Chinese relationalism: Theoretical construction and methodological considerations. *Journal for the Theory of Social Behavior, 30*(2), 155-178.

Hwang, K. K. (2001). The deep structure of confucianism: A social psychological approach. *Asian Philosophy, 11*(3), 179-204.

Hwang, K. K. (2005a). From anticolonialism to postcolonialism: The emergence of Chinese indigenous psychology in Taiwan. *International Journal of Psychology, 40*(4), 228-238.

Hwang, K. K. (2005b). A philosophical reflection on the epistemology and methodology of indigenous psychologies. *Asian Journal of Social Psychology, 8*(1), 5-17.

Hwang, K. K. (2006). Moral face and social face: Contingent self-esteem in Confucian society. *International Journal of Psychology, 41*, 276-281.

Iyengar, S. S., & Lepper, M. R. (1999). Rethinking the value of choice: A cultural perspective on intrinsic motivation. *Journal of Personality and Social Psychology, 76*, 349-366.

Juvonen, J., & Murdock, T. B. (1995). Grade-level differences in the social value of effort: Implications for self-presentation tactics of early adolescences. *Child Development, 66*, 1694-1705.

Kim, N. M., Grant, H., & Dweck, C. S. (1999). *Views of intelligence: A comparative study of effort and ability viewpoints in Korean and American students' constructs of intelligence*. Unpublished manuscript, Columbia University, NY.

Kitayama, S., Markus, H. R., Matsumoto, H., & Norasakkunkit, V. (1997). Individual and collective processes in the construction of the self: Self enhancement in the US and self-criticism in Japan. *Journal of Personality and Social Psychology, 72*(6), 1245-1267.

Kukla, A. (1972). Foundations of an attributional theory of performance. *Psychological Review, 79*, 454-470.

Kukla, A., & Scher, H. (1986). Varieties of achievement motivation. *Psychological Review, 93*(3), 378-380.

Lakatos, I. (1970). Falsification and the methodology of scientific research programmes. In I. Lakatos & A. Musgrave (Eds.), *Criticism and the growth of knowledge*. Cambridge: Cambridge University Press.

Li, J. (2002). Learning models in different cultures. In J. Bempechat & J. G. Elliott (Eds.), *Learning in culture and context: Approaching the complexities of achievement motivation in student learning* (pp. 45-63). San Francisco, CA: Wiley Periodicals.

Lin, W.-Y. (1992). A look at corporal punishment: Use, opinions and problems. *Chinese Journal of Applied Psychology, 1*, 53-77.

Lock, E. A., & Latham, G. P. (1990). *A theory of goal setting and task performance*. Englewood Cliffs, NJ: Printice-Hall.

Maehr, M. L., & Braskamp, L. A. (1986). *Motivation factor: A theory of personal investment*. Lexington, MA: Lexington.

Maehr, M. L., & Midgley, C. (1996). *Transforming school culture*. Boulder, CO: Westview Press.

McClelland, D.C. (1955). *Studies in motivation*. NY: Appleton-Century-Crofts.

McClelland, D. C. (1961). *The achieving society*. Princeton, NJ: Ban Nostrand.

Mueller, C. M., & Dweck, C. S. (1998). Intelligence praise can undermine motivation and performance. *Journal of Personality and Social Psychology, 75*, 33-52.

Murray, H. A. (1938). *Explorations in personality*. New York: Oxford University Press.

Murray, H. A. (1943). *Thematic Apperception Test manual*. Cambridge, MA: Harvard University Press.

Ng, A. K. (2001). *Why Asians are less creative than Westerners*. Singapore: Prentice-Hall.

Nicholls, J. G. (1984). Achievement motivation: Conceptions of ability, subjective experience, task choice, and performance. *Psychological Review, 91*, 328-346.

Nicholls, J. G. (1987). Conceptions of ability across the school years: Reflection on method. In F. Halisch & J. Kuhl (Eds.), *Motivation, intention, and volition*. Berlin Heidelberg: Springer-Verlag.

Popper, K. (1934). *The logic of scientific discovery*. London: Hutchinson.

Popper, K. (1963). *Conjectures and refutations: The growth of scientific knowledge*. London: Routledge & Kegan Paul.

Popper, K. K. (1972). *Objective knowledge: An evolutionary approach*. Oxford: Oxford University Press.

Rosenthal , D. A., & Feldman, S. S. (1991). The influence of perceived family and personal factors on self reported school performance of Chinese and Western high school students. *Journal of Research on Adolescence, 1*, 135-154.

Russell, I. L. (1969). Motivation for school achievement: Measurement and validation. *Journal of Educational Research, 62*, 263-266.

Salili, F. (1994). Age, sex, and cultural differences in the meaning and dimensions of achievement. *Personality and Social Psychology Bulletin, 20*(6), 635-648.

Salili, F. (1995). Explaining Chinese motivation and achievement: A socio-cultural Analysis. In M. L. Maehr & P. R. Pintrich (Eds.), *Advances in motivation and achievement: Culture, motivation, and achievement* (pp. 73-118). Greenwich, CT: JAI.

Salili, F., Chiu, C. Y., & Lai, S. (2001). The influence of culture and context on students' motivational orientation and performance. In F. Salili, C. Chiu & Y. Hong (Eds.), *Student motivation: The culture and context of learning* (pp. 221-247). New York: Kluwer Academic/Plenum Publishers.

Salili, F., & Hau, K. T. (1994). The effect of teachers' evaluative feedback on Chinese students' perception of ability: A cultural and situational analysis. *Educational Studies, 20*(2), 223-236.

Salili, F., & Hau, K. T. (1997). *Teachers' evaluative feedback and its relationship with the students' perception of ability and effort: An analysis of the effects of culture, context and experimental manipulations on students' perceptions*. Paper presented at Seventh EARLI Conference, August, Rome.

Salili, F., Hwang, C. E, & Choi, N. F. (1989). Teachers' evaluative behavior: The relationship between teachers' comments and perceived ability in Hong Kong. *Journal of Cross-Cultural Psychology, 20*(2), 115-132.

Schlick, M. (1936). Meaning and verification. *The Philosophical Review, 45*, 339-369.

Sorich, L., & Dweck, C. S. (1997). Mastery-oriented thinking. In C. R. Snyder (Ed.), *Coping*. New York: Oxford University Press.

Stevenson, H. W., Chen, C., & Lee, S. Y. (1993). Mathematics achievement of Chinese, Japanese, and American children: Ten Years Later. *Science, 259*, 53-58.

Stevenson, H. W., Lee, S., Chen, C., Stigler, J. W. Hsu, C., & Kitamura, S. (1990). Contexts of achievement: A study of American, Chinese, and Japanese children. *Monographs of the Society for Research in Child Development, 55*(1-2), 221.

Stevenson, H. W., & Stigler, J. W. (1992). *The learning gap*. New York: Simon & Schuster.

Sue, S., & Okazaki, S. (1990). Asian American educational achievements: A phenomenon in search of an explanation. *American Psychologist, 45*, 913-920.

Tweed, R. G., & Lehman, D. R. (2002). Learning considered within a culture context. *American Psychologist, 57*, 89-99.

Vygotsky, L. S. (1987). *The collected works of L. S. Vygotsky* (Vol. 1). NY: Plenum.

Wang, H. H. (2003). *Vertical vs. non-vertical pursuit of success: Students' perceptions, beliefs and attribution patterns in academic achievement and talent performance*. Paper presented at the 5th Biannual Conference on Asian Association of Social Psychology, Manila, Philippine.

Weber, M. (1958). *The protestant ethic and the spirit of capitalism*. NY: Scribner's.

Weber, M. (1968). *From Max Weber: Essays in sociology*. NY: Oxford University Press.

Weiner, B. (1974). *Achievement motivation and attribution theory*. Morristown, NJ: General Learning Press.

Weiner, B. (1985). *Human motivation*. New York: Springer-Verlag.

Weiner, B. (1986). *An attributional theory of motivation and emotion*. New York: Springer-Verlag.

Weiner, B., & Peter, N. (1973). A cognitive developmental analysis of achievement and moral judgments. *Developmental Psychology, 9*, 290-309.

Wittgenstein, L. (1922/1961). *Tractatus Logico-Philosophicus* (D. F. Pears & B. F. McGuinnies, Trans.). London: Routledge & Kegan Raul.

Zai, S. W. (1995). *Chinese view of Lian and Mian* (In Chinese). Taipei: Laureate Book Co.

Zeng, K. (1999). *Dragon gate: Competitive examinations and their consequences*. London: Cassell.

第十章

儒家社會中的道德與面子

第一節 華人的「臉面」之謎

從十九世紀末葉，中、西文化開始頻繁接觸以來，便有許多西方的傳教士、外交官和旅行者，注意到中國人對於「臉面」的重視，認為這是瞭解中國人心理與行為的關鍵。他們認為：「和中國人交往，如果不知道『臉面』，肯定會遇到麻煩。」可是他們卻不約而同地同意：西方人很難理解中國人的「面子」（Gilbert, 1927; Smith, 1894; Wilhelm, 1926），因為它的意義比西方人能夠描述或能夠理解的意思要複雜得多。

到了二十世紀初期，有些作者試圖以「面子」作為切入點，來瞭解中國人的國民性。例如：五四時期的著名作家魯迅（1991）認為：「面子」是中國人精神的總綱領，林語堂（1966）則認為：人情、面子和命運是支配中國的三位女神。首先從社會科學角度探討中國人之「面子」觀念者，是人類學家胡先縉，她以在地人的觀點分析華人語言中有關「臉」及「面子」的概念（Hu, 1944）。

➢ 西方學者的探索

美國社會學家 Goffman（1955）受到中國人「臉面」觀念的啟發，而開始研究人際互動中的「面子工夫」（face work）。他所著的《日常生活中的自我呈現》（*The Presentation of Self in Everyday Life*）一書（Goffman,

1959），甚至成為社會學的經典作品。在這本書中，他將面子定義為一種可以獲得社會讚許的自我形象（self-image），參與社會互動的雙方，其中一方向另一方宣稱自己擁有社會所讚許的價值（譬如：財富、成就或能力等），如果個人的言談舉止很「上道」（on line），符合自己所要宣稱的價值，並受到對方的認可，他就獲得了他所要的面子；相反的，如果他的宣稱不被認可，他就失掉了面子。依照這個定義，面子並不是個人所擁有的某種東西，它是隨著情境的事件而變動的（Goffman, 1959）。

Goffman（1955, 1959, 1967）的著作引發了一系列的實驗室研究。由於面子是隨情境而變動的，許多西方的心理學者在實驗室中，刻意安排某些能夠讓受試者感受到自我威脅的情境，例如：讓大學生吸奶嘴、讓不擅歌唱者當眾獻唱、讓受試者在談判過程中遭到挫折（Brown, 1968, 1970; Brown & Garland, 1971; Garland & Brown, 1972），或進行某種能力測驗後，告訴他們成績欠佳（Modigliani, 1971），然後觀察他們的反應。從 Goffman 的著作及其所引發的後續研究來看，他們所研究的「面子」其實是美國社會中的「交往禮儀」（interaction ritual），而不是華人文化中所獨有的「臉面」觀。

美國人類學家 Brown 與 Levinson（1978）更進一步從文化比較的觀點，探討人們日常生活中所使用的禮貌語言和面子之間的關聯。在他們看來，面子是人類的基本需要，在任何一個文化中，每一個有能力的成年人都需要面子，而且也知道別人需要它。同時，他們也有一定的理性，知道如何透過一組特定的禮儀語言來照顧別人的面子，表達出他們對於面子的顧慮，以及避免自己的面子受威脅。他們所謂的面子包含有兩種成份：「積極面子」（positive face）是個人認為自我有價值的某些層面能夠被有關的人認可或讚許的需要；「消極面子」（negative face）則是指：有能力的成年人其行動不被他人妨礙或強制的需要。

儘管 Brown 與 Levinson（1978）認為：面子是一種普世性的需要，從本文的論述中，我們將會看出：他們所說的面子，尤其是「消極面子」所要求的獨立自主的公共形象，其實帶有相當明顯的文化色彩，跟儒家文化中的臉面觀並不相同。

➢ 華人「臉面」觀的文化根源

最早指出華人臉面觀之文化根源的作者，是在中國生活了 25 年之久的德國傳教士魏禮賢（Wilhelm, 1926）。他認為：儒家和道家思想是中國人性格的文化根源，孔子重視和諧的思想，促使中國人在他們家族的社會秩序中爭取他們所應得的，放棄他們得不到的，因此產生了「愛面子」和「沒法子」的雙重性格。到了 1940 年代，胡先縉首先用人類學的方法，分析華人日常語言中有關「臉」與「面子」兩個語詞的運用情境（Hu, 1944）。她指出：在華人日常用語裡，「面」這個字彙較「臉」遠為古老，在古代文獻中已經可以發現。早在西元前四世紀，「面」便有指涉自我與社會間之關係的象徵性意義；「臉」則是比較現代的名詞，《康熙字典》引用的最早典故出自元代（1227 至 1367 年）。這個字似乎起源自中國北部，而後在身體的意義上逐漸取代了「面」，而獲得了某些象徵性意義。

➢ 臉與面子

在華人日常用語裡，「面子」代表在中國廣受重視的社會聲譽：這是在人生歷程中步步高升，藉由成就和誇耀而獲致的名聲，也是藉著個人努力或刻意經營而累積起來的聲譽。要獲得這種肯定，不論在任何時候，自我都必須仰賴外在環境。另一個「臉」的概念，是團體對道德良好者所持有的尊敬：這種人無論遭遇任何困難，都會履行應盡的義務，無論在什麼情況下，都會表現出自己是個正直的人。它代表社會對於自我德性之完整的信任，一旦失去它，則個人便很難繼續在社群中正常運作。「臉」不但是維護道德標準的一種社會約束力，也是一種內化的自我約制力量。

社會學者金耀基（1988）指出：胡先縉對於「臉」和「面子」的區辨雖然適用於中國北方說「國語」或「普通話」的區域，但在中國南方說粵語或客家話的區域，他們只用「面」字來含括「臉」與「面」二字的意義。他引述語言學者 Forrest（1951）的說法指出：中國南方的方言，特別是粵語，是比國語更古老的語言，南部方言中缺少「臉」字，正顯示「臉」的概念是比較晚期發展出來的。儘管粵語並不區分「面」與「臉」，但其「面」字卻包含了國語中「面」與「臉」二字的含意。因此，他將「面」區分為「社會臉面」和「道德臉面」，分別論述它們的社會意涵。

➢ 臉面觀的儒家根源

成中英在一篇題為〈臉的概念及其儒家根源〉的論文中（Cheng, 1986），指出：對華人而言，「臉」的基本內容就是儒家所講的五倫，它代表個人最基本的尊嚴及值得尊重的品質，不能喪失或有所破損。「面」則比「臉」多樣化。每個人都只有一個臉，但他在不同的場合及位置上卻擁有許多個「面」。「臉」與「面」的關係，正如儒家所說的「實」與「名」之間的關係，從一個「實」可以衍生出許多個「名」。

在此之前，何友暉在《美國社會學刊》上發表了一篇〈論「臉面觀」〉的論文（Ho, 1976），仔細討論臉面和地位、尊嚴、榮譽、聲望、人格及行為標準的差異。他提出了一個面子的定義：「面子是個人基於他在社會交往中所占的地位、合宜的角色表現與被人接納的行為操守，而從他人獲得的尊重與恭敬（respectability and/or deference）；個人所獲得的面子，乃視個人及其關係密切者的生活舉止與社會期望是否吻合而定。在兩個人交往的情況，面子可說是一種相互的服從、尊重與恭敬，是雙方都期望獲得，同時也準備回報的。」

根據何友暉自己的說法（周美伶、何友暉，1993），這個定義指出了一些中、西面子觀的基本差異：中國的面子觀是與「上下關係」及「親近他人」緊密聯結的，而且其運作要求強制性的相互原則；外國人的面子則是以個人為主體，不必為其親屬好友的舉止表現負責。他們的社會交往當然也遵循相互原則，不過，卻具有相當的自主性。

何友暉對面子的定義已經涉及西方個人主義和儒家關係主義兩種倫理系

統的具體實踐。令人遺憾的是：何友暉並沒有再進一步探討儒家倫理和「面子」之間到底存有什麼樣的關聯。

第二節　儒家倫理與心理社會均衡

1980年代之後，隨著「社會科學本土化」風潮的逐漸成形，許多華人心理學者（朱瑞玲，1989，1991；周美伶、何友暉，1993；陳之昭，1988）紛紛從事此一問題的實徵研究，並出版了兩本專書（佐斌，1997；翟學偉，1995）。他們的努力，對於吾人瞭解華人的臉面觀有相當大的助益。尤其是翟學偉（1995）所著的《中國人的臉面觀》一書，蒐集並分析了許多的相關資料，對於此一問題的後續研究，貢獻尤為顯著。

翟學偉（1995）在回顧有關華人「臉」和「面子」的討論之後，指出：「臉」和「面子」兩者之間雖然有「道德性」和「社會性」的差異，但它們「並不是兩組標準，而是在兩個相關性很高的概念中形成的一組連續性的標準」、「臉和面子都可以或多或少地涉及道德，也可以不怎麼涉及道德，也就是說，用道德來區分臉面的差別是不真實的」（頁69-70）。筆者認為：翟學偉的這種說法是極有見地的。然而，「臉」和「面子」在什麼情況下會「涉及道德」？在什麼情況下又「可以不怎麼涉及道德」呢？

要回答這樣的問題，我們又不能不回過頭來追問：華人所重視的道德觀具有什麼樣的特色？它跟華人的臉面觀又有什麼樣的關聯？要回答這個問題之前，我們必須先說明華人道德觀的特色及其與華人臉面觀的關聯。

➢ 儒家的庶人倫理

在本書第四章中，筆者提出了〈人情與面子〉的理論模型，說明華人社會中的個人如何以不同的交換法則和不同關係的他人進行互動（Hwang, 1987）。第五章又以此一理論模式作為基礎，分析儒家思想的內在結構（黃光國，1988，1995；Hwang, 2001）。根據上述的分析，儒家庶人倫理的

「仁、義、禮」倫理體系強調：社會互動的兩個基本原則是「尊尊」和「親親」。在父子、兄弟、夫婦、朋友、君臣等五種倫理關係中，個人不論是和任何其他人交往，都應當從「尊卑」和「親疏」兩個認知向度（cognitive dimensions），來衡量彼此之間的角色關係：前者是指雙方地位的尊卑上下，後者是指彼此關係的親疏遠近。用西方社會心理學的「正義理論」來看，儒家主張，在人際互動的場合，應當先根據「尊尊」的原則，決定誰是「資源支配者」，有權選擇資源分配或交易的方式；然後再根據「親親」的原則，選擇最恰當的資源分配或交換法則。用「儒家的心之模型」來看，考慮互動雙方關係的親疏，是儒家所謂的「仁」；依照雙方關係的親疏，選擇適當的交換法則，是「義」；考慮雙方交易的利害得失之後，做出適切的反應，則是「禮」；三者構成了儒家「仁、義、禮」倫理體系的核心部分。

➢ 心理社會圖

用何友暉所提出的「方法論的關係主義」（methodological relationalism）來看（Ho, 1991），上述「儒家的心之模型」是在描述儒家社會中個人如何和「不同關係中的人進行互動」。當個人依照儒家的「庶人倫理」和涉入某一事件的他人進行互動時，他所知覺到的「關係中的人們」（persons-in-relation），便構成了許烺光所謂的「心理社會圖」（psycholosociogram）（Hsu, 1971）（如圖 8-2 所示）。

「心理社會圖」的概念，對於瞭解華人社會中的臉面觀有十分重要的意涵。從生物學的層次來看，每個人都有一張臉，它是代表個人之認同（identity）最為獨特之物，在社會交往過程中，每個人都會試圖從對方臉部所透露的訊息，來瞭解對方，同時也會希望在他人心目中留下某種自我形象。

從社會心理學的角度來看，「面子」是個人反思「自我」在某一特定社會情境的行動之後，對於「自我之公共形象」所作的評價（public image of self）（Brown & Levinson, 1978），也可以說是個人在一特定情境中的自我認同，即所謂「特定情境中的認同」（situated identity）（Alexander &

Knight, 1971; Alexander & Lauderdale, 1977; Alexander & Rudd, 1981; Alexander & Wiley, 1980）。在某一特定情境中，個人可能因為感受到社會對其行為的評價，而自覺臉面的丟失、維持或增加，因此吾人又可稱之為「依附於社會的自尊」（social contingent self-esteem）（Hwang, 2006）。

➢ 心理社會均衡

個人在其日常生活中必然會涉入各種不同性質的社會事件，和他一起涉入某一社會事件的其它人，稱為「關係中的人們」（Ho, 1991）；他對自己和這些人之間關係的知覺，構成了「心理社會圖」。當他察覺到：自己的行為引起「關係中的人們」的負面評價，他便可能感到臉面的喪失或受損，而可能採取行動，以恢復自己的心理社會均衡（psychosocial equilibrium）。

然而，個人在日常生活中因為和他人進行社會互動所涉及的「關係中的人們」，不僅在人數上可多可少，而且在時間向度上可長可短。個人與某些工具性關係的互動，在事件結束後，可能即宣告中止。個人與重要他人之間的社會互動，卻可能形成長久而穩定的關係。在這種情況下，維護個人臉面，以維持自己及與這些「關係中的人們」的心理社會均衡，便成為十分重要之事。

在儒家文化傳統影響之下，對一般華人最重要的社會關係，是他和家人間的關係。如何維護自我在家人心目中的形象，也成為個人維持其社會心理均衡的重要途徑。我們可以舉一個例子來說明這一點。

➢ 捨近求遠的求助行為

韓貴香與李美枝（2008）以 21 歲以上的社會人士 69 位（其中男性 32 位，女性 37 位）為參與者，使用「情境故事法」描述兩種不同的故事情境：一個故事情境的主角郁竹發現自己感染了「性病」；另一個故事的主角則罹患了「膽結石」。接著，她們問參與者兩個假設的問題：

1. 由於郁竹的父母，從小就很注意子女的教育，因此郁竹家的小孩都擁有不錯的學歷和職業，郁竹的哥哥（姊姊）正好就是一般外科的醫生。郁竹本身雖然不是學醫，但由於高中讀的是明星學校，因此也有好幾個常有聯絡的同學，後來都當了醫生，其中有一位也是外科的醫生。

在郁竹需要找相關領域醫生治療的情況下，如果下列這些對象都能幫郁竹治療，而且找他們幫忙的方便性都差不多，你（妳）認為郁竹會選擇這些對象中的「誰」幫忙治療？（單選，請在前面的□中打勾）

□ 郁竹的哥哥（姊姊）。

□ 郁竹那位常有聯絡，且是外科醫生的高中同學。

□ 和郁竹互相不認識的外科醫生。

2. 如果你（妳）就是劇中人郁竹，在這樣的情況下，如果下面這三種對象中，剛好都有人可以幫你（妳）治療，而且找他們幫忙的方便性差不多，你（妳）會選擇找「誰」幫忙？（請在前面的□中打勾）

□ 你（妳）的家人（哥哥或姊姊……）。

□ 你（妳）的朋友或同學。

□ 和你（妳）互相不認識的外科醫生。

她們的研究結果顯示：有三種求助對象可供選擇時，在「不會」沒面子（膽結石）的情境中，不管有沒有工具性（陌生人）關係可以選擇，參與者都是選擇向情感性關係的「家人」（92%）求助，只有很少數選擇混合性關係的「朋友」（8%），沒有人選擇屬於工具性關係的「陌生人」醫生。至於在「會」威脅面子的情境（性病），如果有屬於工具性關係的對象可以選擇，參與者明顯選擇工具性關係的「陌生對象」（91%）求助，只有很少數選擇混合性關係的「朋友」（9%），沒有任何人選擇情感性關係的「家人」。

在只有「家人」和「朋友」兩種對象可供選擇時，在「不會」沒面子（膽結石）的情境中，參與者不論是為劇中主角或是為自己所作的選擇，都和有三種對象可供選擇時一模一樣（如表 10-1 所示）。至於「會」威脅面子的情境（性病），χ^2 適合度考驗的結果卻顯示：不論是為「劇中人」，或是為「自己」所做的選擇，參與者選擇「家人」的比率雖然略多於朋友，但其間差異並沒有達到顯著水準。

表 10-1　「求助對象」選擇的人數比與 χ^2 考驗結果

求助對象的設定情境	求助對象	郁竹的選擇		自己的選擇	
		膽結石	性病	膽結石	性病
三種對象	家人	33（92%）	0（0%）	33（92%）	0（0%）
	朋友	3（8%）	4（12%）	3（8%）	3（9%）
	陌生人	0（0%）	29（88%）	0（0%）	30（91%）
	χ^2	62.13**		62.99**	
兩種對象	家人	33（92%）	21（64%）	33（92%）	19（58%）
	朋友	3（8%）	12（32%）	3（8%）	14（42%）
	χ^2	7.95**		10.78**	

*$p < .05$; **$p < .01$; N = 69

註：「郁竹」和「自己」在「性病」情境中，對「三種對象」選擇朋友和陌生人的數字略有出入，但並沒有達到顯著水準（4：29 vs. 3：30，$\chi^2 = .160$，$p > .05$）。同樣地，在「兩種對象」的選擇差異，也沒有達到顯著水準（21：12 vs. 19：14，$\chi^2 = .254$，$p > .05$）。

➢ 面子威脅與面子維護

韓貴香與李美枝（2008）認為：處於「道德臉面」威脅下的華人之所以會「捨近求遠」，選擇陌生對象求助，最主要的考量因素是「面子保護」，希望自己所處的「沒面子」事件，不要被熟識者知道，以免「丟臉」。為了檢驗此一假設，她們又要求參與者在包含有六個項目的一份量表上評估「劇中人」或「自己」向不同對象求助時的三個主要考量因素，包括：「面子維護」（「這種事還是不要讓認識的人知道比較好」、「這樣比較不會覺得沒面子」）、「較好協助」（「和他（她）之間的關係，我會得到較好的協助」、「我可以放心信賴他（她）的專業能力」），和「人情因素」（「事後可以沒有欠別人人情的困擾」）。參與者在選擇求助對象後，必須在六點量尺上（1 代表非常不重要；6 代表非常重要），分別評估各個因素對他們選擇該求助對象的重要性。

結果顯示，有「家人」、「朋友」、「陌生人」三種求助對象可供選擇時，參與者在「會」失面子（性病）的情境中，對於「面子維護」重要性的評量，顯著高於「不會」失面子的情境（膽結石）（$F(1.61) = 379.96^{***}$，$p < .001$）；反之，他們對於「較好服務」之重要性的評量，則顯著低於「不會」失面子的情境（$F(1.61) = 291.25^{***}$，$p < .001$）；不過，對於「人情因素」的考量，並沒有差異（$F(1.61) = .712$，$p > .05$）（如圖 10-1 所示）。

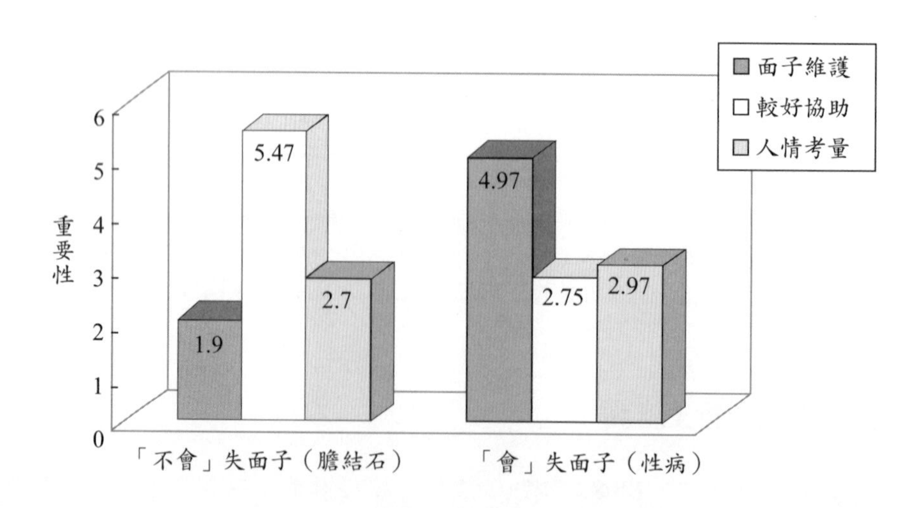

註：圖中數字為各組平均數

圖 10-1　「會」vs.「不會」失面子情境時，三種對象求助時的考量因素評量

以上研究結果很清楚地顯示：在有「家人」、「朋友」和「陌生人」可以提供同樣協助的情況下，遇到不會威脅面子的生活事件而必須向他人求助時，華人求助的對象通常是先向關係最親近的家人求助，然後「由近而遠」，依次為「朋友」、「陌生人」。可是，如果該項事件會威脅到個人「面子」，他的求助順序便成為「由遠而近」，寧可先向工具性關係的陌生人求助，然後才是「朋友」、「家人」。韓貴香與李美枝（2008）認為：參與者之所以會採取這種「由遠而近」的求助策略，主要是因為：罹患性病蘊涵著個人違反了性道德，它可能使個人在家人面前顏面盡失。然而，違反性道德並不是造成華人喪失臉面的唯一因素。在儒家社會中，可能使個人感到顏面喪失的因素，除了個人違反道德的行為曝露在眾人面前之外，還包括有許多其他因素。為了說明這一點，我們必須先在理論概念的層次上說明：儒家社會中道德觀的特色，然後再以一些實徵研究來說明：那些因素可能使儒家社會中的個人感到顏面喪失。

第三節　儒家社會中的道德與丟臉

本書第七章根據西方學者對理性主義倫理所做的後設倫理反思，將儒家倫理的內容依道德主體行動的「作為／不作為」分成三類（如表7-1所示）。從儒家的角度來看，「己所不欲，勿施於人」這種以「仁心」作為基礎的「銀律」是可以「終身行之」的「消極義務」。在不跟其他義務發生衝突的時候，每個人在任何情況下都可以嚴格遵循，而且也應當嚴格遵循。

由於儒家的生命觀認為：「身體髮膚，受之父母」，個人的生命是父母親生命的延續，對個人來說，「盡孝」固然是個人的義務，「不孝」卻是一種無可原諒的罪惡。換言之，子女對父母親的「孝」，是一種必須無條件實行的「積極義務」，不能隨個人的判斷來決定「做」或「不做」。因此，我們無法說「孝道」是康德所界定的「完全義務」，而應當稱之為「無條件的積極義務」。

然而，君臣之間並沒有這種不可割裂的血緣關係。在「民為貴，社稷次之，君為輕」的原則下，如果君王暴虐無道，有勢力的諸侯更應當挺身而出，弔民伐罪。孟子在討論「湯放桀」和「武王伐紂」的案例時，還說過一段很出名的話：「賊仁者謂之賊，賊義者謂之殘，殘賊之人，謂之一夫。聞誅一夫紂矣，未聞弒君也」《孟子．梁惠王下》。

由此可見，儒家雖然把「君仁／臣忠」界定為一種「積極義務」，然而，「臣」在踐行此種義務的時候，卻必須考量各種客觀條件，來判斷他是否要「盡忠」。換言之，「盡忠」是一種典型的「不完全義務」，我們稱之為「有條件的積極義務」或「積極義務」。

➢ 台灣社會中的神聖倫理

在將近半世紀以前，美國人類學家 Eberhard（1967）蒐集在傳統中國社會裡廣為流傳的小說書刊（包括善書），分析其中所記載的故事，並將傳統中國社會中所認定的罪過分為四大類：性的罪過（sexual sins）、社會罪過（social sins）、侵占財產（sins against property）和破壞宗教（sins against religion）。這四大類的罪過幾乎涵蓋了儒家倫理所譴責的各種違反道德行為。他所蒐集的許多故事顯示：如果一個人作了這些罪過，不僅他和他的家庭要承受大家的恥笑，即使他的罪過不為人所知，他死了以後，也可能要下地獄，受到閻羅王的責罰。這種論述方式反映出儒家文化和佛教相結合之後，在傳統華人社會中所形成的「神聖的倫理」（ethics of divinity）（Shweder, Much, Mahapatra, & Park, 1997）。

瞭解儒家社會中道德觀的特色之後，我們便可以進一步來檢視：在儒家文化傳統之下，那些因素可能使個人感到丟臉。朱瑞玲（1991）在一篇題為〈「面子」壓力與其因應行為〉的研究中，先以一份「面子事件問卷」，要求 201 位受訪者描述一種有關丟臉或沒面子的事件，將受試者反應的內容整理分類之後，共得到 110 項負面的面子事件，以之編成一份量表，並要求 745 位大學生在九點量尺上，評估各事件的「沒面子程度」，再將所得結果作因素分析，結果得到四個因素：因素I：「能力、身分」、因素II：「品行、道德、法律」、因素 III：「名譽、尊嚴、行為失誤」，和因素 IV：「性道德」。

朱瑞玲研究中所發現的因素 II「品行、道德、法律」和因素 IV「性道德」，都跟「道德臉面」有關。以朱瑞玲和 Eberhard（1967）的研究發現相互比較，我們可以看出：朱瑞玲所得到的因素IV「性道德」和「性的罪過」是互相對應的；因素 II「品行、道德、法律」則涵蓋了「社會罪過」和「侵占財產」；至於 Eberhard 所找到的「破壞宗教」的罪過，在朱瑞玲的研究裡，則全然未見蹤影。這可能是因為朱瑞玲的研究是以華人的「臉面」觀作為切入點，華人臉面觀的背後，又是儒家的「社群倫理」（ethics of community）（Shweder et al., 1997），而「破壞宗教」則是佛教所強調的「神聖倫理」，後者可能引起「罪過」或「罪惡」感，而不是「恥感」。

➢ 儒家的社群倫理

朱瑞玲的研究發現還有幾點值得注意之處。首先，受試者對於因素II「品行、道德、法律」、因素III「名譽、尊嚴、行為失誤」和因素IV「性道德」之反應的平均值都在 5.00 以上，而他們對於因素 I「能力、身分」各項目之反應，卻僅有「子女沒出息」、「祕密被人發現」、「遭人遺棄」、「被解雇」等四項的平均值在 5.00 以上。換言之，對受試者而言，「道德事件」可能引發的「沒面子」之感，遠較「能力、身分」方面的問題來得強烈。這個發現可以用來支持以往學者的一個共同論點：對於華人而言，道德事件比成就事件可能引發更強烈的恥辱之感（金耀基，1988；翟學偉，1995；Cheng, 1986）。

第二，在因素 II「品行、道德、法律」中，可能引發「沒面子」之感的「道德事件」，不僅包括違反「消極義務」的「偷東西」、「搶劫財物」、「說謊」，而且還包括沒有善盡儒家所界定的「積極義務」，如「子女沒有教養」、「不守婦道」、「不孝順父母」、「陷害朋友」、「不守信用」、

「遺棄髮妻」等等。在因素 IV 中，違反「性道德」的各種行為，也可以看做是屬於這一類。用「儒家關係主義」的概念來說，這些行為基本上是違反了個人在親密社會中以「孝」作為核心的「庶人倫理」，它要求個人在家庭中施展「仁心」。

不僅如此，可能使個人感到「沒面子」的道德事件，還包括：違反「公共道德」的「隨地便溺」、「隨地吐痰」、「亂倒垃圾」、「聽音樂會大聲講話」；以及違背了個人對於自己所屬之社會團體的忠誠，譬如：「出賣國家」、「收紅包」、「不肯服兵役」、「崇洋媚外」、「非法獲利」等等。用「儒家關係主義」的角度來看，後面這一類行為可以說是違背了儒家文化中以「忠」作為核心之「士之倫理」。

至於「不務正業、四處遊蕩」、「當流氓」、「生活頹廢、不振作」之類的行為，在儒家文化傳統裡，也有其深遠的意義。用儒家的觀點來看，這些行為是違反了儒家對於個人「修身」的要求，所以也應當感到羞恥。

➢ 大陸社會中的丟臉

有人可能會批評：朱瑞玲（1991）的研究是以 1990 年代的台灣大學生為對象，在時空轉變之後，或以其他群體為對象，便可能得到不同的結果。這樣的推測當然有其道理。在此值得一提的是：佐斌（1997）曾經以 192 名武漢市民為對象，作過一項類似研究，其受試者包括：黨政幹部、商務人員、大學教師，以及 120 位大學生。他要求受試者對 30 種臉面事件評定其「丟臉面」的程度，然後用「聚類分析」（cluster analysis）的方法分析資料，結果得到四個聚類。依照佐斌（1997：36）自己的說法，這四個聚類的意義是：

1. 違背道德行為：凡與公認之社會倫理道德規範相違背之言行，違反國家法律之犯罪行為，都會給當事人丟臉（面子）；反之，遵紀守法、有禮有節、循規蹈矩的當事人則有臉面或不失臉面。
2. 能力缺陷行為：如未能將一件很重要的事情辦好，公認可以辦到的事情卻沒有辦到，或明顯地在某方面的能力表現比別人差，則會給當事人丟臉面。反之，則增面子。

3. 不良習慣行為：日常生活中的不良習慣和不文雅的舉止，如：隨地吐痰、不講衛生、吃飯鬆皮帶、衣扣錯位、斤斤計較、言語粗俗等，會使一個人失面子；而整潔、文雅、大度、文明、禮貌之言行則會使一個人保持和增大面子。
4. 隱私曝露行為：通常，羞恥心的曝露（如意外的身體裸露）、隱私被人公開（如私生活被人知曉）、內心不良心理被人看透（如圖謀不軌被人事先察覺）等，會使當事人大失臉面。

➢ 人際網絡中的位置

不論是用因素分析法或是聚類分析法來分析資料，其主要目的都是在探討受試群體如何將臉面事件加以分類。使用這兩種統計方法的研究者都會期望：對他們所分析的資料能夠「資料進去，向度出來」（data in, dimension out），或「聚類出來」（cluster out），分析後得到的資料能夠反映出某些特殊意義。

儘管這兩個研究要求受試者評定的「臉面事件」內容並不相同，他們研究的對象群體一是在台灣，一是在大陸，時空距離相當遙遠，兩位研究者用不同的方法分析其資料，所得的結果卻是大同小異。

從儒家「仁、義、禮」倫理體系的角度來看，在人際互動的場合中，儒家重視的是「禮」：表達出對人的尊敬，同時也獲得別人的尊敬。個人做出違反道德的行為，或者因為沒有成就而導致社會地位低落，固然可能因為無法獲得他人的尊敬而自覺沒有面子；如果自己的行為失態，做出不文雅的舉止，沒有表達出對人的禮貌，讓別人覺得這個人「沒修養」，他也可能感到丟臉。由此可見，儒家社會中的臉面和個人在其人際網絡中的位置有密切的關係，任何可能使個人在其人際網絡中地位動搖的因素，都可能會使他感到沒面子。

第四節 面子需求與性格

➢ 性格與面子

在華人日常生活所使用的語言裡，「有面子／沒面子」只是跟面子有關的常用詞彙之一。除此之外，華語中還有許多跟面子有關的詞彙，各有不同的語義，在華人日常的社會互動中，也各有不同的用法。舉例言之，「不要臉」和「厚臉皮」是用來指責他人的語言，與此相關的「沒有臉」卻是將譴責的矛頭指向自己。個人有很強烈的道德意識，卻又做出違反某種道德標準的行為，一旦此項敗德行為曝露在大眾面前，他便很可能覺得自己「沒有臉」見人。

儒家社會中個人為了要維護自己在人際網絡中的位置，不僅要消極地保護自己的臉面，讓自己不會喪失面子；更要積極地採取各種行動，來提高個人的社會地位，以增加自己的面子。然而，保護顏面的需求和爭取面子的動機都是個人社會化的結果，有相當大的個別差異。大體而言，一個「臉皮薄」的人在自己所犯的過錯曝光之後，比較可能覺得自己「沒有臉」見人。「厚臉皮」的人，比較不會有這樣的感覺，他們即使做出違反社會道德的行為，也仍然是若無其事，毫不在乎。這時候，別人便可能說他「不要臉」。

同樣的，一個成就動機很高，對自己在某些社會情境中的表現抱有高期望水準的人，會表現得很「要面子」。如果在社會競爭中成功，他會覺得自己很「有面子」。如果他遭到失敗，他便可能覺得自己很「沒面子」。

個人「愛面子／要面子」和「臉皮厚／薄」的程度既然是社會化的結果，我們當然可以用人格心理學的方法來加以研究。

➢ 臉面關懷的兩種取向

周美伶採取 Arkin（1981）將自我呈現風格（self presentation styles）區

分為兩類的論點，將「臉面關懷」（face concern）區分為兩類：「保護臉面取向」（protective face orientation）旨在保護自我，避免失去面子，其內容包括五種主要特質（Chou, 1997）：

1. 關心於不失面子（concern for not losing face）。
2. 避免在公眾面前曝光（avoidance of public exposure）。
3. 對負面評價敏感（sensitive to negative evaluation）。
4. 保守、小心（conservative and cautious）。
5. 自我保護（self-protection）。

「爭取臉面取向」（acquisitive face orientation）旨在追求能夠增添其公共形象的目標，此種性格取向高的人亦有五種特質：

1. 追求增加面子（pursuance of gaining face）。
2. 喜歡誇張或炫耀（ostentation or showing off）。
3. 好冒險及競爭（risk-taking and competitiveness）。
4. 喜歡社會稱讚（desire for social acclaim）。
5. 進取式的自我提升（aggressive self promotion）。

她依據這樣的理念，編製了一份「保護性及爭取性面子取向量表」（Protective and Acquisitive Face Orientations Scale, PAS），對 300 位新加坡的成人施測。結果顯示：這兩種臉面取向和社會讚許度（social desirability）、成就動機（achievement orientation）、自我調整（self-monitoring）、社會焦慮（social anxiety），和人際關係（interpersonal relationship）的關係組型，有顯著的不同。

➢ 面子的「虛」與「實」

在儒家社會裡，個人因為在某一領域中的傑出成就，使其地位提升，可能使他覺得很「有面子」。然而，有些人沒有顯赫的實際成就，卻喜歡用一些具有象徵意義的裝飾品、動作或語言，來炫耀自己的特殊身分或地位，這種作法在華語叫做「做面子」或「撐面子」。諸如此類的行為傾向，也可以用人格心理學的方法來加以研究。陳之昭（1988）曾經編製一份「面子需要量表」，其中包括兩個次量表：「愛面子量表」測量個人對「有面子」事件之重視程度；「薄臉皮量表」測量個人對「沒面子」事件的重視或敏感程度。同時他又編製一份「虛面子量表」，其中也包含兩個次量表：「做面子量表」及「撐面子量表」，前者是積極運用各種方式，以獲取他人的重視或讚賞；後者則是消極的藉各種印象整飾的方式，以掩飾自我的缺失。

用西方心理學的術語來說，「做面子」和「撐面子」都可以說是一種「印象整飾」的「面子工夫」。這裡最值得注意的是：在 Tedeschi 等人的印象整飾理論中（Tedeschi & Reiss, 1981a, 1981b; Tedeschi, Schleanker, & Bonoma, 1971），個人從事印象整飾的目的是要維持自我形象的一致性；在陳之昭（1988）的概念分析裡，印象整飾卻被視為是一種「虛面子」，其具體行動，不論是「做面子」或「撐面子」，都是要博取他人的讚賞，而不是要維護自我的一致性。他以 412 名台灣的男女大學生為對象所做的研究結果顯示：受試者的「面子需要」及其「虛面子」的分數相關高達 $r = .46^{***}$（$p < .001$）。

值得強調的是：在華人社會裡，「愛面子」或「要面子」並不只會促使人做出各種「虛面子」的行動，它也能促使個人做出追求實際成就的「爭面子」行動。朱瑞玲（1989）另外編製了一份「面子需求量表」，測量受試者知覺關於能力之「沒面子」事件的嚴重程度。她以 299 名大一學生作為對象，結果顯示：「面子需求」和「社會取向的成就動機」的分數相關為 $r = .43^{***}$（$p < .001$）。和前述陳之昭（1988）的研究發現相較之下，我們可以看出：在華人社會裡，「愛面子」的人所爭的「面子」可能是「虛」的，也可能是「實」的；前者是所謂的「虛有其名」，後者則可能獲得「實至名歸」的評價。

第五節　大我的臉面

➢ 自我的領域

以上各節所述，都涉及華人個人道德或成就行為所導致的臉面感受，我們可以稱之為「小我」的臉面。然而，華人臉面的獨特之處，在於個人不僅會因為「小我」的臉面而採取行動，而且會因為「大我」的臉面而做出各種行為。所謂「大我」的臉面，跟儒家道德觀又緊密相連。前文說過，和西方個人主義的倫理相較之下，儒家庶人倫理的最大特色，在於它認為：「孝道」是「無條件的積極義務」。Hwang（1999）在〈忠與孝：儒家思想中的兩種社會認同〉一文中，指出：從儒家「庶人倫理」的角度來看，儒家文化傳統和西方基督教文明的不同，可以溯源至他們對於生命起源看法的根本差異。基督教文化普遍認為：每一個人都是上帝所創造的獨立個體，因此，他們將每一個人必須全力捍衛的「自我的領域」（territories of self）劃在個人身體的範圍之內。相反的，儒家認為：個人的生命是其父母的延續，父母的生命又是祖先生命的延續，他們並不把「自我的領域」劃在個人身體立即的範圍之內，而必須將之擴展，將父母和親人包含在「自我的領域」之內，成為所謂的「大我」。

依照筆者的分析，儒家庶人倫理所強調的「仁、義、禮」倫理體系，都是建立在「仁」的基礎之上（Hwang, 2001）。正因為儒家把個人生命看做是父母親生命的延續，儒家的「孝道」特別強調「父慈／子孝」：認為父母親應當以慈愛對待子女，而子女則應當盡力追求成就，以滿足父母親的期待。在本書第九章中，我們回顧一系列的實徵研究，並指出：儒家社會中的父母親通常會鼓勵子女追求社會所認可的「縱向傑出目標」（goals of vertical distinctiveness），當子女努力達成此類目標時，不僅子女覺得自己有面子，連父母親也會覺得自己沾了光，有面子；反過來說，如果子女對於縱向傑出目標的追求一無所成，則不僅子女自己會覺得沒面子，連父母也可能覺得顏面盡失，難以見人。

➢ 面子的代間比較

我們可以舉一個實徵研究的例子，來說明以上的論點。蘇珊筠與黃光國（2003）要求 56 位已退休的老年人以及 54 位大學生作為參與者，請他們用配對比較法（paired comparison method）分別比較自己、兒女（或父母）和朋友因為品德良好以及在學業（或事業）上有成就，而使他們覺得「有面子」的程度，結果列於圖 10-2。然後再請他們用同樣方法，分別比較這三類行動者因為品德不良和在學業（或事業）上失敗，而讓他們覺得「沒面子」的程度，結果列於圖 10-3。圖中數字是依 Thrustone（1927）的配對比較法計算出的原始平均數，數值的大小代表參與者對各事件感受到「有面子」或「沒面子」的程度。

「有面子」是一種「獲取式的顏面」（acquisitive face）（Chou, 1997），必須靠個人努力爭取得來。退休後的老年人已經不在職務上爭取成就，反而是他們的子女開始進入職場爭取成就。由於華人父母與子女之間往往存有強烈的一體感（Hwang, 1999），他們傾向於以子女的成就作為自己的成就。圖 10-2 顯示：使退休老人感到最有面子的是兒女「為人正當」（0.719）和「事業成功」（0.647）；其次才是自己「做人正當」（0.495）和「事業成功」（-0.004）；最後才是朋友「做人正當」（-0.686）和「事業成功」（-1.117）。

大學生的部分正好和退休老人相反。由於大學生正在學校中學習各種能力，為進入職場作準備工作，讓它們感到最有面子的是自己「課業表現良好」（1.312）和「做人正當」（1.231）；其次才是父母「做人正當」（0.151）和「事業成功」（-0.087）；朋友「做人正當」（-1.026）和「課業表現良好」（-1.581）則同樣居於最末。

➢ 有面子的社會事件

將圖 10-2 中退休老人（A）及大學生（B）的資料相互比較，可以看出幾點重要的訊息：第一，對於供作配對比較各項目分數在「相似性尺度」上

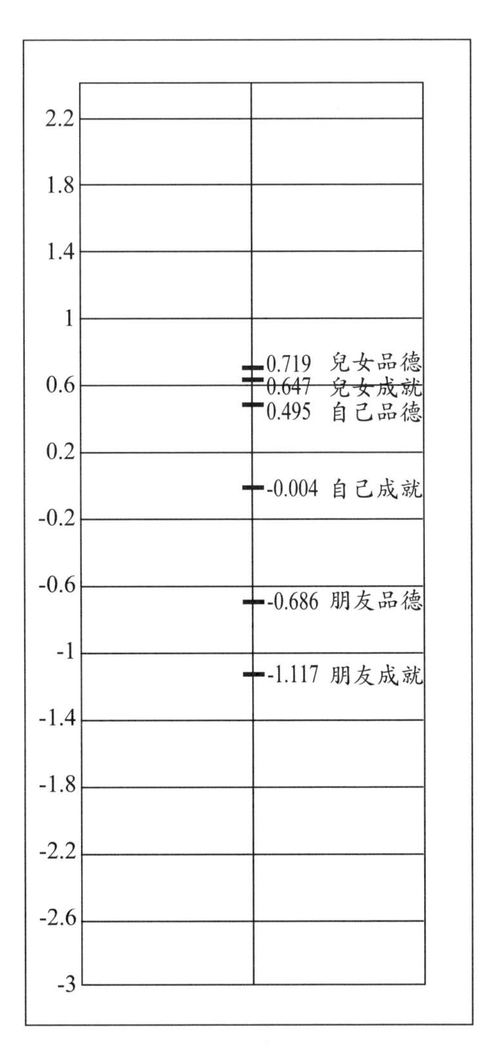

圖 A：高齡組

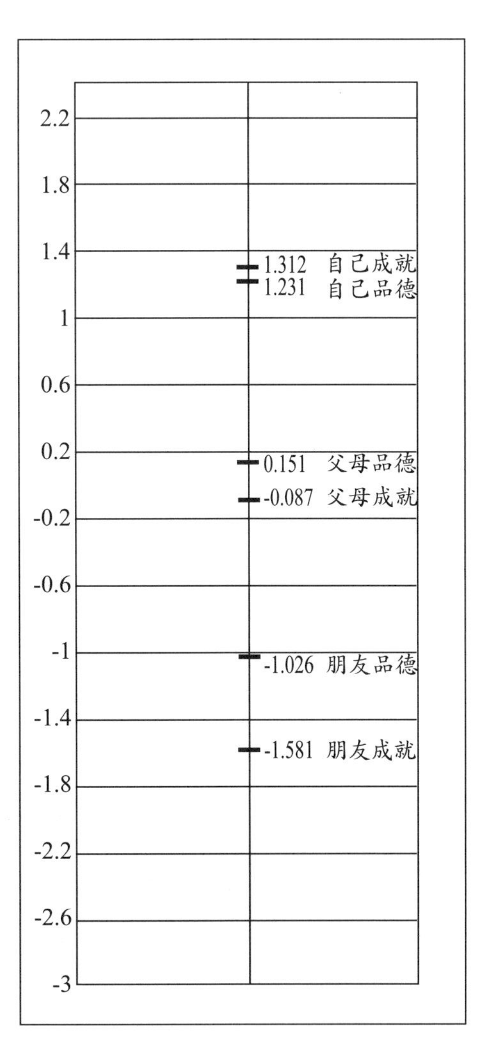

圖 B：低齡組

圖 10-2　高齡組及低齡組參與者在「有面子」事件的配對比較結果

的分布，退休老人（A 組）所作的判斷較為集中，大學生則較為分散，此一事實顯示：大學生（B 組）比老年人更能夠在認知上對這些事件作明顯的區分。

第二，不論是對於那種社會對象，所有參與者都認為：品德正當比學業或事業成就更會讓他們感到「有面子」；僅有大學生認為：自己的「學業成就」（1.312）比「品德」（1.231）更重要，但其差異亦極微小。這樣的數據反映出華人社會的一項特色：在一般情況下，華人認為一個人的道德臉面（moral face）比他因為個人或家族成就而贏得的社會臉面（social face）更為基本而且重要（Cheng, 1986）。

第三，大學生認為：自己的成就和品德比父母的品德和成就更能使自己感覺「有面子」，反映出「個人取向」的特色；退休老人則相反，他們認為：子女的品德和成就比自己的品德和成就更能使自己產生「有面子」的感覺，反映出「社會取向」（Ho, 1991; Yang, 1981）或「關係取向」（Hwang, 2001）的特色。這可能是因為大學生正準備要進入職場，他們比較重視因為個人才幹、能力或努力而獲致的社會臉面；退休老人已經退出職場，他們不再重視自己的成就，反倒可能因為與自己有血緣關係者的成就，而覺得「有面子」或「沒面子」，也就是「大我」的臉面。至於自己的道德臉面，則不論是大學生或退休老人，都會同樣重視。

➢ 沒面子的社會事件

「沒面子」是一種「保護性的臉面」（protective face），個人必須盡量避免喪失面子。道德臉面是做人的基本底線，不論在任何情境下都不可以喪失。一旦喪失了道德臉面，他便很難再面對自己所屬的社群。

將圖 10-3 的 A 和 B 中各類事件使個人感到「沒面子」程度的順序加以比較，可以看出：對老年人而言，使他們感到沒面子的事件依序為「自己」（1.698）或「子女」（1.229）品德不良；「自己」（0.540）或「子女」（0.508）事業失敗；「朋友」品德不佳（-1.055）或事業失敗（-2.924）則居

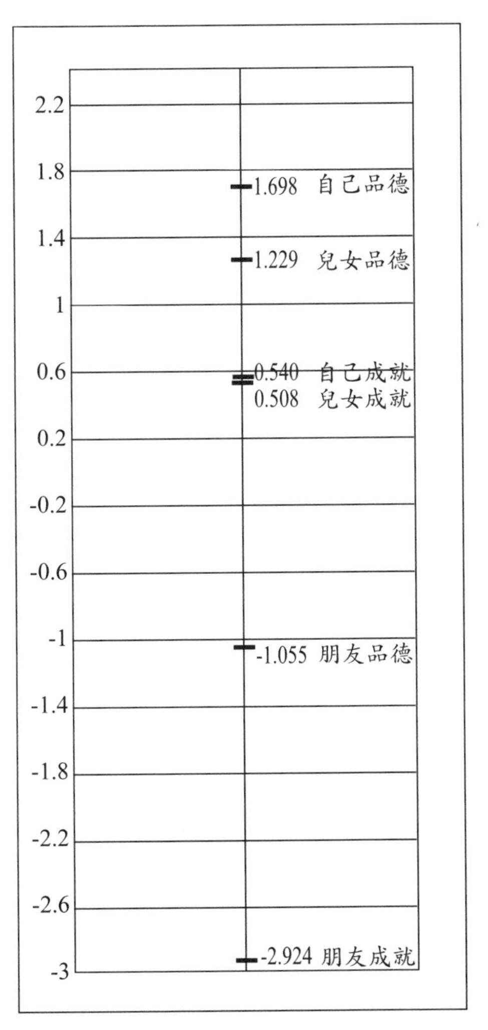

圖 A：高齡組

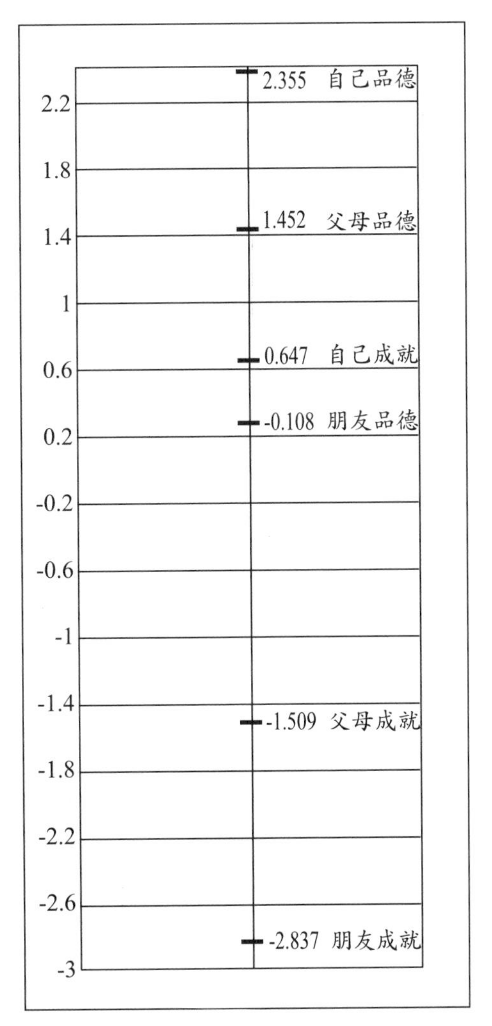

圖 B：低齡組

圖 10-3　高齡組及低齡組參與者在「沒面子」事件的配對比較結果

於最後。這樣的順序，反映出華人重視人際關係由親而疏的關係主義或差序格局（黃光國，2000；Hsu, 1971; Hwang, 2001）。

各類事件讓大學生和退休老人感到沒面子的程度，其配對比較的平均數大小雖然不同，其順序卻是大同小異，唯一的例外是：朋友品德不佳（-0.108）比父母成就不好（-1.509）更使他們感到「沒面子」。這可能是因為：大學生交往的朋友品德不佳，別人會把他視為與之同類，甚至加以譴責；但朋友的學業成就不好，卻可能因為「向下比較效果」（downward social comparison），而提升自己的面子，因此，它使個人覺得「沒面子」的程度也最低（-2.837）。

第六節　關係他人的面子情緒

➢ 道德臉面與社會臉面

上述研究結果顯示：由於大學生正準備致力於在生活場域中追求成就，他們認為：學業成就比道德正當更能夠讓他們感到「有面子」。換言之，就能夠讓他們感到「有面子」的正向事件而言，社會臉面比道德臉面重要。然而，由於道德臉面是做人的基本底線，個人雖然不必刻意去爭取，但道德臉面卻絕不能丟失。換言之，就可能讓人感到「失面子」的負向事件而言，道德臉面比社會臉面重要。不僅如此，儒家關係主義的文化傳統將家庭看做一個整體（Hwang, 1999, 2001），吾人可以推論，當華人作出正向或負向的道德及成就事件時，跟他有不同關係的人會有不同的情緒反應。尤其是當他作出違反道德的負面事件時，其社會網絡中其他人的情緒反應，最能夠反映出關係主義的特色。

我們可以舉一個實徵研究的例子來說明這一點。劉丁瑋（2002）要求278名大學生（其中男性150名，女性128名），閱讀有關成就事件及道德事件的四則情境故事（scenarios），道德正向事件的主角主動將受傷昏倒在路旁的婦人送醫急救，因而救回她的生命；成就正向事件的主角是一個當年聯考失利的學生，經過長期努力，終於如願以償地考上研究所。道德負向事件的主角在偷竊商店財物時被警衛逮捕；另一則成就負向事件的主角則是因為學業成績低劣遭到退學。然後將參與者分成九組，分別要求他們站在當事人的立場估計：跟他們關係不同的父親、母親、兄姊、弟妹、好友、同學、老師、鄰居或陌生人的情緒反應。他們估計這些不同關係之他人可能做出的「快樂」及「羞恥」反應，分別列於圖 10-4 及圖 10.5。

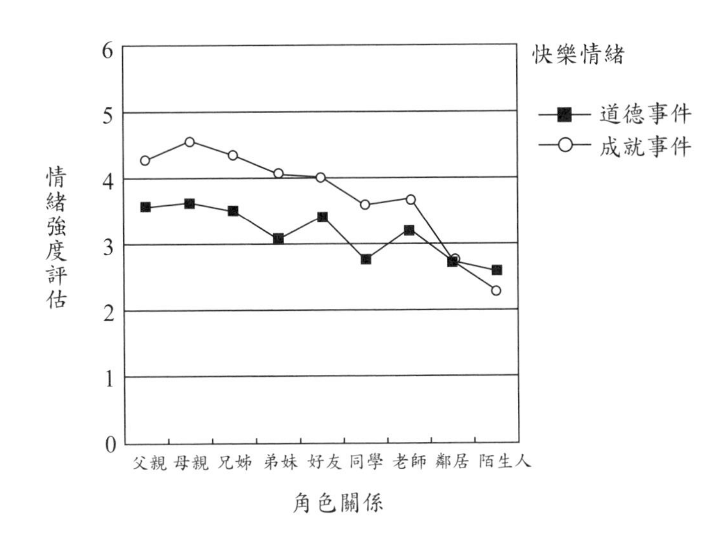

圖 10-4　不同關係他人對參與者正向事件的「快樂」情緒反應強度

➢ 榮辱與共或劃清界限

從圖 10-5 可以看出，在參與者的認知裡，與當事人有不同角色關係的他人，針對當事人的負向成就或道德事件所作出的羞恥反應，可以依其強度，將九種角色關係分為兩類：一類是羞恥反應較強的「家人關係」，包括「父親」、「母親」、「兄姊」及「弟妹」；另一類是羞恥反應較弱的「非家人關係」，包括「好友」、「同學」、「老師」、「鄰居」及「陌生人」。其中，針對當事人所做的負向道德事件，「好友」（$m = 3.17$）、「同學」（$m = 2.97$）、「老師」（$m = 3.10$）的羞恥反應強度顯著地高於「鄰居」（$m =$

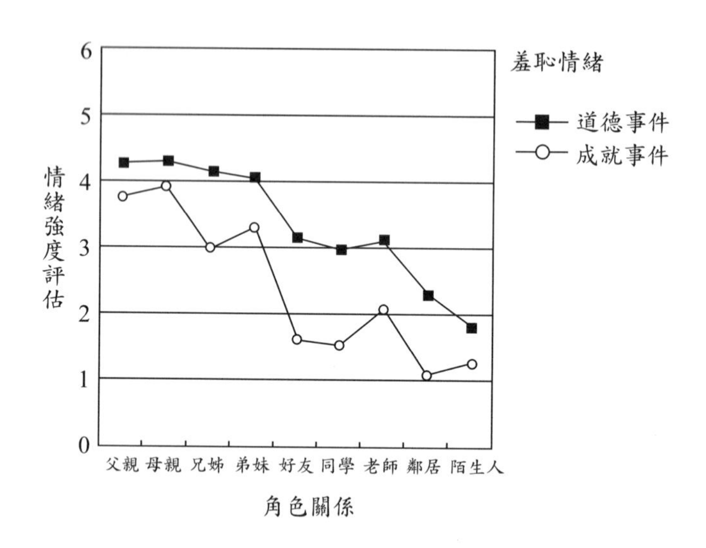

圖 10-5　不同關係他人對參與者負向事件的「羞恥」情緒反應強度

2.30）和「陌生人」（$m = 1.80$）；針對其負向成就事件，「老師」（$m = 2.07$）的羞恥反應強度又高於「同學」（$m=1.53$）及「好友」（$m=1.60$）。這可能是因為當事人的成就和其「同學」與「好友」的自我認同並沒有緊密的關聯，自己成就事件的失敗並不會使同學或好友出現羞恥的感覺；「老師」則必須為其負向成就事件擔負部分責任，所以參與者認為「老師」應當會有較高的羞恥反應。

將圖 10-4 和圖 10-5 加以比較，我們可以看出有兩處明顯的不同：第一，比起正向道德事件，大學生對於正向成就事件會有較強烈的反應（如圖 10-4 所示），而與負向成就事件相比，負向道德事件則會有更強烈的失面子感受（如圖 10-5 所示）；第二，對於有面子的正向事件，熟人（包括好友、同學與老師）的情緒反應強度比起家庭成員低得多，但這樣的差異並不如失面子的負向事件來得強烈。

換句話說，參與者相信熟人與家庭成員對於正向事件都會有相似的面子感受。但當個人遭受到失面子的負向事件時，作為其同儕的「同學」和「好友」，對他發生的負向道德事件可能表現較強烈的羞恥；對他發生的負向成就事件，卻不會感到羞恥。諸如此類的差別反應，說明了華人關係主義的一項特色：由於家人之間存有一體感，他們之間會有「一榮皆榮，一辱皆辱」的同情反應。在家庭之外的「混合性關係」中，則是傾向於「可與共安樂，不可與共患難」，個人遭遇到挫敗時，對方便有「劃清界限」的可能。

第七節 角色義務與成就類型

從儒家關係主義的角度來看，跟行動者有不同角色關係的他人對行動者的成敗事件之所以會有不同的面子感受，主要原因在於他們基於自身的角色義務，而對行動者的所作所為有不同的期待。這樣的期待不僅會因為雙方之間的角色關係而有差異，而且會因行動者成敗事件的性質而有所不同。在本書第九章有關儒家社會中的生活目標與成就動機的討論中，我們將儒家社會中學生所追求的成就目標分為兩大類：「縱向傑出目標」是社會上一般人所認可的目標，個人關係網絡內的重要他人通常會鼓勵行動者去追求此類目標，一旦行動者達成此類目標，他很可能獲得社會普遍的讚賞。

➢ 關係他人的面子感受

「橫向傑出目標」是行動者基於個人興趣而追求的目標，和行動者有共同興趣的同儕團體雖然也會認可此類目標，但他的重要他人以及社會上的一般人卻不一定會有類似的價值觀，他們也不見得會欣賞行動者在這方面的成就。

以這樣的推論作為基礎，Hwang、Bedford 與 Liang（2007）採用情境故事法（scenario），編擬了一系列的情境故事及測量工具。在每一則故事中，有行動者與關係他人兩位人物，行動者在縱向或橫向成就事件上得到成敗不同的成果表現，參與者必須評估其關係他人的面子感受。該研究採 3（關係類型）× 2（事件結果）× 2（成就性質）的混合設計，其中關係類型為受試者間（between subject）變項，事件結果與成就性質為受試者內（within subject）變項，因此本問卷共有三種不同的關係版本，在每一種關係下都有四個故事情境。然後以台灣大學修習普通心理學的大學生為參與者，其中男生 23 人，女生 67 人，共 90 人，每一種關係類型的參與人數均為 30 人。

圖 10-6 與圖 10-7 將關係他人對行動者成功與失敗情境的面子感受進一步加以比較。吾人很容易看出：不論是在行動者成功或失敗的情況，和橫向傑出相較之下，其在縱向傑出目標上的成就表現，會讓父母與老師覺得比較「有面子」或比較「沒面子」，但同學對行動者在這兩類成就事件上的面子感受，在其成功和失敗情境中則有倒反的結果。

➢ 同儕的面子感受

在華人的親子關係中，父母通常會鼓勵子女追求社會高度讚許的「縱向目標」，以期獲得更大的社會成就。但是，對於子女個人感興趣的「橫向目標」，華人父母卻不一定會給予相同的支持。因此華人雖然有「家人一體」的觀念，子女的任何成就表現都會讓父母感到「有面子」，可是，相較於子女的「橫向傑出」，父母對子女在「縱向傑出」的成就表現，覺得「有面子」的程度比較高（如圖 10-6 所示）；他們對子女在縱向事件的失敗表現，也會比他們在橫向事件的失敗覺得更「沒面子」（如圖 10-7 所示）。

師生之間的互動有明確的角色規範，學生的成就表現，有些與老師的角色義務有關，有些純粹屬於學生個人之事，與老師的角色義務無關。學生在縱向事件上的傑出表現，不僅會受到社會肯定，更與老師的角色義務高度相關，因此教師會覺得很「有面子」。反之，學生在橫向目標上的表現，與老師角色義務無關，老師也不一定會因為學生在這類目標上有所成就而覺得「有面子」。因此和「橫向傑出」相較之下，當行動者在「縱向傑出」上成功時，教師與父母一樣，都會有較強烈的有面子感受（如圖 10-6 所示）。對於學生在縱向事件的失敗表現，教師覺得「沒面子」的程度，亦比他們在橫向事件上的失敗來得高（如圖 10-7 所示）。

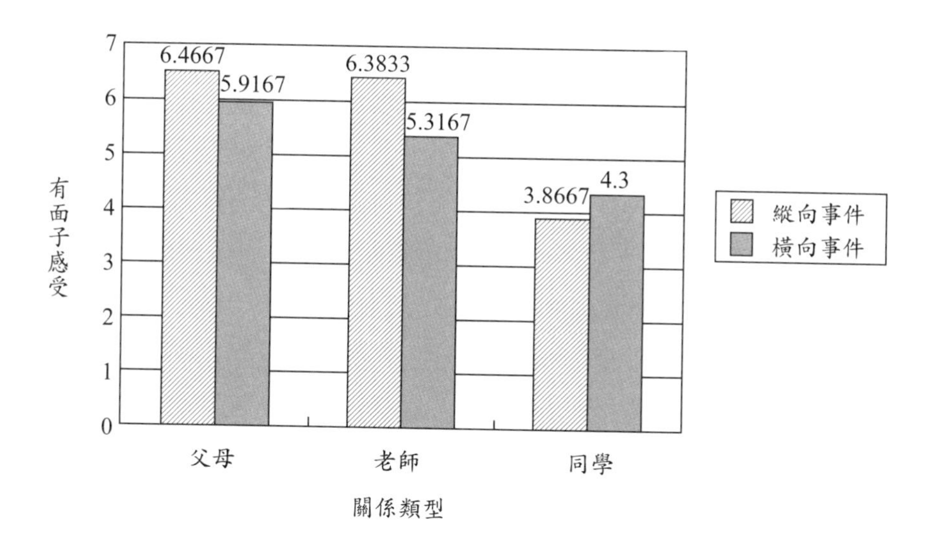

圖 10-6　行動者成功時，「關係類型」與「事件性質」之交互作用

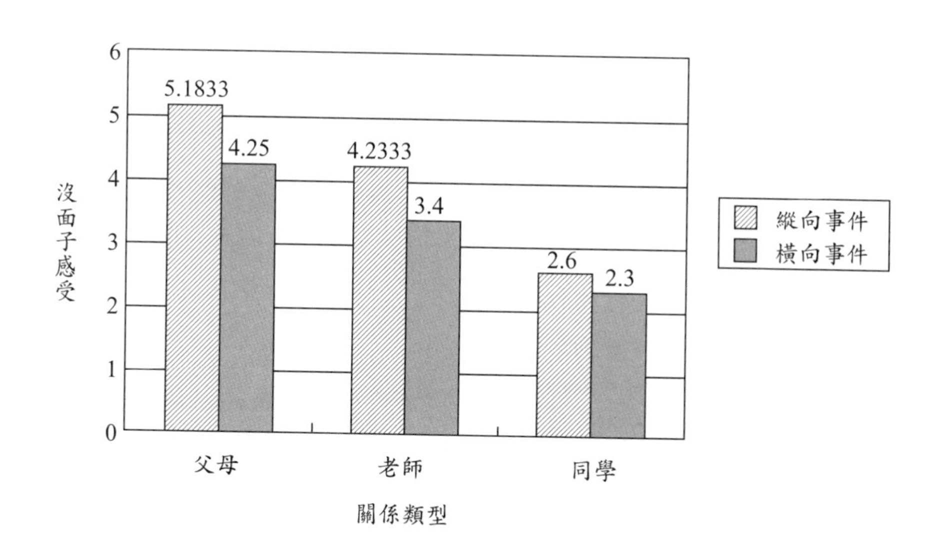

圖 10-7　行動者失敗時，「關係類型」與「事件性質」之交互作用

屬於平輩關係的同儕，是一種獨立自主的關係。個人是否會將行動者納入或排除在「大我」的範疇之內，自我有充分的選擇權。在同儕關係中，個人必須一方面追求社會讚許的「縱向傑出」，一方面尋求個人所屬團體的認同。為了追求縱向傑出的目標，還必須承受社會比較的壓力。當行動者在縱向事件上有傑出表現時，可能會危及平行關係之同儕「在社會體系中的位置」（Stover, 1974），他們的同儕可能會感受到社會比較的壓力。相較之下，橫向傑出的目標源自於個人的興趣，社會上一般人對於個人在該事件的成就沒有特殊的期許，個人追求此類目標時，感受到的同儕競爭壓力較小，而且有共同興趣的同儕對其社會認同程度較高，因此，參與者對同儕在橫向傑出的表現，會覺得比其縱向傑出「有面子」（如圖 10-6 所示）；但是參與者對同儕在縱向事件的失敗表現，反而比他們在橫向事件上的失敗覺得更「沒面子」（如圖 10-7 所示）。

第八節　「大我」與面子維護

朱瑞玲（1983）認為：當個人知覺到面子受損時，會有焦慮、生氣、羞愧……等情緒反應，這些反應會促使個人做出各種維護面子的行為，以減少心理不舒服的感覺。面子維護的行為可以分為兩類：積極的面子維護，是指個人主動採取某些特定行為，以挽回面子；消極的面子維護，則是指個人避免做出可能造成面子威脅的事情。

➢ 面子維護行為的分類

根據前一節的分析，朱浚賢與黃光國（2009）進一步推論：當關係他人做出違反道德的行為而曝露在公眾面前時，個人也可能因為自己和他人的關係，知覺到彼此是否屬於同一個「大我」，而感受到面子受損，並影響到自己是否採取行動，為自己或他人挽回臉面。

在這種情況下，個人可能採取的積極面子維護行為可以再分為兩大類，包括：「切割關係」，以及為關係他人「主動辯護」。「切割關係」是指：當個人因關係他人的行為而感覺自身面子受損時，為了保護自己的面子，會適時撇清自己和他人之間的關係。在西方社會心理學的研究中，Snyder、Lassegard 與 Ford（1986）發現：當關係他人或團體遭遇失敗時，個人會切割自身和失敗他人之間的關聯，以保護自己的自尊。這種印象整飾的技巧，他們稱之為「劃清界線」（CORFing, cutting off reflected failure）。更清楚地說，關係他人的行為會影響個人的臉面感受，主要是因為兩人之間的「一體感」。當個人和關係他人做心理上的切割，彼此之間關係聯結所形成的「一體感」會隨之減弱，個人也因此能減輕丟臉的感受。

然而，在華人社會中，並非所有關係都能憑個人的意志來加以切割。儒家認為：父母是「己身所從出」之人，個人和父母之間有無法切割的血緣關係（Hwang, 1998）。當違反道德的關係他人是自己的父母時，個人很難用「切割關係」的行為來挽回自己的面子。他比較可能做出的行為，是「主動辯護」。這是指：當關係他人捲入失德事件時，為了維護整體「大我」的臉面，個人會在外人面前，為重要關係他人辯護。

除了上述兩類積極的面子維護行為之外，個人在知覺面子受損後，還可能採取消極的面子維護，即避而不談。「避而不談」是指：當個人因關係他人的負向道德事件而感到丟臉時，避免談論關係他人的行為，以減輕大我面子受損的程度。沒有採取任何行動，並不表示個人沒有感受到面子威脅（朱瑞玲，1983）。在某些情形下，什麼都不做，很可能就是最佳的面子策略。

基於這樣的推論，他們以台灣大學修習普通心理學的學生作為參與者，用情境故事法作了一個研究。該研究的參與者 144 人，其中男生 58 人，女生 86 人。他們所閱讀的每一則情境故事中，都有故事主角與關係他人。關係他人涉入不同類型的負向道德事件，參與者必須站在故事主角的立場，評估他可能做出的各種面子反應。本研究採取 2（關係類型）× 2（事件類型）的受試者間設計，因此本問卷共有四種版本，每一版本的參與人數均為 36 人。

在該研究中，故事中的主角和關係他人之間的關係，有「父子關係」和

「師生關係」兩種。在這兩種關係中，故事主角都是縱向關係中的居下位者。他們所涉入的負向道德事件分別為「消極義務」和「家庭倫理」。違反「消極義務」的情境故事主軸是關係他人盜用公款；違反「家庭倫理」的情境故事主題則是「外遇事件」。

參與者首先必須站在故事主角的立場，評估當關係他人違反道德時，個人自身感到丟臉的程度。使用的題目為：「在這種情境下，假若你是○○（此處代入故事主角的名字），你感到丟臉的程度是？」。參與者必須在李克特六點量尺上評估其丟臉的程度。量尺的最左端標記「非常微弱」，最右端標記「非常強烈」，量尺下方則依序標記「1 2 3 4 5 6」。

然後參與者必須進一步評估：故事主角對違背道德的關係他人做出「主動辯護」與「切割關係」的可能性。在該研究中，「主動辯護」係指「在公開場合主動為關係他人辯護」；「切割關係」係指「在公開場合和關係他人劃清界線」。除此之外，該研究還詢問參與者，故事中的主角「和外人一起議論關係他人的失德事件」的可能性，以衡量其「避而不談」的面子維護策略。參與者必須在李克特六點量尺上，評估故事主角做出各種行為的可能性。

➢「大我」與「丟臉」

他們研究的結果列於圖 10-8 至 10-11。圖 10-8 顯示：參與者認為，當父親涉入「盜用公款」、「外遇」兩類負向道德事件時，故事主角感受到丟臉的程度，比當老師涉入同樣事件時的感受，來得強烈（$F(1,140) = 111.572^{***}$，$p < .0001$）。這樣的結果支持研究者的推論，由於親子之間具有無法斷裂的血緣關係，而共享「大我」的臉面，當關係他人違反道德時，「父子關係」比「師生關係」之間有更高程度的「面子共享」。

除此之外，「事件類型」也有顯著的主要效果。參與者認為：和違反「家庭倫理」的情況相較之下，對關係他人違反「消極義務」的情境，故事主角感受到的丟臉程度較高（$F(1,140) = 8.63^{**}$，$p < .01$），但兩類事件之間的差異並不如「關係類型」造成的差異來得明顯。

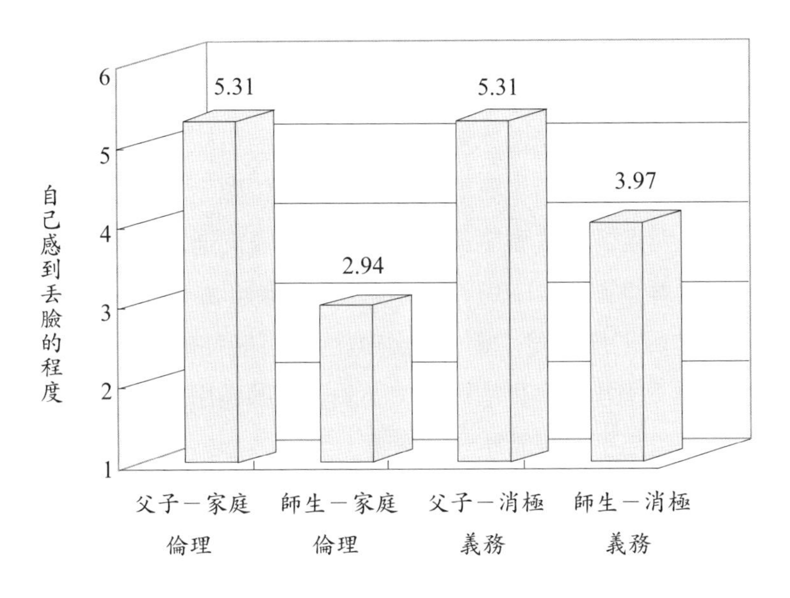

圖 10-8　父親或老師違反「家庭倫理」或「消極義務」時，參與者評估故事主角感到丟臉的程度

「消極義務」是社會大眾普遍重視的道德原則，不論在任何時間，對任何人都必須遵守。任何人違反這類義務，其他人都會認為他不對。「家庭倫理」是個人必須對家人遵守的義務，這種道德規範主要是以血緣關係作為基礎。由於個人傾向於將家庭成員視為「大我」的一部分，所以當父親違反「家庭倫理」時，會連帶影響個人的臉面感受。相較之下，由於師生關係並不屬於血緣關係，違反「家庭倫理」並不違背他作為老師的角色義務。老師違反此類規範，對個人自身的臉面影響不大。所以參與者認為，不論父親盜用公款或是外遇，作為子女的故事主角都感到很丟臉（$t(70) = .00$，*n.s.*）。可是，在老師的負向道德事件中，和盜用公款相較之下，當老師涉入外遇事件時，故事主角感到丟臉的程度較低（$t(70) = 3.35^{**}$，$p < .01$）。

➢ 關係與「主動辯護」

至於關係他人涉入負向道德事件時，故事主角可能採取的「面子維護」行為，在「主動辯護」方面，簡單主要效果的分析顯示：在「師生關係」的情境故事中，參與者評估故事主角為老師的兩類負向道德事件主動辯護的可能性，並沒有顯著差異（F(1,70) = .69，*n.s.*）。參照圖 10-9 的四組情境，只有在「父親—違反消極義務」組中，辯護行為可能性的平均數超過中點值（3.5）。此一結果意謂，參與者認為：不論是老師盜用公款或是老師外遇為人所知，故事主角都不太可能為老師辯護。

在「父子關係」的情境故事中，參與者評估故事主角為父親的兩類負向道德事件主動辯護的可能性有顯著差異（F(1,70) = 24.69***，$p < .0001$）。更清楚地說，當父親盜用公款時，作為子女的故事主角較有可能為父親辯護；

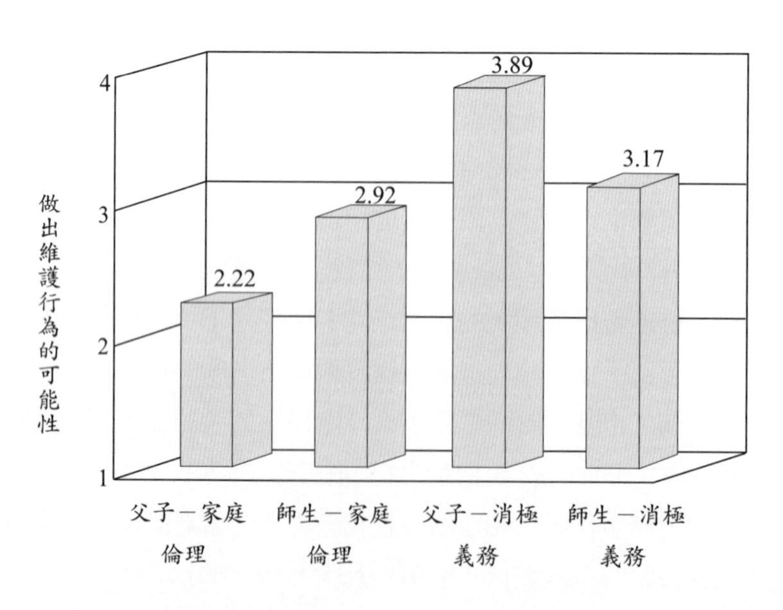

圖 10-9　父親或老師違反「家庭倫理」或「消極義務」時，參與者評估故事主角為關係他人辯護的可能性

不過，當父親的外遇為人所知時，作為子女的故事主角卻不願為父親的行為辯護。

➢ 丟臉與切割關係

在切割關係方面（如圖 10-10 所示），由於「父子關係」是以血緣作為基礎，是不可分割的家庭內關係，而「師生關係」則是可切割的家庭外關係。所以，和父親相較之下，當老師的失德行為讓個人感到丟臉時，個人比較可能做出「切割關係」的行動。ANOVA 分析的結果顯示：「事件類型」的主要效果不顯著（$F(1,140) = 0.07$，*n.s.*），「關係類型」則有顯著的主要效果（$F(1,140) = 5.4^*$，$p < .05$）。換言之，本研究的參與者認為：和父親違反道德規範相比，當老師做出同樣行為時，故事主角較可能做出「切割關係」的行為。

進一步作簡單主要效果的分析，結果顯示：在父親或老師違反「家庭倫

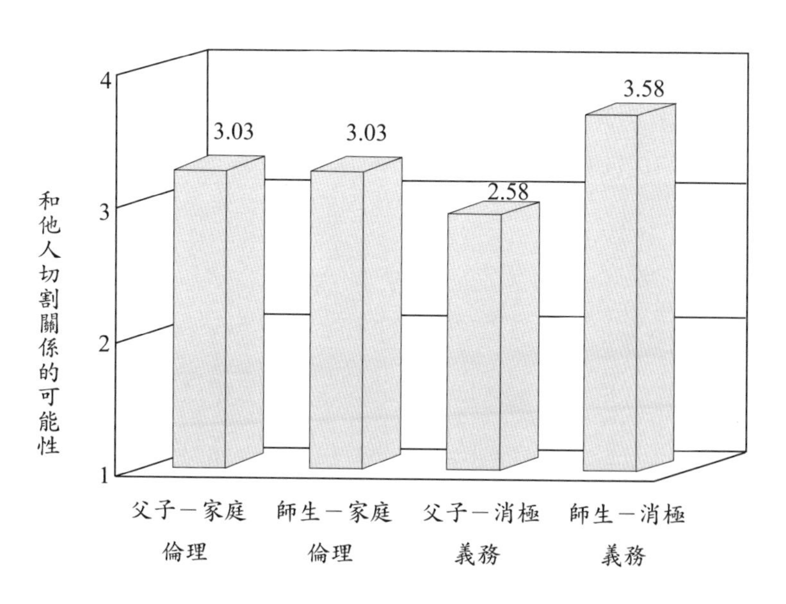

圖 10-10　父親或老師違反「家庭倫理」或「消極義務」時，參與者評估故事主角和關係他人切割關係之可能性

理」的情境故事中，參與者評估故事主角做出切割關係的可能性，並沒有顯著差異（$F(1,70) = 0$，*n.s.*）。相反的，在關係他人違反「消極義務」的情境中，參與者評估故事主角和老師切割關係的可能性顯著地比和父親切割關係為高（$F(1,70) = 12.92$，$p < .001$）。

當老師做出「盜用公款」的行為時，他違反了不得作為的普世性道德原則，學生會傾向於和他「切割關係」，以保持自己的臉面。可是，如果父親做出同樣行為，子女的反應便不相同。儒家本來就主張「子為父隱，父為子隱」，當父親「盜用公款」時，他的行為雖然違反了社會公德，這種違背「消極義務」的行為卻可能帶給家庭實質的利益，所以子女不太會和他「切割關係」。

由於「父子關係」之間通常會有「一體感」，「父子關係」比「師生關係」有更強烈的「面子共享」現象，當父親做出違反道德的行為時，個人會有強烈的丟臉感受，因此，在「參與討論」的可能性方面，「事件類型」的主要效果不顯著（$F(1,140) = 0.18$，*n.s.*），僅只「關係類型」有顯著的主要效果（$F(1,140) = 96.15^{***}$，$p < .0001$）。換言之，參與者認為：整體而言，故事主角比較願意談論老師的負向道德事件，而比較不願意參與談論父親的失德行為（如圖 10-11 所示）。

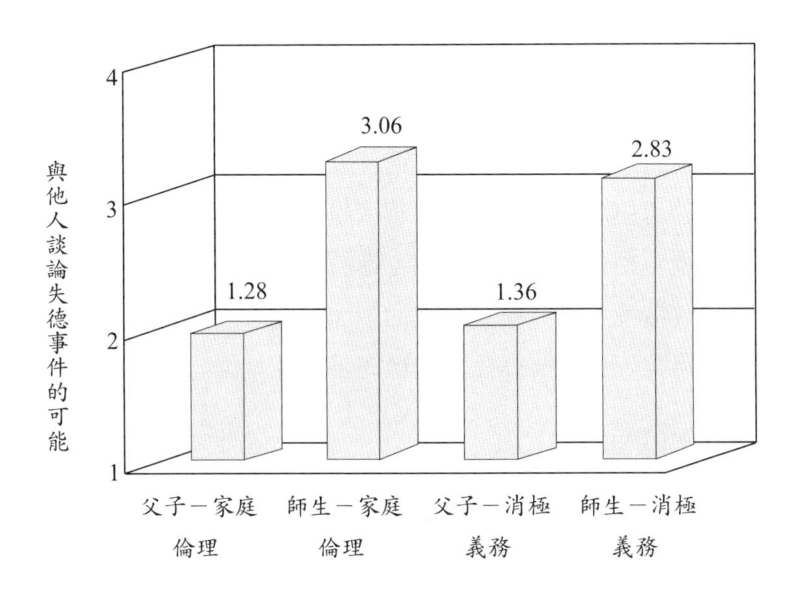

圖 10-11　父親或老師違反「家庭倫理」或「消極義務」時，參與者評估故事主角與他人討論違背道德事件的可能性

第九節　兩種研究取徑的比較

自從中國在 1980 年代開始正式採取改革開放政策之後，隨著中國經濟勢力的崛起，國際心理學社群對華人社會行為也展現出愈來愈強烈的研究興趣。華人的面子行為便是社會心理學家極感興趣的一個研究主題。然而，心理學者在研究這個主題的時候，大多是採取跨文化心理學的研究取徑，跟本書所主張的本土心理學研究取徑有其根本性的差異，必須在此加以析論。

➢ 情境的正式性

Lee（1998）在其博士論文中指出：在中國人的日常活動和官式運作中，與「臉面」有關的面子工夫是不可或缺的部分。情境正式性的程度提高之後，「面子威脅」的敏感度也隨之提高。可是，在非正式的場合，中國人便很可能不像在正式場合那樣地重視「面子威脅」。在危急時機或處理緊急事故時，中國人甚至可能置面子於不顧。

所謂「情境的正式性」是指外在情境要求人們以正式的角色進行互動，個人必須善盡其角色義務的時候。用華人生活世界的語言來說，這就是互動雙方必須以「禮」相待的時候，譬如：進行婚、喪、喜、慶等儀式，或是工作場合都是正式情境之例。在日常生活中，當雙方發生衝突而互相要求對方善盡其角色義務時，也會提高互動情境的正式性。

➢ 中、西文化的對比

對於儒家社會中的華人而言，當個人必須送禮給他人的時候，便是正式情境的一個例子。Bao、Zhou 與 Su（2003）的研究顯示：臉面意識（face consciousness）和風險閃避（risk aversion）是中、美兩國消費者決策方式差異最大的兩個文化向度。Wong 與 Ahuvia（1998）則以「個人品味」（personal taste）和「家庭顏面」（family face）來區分儒家和西方社會中奢侈品消費型態的不同。

Park（1998）比較韓國人和美國人的送禮行為及其相關的價值，其研究顯示：儒家集體主義的文化特徵會增加送禮時的社會壓力，人們有較為強烈的面子考量及從眾動機，並在送禮行為中表現出集體主義的價值。對比之下，美國人則傾向於在送禮上投射出個人主義的價值並施展較多的個人控制。

➢ 本土價值的深究

本書第九章曾經指出：跨文化心理學研究中經常採用「個人主義／集體主義」二元對立的解釋，其實已經走上文化化約主義的道路。所謂儒家文化中集體主義的價值究竟是指什麼？它們如何影響華人的消費行為？諸如此類的問題都很難用跨文化心理學的研究取徑來回答，但它卻可以用本土心理學的方法來加以深究。Qian、Razzaque 與 Keng（2007）在天津市所做的中國新年期間送禮行為研究顯示：中國文化價值中的許多成份對送禮行為都有正向的影響，臉面的成份只會影響送禮的重要性、禮物的份量以及品牌的選擇。

Zhou與Belk（2004）用讀者反應的研究方法，分析中國消費者對電視及平面媒體中全球化及在地化廣告的理解。他們發現：廣告中出現的全球化影像和外國訴求，並非意味著本地文化已經變得全球化，消費者的價值觀也不會完全隨之改變。對於這些廣告，中國消費者其實有兩種辯證性的反應：一方面，他們為了面子，會偏好全球化的世界名牌以及象徵地位的產品；另一方面，他們也會受到民族主義的驅動，追求本地產品中的中國價值。換言之，要對華人的消費及送禮行為有較為全面性的瞭解，仍然必須採取本土心理學的研究取徑，進一步分析所謂的中國價值或亞洲價值。

➢ 組織中的臉面運作

除了消費及送禮行為之外，廣受社會心理學者注意的另一個正式情境，是現代組織中臉面的運作。關係和面子既然是中國社會中人際互動的基本概念，社會心理學者通常是從個人的層次來加以分析。其實它們也可以用來說明企業與企業之間或企業與政府組織之間的互動。Buckley、Clegg 與 Tan（2006）認為：在中國社會中利用這些概念建立互信機制，是跟當地受雇員工、企業夥伴和政府官員等利害關係人互動的核心。他們因此建議：外國投資者必須運用跟這些概念有關的知識，跟當地的企業夥伴和政府官員建立良好的機構聯繫。

Kim與Nam（1998）指出：面子是可以用來解釋亞洲組織中許多複雜的社會互動的一個關鍵性變項。他們主張：要瞭解亞洲組織行為的豐富性，學者必須超越蘊涵在西方組織行為理論中關於人類行為的個人主義預設。在亞洲，諸如臉面之類的個人外在屬性，比諸如慾望、情緒和認知等內在特質，更能夠預測組織行為。

➢ 文化化約主義的解釋

可是，在關於中國或亞洲組織行為與管理的文獻中，臉面仍然未被普遍當做是一個重要的理論概念。即使有少數例外，他們也是企圖從全球化及多元文化的角度，用文化化約主義的方式來理解它，而未能深入探討當地的文化。舉例言之，受到儒家文化中臉面觀研究發現的激勵，Earley（1997）提出的「組織臉面論」（Organizational Face Theory）認為：臉面是個人對他人爭取自我界定與自我理解的一種反思，其中的關鍵成份，是個人在某一社會情境中，相對於其他人的自我定位。在許多不同的社會中，和社會交易有關的臉面，可分為兩大類：「臉」是個人因為支持並實踐社會規範及道德，而對社會形成的一般性依附；在確認這種依附之後，臉面的另一個重要面相，是和社會地位有關的「面子」（Earley, 2001）。為了瞭解各種不同文化中的臉面，必須探討各個文化在「個人主義」（individualism）和「權力差距」（power distance）上的變異性，以及它們和這兩類臉面之間的關聯。

這樣的理論建構仍然是採用化約主義的方式，企圖把特定文化中的社會現象用幾個普世性的向度，來加以解釋。我們可以舉一個實徵研究為例，來說明這種研究取向的限制。在任何一個組織裡，員工如果報告自己在工作上的失敗，個人就必須承擔喪失顏面的風險。在極端的情況下，他甚至可能被解雇。然而，員工不願意及時報告壞消息，卻可能導致整個工作計畫的失敗。因此，「報喜不報憂」是計畫管控上常見的問題。

顧全顏面雖然是一種普世性的社會行為，但在不同文化中，卻有不同的表現方式。Keil、Im 與 Mahring（2007）因此用角色扮演的實驗，作了一項美國和韓國之間的跨文化研究，探討軟體發展計畫中，文化建構的臉面觀，對於不願意報告壞消息的影響。在這項研究中，他們以是否有「責怪他人的機會」作為他們所操弄的獨變項。結果顯示：有「責怪他人之機會」對美國受試者報告壞消息的意願有顯著的影響，但對於韓國人卻沒有影響。在沒有「責怪他人之機會」的情況下，美國和韓國受試者報告壞消息的意願，並沒有顯著的差異。

結　論：文化化約主義的限制

「組織臉面」理論認為：這樣的研究發現可以用這兩個文化在「個人主義／集體主義」或「權力差距」兩向度上的差異來加以解釋。值得強調的是：一個無所不包的理論概念看起來似乎能夠解釋跨文化之間的許多差異，其實它卻很難解釋較為複雜的現象。比方說，Hwang、Francesce 與 Kessler（2003）曾經以年齡在 18 至 44 歲的 266 位香港人、131 位新加坡人，和 253 位美國人作為參與者，探討面子、個人主義／集體主義、回饋歷程和學習歷程之間的關聯。他們的研究結果顯示：個人主義和獲得面子的慾望之間有正相關；但集體主義和害怕失面子之間並沒有相反的對應關係。害怕失面子和學生在教室中問問題的行為之間，有一致的負相關；但在教室中問問題和爭取面子僅只在美國學生中有正相關。對美國學生而言，在教室外問問題和個人的學習成績有正相關，但在教室內問問題和學業成績之間卻有負向關係。與此成為對比的是：在香港，學生在教室中問問題和學業成績有正相關；在新加坡，在教室外跟學生討論課業問題卻與學業成績有負相關。

這樣的結果顯示：回饋的形式對學習造成的選擇性效果深受文化脈絡的影響。但所謂的文化脈絡，卻很難用像「集體主義」這樣的概念來加以概括。然而，如果「集體主義／個人主義」的向度不能解釋這樣的研究發現，不同文化在「權力差距」上的差異，難道就能解釋這些研究發現嗎？

將文化內涵化約成幾個向度進行跨文化比較的缺點，可以再用 Bond 等人的實徵研究為例，來加以說明。面子在各文化系統中都對人際互動有重要影響（Ting-Toomey, 1994）。然而，在各文化中，面子的定義、面子的心理意涵以及面子造成的行為後果，都不盡相同（例如：Morisaki & Gudykunst, 1994; Oetzel et al., 2001）。Bond 等人假設：個體在其自我意象（self-image）受到傷害或冒犯時，會有失面子的感受（Bond & Lee, 1981），他們請一群香港和美國的大學生回憶，過去兩年內被他人傷害的經驗，並針對此一傷害事件，作一系列的心理評鑑。他們的研究團隊分別分析這些資料，並試圖回答幾個跨文化比較的問題。

➢ 本土文化規範的探究

在探討情緒與行為反應如何介入人際關係受損對失面子的影響時，Kam與Bond（2008）發現：人際傷害所造成的失面子感受，對誘發華人憤怒和自覺關係受損的影響力，較美國人為大。他們也發現：香港人在羞恥感（shame）和報復心（retaliation）之間有中度的負相關，但美國人沒有。換句話說，香港人的羞恥感會壓抑其報復心，但美國人卻不會。

在研究文化對失面子與原諒加害者（forgiveness of perpetrator）的影響時，Liao與Bond（2008）發現：在兩個文化中，人際傷害所造成的失面子感受一樣強。然而，香港華人失面子的程度和維持關係的動機呈負相關，美國人的這兩個變項則沒有相關。同樣的，香港華人的報復心和原諒加害者程度呈負相關，在美國人亦無相關。

在研究相對權力喪失（loss of relative power）和違反規範（norm violation）對於失面子的影響時，Hui與Bond（2008）發現：當事人知覺到自己相對權力的喪失，會讓美國人感到失面子，但香港華人卻不會；在不同文化中，違反規範對失面子有不同程度的影響，對香港華人的影響較美國人來得大。

為了探討文化如何透過當事人的人格變項而產生調節效果，Liao與Bond（2008）發現：個人獨立我／相依我的自我建構，與其資料分析中所測量的大多其他構念，均無相關。Hui與Bond（2008）用「水平／垂直」的「集體主義／個人主義」也無法解釋其資料分析中所發現的文化差異。文化對上述變項關係間的影響，似乎不是任何人格變項的函數。Hui與Bond因此主張：人們強烈認同的文化規範，會影響參與者的社會反應，並可以解釋其資料中的文化差異。在西方心理學文章中，個人主義文化的互動規範已經受到廣泛探討；在像中國這樣的關係主義文化中，人際關係的規範對臉面行為的影響則必須用本書所主張的本土心理學研究取徑來加以探討。

參考文獻

朱滂賢、黃光國（2009）：〈關係與道德臉面：關係他人失德事件對個人面子感受的影響〉。《中華心理學刊》，印刷中。

朱瑞玲（1983）：《有關「面子」的心理與行為現象之實徵研究》。台灣大學心理學研究所博士論文。

朱瑞玲（1989）：〈面子與成就：社會取向動機之探討〉。《中華心理學刊》，31（2），79-90。

朱瑞玲（1991）：〈「面子」壓力與其因應行為〉。《國家科學委員會研究彙刊：人文及社會科學》，1（1），14-31。台北：行政院國家科學委員會。

佐　斌（1997）：《中國人的臉與面子》。武昌：華中師範學院。

林語堂（1966）：《吾國與吾民》。台北：中行出版社。

金耀基（1988）：〈「面」、「恥」與中國人行為之分析〉。見楊國樞（編）：《中國人的心理》（頁 319-345）。台北：桂冠圖書公司。

周美伶、何友暉（1993）：〈從跨文化觀點分析面子的內涵及其在社會交往中的運作〉。見楊國樞、余安邦（主編）：《中國人的心理與行為：理念及方法篇》（頁 205-254）。台北：桂冠圖書公司。

陳之昭（1988）：〈面子心理的理論分析與實際研究〉。見楊國樞（主編）：《中國人的心理》（頁 155-237）。台北：桂冠圖書公司。

費孝通（1948）：《鄉土中國》。上海：觀察社。

黃光國（1988）：《儒家思想與東亞現代化》。台北：巨流圖書公司。

黃光國（1995）：《知識與行動：中華文化傳統的社會心理詮譯》。台北：心理出版社。

黃光國（2000）：〈現代性的不連續假說與建構實在論：論本土心理學的哲學基礎〉。《香港社會科學學報》，18，1-32。

翟學偉（1995）：《中國人的臉面觀》。台北：桂冠圖書公司。

劉丁瑋（2002）：《台灣大學生對他人情緒的評估與社會關係》。台灣大學心理學研究所碩士論文。

魯　迅（1991）：〈說「面子」〉。載於《魯迅全集》（第六卷）（頁126-129）。北京：人民文學出版社。

韓貴香、李美枝（2008）：〈捨近求遠的求助模式：「面子威脅」對華人選擇求助對象的影響〉，《中華心理學刊》，50（1），31-48。

蘇珊筠、黃光國（2003）：〈退休老人與大學生在生活場域中的關係與面子〉。《中華心理學刊》，45（3），295-311。

Alexander, C. N., & Knight, G. W. (1971). Situated identities and social psychological experimentation. *Socimetry, 34*, 65-82.

Alexander, C. N., & Lauderdale, P. (1977). Situated identities and social influence. *Sociometry, 40*, 225-233.

Alexander, C. N., & Rudd, J. (1981). Situated identities and response variables. In J. T. Tedeschi (Ed.), *Impression management theory and social psychological research*. New York: Academic Press.

Alexander, C. N., & Wiley, M. C. (1980). Situated activity and identity formation. In M. Rosenberg & R. Turner (Eds.), *Sociological perspectives on social psychology*. New York: Basic Books.

Arkin, R. M. (1981). Self-presentation styles. In J. T. Tedeschi (Ed.), *Impression management: Theory and social psychological research* (pp. 311-333). New York: Academic Press.

Bao, Y., Zhou, K. Z., & Su, C. (2003). Face consciousness and risk aversions: Do they affect consumer decision-making? *Psychology & Marketing, 20*, 733-755.

Bond, M. H., & Lee, P. W. H. (1981). Face saving in Chinese culture: A discussion and experimental study of Hong Kong students. In A. King & R. P. L. Lee (Eds.), *Social life and development in Hong Kong* (pp. 289-304). Hong Kong: Chinese University Press.

Brown, B. R. (1968). The effects of need to maintain face on interpersonal bargaining. *Journal of Experimental Social Psychology, 4*, 107-122.

Brown, B. R. (1970). Face-saving following experimental-induced embarrassment. *Jour-*

nal of Experimental Social Psychology, 6, 255-271.

Brown, B. R., & Garland, H. (1971). The effects of incompetency, audience acquaintanceship, and anticipated evaluative feedback on face-saving behavior. *Journal of Experimental Social Psychology, 7*, 490-502.

Brown, P., & Levinson, S. C. (1978). *Politeness: Some universal in language usage*. London: Cambridge University Press.

Buckley, P. J., Clegg, J., & Tan, H. (2006). Cultural awareness in knowledge transfer to China: The role of *guanxi* and *mianzi*. *Journal of World Business, 41*, 275-288.

Cheng, C. Y. (1986). The concept of face and its Confucian roots. *Journal of Chinese Phiosophy, 13*, 329-348.

Chou. M. L. (1997). *Protective and acquisitive face orientations: A person by situation approach to face dynamics in social interaction*. Ph. D. dissertation, University of Hong Kong, Hong Kong.

Earley, P. C. (1997). *Face, harmony, and social structure: An analysis of organizational behavior across cultures*. New York: Oxford University Press.

Earley, P. C. (2001). Understanding social motivation from an interpersonal perspective: Organizational face theory. In M. Erez, U. Kleinbeck & H. Thierry (Eds.), *Work motivation in the context of a globalizing economy* (pp. 369-379). Mahwah, NJ: Lawrence Erlbaum Associates.

Eberhard, W. (1967). *Guilt and sin in traditional China*. Berkerly, CA: University of California Press.

Forrest, R. A. D. (1951). The southern dialects of China (Appendix I). In *the Chinese in Southeast Asia*. London: Oxford University Press.

Garland, H., & Brown, B. R. (1972). Face saving as affected by subjects' sex, audiences' sex and audience expertise. *Sociometry, 35*, 280-289.

Gilbert, R. Y. (1927). *What's wrong with China*. London: J. Murray.

Goffman, E. (1955). On face-work: An analysis of ritual elements in social interaction. *Psychiatry, 18*, 213-231.

Goffman, E. (1959). *The presentation of self in everyday life*. New York: Doubleday, Anchor.

Goffman, E. (1967). *Interaction ritual: Essays on face to face behaviour*. London: Penguin.

Ho, D. Y. F. (1976). On the concept of face. *American Journal of Sociology, 81*, 867-884.

Ho, D. Y. F. (1991). Relational orientation and methodological relationalism. *Bulletin of the Hong Kong Psychological Society, 26-27*, 81-95.

Hsu, F. L. K. (1971). Psychological homeostasis and jen: Conceptual tools for advancing psychological anthropology. *American Anthropologist, 73*, 23-44.

Hu, H. C. (1944). The Chinese concepts of "face". *American Anthropologist, 46*, 45-64.

Hui, & Bond, M. H. (2008). *Forgiving a harm doer as a function of the target's face loss and motivations: How does Chinese culture make a difference*? Unpublished manuscript.

Hwang, A., Francesco, A. M., & Kessler, E. (2003). The relationship between individualism-collectivism, face, and feedback and learning processes in Hong Kong, Singapore, and the United States. *Journal of Cross-Cultural Psychology, 34*, 72-90.

Hwang, K. K. (1987). Face and favor: The Chinese power game. *American Journal of Sociology, 92*, 944-974.

Hwang, K. K. (1998). Two moralities: Reinterpreting the findings of empirical research on moral reasoning in Taiwan. *Asian Journal of Social Psychology, 1*, 211-238.

Hwang, K. K. (1999). Filial piety and loyalty: The types of social identification in Confucianism. *Asian journal of Social Psychology, 2*, 129-149.

Hwang, K. K. (2001). Morality: East and west. In N. J. Smelser (Ed.), *International encyclopedia of the social and behavior science* (pp. 10039-10043). Amsterdam: Pergamon.

Hwang, K. K. (2006). Moral face and social face: Contingent self-esteem in Confucian society. *International Journal of Psychology, 41*, 276-281.

Hwang, K. K., Bedford, O., & Liang, C. J. (2007). *Face due to the performance of a related other in a Confucian society*. Working Paper, National Taiwan University.

Kam, C. C.-S., & Bond, M. H. (2008). Role of emotions and behavioural responses in mediating the impact of face loss on relationship deterioration: Are Chinese more face-sensitive than Americans? *Asian Journal of Social Psychology, 11*, 175-184.

Keil, M., Im, G. P., & Mahring, M. (2007). Reporting bad news on software projects: The effects of culturally constituted views of face-saving. *Information Systems Journal, 17*, 59-87.

Kim, J. Y., & Nam, S. H. (1998). The concept and dynamics of face: Implications for organizational behavior in Asia. *Organization Science, 9*, 522-534.

Lee, S. H. (1998). Facework in Chinese cross-cultural adaptation. *Dissertation Abstracts International Section A: Humanities and Social Sciences, 59*, 539-539.

Liao, Y., & Bond, M. H. (2008). The dynamics of face loss following interpersonal harm for Chinese and Americans. *Journal of Cross-Cultural Psychology*. (in press)

Modigliani, A. (1971). Embarrassment, facework, and eye contact: Testing a theory of embarrassment. *Journal of Personality and Social Psychology, 17*, 15-24.

Morisaki, S., & Gudykunst, W. B. (1994). Face in Japan and the United States. In S. Ting-Toomey (Ed.), *The challenge of facework: Cross-cultural and interpersonal issues* (pp. 47-93). Albany, NY: State University of New York Press.

Oetzel, J. G., Ting-Toomey, S., Masumoto, T., Yokochi, Y., Pan, X., Takai, J., & Wilcox, R. (2001). Face behaviors in interpersonal conflicts: A cross-cultural comparison of Germany, Japan, China, and the United States. *Communication Monographs, 68*, 235-258.

Park, S. Y. (1998). A comparison of Korean and American gift-giving behaviors. *Psychology & Marketing, 15*, 577-593.

Qian, W., Razzaque, M. A., & Keng, K. A. (2007). Chinese cultural values and gift-giving behavior. *Journal of Consumer Marketing, 24*, 214-228.

Shweder, R. A., Much, N. C., Mahapatra, M., & Park, L. (1997). The "big three" of morality (autonomy, community, divinity) and the "big three" explanations of suffering. In A. Brandt & P. Rozin (Eds.), *Morality and culture* (pp. 119-169). New York: Routledge.

Smith, A. H. (1894). *Chinese characteristics*. New York: F. H. Revell Company.

Snyder, C. R., Lassegard, M., & Ford, C. E. (1986). Distancing after group success and failure: Basking in reflected glory and cutting off reflected failure. *Journal of Personality and Social Psychology, 51*, 382-388.

Stover, L. E. (1974). *The cultural ecology of Chinese civilization*. New York: New American Library.

Tedeschi, J. T., & Riess, M. (1981a). Predicaments and verbal tactics of impression management. In C. Antaki (Ed.), *Ordinary language explanations of social behavior*. London: Academic Press.

Tedeschi, J. T., & Riess, M. (1981b). Identities, the phenomenal self, and laboratory research. In J. T. Tedeschi (Ed.), *Impression management theory and social psychological research* (pp. 3-22). New York: Academic Press.

Tedeschi, J. T., Schlenker, B. R., & Bonoma, T. V. (1971). Cognitive dissonance: Private ratiocination or public spectacle? *American Psychologist, 26*, 185-695.

Thurstone, L. L. (1927). A law of comparative judgment. *Psychological Review, 34*, 273-286.

Ting-Toomey, S. (1994). *The challenge of facework: Cross-cultural and interpersonal issues*. New York: State University of New York Press.

Wilhelm, R. (1926). *Die seele Chinas*. Berlin: Reimar Hobbing.

Wong, N. Y., & Ahuvia, A. C. (1998). Personal taste and family face: Luxury consumption in Confucian and western societies. *Psychology & Marketing, 15*, 423-441.

Yang, K.-S. (1981). Social orientation and individual modernity among Chinese students in Taiwan. *Journal of Social Psychology, 113*, 159-170.

Zhou, N., & Belk, R. W. (2004) Chinese consumer readings of global and local advertising appeals. *Journal of Advertising, 33*, 63-76.

第十一章

華人社會中的「關係」與組織行為

「關係」（*guanxi*）是瞭解華人社會及社會行為的一個核心概念。社會科學家在華人社會中從事研究工作時，經常注意到：華人在其日常生活的語言互動中，經常使用許多跟「關係」有關的詞彙。舉例言之，每一個人都有自己的「關係網」。所謂「關係好」，就是個人在其關係網內能夠跟某些權貴人物保持特殊關係，別人如果有事要請他幫忙，最好先跟他「拉關係」，或者用各種方法跟他「搞關係」等等。諸如此類的「關係」詞彙，不僅指華人社會中一種獨特的社會現象；對於華人而言，這也是一種眾所周知的「社會事實」（social fact），對華人的社會行為有十分顯著的影響。因此，外國學者乾脆直接用華語發音的*guanxi*一詞，來討論或解釋華人社會中的此類現象，而不做任何翻譯。

➢ 關係與文化

1998年，美國加州大學柏克萊分校曾經舉辦一次研討會，邀請許多位學者，討論「制度、文化與變遷中的關係性質」（Institutions, Culture, and the Changing Nature of *Guanxi*），事後並出版了一本書，題為《中國的社會關係》（*Social Connections in China*）。在這本書的「導讀」中，三位編者Gold、Guthrie和Wank（2002）指出：過去數十年間（last two decades），研究華人關係的文獻分別採取了文化論和制度論兩種不同的觀點：文化論者把關係看做是華人文化的一種本質性成份（essential element），是根植於華人心靈（Chinese psyche）中的一種現象。例如：Pye（1968）與 Solomon

（1971）研究文化大革命期間的中國政治文化，他們兩人都強調：華人在心理上傾向於依賴強而有力的權威形象，並且把社會看做是人際關係與聯結組成的網絡，認為在生活中操縱人際關係以完成各項事物，是理所當然之事。

在1970至1980年間，香港、新加坡、韓國、台灣等所謂「亞洲四小龍」的經濟有相當快速的發展。當時 Redding（1990）研究海外華人企業家的經營方式，並出版《華人資本主義的精神》（*The Spirit of Chinese Capitalism*）一書，企圖以「中國的心理社會遺產」（the psycho-social legacy of China）來說明：華人如何利用社會網絡來經營企業；Hamilton（1996b）甚至提出「關係資本主義」（*guanxi* capitalism）一詞，來說明華人企業經營的特色。

然而，華人為什麼會如此重視人際關係呢？杜維明從哲學的層次分析儒家思想中自我與人際聯結網絡（networks of human-relatedness）之間的動態歷程（Tu, 1981），金耀基則從社會學的層次分析華人社會中個人與群體的關係（King, 1985），他們兩人都清楚地指出：華人之所以特別重視關係，是源自於儒家的文化傳統。Mayfair Yang（1994）在她的著作《禮物、人情與宴客：中國社會關係的藝術》（*Gifts, Favors, and Banquets: The Art of Social Relationships in China*）一書中，很清楚地指出所謂「關係學」的中國特色。她在書中不僅說明了古代送禮和禮儀的各種形式，並以一整章的篇幅析論儒家和法家對於此一議題的相反立場。

➢ 關係與制度

制度論者認為：華人社會中與關係有關的現象，雖然頗具華人文化的特色，然而，這種現象卻是由某些制度性的條件所造成的。換言之，所謂具有「中國特色」（particular Chineseness）的關係，其實只是某種歷史與制度條件下的一種虛構（artifacts）。經濟上的匱乏、法律上層結構的薄弱，諸如此類的結構性因素，促使華人社會中人們必須依賴關係網絡，來獲取各種生活資源。譬如：Walder（1986）指出：在中國的國營企業中，官員們掌控了住房、福利以及昇遷的權力，所以人們必須在各種主從關係（patron-client relations）之中運用關係；在前蘇聯的社會主義經濟體制中，也可以見到同樣的現象。因此，Walder 稱之為「共產黨的新傳統主義」（communist neo-Traditionalism），認為：這種依賴人際特殊聯結的運作方式，和現代社會的強調理性法制正好相反。Oi（1989: 228）研究中國的鄉村政治，也認為：在許多不同的社會中，都可以發現這種依恃性的政治（clientelistic politics）。因此，關係行為「既不必然是中國的，也不一定是傳統的」。

1990 年代之後，許多外國人湧入中國大陸投資或做生意。中國政府雖然努力要建立各種法規和制度，但整體而言，中國的經濟制度仍然不夠健全，許多法律規定既不清晰又不可靠，再加上社會主義經濟一向缺乏物質，以及分配制和市場制兩種制度同時並存，造成許多必須使用關係的空間。Wank（1999）在廈門地區的研究顯示：在中國，私人企業家和官員之間的關係是一種「共生性的依恃主義」（symbiotic clientism）；Hsing（1998）研究到大陸投資的港台商，發現有些台商認為：和其他台商保持關係是防範「變化難測之大陸人」的一種辦法；Guthrie（1999）甚至認為：中國實行的資本主義就像是「穿了三件式套裝的龍」（dragon in a three-piece suit），留下了許多可供關係運作的空間。然而，他卻認為：隨著經濟法規的逐漸健全，關係的重要性也會隨之消逝。

➢ 本章的結構

從以上簡短的回顧中，我們可以看出幾點重要的訊息：主張制度論者大多是政治學者或經濟學者，他們並不否認：華人的文化傳統對於關係行為有一定程度的影響，然而，他們卻認為：在公共領域中建立理性的政治或經濟制度，將可減少華人對於關係的使用。相形之下，主張文化論者則出自社會科學的各種不同領域，除了政治學者或經濟學者之外，還包括人類學者、社會學者和哲學家。他們關注的層面，不僅是在公共領域中建立理性的政治或經濟制度，而且涉及華人社會生活的各個不同層面。因此，他們特別重視文化傳統的影響力。各個不同領域的學者從不同的背景出發，各自看到關係的不同面相。我們該如何整合他們的觀點，建構出一套理論，來說明華人的關係行為？

本書第四章說明：筆者如何以他對西方心理學中社會交換理論和正義理論的批判為基礎，建構成〈人情與面子〉的理論模型。筆者特別強調：如果把該理論模型中的「人情法則」看做是「均等法則」的一個特例，則〈人情與面子〉可以看做是適用於大多數人類社會的普世性理論。本書第五章以〈人情與面子〉的理論模型為基礎，分析了儒家思想的內在結構，筆者特別強調：〈人情與面子〉的理論模型和儒家的庶人倫理之間具有一種共構的（isomorphic）關係，這樣建構出來的理論系列，不僅能夠說明人類普遍的心智，而且能夠顯示華人社會中人們處理人際關係時所特有的文化心態。

從這個角度看來，華人之所以特別「講關係重人情」，確實是有其文化基礎的。然而，我們也不能忽視制度因素在華人關係運作中所扮演的角色。在本章中，筆者要回顧從〈人情與面子〉的理論模型之後，社會科學界針對華人「關係」所做的實徵研究和概念分析。本章包含有六節，第一節以〈人情與面子〉的理論模型作為基礎，說明「拉關係」在華人社會中的意義。本節所要強調的是：只從人際互動的層次，並不能充分說明華人社會中的關係運作。因此，第二節將討論焦點提升到組織間關係運作的層次，從各種不同的角度，提出若干有待解決的爭議性問題。為了解決這些問題，第三節提出一個概念架構，對華人社會中的企業組織加以分類，希望綜合社會學和社會心理學的觀點，在制度的層次上說明組織間關係的運作。由於建立關係是企業組織增進人際信任以降低環境中不確定性的主要方法，本文第四節將再提出一個概念架構，來說明華人社會中的信任模式，第五節再以這些概念架構作為基礎，重新解釋以往實徵研究的發現。最後，第六節進一步以華人社會中的領導模式，說明組織內的關係運作。藉由這樣的分析，筆者希望不僅能回答有關「文化」和「制度」的爭議，而且能解決組織心理學中有關華人關係運作的大部分問題。

第一節　拉關係與感情的規避

➢ 拉關係與加強關係

〈人情與面子〉的理論模型將人際關係分成三類：「情感性關係」、「混合性關係」和「工具性關係」；前兩種關係之間以實線隔開，後兩種關係之間以虛線隔開。實線表示：在「情感性關係」和「混合性關係」之間，存有一道不易突破的「心理界線」（psychological boundary），屬於「混合性關係」的其他人很不容易突破這道界線，轉變為「情感性關係」；虛線表示：「工具性關係」和「混合性關係」之間的「心理界線」並不明顯，經過「拉關係」或「加強關係」等「角色套繫」的動作之後，屬於「工具性關係」的其他人也可能加強彼此間的「情感性成份」，而變成「混合性關係」。

用符號互動論的概念來看，人與人之間的「關係」並不是一成不變的。「陌生人」或屬於「工具性關係」的雙方，經過一段時間的社會互動之後，有可能轉變成為「混合性關係」，而原本屬於「混合性關係」的雙方，也可能「反目成仇」，演變成「競爭關係」或「交戰關係」。甚至原本屬於「情感性關係」的夫婦，也可能感情破裂，走上離婚之途，從此「視同陌路」。這些變化，都可以看做是關係的「滋生性質」。

➢ 感情的規避

在〈人情與面子〉的理論模型中，筆者強調：「人情法則」的運作，是建立在「報的規範」之上（Hwang, 1987）。資源支配者將他所掌控的資源「做人情」給請託者，固然要付出一定的代價；可是，請託者接受了對方的人情或恩惠，必須承擔「回報的義務」，而在心理上產生欠負感（psychological indebtedness）。從這個角度來看，華人其實是很想規避「人情壓力」的。

Chow 與 Ng（2004）在香港所蒐集到的資料發現：同學、業餘團體成員和家族朋友是參與者發展親密關係的基礎。出人意料之外的是：和參與者一起工作的同事及家族的親戚，通常和參與者的關係相當遙遠。個人關係網絡愈大，他在社會中便愈有「面子」，但參與者遇到重大事件必須向人求助時，他們通常會向其家人求助，而不是家庭外的成員。然而，華人社會中的家庭卻有明顯弱化的趨勢。

用〈人情與面子〉的理論模型來看，當個人遇到重大事件而向家人求助時，家人有依照「需求法則」對他提供幫助的義務。如果他向工作場所中的同事或家庭外的親戚求助，他們雖然也可能依照「人情法則」，對其提供幫助，但他卻可能因此而揹上「人情債」，所以他會儘量避免向他們求助，彼此之間的「關係」（心理距離）也相當遙遠。華人在個人心理上既然有避免「拉關係、做人情」的傾向，然則華人在什麼樣的社會脈絡中必須運用關係？

➢ 關係運用的領域

筆者一再強調：〈人情與面子〉的理論模型是一種普世性的形式性理論。它將人際關係分成三類的方式，並沒有將華人社會中特有的角色關係考慮在內。楊中芳將關係分為「既有關係」（ascribed *guanxi*）和互動關係（interactive *guanxi*）兩大類（楊中芳、彭泗清，2005；Yang, 1995），她認為：互動關係包含有情感性（affective）及工具性（instrumental）兩個向度。用〈人情與面子〉的理論模型和儒家的「庶人倫理」來看，所謂「既有關係」就是把華人社會中的角色關係列入考量；至於「互動關係」中的兩個向度，其實就是〈人情與面子〉理論模型中，組成「關係」的情感性成份和工具性成份。研究者在建構科學微世界時，必須在理論的層次上把這些概念區分得很清楚，然而，人們在生活世界中所使用的語言卻無法做如此明確的區分。

舉例言之，Lau、Tung、Lv 與 Yi（2005）對 20 位參與者進行訪談，藉此列出教育領域中的 34 種關係，和日常生活領域中的 38 種關係，並從理論上導出家庭領域中的 48 種關係。然後請 101 位大學生分別將這三個領域中的關係加以分類，並在義務的程度，情感性、工具性等九個屬性向度上加以評估，再用多元尺度的方法（multidimensional scaling）分析資料，結果顯示：家庭領域中的關係包含有三個向度：情感性、輩分和回報性（reciprocity）；教育領域的關係包含有情感性、層級差異（hierarchical difference）；日常生活領域中的關係包含有情感性與工具性。

多元尺度方法的特色之一，就是「資料進，向度出」，給它什麼樣的資料，它就會輸出什麼樣的結果。上述研究顯示：「輩分」和「層級」分別為華人「家庭」和「教育」領域中所強調的角色關係的特色。「情感性成份」也就是儒家所謂的「仁」，是所有領域中關係互動的共同成份。至於「工具性成份」在家庭領域所強調的是義務性的回報；在教育領域中隱而不顯，但在日常生活領域的關係中，則被突顯出來。事實上，在華人社會中，將「關係」做工具性運用的領域，既不是家庭，也不是學校，而是在組織之間或組織之內的所謂「日常生活領域」。

第二節　組織間關係運作的爭議

〈人情與面子〉的理論模型是在社會心理學的層次上，分析關係的運作。這個理論模型雖然可以用來分析：文化因素如何影響華人的社會行為，然而，要用它來說明組織之間或組織之內的關係運作，卻會遭遇許多限制。我們可以回顧此一領域中的相關研究，來說明這些有待解決的爭議性問題。

對於管理學者或組織心理學者而言，他們所關注的問題是：如何透過關係的運作，使企業獲得成功。Yeung 與 Tung（1996）指出：中國文字裡所謂的「關係」是指：在企業決策的過程中，跟切中要害的人建立聯結（connections），它比產品的價格、品質或售後服務，都要來得重要。他們對 19 家中國企業的領導人進行半結構性的訪談，結果發現：擁有強而有力的關係，跟企業長期的業績之間有正相關。

➢ 關係運作的文化差異

大體而言，建立關係以追求企業成功，可以說是一種普世性的作為。然而，由於某些文化獨特（cultural specific）的向度會造成觀念及期待方面的差異，關係的性質在不同文化之間，也會有所不同。在西方，有愈來愈多的人察覺到：在全球化的時代，在中國市場上透過關係網絡獲取競爭優勢，是企業成功的關鍵性因素。然而，他們卻普遍認為：用西方人的眼光很難理解儒家社會中的關係。

Tung與Worm（2001）以在中國投資營業的40家西歐多國企業為對象，探討：⑴大型的歐洲多國企業如何看待關係的特徵；⑵關係對於進入中國市場並獲得長期成功的重要性；⑶歐洲公司如何在中國建立並維持關係。他們的研究顯示：雖然歐洲公司能夠在中國建立基地，可是，由於他們無法和相關的有力人士建立堅強而且適當的關係，他們對其業績通常只有中等的滿意程度。

Wood、Whiteley與Zhang（2002）先用田野研究的方法蒐集10個個案，再對40位華人企業主管進行深度訪談。結果顯示：在國營企業和外資企業之間，關係的運用方式有相當複雜的不同。乍看之下，中資及外資企業關係運用方式的不同，似乎是文化之間的差異所致。根據這樣的思維路線，西方學者所問的第一個問題是：在中國，人們究竟如何利用關係作為建立公司聲望（corporate reputation）之機制？

➢ 相互回報的交換

Standifird（2006）認為：關係是兩個人之間透過相互回報的交換（reciprocal exchange），而發展出來的一種社會資本（social capital）。利用關係建立聲望的關鍵方法，是致力於發展一種高品質的接觸網絡，同時維護構成該網絡的關係。在中國，企業組織要想建立他們的聲望，必須要有許多組織成員參與以關係作為基礎的企業運作。然而，關係仍然是個人的產品，唯有個人願意運用其關係來達成組織目標，它才能變成為組織的資產。

可是，華人社會中關係運作的方式跟西方人經營社會網絡的方式有什麼不同？David Lo 是位美籍華人，曾經在中國大陸及台灣生活過。他先對華人及美國人進行質化訪談，編製出一份包含 58 個題項的問卷，從美國（n = 225）及中國（n = 231）管理學院的學生中取出兩個獨立樣本，在個人層次上探討中國人的關係和美國人網絡經營行為（networking behaviors）之間的差異，這些差異包括：賦予的 vs.獲致的關係、直接 vs.間接關係、企業禮儀（business etiquette）的差異，以及時間取向（time orientation）。中國人在找工作時偏好使用賦予的關係，他們常用的企業禮儀包括：送禮、請客、施予小惠、到對方住所拜訪等。在必要時候，他們還會運用間接關係，希望建立雙方之間的長期往來。相形之下，美國人在找工作以及和政府打交道時，通常用較為直接的方式，他們常用的企業禮儀包括握手、彼此交換名片、打電話、通 e-mail 等（Lo, 2007）。

➢ 關係人口學

這樣的研究取向可以讓我們看出中國人關係運作和美國人網絡經營行為的差異。在西方管理學的研究中，跟「關係」相近的概念，是所謂的「關係人口學」（relational demography）。自從 Pfeffer（1983）提出「組織人口學」（organizational demography）的概念之後，許多西方管理學者便開始探討：員工在諸如年齡、種族、性別、聘期等人口學變項上的異同，對其組織行為的影響。Tsui、Egan 與 Xin（1995）回顧有關此一議題之文獻後指出：人口學背景相似和背景不同的員工有相當不同的工作經驗，後者之工作團隊的整合度較差，工作承諾較低，而且較常離開工作。

Tsui 與 Farh（1997）因此比較中國人所謂的「關係」和「關係人口學」之間的不同。「關係」的基礎是個人天生的社會經濟背景，而不是像年齡或性別之類的身體屬性。除了同鄉和同宗之外，大多數關係的基礎，都是建立在人際互動和由此而滋生的感情之上，像以前的同事、同學、鄰居、師生、家庭成員或親戚等等。它們通常無法從個人身上直接看到，而必須藉由直接溝通或第三者的介紹，才能為人所發現。相反的，關係人口學的基礎，像是年齡、種族、性別、宗教或職業等，擁有相同屬性的人們並不必然有互動的機會。他們縱然可能有較多的互動，那也是因為某些可觀察到的屬性讓他們假設：彼此有相同的態度或價值觀。大多數的關係基礎包含以往的關係，但大多數關係人口學的基礎則是指涉個人當前存在的特徵。

根據這樣的概念分析，Farh、Tsui、Xin 與 Cheng（1998）在台灣取出主管和部屬的 560 個「縱向對偶」（vertical dyads）樣本；並在中國大陸取出企業主管及其關係者（如：主顧、供應商、銀行行員、政府官員）的 205 個「橫向對偶」（horizontal dyads），探討「關係」和「關係人口學」對彼此信任的重要性。結果顯示：「關係」和「關係人口學」兩者都會影響「縱向對偶」中部屬對於主管的信任；但在「橫向對偶」中，只有「關係」會影響企業主管對其關係者的信任，「關係人口學」的變項卻不發生作用。這樣的研究發現一方面說明「關係」在華人社會中的文化獨特性，一方面也說明：在企業組織間和企業組織內關係的運作並不相同，必須分別加以對待。

➢ 關係運作的制度面向

在上一節中，我們強調：在個人的層次上，華人其實是有一種儘量想要避開人情困擾的傾向。在華人社會中，將關係作工具性運用的範疇，既不是在家庭之內，也不是在學校之中，而是在組織之間或組織之內的所謂「日常生活領域」。這裡必須追問的問題是：為什麼華人在組織之內或在組織之間的社會互動會特別重視關係的運作，致使西方的企業經理人認為這是中華文化的特色？

不論是在傳統或現代的華人社會，都有一種發生在組織之內的社會互動。請託者想要獲得的資源是一種公共資源，但資源支配者卻僅掌控該一資源的支配權，而未擁有其所有權。譬如：在政府部門做事的官員，或者在 1976 年中國經濟改革開放之後，在國營企業中工作的經理人員（Guthrie,

1999），他們在分配公有資源時，其心理機制運作的歷程，往往十分複雜。

不論是政府機構或企業組織，為了維護資源分配的公平性，或為了應付市場上激烈的競爭，其決策者通常都會制訂出他們認為是符合公平法則的規章制度，要求組織中的成員遵循。組織中的各級執行者在其社會化的過程中，也必須學習各種「防弊措施」，以維繫組織的正常運作。從社會心理學的角度來看，所謂「防弊措施」就是通常所說的「規避感情的措施」（practices of *ganqing* avoidance）（Kipnis, 2002），資源支配者在處理各種公共資源的時候，必須努力抑制其人際關係中的「情感成份」，依照機構規定的正式程序來辦事，以免陷入關係的陷阱之中。

➢ 機構的漏洞

然而，不論是傳統帝制中國的法律（鄒川雄，2000；瞿同祖，1984），或是現代中國的社會主義法制（Potter, 1992, 1999），其立法程序主要是由上而下，法律條文的規定往往有許多模糊不清之處，掌握執行權力的資源支配者也因而有一些可以任意解釋的空間，形成所謂「機構的漏洞」（institutional holes）（Bian, 2002）。

當請託者要求資源支配者，將其掌控的某種資源做有利於自己的分配時，資源支配者可能不考慮雙方之間的關係或情感成份，完全按照機構所訂的規章制度（亦即「公平法則」），來處理該項資源。當請託者迫切地想要取得該項資源，而又無法從替代性的社會對象（alternative）獲取該項資源時，他便在心理上面臨了一道「關卡」（barrier）。為了通過這道關卡，他可能向資源支配者求情（beg for a favor），也可能請求第三者，對資源支配者進行關說。由於在日常生活情境裡，關係是一種多層次的社會網路（multilateral social networks），這位第三者通常在其他相關的社會網絡裡可能掌握重要的社會資源，並有相當大的影響力。這時候，資源支配者不僅要考慮他「拒絕／接受」請託者的要求後，請託者可能給他的回報，而且要考量他做出決策之後，第三者可能給他的回報，而決定是否接受對方的請託。這是華人社會中所謂的「不看僧面看佛面」、「打狗要看主人」，也是研究華人社會行為之社會學家所說的「第三者效應」（third party effect）（Lin, 2002）。

第三節 華人社會中企業的類型

倘若這樣的解釋是可以接受的，我們便可以將華人社會中的企業加以分類，回顧既有的實徵研究，來檢視下列命題：⑴在採取由上而下傳統威權式之決策模式的企業組織中；⑵資源支配者僅掌握某種資源的支配權，但並不擁有其所有權時，他最可能利用制度的漏洞，將他所掌控的資源分配給有特定關係的請託者。

鄭為元（2003）曾經將華人社會中的企業組織分成五種不同的類型（Hwang, Cheng, & Lee, 2007）。為了說明本文的論點，我們特別依照企業組織內的決策模式是「傳統威權式」或「專業經理式」，企業的經營權和所有權是「合一」或是「分開」，及其市場環境是「競爭」或是「寡占」，用一個新的概念架構，將這五種企業重新分類如表 11-1 所示。

表 11-1 華人社會中企業組織的類型

決策結構		傳統威權式（有傳統社會連帶）	專業經理式（無傳統社會連帶）	
權力結構		經營權與所有權合一	經營權與所有權分開	
市場環境	競爭	父系制	族長制	市場獨斷制
	寡占		家長制	寡占市場制

➢ 父系制

在文化人類學上，父系制（Patrilinealism）是指世系和祖產的繼承制度上採父系制。父系制的家庭企業在世界各地都很普遍，但在漢人社會中，尤為明顯。台灣中、小企業中的勞動關係，員工往往是企業家族的成員，或者與企業主有某種血緣關係（Orru, Biggart, & Hamilton Eds., 1997）。華人企業是以「系譜中心主義」和「身分關係」作為結構之基礎，歐美企業則是以「個人主義」和「契約精神」為基礎（陳其南、邱淑如，1984）。依照父系制的「系譜」，父親傾向於將企業的所有權和經營權傳給和自己有直系血親關係的兒子，而不是交給專業經理人。台灣的漢人採取諸子均分制，企業創立者固然要一脈相承，企業集團主持人通常還會為每個兒子都成立一個子企業，讓每個兒子在分家之後，建立自己的一脈，當一脈之主。因此台灣的企業集團大多做水平的多元化，而較少做垂直的整合（Hamilton, 1996a）。

父系制企業的經營階層雖然重視傳統社會連帶，基層員工和經營者之間卻未必有血緣關係，更遑論直系血親關係。同一企業內的員工會因他們和企業主的關係親疏遠近，而受到不同的待遇，形成所謂的「差序格局」。父系制的概念源自於傳統農業社會，採取父系制的中、小型家庭企業，在現代社會的自由市場中，必須面臨市場的無情競爭。因此，台灣家族企業的組織管理，需要靠關係來支持長時期加班和勞累的工作。老闆夫婦通常會「和工人一起工作，像姊妹一樣地對待她們……不覺得他們是頭家，而覺得他們自己只是工人，而且比他們的員工更賣力、工時更長」（謝國雄，1989：48）。台灣老闆常常「帶頭示範」，以自己的技術水平要求部屬，部屬則會以「頭家臉色作為工作的依歸」。台灣企業是靠「『人拚出來』的，而非制度的合理化」（陳介玄，1994：59-60）。在這種情況下，非老闆家人的職工，就會覺得老闆對職工要求過苛，所以當企業擴張時，如果只靠老闆的核心「班底」帶頭做，而沒有制度化的激勵，這種勞雇一體的打拚，就很難繼續維持。這時候老闆往往要「以『分成、共負盈虧』的方式綁縛工人」（柯志明，1993：144）。

➢ 族長制

「族長制」（Patriarchicalism）原本是指家族或部落的權力在男性長老或父親手中。根據 Max Weber（1978: 1006-1069）的說法，「族長制支配的基礎，是基於族長對其家戶（household）的權威（authority）」。和科層制比較，屬下對上司的支持雖然都是源自於其內心對於規範的遵從，但在科層制，規範是基於抽象的合法性和個人所具有的專長訓練；在族長制，規範則是源自於傳統和對族長個人的忠誠。族長的支配是以自然的個人關係為基礎，是在共同生活和依賴中所產生的，因此也不會受到法律的限制（Weber, 1978: 1006-1007）。

「族長制」這個概念所指涉的勞動體制是：在中小企業中，老闆（業主或包工頭）以長者的地位，照顧有親屬關係或鄉誼的員工（Deyo, 1989）。在台灣的企業中，這是指親友或經由親友和員工介紹，「對內招考」進來的「有擔保的工人」（柯志明，1993）。從 Weber 的概念來看，血親並不是族長制的要件，而是父系制的要件。大陸改革開放初期，鄉鎮企業往往由具有威權的地方黨政首長主持，員工的主要來源則是家族和地域性的連帶，這也是族長制的例子（Vogel, 1989）。這種鄉鎮企業，大多是由黨書記兼村長帶頭拚出來的。鄉鎮企業發達後，如果進一步雇用廉價的「外地勞工」，就不在族長制的照顧之下。

➢ 家長制

家長制（Paternalism）可以說是仁慈的家產制。這個概念是指傳統式的權威服從，以及職工福利的提供。它是社會學的概念，而不是文化人類學的概念。家長制的目的在於緩和工會運動，使業主對勞工能夠做完整的支配。這種企業通常建立在孤立並以單一企業作為中心的公司城中（company town）（Ackers, 1998）。公司在當地有顯赫的聲望，公司的威權從工作、休閒、宗教活動，延伸到私密性的職工家庭生活，無所不管。職工不只在經濟上而且在生活上依賴公司。因為公司性質特殊，勞工來源有限，此類企業的勞工市場不是完全競爭，而是寡占的。業主自許為道德導師，堅持傳統工作理念，並對工會採取抗拒的立場，並不符合全球化的多元社會趨勢。

二次大戰之後到1990年代之前，台灣和大陸的公營事業都可以看做是家長制的。國家或政府代表大家長，通常被視為具有男性的權威。父系制或族長制的家族企業，必然會受到自由市場的衝擊和挑戰，公營企業卻可以藉由國家公權力壟斷市場，而長期受到保護。由於「鐵飯碗」和「大鍋飯」對員工生活保障有餘、動力不足，使得傳統家長威權很難管理散漫的職工。大陸學者李培林、姜曉星與張其仔（1992）以「母愛主義」來描述大陸公營企業中的各種現象，以有別於家長制的「父愛主義」。受到國家過度寬容的公營企業，就像被母親寵壞的孩子，不但享受各種特權，而且在母親（國家）的偏愛之下，聽任其嚴重虧損。有些國有企業甚至還可以在稅收、上交利潤和承包基數等方面，不斷地和國家討價還價，表現出某些學者所描述的企業「撒嬌行為」（李培林等，1992：285）。

家長制的特點是在勞雇關係中，講究上下關係間傳統式的服從，而老闆則必須照顧職工的福利。照顧的範圍和程度屬於老闆的權責，而不是由職工組織工會來爭取。有時候，政府為了表示重視勞工權益，也會在公營事業裡強力扶助工會組織。此時企業只有設法和工會和平共存，讓工會發揮一些有益的功能，成為企業的助力。工會組織也可能變成勞工參與的機制。當勞資爭議發生時，政府會設法全力調和，使勞資雙方採取合作而非對抗的途徑。因為這類企業的經營權和所有權是分開的，管理階層的勞雇地位比較模糊，容易形成管理階層和勞工一體。由於公營事業具有寡占市場的優越地位，在政府干預和工會的保護之下，其勞動力可以免於市場的競爭，勞工工作權因而有相當程度的保障。然而，在全球化的趨勢之下，政府不得不採取公營事業民營化的策略。不論是在台灣或是在中國大陸，這種類型的企業組織都有日益減少的趨勢。

➢ 市場獨斷制

市場獨斷制（Market despotism）和壟斷市場制是經濟學的概念，而不是文化人類學的概念。市場獨斷制是指在市場競爭之下，勞工完全受到市場的制約。尤其是在勞力密集的工業中，勞工主要來自鄉村或海外的外籍移民（Burawoy, 1985）。市場獨斷制和父系制或族長制的大多數中小企業，都處在完全競爭的勞動市場中，其間最大差別，在於市場獨斷制的所有權和經營權是分開的，在專業經理人的管理之下，勞工跟雇主間欠缺傳統社會連帶，是Deyo（1989）所說的無保障勞工或「超級無產階級」（如表11-1所示）。

「市場獨斷制」也普遍存在於高科技企業中，管理界通常稱之為「人力資源管理」（Human Resource Management, HRM）。為了要應付國際化、自由化、技術競爭的壓力，並捨棄大企業「重視年資」、「終身雇用」、「告老退休」制度的歷史包袱，HRM會採用各種策略，來加強對員工的支配，分散員工團結，打破自主工會的力量。這些策略包括：目標管理（Management by Objectives, MBO）、品管圈（production circle）、生產委員會（production committee）、工作生活品質改善方案（quality of work life projects）、績效薪酬制（performance- base compensation），如按件計酬、工作獎金、利潤分享（profit sharing）、淨額紅利（lump-sum bonus）等等。這些策略可以抗拒工會爭取全面一致調薪的要求，並消除部分低效率員工搭加薪便車的機會。

➢ 壟斷或寡占市場制

壟斷或寡占市場制（Monopoly or Oligopoly Market）係由大企業以雄厚資本和技術壟斷，在產品市場上居支配地位。在歐美國家，大企業的勞工同時也是大工會的成員，享有各種福利的保障（Baran & Sweezy, 1966; Edwards, 1979）。戰後歐美的跨國企業則往往會以壟斷資本（monopoly capital）和寡占市場將勞動市場分割，用提高利潤和減低勞動成本的方法，來因應大工會的壓力。不論是在台灣，或是在採取改革開放政策之後的中國大陸，都有許多歐美跨國企業前往投資，在當地成立壟斷（寡占）市場制的企業組織。不過在產品循環、技術變遷快速、貿易自由化和全球化的時代潮流之下，西方大企業可能也失去寡占優勢。結果是大企業兼併頻繁，大量裁員，工會不再有力和企業抗衡，寡占市場制也蛻變成為市場獨斷制。

第四節　華人社會中的信任策略

瞭解華人社會中企業組織的類型之後，我們必須進一步思考的問題是：在華人社會中，企業組織之間經由談判以建立關係的目的是為什麼？

Lovett、Simmons 與 Kali（1999）指出：「關係」是中國人利用私人關係作為基礎的做生意手法，它代表了許多非西方國家的做生意方式。為了要應付經濟情勢快速變化的不確定性，企業家不得不結合東方及西方企業運作的系統，以發展出較為完整的信任模式。

他們的觀點是正確的。然而，什麼是「較為完整的信任模式」呢？為了說明華人社會中人際信任的特色，王怡文、陳亮全與黃光國（2006）認為：在儒家文化傳統影響之下，華人社會中對於不同關係對象的信任策略，可以分成五種原型（prototypes）：血親信任、滋生信任、習俗信任、專業信任和制度信任，如表 11-2 所示。它所涉及的重要範疇與特性，分述如後。

➢ 血親信任

血親信任的基礎，源自於血緣關係的不可替代性。華人社會中父母與子女的關係，從出生到死後，仍然具有存續的效力，關係維繫的時間性是恆常久遠。在信任的形式上，血緣信任對於風險的感知，偏向於「存而不論」。以倫常與孝道的價值觀作為指導準則時，即使明知有風險，也可能刻意加以忽略，寧可選擇相信自己的父母。這種信任策略，稱之為血親信任。

表 11-2 五種信任原型的重要範疇與特性

關係區隔	關係網絡內		關係網絡外		
	血親信任	滋生信任	習俗信任	專業信任	制度信任
範疇（Domains）					
基礎	血緣	感情	常模／習慣	知識／能力	利益／威嚇
心智運作的機制	關係	歸屬感／認同	歷史先在	技術邏輯	計算
形式	生命共同體	承諾／認可	口碑／經驗	認證	契約／規範
延續	天賦（prescribed）	互惠(reciprocation)	實踐	辯證／分析	合法化／道德
風險	存而不論／忽略	主觀衡量	神秘評斷	可預測性	相對客觀
特性（Features）					
義務感或期待感	強	強／中	中	弱	弱
替代性	無替代性	部分替代性	可選擇	可選擇	可選擇
時間性	恆常	持久	累積	彈性	變遷

➢ 滋生信任

滋生信任中的「滋生性質」（emergent properties）一詞引用自 Blau（1986）的社會交換理論。因為雙方交換關係中的相互依賴，導致雙方關係持續穩定，而產生出信任和承諾的滋生性質。這種信任是雙方因長期互動關懷，基於個人特質（含魅力與道德、操守等）而滋生出的情感，故稱之為「滋生信任」，如：感情深厚的朋友、熟識者及真情夫妻間的信任關係。他們之間的信任基礎，是因為雙方情感而產生的歸屬感或認同感。信任關係能夠存續的理由在於相互理解、互惠或價值共享。雙方互相認可對方的身分，也可能更進一步有形式上的承諾，如：訂立契約關係，而轉變成為「制度信任」。

情感關係的培養往往需要持久的時間。因此，作為一種信任關係的承諾或認可形式，「滋生信任」僅有小部分的可替代性。由於「滋生信任」強調感情的特殊性，此種信任一旦產生，信任者對於風險的衡量往往戴著一副有色眼鏡，傾向於受到感情因素的影響，而做出主觀判斷。雙方的義務感與期待感視彼此情感的深淺而有不同，但通常較其他無情感作為基礎的信任關係強。

➢ 習俗信任

習俗信任與專業信任分別以社會的風俗習慣及知識作為基礎。這兩者之間的差異，係以本書第二章所論述的生活世界（life-world）與科學微世界（micro-world）中兩種知識的對比作為基礎。

習俗信任根植於原初的生活世界當中：為了對日常生活經驗中的各種現象加以解釋，人們經常從風俗、習慣、傳統文化遺產中學到許多知識，作為原初思考的方式，其豐富性根植於常民直接經驗的生活感受。

這種習俗是經由歷史流傳而形成，可以說是傅科（Foucault, 1970）所謂「歷史先在」（historical a prior）的知識型。在這種知識領域中，世界的存在模式（the mode of being）以日常言說的方式，界定人們每日知覺並視為真實之事物，而成為潛藏在人類知識底下的心靈超結構，形成一種類似「先驗歷史」的概念架構。對於這種知識型的信任是常民社會經由不斷的實踐而得以存續，無法以科學的方法來加以驗證。

在現代多元社會中，一個人是否依習俗行事，或依何種習俗行事，通常沒有一定的規則可循。由於習俗或常模並不是單一或絕對的，常民與不同的文化群體各有不同的說法與詮釋，這樣的信任是否存有風險，是否具有可選擇的替代性，都是神秘不宣、無法用邏輯或機率加以算計。

➢ 專業信任

專業人員取得信任的基礎在其知識與能力。當信任主體面對問題與危機時，能夠藉由信任受體的專業知識與能力，順利解決問題，便可能對他產生「專業信任」。

一般人對於醫師、律師、會計師等專業的信任，在於支撐其「專業」背後的學術知識與能力，能夠解釋信任主體所遭遇到的問題。這些學術知識與能力的來源，是不同領域的科學家，為了理解生活世界中的各種現象，經過觀察、實驗，運用抽象的學術語言而建構出來的，其心智運作係透過技術性思考進行分析與辯證，以強化知識解釋或解決問題的效力。

專業認證機構頒發的證書可以作為專業信任的基礎。因此，證書或認證的過程是專業信任必要的外在形式，信任主體可視其需要，選擇不同的信任客體。他對某一特定信任客體的義務感較低，信任客體也因而具有較高的可替代性。獲得信服者所引用的理論，往往是學術社群中的主流，它的效力必須經得起相互辯證的分析，對於風險也有較高的預測能力。

➢ 制度信任

在信任主體與其關係網絡外，對於某一機構工作的不特定對象，則會產生制度信任，進行互動將對方依照成文（例如：法律規章）或不成文（例如：社會規範、共同價值觀）的規則，作為決策與行動的規範，信任的基礎在於計算自身最大的利益。

制度信任建立在相互利益或威嚇的基礎之上。制度的存在使信任者預期被信任者將依制度的遊戲規則行事（Hagen & Choe, 1998; Nooteboom, 1997; Rousseau, Sitkin, Burt, & Camerer, 1998）。它透過成文或不成文的規則，作為規範，阻卻風險，使信任者相信他經過客觀的計算，可以因為遵循制度而獲得利益或福利。

制度信任的延續性，取決於它是否經過公開討論的合法化過程。而其討論或合法化的根據，則是社會中的道德與價值觀。在沒有任何證據與事實的根據下，要假設陌生人是值得信任的，必須以道德作為延續合作的根基（Uslaner, 2002）。道德與價值觀是經得起公論的公共契約（common bond），譬如：買賣要守誠信、選舉支票要兌現等。制度的外在形式是契約與規範，它可以隨著公論或改革而進行調整，具有選擇性，而且與時變遷。

第五節　組織間的關係運作

將華人社會中的企業組織型態及社會信任的原型，依表 11-1 及 11-2 的方式加以分類之後，我們便可以從制度的層面，對組織間的關係運作做另一種解釋。首先，我們可以從企業組織所處的市場環境是「競爭」或「寡占」這兩個向度，來思考這個問題。

任何一個企業組織的正常營運，都需要運用各種不同的資源。當某一種資源可以由許多家企業所供應，在市場上是屬於完全競爭狀態時，企業經營者便可以根據公平的交易法則，從市場上取得該項資源，而不必動用任何的關係。相反的，如果某一種資源是由少數幾家企業所寡占，或由某一組織所獨占，企業經營者便可能需要動用「關係」來解決他所面臨的問題。

➢ 有限資源的爭取

這樣的原則可以解釋任何一個「人」跟組織之間的互動。譬如：中國大陸在改革開放後，各種不同類型的企業如雨後春筍般的崛起，許多學有專長的理工科大學畢業生，很快就可以在人力市場上找到工作，他們根本不認為：「關係」對他們找尋工作有任何重要性。相反的，對於學歷背景較差，本身又不具備任何特殊專長的中學畢業生而言，他們可能認為：找工作時，依靠「關係」是件很重要的事情（Bian, 1997, 1999）。

值得強調的是：任何一個組織都必須固定地從環境中獲取某些重要的資源，在這種情況下，它就必須和能夠提供這些資源的機構或組織建立長期而穩定的關係。Kiong 與 Kee（1998）為了探討華人企業組織的社會基礎和組織原則，特別在新加坡和馬來西亞研究：企業經營者做決策時，將私人關係納入考量的傾向。他們認為：華人偏好人治主義（personalism）的三個主要考量是：個人控制（personal control）、個人的關係和人際信任，也就是所謂的「信用」。在華人企業中，經濟決策並非全然出自於經濟的考量，而必須顧及更大的社會關係脈絡和各種機構的力量，後者可能塑造、加強並挑戰企業組織的結構和行為。操控個人控制的方法，主要是依賴個人所信任的他人，可以降低風險，提供較佳的企業控制。

➢ 降低環境中的不確定性

Wang（2007）指出：華人的關係和西方人所講的關係行銷（relationship marketing）背後的機制並不相同。「關係」指的是帶有個人及特殊性質的關係，而「關係行銷」則是指企業如何跟一般顧客建立良好關係，其目的是在建立社會大眾對企業的「信任」（trust）。關係的建立和維繫旨在建立個人的「信用」（xin-yong），它通常必須運用「人情」的機制，作為引導行為的規範，以及培養「信用」和長程取向（long-term orientation）的中介。

用本章的理論架構來看，任何一個企業集團的經理人在建立借貸及生產供應關係（lending and trade relations）時，為了降低環境中的不確定性（environmental uncertainty），通常都必須跟某些特定的機構或組織建立長期而穩定的關係。用表 11-2 的概念架構來看，如果該機構或組織對雙方建立合作關係的程序有很明確的制度規定，作為信任主體的企業經理人，可能因此而對他產生「制度信任」。相反的，如果該機構或組織對雙方的合作沒有明確的制度規定，則信任主體往往必須透過「人情」機制的運作，和對方建立關係，以培養彼此之間的「滋生信任」，也就是華人所謂的「信用」。

用〈人情與面子〉的理論模型來看，要對代表其他機構而又屬於「工具性關係」的其他人產生「滋生信任」，並建立長期的合作關係，並不是容易之事。Zhu、McKenna 與 Sun（2007）蒐集中國和澳洲文化中有關跨文化談判歷程的的真實案例，並加以分析。結果顯示：初次會面是否成功，是決定企業談判成敗的關鍵因素。尤其是中國人，他們經常在展開正式談判之前，通常偏好先發展關係。

➢ 人際策略的使用

然而，這種增進人際信任的策略並不是每個人都會使用，也不是每個人都敢使用的。Leung 與 Wong（2001）發展出一份包含有 17 個項目的量表，以在中國有直接投資的香港企業為對象，探討 164 位主要談判者對關係的知覺。他們將參與者對量表的反應作因素分析，結果得到四個因素：因素 1「機會主義」（opportunism）：測量參與者是否願意依賴關係，在中國找尋作生意的機會；因素 2「企業動力」（dynamism）：代表在中國的市場上，關係可以提供企業動力，而「回報」（reciprocity）則是關係運作背後真正的動力；因素 3「企業互動」（business interaction）：是依市場法則，來從事企業交易活動；因素 4「保護主義」（protectionism）：是注意到關係運作帶來的利益，可能伴隨著投資失利的危機，因此必須採取預防措施來保護自己。

以參與者在這四個因素上的得分為基礎，做群聚分析（cluster analysis），則可以將參與者分成保守者、明智者和勇敢者三大類：

1. 保守者（preserver）：他們會花時間在中國建立關係，但卻比較不會主動地找尋企業機會。他們會採取保護措施來保護自己，因而會在自己和其中國對手之間造成較大的心理距離。由於其中國對手必須花費許多時間，來猜測其企業意圖，他們可能認為交易代價太高，而視之為外人，企業交易也很可能宣告失敗。
2. 勇敢者（braver）：會花相當大的精力來啟動關係的動力，並與其中國對手建立企業互動。然而，由於他急於找尋企業機會，而忘掉在法律方面採取保護措施。他的中國對手很可能樂於和他建立關係，但對於和他建立長程關係，卻可能因為心理上的交易代價太高，而抱持保留態度。

3. 明智者（wiser）：在找尋企業機會、啟動企業動力、促進企業交易，和建立保護機制等各方面會考慮得面面俱到。由於他和中國對手之間的心靈距離較小，心理上的交易代價也較小。他很容易被其中國對手看做是老朋友，交易也比較容易成功。

➢ 法律作後盾的關係經營

在這個研究中，最值得注意的是「明智者」最重視的「保護主義」。彭泗清探討中國社會中產生或增進人際信任的策略，以及這些策略之間的關聯（Peng, 2001）。他以 109 位 16 至 63 歲（樣本一）以及 185 位 17 至 65 歲（樣本二）的兩組樣本為參與者，進行問卷調查。第一組樣本給予單一交易或企業合作兩種不同的情境故事，請他們評估：應當用何種策略來增加對象人物對自己的信任程度；第二組樣本則分別評估各種信任增進策略的必要性、普及性、有效性，以及被採用的可能性。結果顯示：⑴在長期的人際合作中，人們比單一的交易，更願意花心思使用增進感情的策略，來經營關係網絡；⑵增進人際信任的最佳策略，是以法律作為後盾的關係經營，兩者並用。

用表 11-2 的概念架構來看，在組織間增進人際信任的最佳策略，就是一方透過「人情」的機制，以培養雙方之間的「滋生信任」，一方面以符合法律規定的契約作為後盾，雙管齊下，以策安全。

➢ 組織間負面的關係運作

企業組織透過「人情」的機制，和某一特定機構或組織建立長期的「關係」，並不一定帶有負面的「意涵」。在華人社會中，還有一類「人情／關係」的運作，帶有負面的意涵，必須從表 11-1 的另外兩個向度來加以考量。

在表 11-1 中，父系制的民營企業，其經營權和所有權合而為一，其經理人往往就是企業的所有者。他在做決策時，雖然可能採取傳統威權式的決策模式，但他基於自身利益的考量所做出的決策，仍然可以說是理性的。同樣的，屬於市場獨斷制或寡占市場的企業（大部分為外資企業）經理人，在監事會的督導之下，也傾向做專業經理式的決策。這類型的組織雖然可能透過前節所述的「人情」運作機制，和其他企業組織建立長程的合作關係，但這種運作方式通常也沒有負面意涵。

然而表 11-1 中「家長制」的國營企業，和「族長制」的鄉鎮企業或合營企業，其決策者掌握有某些重要資源之支配權，但並不擁有其所有權。當他可以採取傳統威權式的決策模式而不受監督時，便很可能將他掌控的資源分配給特定的請託者，並從對方獲取回報作為私人的利益。

➢ 資訊的不對稱性

在中國大陸經濟改革開放之後，出現了許多新興的私營中小企業。經營者在和政府官員打交道，或向國營企業找尋交易機會時，大多認為：他們必須刻意經營他們和國營企業決策者之間的關係（Hsing, 1998; Wank, 1999）。在這種情況下，民營企業的經營者是扮演請託者角色，國營企業的經營者則是資源支配者。例如 Xin 與 Pearce（1996）認為：在法律支持架構低度發展的社會，民營企業負責人比國營企業或公私合營企業更需要拓展私人關係。他們對 15 家國營企業、8 家公私合營企業，以及 9 家私營企業的負責人進行訪談，結果顯示：和其他類型的企業相較之下，私營企業的負責人認為企業關係對他們更重要，他們有較多的政府關係，送出較多沒有立即回報的禮物，也比較依賴關係以企求保護，而且更信任他們的關係。

這類型的研究在方法學上還有一點值得注意之處。由於在中國社會中，「搞關係」帶有「違法徇私」的負面意涵，在華人社會中從事有關使用「關係」之研究時，請託者和資源支配者所提供的訊息往往具有一種不對稱性（information asymmetrics）（Guthrie, 2002），請託者認為他必須靠「拉關係」來獲得他想要的資源；國營企業中的經理人（資源支配者）卻傾向於認為：他們在處理公務的時候，一向是公私分明，按機構中的規定行事，很少會受到關係的影響（Guthrie, 1998）。

第六節 組織內的關係運作

上一節提到：組織間和組織內的關係運作雖然都遵循同樣的「人情法則」，但他們施行的對象並不一樣，所要達到的組織目標也不相同。我們可以先引用一個概念架構，來說明華人企業組織文化的特色。

➢ 三環文化結構

鄭伯壎與林家五（1999）研究華人企業中的差序格局，他們指出：居於大型家族企業最高的所有層和經營決策層級，是和企業主關係最近的人，主要是他的家人以及少數和他有親信關係的「自己人」。在中級管理層級，主要是可以作為企業主之心腹的「自己人」，而較少有家人；而在基層，則是和企業主沒有特殊社會關係的普通職工（「陌生人」或「外人」）。這種親疏關係和他們所稱的三種企業文化：「情感（責任）取向的家族文化」、「恩義（人情）取向的差序文化」和「工具（利害）取向的制度文化」相對照。鄭伯壎與林家五指出，家族文化在所有層和經營層重疊，差序文化在經營層和管理層重疊，制度文化在管理層和執行層重疊，這三種文化的環環相扣，形成「三環文化結構」（如圖 11-1 所示）。

鄭為元（2003）認為：家族文化有如「父系制」；差序文化如同黃光國所稱的混合性關係和人情法則；制度文化所實行的是公事公辦，或在〈人情與面子〉之理論模式中所提及的工具性關係和「無人情義理」的「公平」法則（Hwang, 1987）。至於該理論模式中的「需求法則」，在屬於運作社會的家族企業內，企業主除了考慮他和受雇者的親疏關係之外，還要兼顧對方的才能，和親密社會中的人際關係並不完全相同。所以這類企業組織的運作雖然受到「家族文化」的影響，還是不能完全適用「需求法則」。

圖 11-1 的「三環文化結構」可以說是華人企業組織文化的「原型」。在家長制的國營企業或族長制的公民合營企業和鄉鎮企業中，其所有層的組織

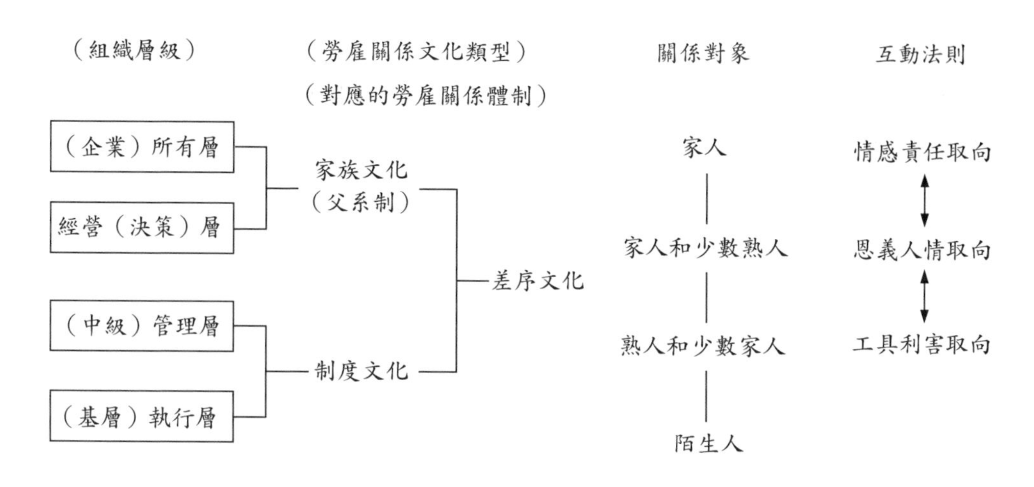

圖 11-1　華人家族企業的三環文化結構

資料來源：鄭為元（1993：25）根據鄭伯壎、林家五（1999）繪製

型態雖然有所不同，但企業內的「三環文化結構」卻是大同小異的。更值得強調的是：這個概念架構中所謂的「關係對象」和「互動法則」，是從「企業所有層」之決策者的角度來看。若是從企業中的其他層級（「管理層」或甚至是「執行層」）來看，居於任何一個層級的組織成員在跟自己的熟人互動時，都必須考量「人情法則」。他們要跟組織內外的其他人建立長程的關係時，也必須特別注意彼此之間的關係品質。這是任何文化中的共同現象，並不獨以華人企業為然。我們可以用企業雇用員工的方式來說明這一點：Sue-Chan與Dasborough（2006）在香港和澳洲所做的一項跨文化研究顯示：不論是在以關係作為基礎（relation-based）的文化脈絡（香港），或是在以規則作為基礎（rule-based）的文化脈絡（澳洲）中，企業經理人都會透過友誼關係，來甄募他們心目中理想的部屬，而且以友誼作為基礎的特殊關係連帶，也會影響企業經理人雇用員工的決策。

➢ 以情感作為基礎的信任

企業雇用員工是希望能夠信任屬下，跟員工建立長久而穩定的關係。然而，什麼的屬下，才能獲得上司的信任呢？Hu（2007）以 217 位台灣和 132 位美國公司的經理為對象，用一種 2×2×2 受試者內設計的情境實驗，探討關係、忠誠和能力等三個分類判準，對信任屬下之態度的影響。結果顯示：美國上司對屬下表現出「以認知作為基礎的信任」（cognition-based trust），他們強調屬下的能力（competence）和可靠度（reliability）；台灣的上司則表現出「以情感作為基礎的信任」（affective-based trust），強調他們跟屬下之間的親密關係。

用本文第三節所提出的社會信任原型來看，所謂「以認知作為基礎的信任」就是指「專業信任」；所謂「以情感作為基礎的信任」就是指「滋生信任」。換言之，美國經理人似乎比較重視部屬的專業知識，希望他們在工作崗位上能有可靠的工作表現，而台灣經理人則重視雙方的「關係」，希望彼此能夠相處良好。

由於跨文化研究很容易突顯出不同文化之間的對比，相較之下，華人經理人確實（比美國人）重視由關係運作所滋生出的信任。Wong、Tinsley、Law與Mobley（2003）將「關係」界定為兩人之間一般關係的品質，它可以決定兩人共同參與的一組適當的行為和活動。他們據此而發展出一份以 20 個項目測量「關係」的多向度量表，其中包括：社會活動（social activities）、財物援助（financial assistance）、優先考量（giving priority to that person）、節日祝賀（celebrate special events）和情感支持（mutual emotional support）。並以兩項實徵研究來檢驗其效度。結果顯示：這些向度可以預測部屬對上司的滿足感以及對組織的忠誠度。

➢ 三元領導模式

這樣的研究結果顯示：華人確實很重視組織內主管與部屬之間的情感關

係。然而，華人重視縱向關係中的情感關係，並非意味著他們不重視主管和部屬關係的其他層面。鄭伯壎（1995）提出的「三元領導模式」認為：華人企業主管經常根據部屬與主管之間的情感交換關係、對主管的忠誠以及部屬的才能，將其部屬加以分類，並以不同方式來加以對待。在鄭伯壎、樊景立、張慧芳與徐瑋玲的一項研究中，他們以台灣地區六家製造業公司的 173 對主管和部屬為對象，研究這三個變項和管理行為以及對偶關係品質之間的關聯（Cheng, Farh, Chang, & Hsu, 2002）。結果顯示：關係、忠誠和能力跟主管在對偶關係中的管理品質、部屬對主管和工作的滿意度等後果變項有顯著的關聯。其中「忠誠」比「關係」和「能力」對大多數的後果變項有更為顯著的直接影響。

在儒家社會中，忠誠是部屬對待上司的一種態度、行為和情感表現的叢結（syndrome），藉由部屬的忠誠表現，最容易換得上司對部屬的信任。這樣的研究結果顯示：雖然華人主管特別重視他們跟部屬之間的「關係」，但是他們並非不重視部屬的專業能力。至於華人主管分配酬賞的行為跟他們對屬下的分類判準有什麼關聯？Hu、Hsu 與 Cheng（2004）以情境短文（vignette approach）編成四因素的受試者內設計，探討關係、忠誠、能力以及（公開或私下之）分配脈絡的交互作用。結果顯示：跟分配者有親密關係、高度忠誠或高能力的屬下，通常會獲得較多報償。而且關係、忠誠和能力這三個因素對華人經營酬賞分配的決策，有顯著的交互作用。

然而，主管分配酬賞的方式卻不能因為關係的運作而違反程序正義。Chen、Chen 與 Xin（2004）從程序正義的觀點做了兩個研究，探討：在華人組織的人力資源管理中，以私人關係為基礎運作決策，對部屬信任上司的影響。他們的第一個調查研究顯示：關係的運作對管理者的信任有負面的影響，而程序正義則為其中介變項。換言之，如果部屬認為：管理階層的關係運作違反了程序正義，則他們對上司的信任度會降低；第二個實徵研究則顯示：關係運作的負面效果會因為關係基礎的不同而有變化：照顧親戚或同鄉會降低部屬對主管的信任，但照顧大學的同學或親近的朋友卻不會。這兩類關係基礎可能蘊涵著對組織的不同貢獻：大學同學和親近的朋友可能對組織目標的達成有所貢獻，親戚和同鄉卻可能只是因為「關係」而獲得酬賞，違背了分配正義的原則。

➢ 合作的目標

用本文第四節所提出的社會信任原型來看，部屬在工作中所展現的能力，可以提高主管對他的「專業信任」。換言之，華人主管雖然重視企業中情感關係的培養，他們也非常瞭解：關係可以作為企業活動的潤滑劑，如何利用關係來達到組織目標，才是領導者的首要考慮。Ramasamy、Goh 與 Yeung（2006）以位於中國南部四個城市的 215 家企業為對象，探討信任、溝通和關係承諾（relationship commitment）等三個因素對企業內知識移轉的影響。用迴歸分析的方法分析資料的結果顯示：信任和溝通是知識移轉的兩個主要管道，而知識移轉的理由，則是為了解決員工在工作上所遭遇的問題，以達成組織目標。

從這個角度來看，華人所謂的「關係」系統跟西方領導和部屬交換理論（leader-member exchange theory, LMX）中所描述的領導關係，並不是完全衝突的。Hui 與 Graen（1997）檢視西方組織中，以專業作為基礎的領導關係（career-based leadership relationship），和儒家所支持的以家族作為基礎的關係（family-based relationship）。他們認為：在當代中國大陸，應當可以綜合這兩種關係成份，以建立第三種成功的組織文化。

➢ 參與式領導

Chen 與 Tjosvold（2006）以在中國大陸地區受雇於各種不同企業的 163 名華人員工為對象，探討他們跟華人及美國經理人之間的關係，以及他們參與的效能。他們的研究結果顯示：不論是對華人或外國經理人，合作的目標有助於加強他們跟屬下關係的品質，以及雙方之間的互動。關係的品質又可以提升有效的參與領導，包括：共同決策的機會、不同觀點間開放的討論，和建設性的爭議。他們因此認為：合作的目標和華人對關係的價值可以克服文化之間的障礙，並發展出參與式的領導。

以參與式領導達成合作目標，意味著讓工作團隊中有不同能力的成員都能夠互相配合，以發揮個人的最大效能。Chou、Cheng、Huang 與 Cheng（2006）以台灣企業中 33 個工作團隊的 206 位成員（不包含團隊領導）為對象，探討團隊內關係和信任網絡對個人效能的影響。關係網絡包括：工作外關係、部門，以及過去的團隊關係；信任網絡包括情感與認知的信任網絡。結果顯示：和關係人口學相較之下，關係網絡更能夠解釋成員的效能，不同的關係網絡有不同的效果。個人在認知信任網絡中占有愈接近核心的位置，個人的效能便愈高。某一團隊成員以往的團隊關係網絡，對他在認知信任網絡中位置的重要性有正向影響；可是在非工作關係和部門的關係網絡卻有負面影響。

用本章第四節所列出的五種社會信任來看，所謂在「認知信任網絡」中占重要位置，便是個人因為自己在工作上展現才能，贏得工作團隊中其他成員的「專業信任」，因而在其工作團隊中占有比較重要的位置。上述研究結果顯示：在華人組織中，影響個人在其工作團隊中地位的重要因素，其實是他以往因為工作表現而建立的團隊關係網絡，而不是他的非工作關係和部門的關係網絡。換言之，華人組織雖然保有重現人情關係的文化傳統，其實他們還是很工作取向或才能取向的。

結　論

在《科學的進步與問題》（*Progress and Its Problems: Toward a Theory of Scientific Growth*）一書中，Laudan（1977）主張：科學理論的目的，就是在為問題提供適當的答案。如果科學疑問（questions of science）是由問題（problem）所構成，那麼問題的解答，就是由理論所構成。一般而言，凡是現象界中令人感到怪異，需要我們做出解釋的事情，就構成經驗問題。只要依照理論能夠導出某一問題的近似陳述（approximate statement of the problem），便可以說是解決了此一問題。

自從Hwang（1987）提出〈人情與面子〉的理論模型之後，許多組織心理學者或管理心理學者曾經對華人社會中的關係運作，從事許多實徵研究。由於〈人情與面子〉的理論模式是從社會心理學的觀點在描述華人社會中的雙人互動（dyad interaction），它並不能完全解釋華人社會中組織間或組織內的關係運作。因此，本章特地提出一系列的概念架構，分析華人社會中企業組織型態、社會信任以及領導模式，並回顧以往的相關研究，希望能對組織之間或組織之內的關係運作做較佳的解釋，藉由理論層次的突破，來解決此一領域中的經驗問題。在下一章中，我們將持續做類似的努力。

參考文獻

王怡文、陳亮全、黃光國（2006）：〈華人社會中的信任策略〉。《本土心理學研究》，25，199-242。

李培林、姜曉星、張其仔（1992）：《轉型中的中國企業：國有企業組織創新論》。濟南：山東人民出版社。

柯志明（1993）：〈台灣都市小型製造業的創業、經營與生產組織：以五分埔成衣製造業為案例的分析〉。台北：中央研究院民族學研究所。

陳介玄（1994）：《協力網路與生活結構：台灣中小企業的社會經濟分析》。台北：聯經圖書出版公司。

陳其南、邱淑如（1984）：〈企業組織的基本型態與傳統家族制度：中國、日本和西方社會的比較研究〉。見工商時報（編）《中國式管理》。台北：時報出版公司。

楊中芳、彭泗清（2005）：〈人際交往中的人情與關係：概念化與研究方向〉。見楊國樞、黃光國、楊中芳（編）：《華人本土心理學（下）》（頁483-519）。台北：遠流出版公司。

鄒川雄（2000）：《中國社會學實踐／陽奉陰違的中國人》。台北：洪葉文化出版公司。

鄭伯壎（1995）：〈差序格局與華人組織行為〉。《本土心理學研究》，3，142-219。

鄭伯壎、林家五（1999）：〈差序格局與華人組織行為：台灣大型民營企業的初步研究〉。《中央研究院民族學研究所集刊》，86，29-72。

鄭為元（2003）：〈傳統連帶、市場與東亞企業勞資關係的特殊性和普同性〉。《政大勞動學報》，13，1-37。

謝國雄（1989）：〈黑手變頭家：台灣製造業中的階級流動〉。《台灣社會研究季刊》，2，11-54。

瞿同祖（1984）：《中國法律與中國社會》。台北：里仁書局。

Ackers, P. (1998). On paternalism: Seven observations on the uses and abuses of the concept in industrial relations, past and present. *Historical Studies in Industrial Relations, 5*, 179-193.

Baran, P. A., & Sweezy, P. M. (1966). *Monopoly capital*. NY: Monthly Review Press.

Bian, Y. (1997). Bringing strong ties back in: Indirect ties, network bridges, and job searches in China. *American Sociological Review, 62*, 366-385.

Bian, Y. (1999). Getting a job through a web of *guanxi* in China. In W. Barry (Ed.), *Networks in the global village* (pp. 225-253). Boulder, CO: Westview Press.

Bian, Y. (2002). Institutional holes and job mobility processes: *Guanxi* mechanisms in China's emergent labor markets. In T. Thomas, G. Doug & D. Wank (Eds.), *Social connections in China: Institutions, culture, and the changing nature of guanxi* (pp. 117-136). Cambridge, UK: Cambridge University Press.

Blau, P. M. (1986). *Exchange and power in social life*. New Brunswick, NJ: Transaction Publishers.

Burawoy, M. (1985). *The politics of production: Factory regimes under capitalism and socialism*. London: Verso.

Chen, C. C., Chen, Y. R., & Xin, K. (2004). *Guanxi* practices and trust in management: A procedural justice perspective. *Organization Science, 15*, 200-209.

Chen, Y. F., & Tjosvold, D. (2006). Participative leadership by American and Chinese managers in China: The role of relationships. *Journal of Management Studies, 43*, 1727-1752.

Cheng, B. S., Farh, J. L., Chang, H. F., & Hsu, W. L. (2002). *Guanxi*, zhongcheng, competence and managerial behavior in the Chinese context. *Chinese Journal of Psychology, 44*, 151-166.

Chou, L. F., Cheng, B. S., Huang, M. P., & Cheng, H. Y. (2006). *Guanxi* networks and members' effectiveness in Chinese work teams: Mediating effects of trust networks. *Asian Journal of Social Psychology, 9*, 79-95.

Chow, I. H. S., & Ng, I. (2004). The characteristics of Chinese personal ties (*Guanxi*): Evidence from Hong Kong. *Organization Studies, 25*, 1075-1093.

Deyo, F. C. (1989). *Beneath the miracle: Labor subordination in the new Asian industrialism*. Berkeley, CA: University of California Press.

Edwards, R. (1979). *Contested terrain: The transformation of workplace in the twentieth century*. NY: Basic Books.

Farh, J. L., Tsui, A. S., Xin, K., & Cheng, B. S. (1998). The influence of relational demography and *guanxi*: The Chinese case. *Organization Science, 9*, 471-488.

Foucault, M. (1970). *The order of things: An archaeology of the human sciences* (A. Sheridan-Smith, Trans.). NY: Random House.

Gold, T., Guthrie, D., & Wank, D. (2002). An introduction to the study of *guanxi*. In T. Thomas, G. Doug & D. Wank (Eds.), *Social connections in China: Institutions, culture, and the changing nature of guanxi* (pp. 3-20). Cambridge, UK: Cambridge University Press.

Guthrie, D. (1998). The declining significance of *guanxi* in China's economic transition. *The China Quarterly, 154*, 254-282.

Guthrie, D. (1999). *Dragon in a three-piece suit: The emergence of capitalism in China*. Princeton, NJ: Princeton University Press.

Guthrie, D. (2002). Information asymmetries and the problem of perception: The significance of structural position in assessing the importance of *guanxi* in China. In T. Thomas, G. Doug & D. Wank (Eds.), *Social connections in China: Institutions, culture, and the changing nature of guanxi* (pp. 37-56). Cambridge, UK: Cambridge University Press.

Hagen, J. M., & Choe, S. (1998). Trust in Japanese interfirm relations: Institutional sanctions matter. *Academy of Management Review, 23*, 589-600.

Hamilton, G. G. (1996a). Organization and market processes in Taiwan's capitalist economy. *American Journal of Sociology, 96*, 999-1006.

Hamilton, G. G. (1996b). The theoretical significance of Asian business networks. In G. G. Hamilton (Ed.), *Asian business networks* (pp. 283-298). Berlin: Walter de Gruyter.

Hsing, Y. T. (1998). *Making capitalism in China: The Taiwan connection*. NY: Oxford

University Press.

Hu, H. H. (2007). A comparative study of effects of Taiwan-United States employee categorization on supervisor trust. *Social Behavior and Personality, 35*, 229-242.

Hu, H. H., Hsu, W. L., & Cheng, B. S. (2004). Reward allocation decisions of Chinese managers: Influence of employee categorization and allocation context. *Asian Journal of Social Psychology, 7*, 221-232.

Hui, C., & Graen, G. (1997). *Guanxi* and professional leadership in contemporary Sino-American joint ventures in mainland China. *Leadership Quarterly, 8*, 451-465.

Hwang, K. K. (1987). Face and favor: The Chinese power game. *American Journal of Sociology, 92*, 944-974.

Hwang, K. K., Cheng, W. Y., & Lee, Y. T. (2007). Confucian relation and Chinese organizational culture. In Y. T. Lee, V. Calvez & A. M. Guénette (Eds.), *La Compétence culturelle: S'équipe pour les défis du management international* (pp. 141-158). Paris: L'Harmattan.

King, A. Y. C. (1985). The individual and group in Confucianism: A relational perspective. In J. M. A. A. Donald (Ed.), *Individualism and holism: Studies in Confucian and Taoist values* (pp. 57-70). MI: Center for Chinese Studies, the University of Michigan.

Kiong, T. C., & Kee, Y. P. (1998). *Guanxi* bases, *Xinyong* and Chinese business networks. *British journal of Sociology, 49*, 75-96.

Kipnis, A. (2002). Practices of *guanxi* production and practices of *ganqing* avoidance. In T. Thomas, G. Doug & D. Wank (Eds.), *Social connections in China: Institutions, culture, and the changing nature of guanxi* (pp. 21-36). Cambridge, UK: Cambridge University Press.

Lau, K. H., Tung, A. W., Lv, X. W., & Yi, J. (2005). The conceptualization of Chinese *guanxi* of Hong Kong university students by using multi-dimensional scaling: An empirical approach. *Acta Psychologica Sinica, 37*, 122-125.

Laudan, L. (1977). *Progress and its problems: Toward a theory of scientific growth*. New Dehli: Ambika Publications.

Leung, T. K. P., & Wong, Y. H. (2001). The ethics and positioning of *guanxi* in China. *Marketing Intelligence and Planning, 19*, 55-64.

Lin, Y. M. (2002). Beyond dyadic social exchange: *Guanxi* and third-party effects. In T. Thomas, G. Doug & D. Wank (Eds.), *Social connections in China: Institutions, culture, and the changing nature of guanxi* (pp. 57-76). Cambridge, UK: Cambridge University Press.

Lo, K. D. (2007). An empirical investigation of emic differences between American networking and Chinese *guanxi* and a process model of building relationships for cross-cultural business interactions. *Dissertation Abstracts International Section A: Humanities and Social Science, 68*, 2049.

Lovett, S., Simmons, L. C., & Kali, R. (1999). *Guanxi* versus the market: Ethics and efficiency. *Journal of international Business Studies, 30*, 231-247.

Nooteboom, B. H. (1997). Effects of trust and governance on relational risk. *Academy of Management Review, 40*, 308-338.

Oi, J. (1989). *State and peasant in contemporary China: The political economy of village government*. Berkeley, CA: University of California Press.

Orru, M., Biggart, N. W., & Hamilton, G. G. (Eds.) (1997). *The economic organization of East Asian capitalism*. Thousand Oaks, CA: Sage.

Peng, S. Q. (2001). *Guanxi*-management and legal approaches to establish and enhance interpersonal trust. *Journal of Psychology in Chinese Societies, 2*, 51-76.

Pfeffer, J. (1983). Organizational demography. In L. L. Cummings & B. N. Staw (Eds.), *Research in organizational behavior, 5*, 299-357. Greenwich, CT: JAI.

Potter, P. B. (1992). *The economic contract law of China: Legitimation and contract autonomy in the PRC*. Seattle and London: University of Washington Press.

Potter, P. B. (1999). The Chinese legal system: Continuing commitment to the primacy of state power. *The China Quarterly, 159*, 673-683.

Pye, L. W. (1968). *The spirit of Chinese politics: A psychocultural study of the authority crisis in political development*. Cambridge, MA: The MIT Press.

Ramasamy, B., Goh, K. W., & Yeung, M. C. H. (2006). Is *guanxi* (relationship) a bridge to knowledge transfer? *Journal of Business Research, 59*, 130-139.

Redding, S. G. (1990). *The spirit of Chinese capitalism*. Berlin: Walter de Gruyter.

Rousseau, D. M., Sitkin, S. B., Burt, S. R., & Camerer, C. (1998). Not so different after all: A cross-discipline view of trust. *Academy of Management Review, 23*, 393-404.

Solomon, R. H. (1971). *Mao's revolution and Chinese political culture*. Berkeley, CA : University of California Press.

Standifird, S. S. (2006). Using *guanxi* to establish corporate reputation in China. *Corporate Reputation Review, 9*, 171-178.

Sue-Chan, C., & Dasborough, M. T. (2006). The influence of relation-based and rule-based regulations on hiring decisions in the Australian and Hong Kong Chinese cultural contexts. *International Journal of Human Resource Management, 17*, 1267-1292.

Tsui, A. S., & Farh, J. L. L. (1997). Where *guanxi* matters: Relational demography and *guanxi* in the Chinese context. *Work and Occupations, 24*, 56-79.

Tsui, A. S., Egan, T. D., & Xin, K. R. (1995). Diversity in organizations: Lessons from demography research. In M. M. Chemers, S. Oskamp & M. A. Costanzo (Eds.), *Diversity in organizations: New perspectives for a changing workplace* (pp. 191-219). Thousand Oaks, CA: Sage.

Tu, W. M. (1981). Neo Confucian religiosity and human relatedness. In G. de Vos & S. Takao (Eds.), *Religion and the family in East Asia* (pp. 111-124). Osaka: National Museum of Ethnology.

Tung, R. L., & Worm, V. (2001). Network capitalism: The role of human resources in penetrating the China market. *International Journal of Human Resource Management, 12*, 517-534.

Uslaner, E. M. (2002). *The moral foundations of trust*. Cambridge, MA: Cambridge University Press.

Vogel, E. (1989). *One step ahead in China: Guangdong under reform*. Cambridge, MA: Harvard University Press.

Walder, A. G. (1986). *Communist neo-traditionalism: Work and authority in Chinese industry*. Berkeley, CA: University of California Press.

Wang, C. L. (2007). *Guanxi* vs. relationship marketing: Exploring underlying differences. *Industrial Marketing Management, 36*, 81-86.

Wank, D. L. (1999). *Commodifying communism: Business, trust, and politics in a Chinese city*. NY: Cambridge University Press.

Weber, M. (1978). *Economy and society* (G. Roth & C. Wittich, Trans.). Berkeley, CA: University of California Press.

Wong, C. S., Tinsley, C., Law, K. S., & Mobley, W. H. (2003). Development and validation of a multidimensional measure of *guanxi*. *Journal of Psychology in Chinese Societies, 4*, 43-69.

Wood, E., Whiteley, A., & Zhang, S. (2002). The cross model of *guanxi* usage in Chinese leadership. *Journal of Management Development, 21*, 263-271.

Xin, K. R., & Pearce, J. L. (1996). *Guanxi*: Connections as substitutes for formal institutional support. *Academy of Management Journal, 39*, 1641-1658.

Yang, C. F. (1995, April 6-9). *Psychocultural foundations of informal groups: The issues of loyalty, sincerity, and trust*. Paper presented at the 47th Annual Meeting of the Association of Asian Studies, Washington, D. C.

Yang, M. M. H. (1994). *Gifts, favors, and banquets: The art of social relationships in China*. Ithaca: Cornell University Press.

Yeung, I. Y. M., & Tung, R. L. (1996). Achineving business success in Confucian societies: The importance of *guanxi* (Connections). Organizational Dynamics, 25, 54-65.

Zhu, Y. X., McKenna, B., & Sun, Z. (2007). Negotiating with Chinese: Success of initial meeting is the key. *Cross Cultural Management, 14*, 354-364.

第十二章

華人社會中的衝突化解模式

本書以〈人情與面子〉的理論模型作為基礎，分析儒家思想的內在結構。再以之作為預設，建構出一系列的理論模型，來說明儒家社會中的社會交換、道德判斷、成就動機、面子維護與關係運作。這些都屬於儒家社會中正常的社會行動。值得強調的是：儒家雖然強調人際和諧，但這並不意味儒家社會中並不會發生人際衝突。本章旨在延續本書前面幾章的論述脈絡，進一步討論華人社會中的衝突化解模式。

本書第一節將先對西方心理學者所建構的衝突化解模式做批判性的回顧，並檢視根據這些理論模式所做的實徵研究，藉以指出這種客位移植性研究的侷限；第二節將進一步討論 Ting-Toomey（1985, 1988）所提出的「面子磋商理論」（face negotiation theory）；第三節從華人生活世界中有關「面子」的語言遊戲提出批判；第四節說明筆者建構其「華人社會中衝突化解模式」的基本理念。第四、五、六節則分別從縱向內團體、橫向內團體和橫向外團體等三個不同面向，討論該模式的細節。

第一節　西方心理學中的衝突化解模式

衝突解決策略（strategies for conflict resolution）可以定義為：「在衝突發生時，為了要達到解決結果所採用的處理方式」（Sweeney & Carrutbers, 1996: 328）。以往有很多心理學者試圖從不同的角度，提出理論來將這些策略加以分類，例如：Blake 與 Mouton（1964）最早提出雙重考量理論（dual concerns theory），以「關心人」（concern for people）與「關心結果」（concern for results）兩個向度畫出管理方格（Managerial Grid）。前一向度表示：行動者關心跟對方維持良好的人際關係；後一向度表示：行動者的主要關心是衝突解決的方式對自身利益的影響。這兩個向度上各種替代方案的結合，構成五種衝突管理風格：強勢（forcing）表示高度關心結果而對於人較不關心；退縮（withdrawing）意指對於兩者皆不關心；圓滑（smoothing）表示高度關心人而較不關心結果；對質（confrontation）是對兩者都高度關心；妥協（comoromising）則是對於兩者皆有中等程度的關心。

➢ 衝突化解策略的分類向度

在Blake與Mouton（1964）之後，還有許多心理學者依循同樣的邏輯，建構出類似的理論模型。Hall（1969）依「關心個人目標」（concern for personal goal）和「顧慮關係」（concern for relationships）兩個向度，將衝突化解模式區分為戰鬥型（win-lose）、撤離型（lose-leave）、讓步型（yield-lose）、融合型（synergistic）和妥協型（compromise）五種；Thomas（1976）依「堅定或消極」（assertive vs. unassertive）與「合作或不合作」（cooperative vs. uncooporative）兩個向度，建構出競爭（competing）、逃避（avoiding）、順應（accommodating）、協作（collaborating）和妥協（compromise）等五種不同的衝突化解模式；Rahim（1986）則依個體試圖滿足「自己需求vs.他人需求」的重要程度，區分出五種爭議處理方式：「支配」（dominating）、「逃避」（avoiding）、「討好」（obliging）、「整合」（integrating）和「妥協」（compromising）。

從科學哲學的觀點來看，心理學家根據不同的向度，將他們觀察到的衝突化解模式加以分類，這是試圖找出現象背後的實在（reality）。乍看之下，他們所使用的分類向度，似乎會因為他們在建構其理論時的主要關懷不同，而略有不同；其實他們所用的兩個向度，都蘊涵了笛卡兒式「自我／他人」二元對立的世界觀。舉例言之，Blake與Mouton（1964）所提出的「管理方格」是站在管理者的立場在看待衝突問題，所謂「關心結果」，其實就是關心要達到管理者自身所設定的目標；所謂「關心人」，其實就是關心他人對衝突議題的訴求；Thomas（1976）的「堅定或消極」以及「合作或不合作」，其實就是「是否堅持追求個人目標」和「是否顧慮他人需求」，它們跟 Hall（1969）所提出的「追求個人目標」和「顧慮人際關係」，或 Rahim（1986）的「自己需求」和「他人需求」，可以說是大同小異的。

如果這些理論建構者所提出的分類向度本質上是相同的，則每一個理論所提出的衝突化解策略在名稱上雖然有所差異，各個名稱所指涉的現象在本質上很可能是一樣的。它們可以整合成兩個向度：「堅定」向度（Thomas, 1976）是指行動者關心追求個人目標（Hall, 1969）以滿足其需求（Rahim, 1986）的結果（Blake & Mouton, 1964）；「合作」向度（Thomas, 1976）是指行動者因為關心他和他人（Blake & Mouton, 1964）的關係（Hall, 1969）而願意滿足他人的需求（Rahim, 1986）。為了說明這一點，本章特地將這些理論所提出的衝突化解模式互相對照，繪成圖 12-1，並列於表 12-1。

從建構實在論的科學哲學來看（Wallner, 1994），這些理論雖然用不同的名稱來指稱同樣的現象，這些名稱之間卻可以彼此互相外推（strangify）。將這些衝突化解模式的名稱對照表列出，在比較根據這些理論所做的實徵研究時，才不致於被名相所迷惑。

➢ 移植式的經驗研究

在建構出這些理論模式之後，西方心理學者曾經根據不同的理論，編製出形形色色的測量工具，並從事實徵研究。有些心理學者也運用這樣的測量工具來研究華人社會中的衝突化解策略。舉例言之，Tinsley 與 Brett（2001）認為：不同的文化各有不同的解決衝突的規範，能夠解釋衝突管理在文化方面的差異。他們以在美國修習企管的 94 位美國及 120 位香港經理人為參與者，測量他們對衝突模擬情境的反應及文化價值。結果顯示：美國經理人比香港的華人經理人解決更多的爭議，並達成更具整合性的結果；但香港的華

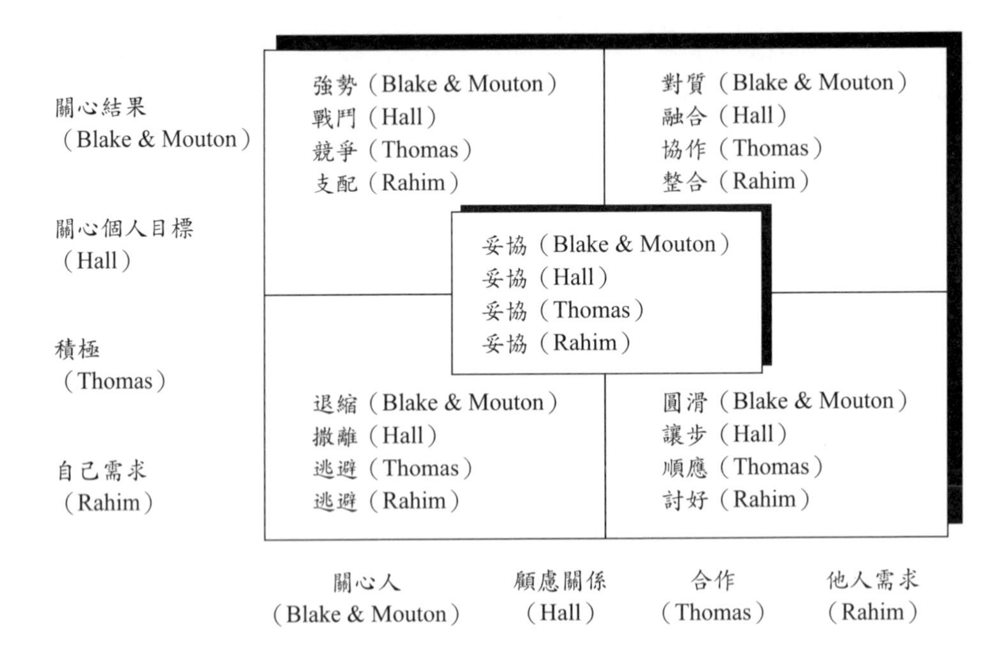

圖 12-1　Blake & Mouton、Hall、Thomas 與 Rahim 區分五種衝突型態的雙向度模式

表 12-1　Blake & Mouton、Hall、Thomas 與 Rahim 對五種衝突型態的區分

Blake & Mouton (1964)	Hall (1969)	Thomas (1976)	Rahim (1986)
強勢	戰鬥	競爭	支配
退縮	撤離	逃避	逃避
圓滑	讓步	順應	討好
對質	融合	協作	整合
妥協	妥協	妥協	妥協

人經理人卻投入更多的心力在衝突管理之上。因此，他們認為：衝突雙方在面對爭議時，到底是選擇整合性的結果，或是花用很多心力搞分配、妥協、管理，或根本不去解決衝突，文化具有顯著的影響力。

Leung 與 Lind（1986）以 60 位華人及 66 位美國參與者為對象，請他們閱讀一則發生爭論的情境故事，要求他們對「對質」（adversary）與「避免對質」（nonadversary）兩種解決爭論方式的偏好程度，然後在幾個向度上評論每種解決程序的屬性。結果顯示：美國參與者通常偏好「對質」的程序；而華人參與者對這兩種程序的偏好程度卻沒有顯著差別。華人偏好「對質」的主要理由，是因為它看起來能讓他們可以「控制程序」（process control），但是這種程序中所包含的「針鋒相對」（confrontation）和「競爭」（competitiveness），卻降低他們對這種程序的偏好。

除了跨文化研究之外，單一文化的研究也支持這樣的論點。Ma（2007）研究華人企業談判中所偏好的衝突管理方式（conflict management styles）及談判後果的影響。結果顯示：華人最偏好的衝突管理模式是妥協（compromising）及閃避（avoiding）；可是，企業談判中的順應（accommodating）和競爭（competing）卻能帶給他們較大的滿足感。

華人對衝突化解模式的偏好，雖然隨年齡世代的不同而有所改變，但整體趨勢並沒有太大的變化。Zhang、Harwood 與 Hummert（2005）將老年與年輕的兩組華人參與者各隨機分派成四組，要求他們閱讀四種不同的對話故事，其中一位年長的工人批評一位年輕同事，年輕工人的反應分別代表四種衝突管理模式：競爭（competing）、閃避（avoiding）、順應（accommodating）和解決問題（problem-solving）。結果顯示：老年參與者偏好「順應」方式的程度，大於「解決問題」的方式；年輕參與者則倒過來，他們對「解決問題」的偏好程度或者甚於「順應」，或者對兩者的偏好沒有差別。

➢ 文化化約主義的解釋

不論是跨文化比較也好，單一文化的研究也罷，華人對於解決衝突所偏好的方式是相當穩定的。然則，華人為什麼會偏好這種解決衝突的方式呢？

Holt與DeVore（2005）蒐集了約三千篇論文，進行後設分析，其結果顯示：生活在個人主義文化中的個人，傾向使用強勢（抗爭）的衝突解決策略；而集體主義文化的個人則傾向使用妥協、問題解決（協調）以及迴避（閃避）等策略。

本書第十章曾經指出：「集體主義／個人主義」的研究典範具有「文化化約主義」的特色，很難合理地解釋特定文化中的現象。可是，以往也有心理學者試圖用這種方式解釋華人社會中的這種衝突解決偏好。Tang 與 Kirkbride（1986）以一份測量衝突處理方式的問卷，施予香港政府中的60位英國和75位華人主管，同時回顧以往在私人部門所做的實徵研究，他們的研究顯示：華人主管偏好較為消極的妥協和閃避方式，而西方參與者則偏好較為積極的合作和競爭方式。Westwood、Tang 與 Kirkbride（1992）在仔細討論和諧、集體主義、順從、整體性（holism）、關係、臉面和回報等華人價值之後，認為：華人組織具有權力差距較大、尊重權威以及階層安排嚴格的特色。任何挑戰權威的干預事件，或者因為面對衝突而必須以高度開放的態度作自我揭露，都會被認為是威脅，而不可能引起熱烈的回應。他們指出，中國人認為：「衝突是一時的，關係是永遠的。」一旦衝突獲得解決之後，關係還是會持續下去（Kirkbride, Tang, & Westwood, 1991）。他們因此認為：華人處理衝突的方式，很可能妨礙他們將西方的管理方式和技術移轉到華人社會。

➢ 觀看世界的眼鏡

然而，這樣的論點是合理的嗎？

有些研究確實支持這樣的文化決定論，例如：Chiu 與 Kosinski（1994）認為：華人處理衝突的方式很可能受到中華文化價值的影響。他以142位修習企管的香港華人和124位美國男性研究生為參與者，要求他們填寫兩份問卷，分別測量兩組變項：價值向度包括：整合、道德規訓、仁心以及儒家的工作動力觀（Confucian work dynamism）；衝突處理行為包括：競爭、閃避、合作、順應、妥協。結果顯示：香港華人比美國人更重視中華文化價值，他們在衝突處理方面，比美國參與者不喜歡採用競爭及合作的方式；而且在衝突處理過程中，採取競爭方式的程度和華人價值之間有非常顯著的負相關。

理論是科學家觀看世界的眼鏡。戴上理論的眼鏡，社會科學家只能看到他想要看的世界；在理論之外的世界，看起來則是一片模糊。Yan與Sorenson（2004）認為：關懷自我以及他人的興趣或目標的「雙重關懷模式」（dual-concern model）只能解釋華人家族企業中衝突管理策略選擇的一部分。他們指出：儒家的價值和規範，包括對「關係」的關心、人際的規範以及集體的利益等等，都可能影響家族企業中衝突策略的選擇。Westwood等人（1992）雖然指出：和諧、臉面、權力差距、關係等概念對瞭解華人的衝突化解方式十分重要，可是，他們並沒有據此而發展出任何解釋華人社會行為的理論。他們也只能以既有的測量工具為基礎，做一些探索性的實徵研究。

第二節　面子磋商理論

➢ 面子考量與面子功夫

以往也有跨文化心理學者試圖發展出理論模型，來探討「面子」等概念在人際衝突中所扮演的角色。Ting-Toomey（2005）的「面子協商理論」（face negotiation theory）將人與人間的面子考量區分為三類：自我面子、他人面子以及雙方面子考量。當人際衝突發生時，人們會依照這三類面子考量做出不同性質的面子工夫（face-work）。同樣地，面子工夫也可以分為三大類型：「主控型」（dominating）指面子工夫傾向顧慮自己面子，它是以攻擊他人來防衛自我，或以威脅他人來維持自己的面子；「逃避型」（avoiding）指面子工夫則是顧慮自己的面子，又避免損傷他人面子，通常不會直接處理衝突事件；「整合型」（integrating）指面子工夫會同時顧及他人及自己的面子。這三種面子工夫所涵蓋的具體行為，如表 12-2 所示。

表 12-2 「面子磋商理論」對面子工夫之分類

面子工夫	具體的行為
主控型（dominating）	攻擊（aggression）
	自我防衛（defend self）
逃避型（avoiding）	逃避（avoid）
	讓步（give in）
	仲裁者（involve a third party）
	假裝（pretend）
整合型（integrating）	賠罪（apologize）
	折衷（compromise）
	慮他（consider the other）
	私下討論（private disscussion）
	討論問題（talk about the problem）

為了探討面子和面子工夫對人際衝突的影響，Oetzel 等人（2001）請中國、德國、日本及美國的參與者（平均年齡 21.54 歲），填寫一份問卷，測量他們的自我建構、權力差距、情境特色（關係親近性與地位）、三種面子關懷以及 11 種面子工夫。資料分析的結果顯示：自我建構對面子關懷與面子工夫影響最大的是：獨立自我建構與自我臉面關懷與宰制式的面子工夫有正相關；相依自我建構則與他人和相互式的臉面關懷以及閃避式的面子工夫有正相關。權力差距對三種臉面關懷以及閃避和宰制式的面子工夫有微小的正向效果。個人主義而權力差距小的文化，其臉面關懷及閃避式的面子工夫，均比集體主義而權力差距大的文化為少，但其宰制式的面子工夫卻比較大。華人的自我臉面關懷比日本人差，並且較常請第三者涉入。

➢ 集體主義／個人主義

後來 Ting-Toomey 與 Oetzel（2001）又進一步將文化價值考慮在內，認為：在全球化及多元文化工作情境中，「集體主義／個人主義」和「權力差距」兩個向度，可以決定主要的衝突型態（predominant conflict approach）：在個人主義而權力差距小的情況，採取公正的衝突取向（impartial conflict approach）；在個人主義而權力差距大的情況，採取地位—成就的衝突取向（status achievement conflict approach）；在集體主義而權力差距小的情況，採取共同體的衝突取向（communal conflict approach）；在集體主義而權力差距大的情況，採取仁慈式的衝突取向（benovelent conflict approach）（如圖 12-2 所示）。

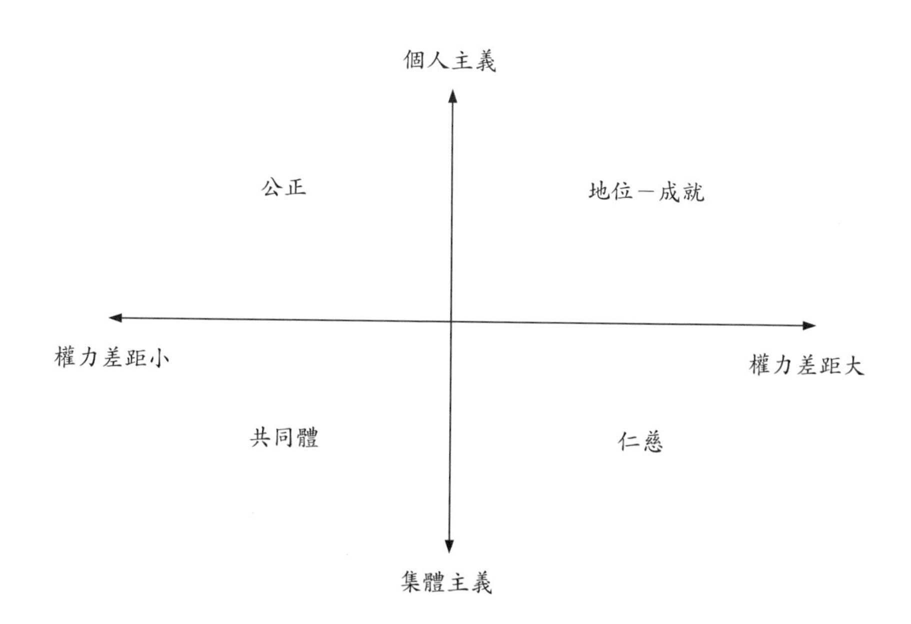

圖 12-2　文化價值向度方格：四種衝突取向

資料來源：取自 Ting-Toomey & Oetzel (2001)

Brew 與 Cairns（2004）根據 Ting-Toomey（1988）的面子協商理論，以曾經有全職或兼職工作經驗的 163 位英裔及 133 位華裔的澳洲大學生為參與者，研究他們跟三種工作地位的社會對象（上司、同事或部屬）發生自我和他人兩種臉面威脅時，所偏好的兩種溝通方式（直接或小心），以及三種衝突管理模式（控制、解決問題、非對抗）。結果顯示：⑴英裔參與者在「個人主義／集體主義」的向度上，以及他們對堅定的（assertive）衝突方式評價均較華人高，對非對抗方式的評價較華人低；⑵和他人臉面受威脅時相較，當自我臉面受威脅時，不論英裔或華人都偏好直接溝通的策略；⑶當臉面受威脅時，英裔偏好堅定和權謀的（diplomatic）衝突方式，但華人卻傾向於採取消極和息事取向（solution-oriented）的方式。他們認為：這樣的研究結果雖然支持 Ting-Toomey 的理論，但該理論將文化化約成「個人主義／集體主義」單一向度的作法，已經忽略掉工作情境中角色關係可能造成的影響。

Brew與Cairns（2004）一針見血的指出了跨文化心理學理論的限制。更清楚地說，為了要解釋多元文化工作情境中的人際互動，面子磋商理論不得不用化約主義的方法，將文化間的許多差異化約成「個人主義／集體主義」或「權力差距」的單一向度。為了從事跨文化之間的比較，即使是在華人社會中具有獨特意義的「面子工夫」，也不得不發展出一個三分的架構來加以分類。然而，這樣的分類架構能不能說明華人社會中的面子工夫？

第三節 華人社會中的面子語言

在華人的生活世界中，流傳有許多跟「面子」有關的語言。用後期維根斯坦的哲學來看，這些語言有些是跟社會互動有關的語言遊戲。黃光國（2005）曾經以〈人情與面子〉的理論模式為基礎，檢視華人社會中與社會互動有關的面子語言。其中與面子考量有關的詞彙包括：

1.「給面子／不給面子」：所謂「給面子」，是占有較高地位的資源支配者 A，在其他人面前，將他所掌控的某種資源給予請託者 P，以增加或維繫P的聲望。相反的，如果A在大眾面前拒絕P的請求，指出P所犯的道德錯誤，貶抑其地位，甚至加以斥責，都可以說是不給P面子，而可能讓P覺得失面子或丟臉。

2. 「增面子／損面子」：「增面子」是指：A在其關係網絡中的P有某種成就時，再公開地給予某種象徵性的資源，以增加P的聲譽。「損面子」和「不給面子」的意義有重疊之處，但其範圍卻較為狹窄，通常是指故意在眾人面前曝露他人在道德或能力上的缺失，讓他受到大眾的恥笑。

3. 「借面子／看面子」：「借面子」，是請託者P在請求資源支配者A，將其所掌握的資源做有利於自身的分配時，往往會提及他和社會上某位有聲望者O之間的關係。如果P能夠出示O支持他的證據（如推薦信、名片，或關說電話等等），A便可能「看O的面子」，而接受P的請託。有時候，O也可能親自介入雙方的互動，幫助P向A進行遊說。如果O的請求為A所接受，他可能感到「有面子」，同時也欠了A的人情。

4. 「顧面子／不顧面子」：A在考慮要不要給P面子的時候，往往還必須考量彼此之間的「關係」。首先，我們要談的是縱向內團體之間的關係。在講究「尊尊法則」的儒家社會裡，如果占有優勢地位的A「給」或「增添」P的面子，P很可能會感受到「有面子」的正面情緒；如果他「不給」或「減損」P的面子，P雖然可能經驗到「沒面子」的負面情緒，但通常卻只能「忍耐」，不敢將負面情緒表達出來。有時，位於較劣勢地位者可能掌握有某種特殊資源，並扮演「資源支配者」（A）的角色。如果占有優勢地位的P要求他，將他掌握的資源做有利於P的安排，通常A不敢不顧及P的面子，而很難拒絕P的要求。如果位於劣勢地位的A膽敢損及優勢地位者P的面子，則P的反應可能是「憤怒」的負面情緒，甚至是攻擊行為。在講究人際和諧的華人社會裡，無論是上對下或下對上的關係裡，一個善於「做人」的人，通常都是善於顧及他人面子的人，他會在公開場合給別人添加面子，如果他對別人有意見，他也會做私底下的溝通，盡量避免損及對方的面子。相反的，如果一個人不懂得「顧面子」的藝術，常常不給別人面子，或甚至損人面子，他便很可能被看做是一個不會「做人」的人。

5.「撕破臉／留面子」：「大家都有面子」的反面是「大家都沒面子」。在O出面替P向A請託的場合，如果O跟P有相當親密的情感性關係，一再請求A「看我的面子」，A最好是接受他的請託，替他「留面子」。如果A不為所動，不願意接受請託，這時O可能變成請託事件的當事人，認為A「太不給面子」。如果O因此而和A「撕破臉」，甚至因此而發生衝突，其最後結果很可能是「大家都沒面子」。

6.「留面子／敷衍面子」：為了避免發生這種不愉快的後果，A雖然不願意全盤接受P或O的請託，卻往往必須做出某種程度的讓步，給P或O「留面子」。有時，A可能並不是真正的尊敬O，也不願意對P或O做出實質上的讓步，而只是表現出某種象徵性的敬意，恰好不會使對方感到不快，這便是在「敷衍面子」，其目的在息事寧人，保持人際關係的和諧，以維持當事者的心理社會均衡。

從科學哲學的角度來看，每一個研究者都可以根據某種理論的立場，對這些面子語言加以詮釋。本節是引用筆者〈人情與面子〉的理論模型，來解釋這些面子語言。我們當然也可以用 Ting-Toomey（1994）將面子考量三分的分類架構，將這些面子語言加以分類。然而，如果這麼做，這將是把面子語言從華人最重視的「關係」脈絡中抽離開來，明顯違反「儒家關係主義」的基本立場。然則，我們該如何建構適用於華人社會的衝突化解理論？

第四節　本土衝突化解模式的建構

➢ 親子衝突的因應方式

在本土心理學運動興起之後，有些心理學者也曾經試圖建構華人社會中的衝突化解模式。比方說，葉光輝（1995）曾經根據「是否堅持個人利益」和「是否接受父母要求」兩個向度，提出五種親子衝突因應方式（如表 12-1 所示），包括：

1. 自我犧牲：指個人面臨親子衝突時，會遷就父母的要求與行為，將所有問題的責任與後果一肩擔下，成為自己的問題，並以犧牲自己的利益來解決。
2. 功利主義方式：指當面臨親子衝突時，個人會把自己的利益或欲達成的目標，放置在優先考量的位置，因此會就所能想到的各種解決方案的利弊得失做一主觀比較，然後從中採取對個人現況最有利的方式。
3. 兼容並蓄方式：指個人面臨親子衝突時，會本著盡量能滿足個人利益或欲達成的目標，而又能兼顧父母需求的原則來解決問題。
4. 規避逃離方式：指個人面臨親子衝突時，個人沒有主見或不願意承擔問題的後果，而採取逃離情境與問題，或者採用什麼都不做的方式來因應。
5. 折衷妥協方式：指個人面臨親子衝突時，由於現實的結構條件或個人的經驗、能力與智慧因素，無法立即獲得同時滿足衝突雙方全部訴求的解決方法，因此退而求其次，採取滿足衝突雙方部分訴求的折衷方案。透過討論途徑，達成衝突雙方都能接受的妥協方式。

雖然葉光輝宣稱：他的「親子衝突化解方式」是一種本土的理論模型，然而，他的理論只考慮「親子關係」，並沒有把其他關係考慮在內。從表 12-1 的比較中，我們可以看出：他在建構其理論模型時，仍然和西方心理學者一樣，是採取「自我／他人」二元對立的方式，將「是否接受父母要求」和「是否堅持個人目標」想像成兩個獨立向度，他提出的五種親子衝突化解方式，和西方理論所提出的衝突化解模式，在本質上也沒有什麼兩樣。

➢ 人際和諧與衝突

在華人心理學本土化的風潮中，黃曬莉（1999）在她的著作《人際和諧與衝突：本土化的理論與研究》中提出了一個普遍性的華人衝突化解模式，包含兩個向度：其中一個向度代表對方的利益或意見；另一個向度則代表己方的利益或意見。根據這兩個向度可以得到抗爭、協調、迴避以及忍讓四種處理衝突的模式。每一種衝突模式又可以細分為三種，譬如，她認為：「協調」是一種對於雙方都有利的雙贏處理方式，同時也是理想性最高但實際上最容易有出入的方法。協調策略又可以分為三種：

1. 相濟相成：是一種雙方皆獲全勝的方式，雙方必須將注意力焦點從眼前具侷限性的立場或利益，轉移到雙方共利的目標或長遠的目標之上，才有可能使雙方從零和關係轉變為相互依存的共利關係。此時，衝突將轉化為良性競爭，並促進雙方的成長與發展，進一步更可能化競爭為合作，而使雙方達成相濟相成的統合狀態。
2. 折衷妥協：面對衝突的實性爭議，要求「雙方各退讓一步」。當事雙方雖因退讓而有所虧損，卻也都有所斬獲，得失均衡，是為「折衷」；捨棄己意的堅持，換取和諧，是為「妥協」。折衷妥協的衝突化解方式，使當事雙方都「雖不滿意，但可接受」。
3. 協商談判：主要著眼於功利的考量，彼此在權衡利害之後，各有進退，且互相交換，儘量以大害、小利換取小害、大利之考量下達成協議、化解衝突。

黃曬莉（1999）非常瞭解：西方心理學者所建構出來的衝突化解模式不足以說明華人社會中複雜的人際衝突，因此，她在四種衝突化解方式之下，再進一步各分出三種亞型（subtypes），並用訪談的方法，在華人社會中蒐集了大量的案例，來說明每一種亞型。然而，她建構理論的方式仍然是以「自我／他人」的二元對立為基礎，她所建立出來的理論模型在本質上跟西方理論並沒有什麼不同（如表 12-1 所示），她只不過是把「妥協」當作是「協調」的一種亞型罷了。

第五節　華人社會中的衝突化解理論

然而，在儒家關係主義的文化傳統之下，我們應該如何建構出適用於華人社會的衝突化解模式呢？

筆者認為：在思考這個問題的時候，我們必須掌握的核心概念應當是「自我／我群」之間的關係，而不是「自我／他人」的二元對立。更清楚地說，在儒家關係主義的影響之下，個人是生活在他所認同的社會網絡之中。當他和別人發生衝突的時候，他思考的並不單單只是對方的利益或對方的意見，而是「要不要維持人際關係的和諧？」

基於這樣的見解，Hwang（1997-8）先將西方衝突理論的兩個向度稍加修改，以「追求個人目標 vs.放棄個人目標」和「維持人際和諧 vs.不顧人際和諧」兩個向度，建構出五種衝突化解模式的雛型，如圖 12-3 所示。圖 12-3 假設：行動者之所以必須採取某種衝突管理模式，是因為他的對手堅持要達成其個人目標。面對這樣的情境，個人必須考慮的兩個問題是：「要不要維持人際關係的和諧？」以及「要不要達成個人的目標？」

倘若他為了人際關係的和諧，而放棄個人目標的追求，他會做出「忍讓」（endurance）的反應。倘若他不顧人際關係的和諧，堅持要追求個人的目標，他會和對方發生「抗爭」（confrontation）。倘若他為了追求人際關係的和諧，避免和對方發生對抗，而又不放棄個人目標，他可能採用「陽奉陰違」的方式，來達成其目的。倘若他既考慮人際關係的和諧，又願意在個人目標有所退讓，他可能和對方「妥協」（compromise）。倘若他不顧人際關係的和諧，設法在和對方的互動中，又不追求個人目標之達成，他和對方的

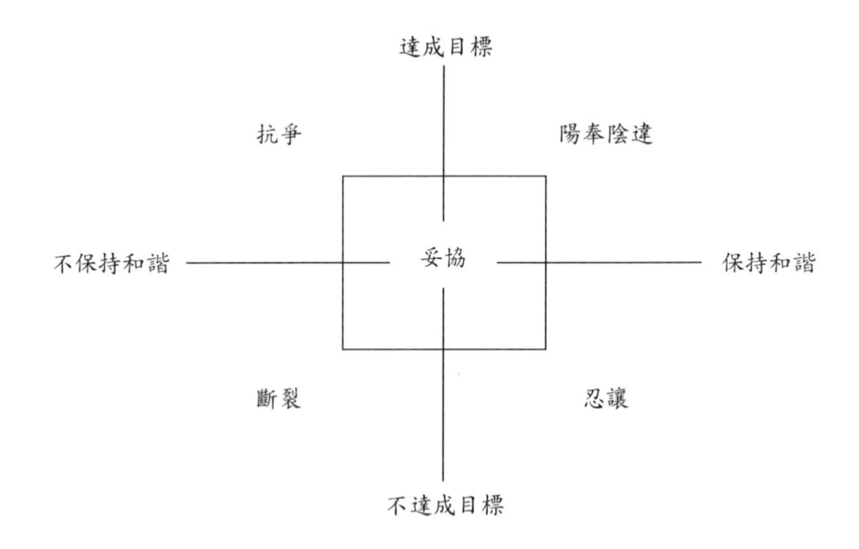

圖 12-3　華人社會中衝突化解理論的初步模式

關係便可能宣告「斷裂」（severance）。

➢ 穩定的關係網絡

值得強調的是：這裡所謂的「人際關係的和諧」，並不只是他跟其衝突對象之間的和諧，而是他跟其關係網內其他人之間的和諧。這一點必須放在儒家關係主義的脈絡中來加以說明。

本書第五章對於儒家「庶人倫理」所做的描述，可以說是華人社會行動的「原型」，它在文化的層次上描述雙人之間的互動（dyad interaction）。圖 5-1 中，資源支配者在考量自我與他人之間的「關係」時，〈人情與面子〉的理論模式假設：任何一種人際關係都是由「工具性成份」和「情感性成份」所組成：所謂「工具性成份」是指個人「身體我」（physical self）生而具有各種不同的欲望，必須從外在環境中獲取各種不同的資源，來滿足一己之需要，這時候，他往往必須以他人作為工具，來獲取某種特定的資源。所謂「情感性成份」是指個人的「社會我」（social self）跟他人之間的情感。儒家要求每個人都應當依照自我與他人間角色關係的不同，遵循不同的倫理規範，如此才能在維持社會秩序的前提下，獲得適當的生活資源。

在儒家「仁、義、禮」倫理體系的影響之下，華人通常是生活於一種在時間上有延續性的穩定關係網之中，他的自我並不像西方人那樣，是一種「獨立的自我」（independent self），而是一種「互依的自我」（interdependent self）（Markus & Kitayama, 1991）。他們傾向於以社會角色和關係來界定個人的自我概念；在其社會化過程中，人們最重視的是個人必須依其在所屬的關係網中所占的位置，表現出合宜的行為，以維持其心理社會均衡（psycho-social homeostasis）（Hsu, 1971）。

➢ 小我與大我

值得強調的是：此處所謂「互依的自我」，指的是華人的「社會我」。就其「身體我」而言，他仍然是個獨立的個人，他仍然必須考量：如何從其外在環境中獲取各種不同的資源，來滿足一己的需要。然而，在儒家文化傳統影響之下，華人對於「個人」的看法，卻和西方人有所不同。在基督教文明的影響之下，西方式的「自足式個人主義」（self-contained individualism）是以個人身體實體，來劃分人己之界線；在東方的「包容式個人主義」（en-sembled individualism）裡，個人的「身體我」雖然是獨立的，「社會我」卻是嵌鑲在一定的社會關係網絡之中（Sampson, 1985, 1988），而且「社會我」的邊界會視其參與每一社會事件（social episode）性質的不同而有所變化，它可以納入家人、朋友、同事，也可以納入同社會中的其他人。這時候，作為個人的「身體我」，華人通常稱之為「小我」，將其他人納入的「社會我」，稱為「大我」；這兩個概念，儒家分別稱之為「小體」和「大體」。

儒家的宇宙觀採取了一種整體論的立場，認為世間中萬物的流變都是由「陰／陽」兩種對立的「氣」相遇、相交、相感而不斷顯現出來的，人的生命亦不例外。《易經・十翼》中的「序卦」上說：

「有天地然後有萬物，有萬物然後有男女，有男女然後有夫婦，有夫婦然後有父子，有父子然後有君臣，有君臣然後有上下，有上下然後禮義有所錯。」

在儒家看來，「夫／妻」之間的婚姻並不只是兩個獨立個體的結合，而且是「陰／陽」兩種互補性力量的聯合，子女則是他們結合的產品。個人生命創生的原理和世間萬物創生的原理並沒有什麼兩樣。基於這樣的觀點，華人通常把「家庭」當作是一個整體，它可以說是個人「大我」之原型，他們並且將家庭比擬作人的身體（大體），譬如：親子關係稱為「骨肉之親」，兄弟關係則稱為「手足之情」。

同樣的觀念也可能類化到其他類型的上下階層關係之中。比方說，在帝制中國，衙門的主管俗稱「龍頭」，他的親信僚屬稱為「心腹」，當差跑腿的胥吏則稱為「爪牙」（如Sterba, 1978）。在現代共產中國的工業組織中，圍繞在領導周圍的「骨幹份子」和「積極份子」，則可能私下被人稱為「首腦」的「心腹」和「爪牙」（Walder, 1983）。

➢ 臉與面子

當一群華人針對某一社會事件進行互動時，他們不僅會對參與互動的其他人形成整體的印象，而且會依他們在關係網內所占的角色地位及其所掌握的資源多寡，排出縱向性的上下階序。個人意識到的他在別人心目中的形象，就是通常華人所謂的「臉面」。「臉面」可分為兩種：「面子」和個人的成就有關，「臉」則與其道德操守有關（金耀基，1988）：個人的成就愈大，他在社會關係網中的位階愈高，他所掌握的資源愈多，他的面子也愈大。「臉」與個人的成就無關，不管個人的成就如何，只要個人的行為符合其角色地位的倫理要求，他便有「臉」面對關係網內的其他人。

個人的「小我」有臉面，他所認同的大我也有臉面。當個人和關係網內的其他人進行互動時，其內團體（in-group）中的其他人可能在成就和道德兩個向度上，對其個人的顏面做出評價；同樣的，當個人代表某一團體和其他團體進行互動時，其他的人也可能在這兩個向度上，對其「大我」的顏面進行評估。當代表某一團體的個人和外團體的成員競爭而有卓越成就時，認同於該團體的成員會感到「與有榮焉」；反過來說，如果某一團體的代表他在眾所矚目的競賽中遭到挫敗，或者他的惡行劣跡曝露在社會大眾之前，該團體成員也會感到「臉上無光」。例如：華人所謂的「榮宗耀祖」、「光耀門楣」、「為國爭光」，或「把家人的臉都給丟光」、「無顏見江東父老」，都是此中之例。

➢ 內在和諧的價值觀

「萬物負陰而抱陽，沖氣以為和」《道德經．第四十章》，以道家和儒家為主的中華文化傳統認為：不論是在宇宙、自然、社會或個人的層次上，「陰／陽」這兩種相反而又相成的「氣」，都應當保持在一種內在的諧和狀態（李亦園，1988，1994a，1994b），家庭亦不例外。「家和萬事成」，儒家主張：一個家庭應當像個人那樣，將維持內在的和諧視為最高的價值。

這種價值觀的形成跟中國傳統的農業生態環境有十分密切的關聯：高密度的人口，聚居在固定的土地之上，其人口流動率十分低，以農業為主的生產方式，又僅能讓大多數家庭獲得有限的資源。為了將有限的資源在家庭中做最有利的分配，當然必須強調和諧的價值（LaBarre, 1945; Stover, 1974）。這樣的價值觀成形之後，便具有相當的韌性，十分難以改變。

舉例言之，在一篇題為〈家庭與發展〉的論文中，楊中芳（Yang, 1988）非常仔細地回顧了以往學者在中國大陸、香港和台灣三地區所作有關家庭之研究。她從父子軸（father / son axis）、階層式的權力結構（hierarchical power structure）、相互依賴性（mutual dependence），以及家庭互動的優勢性（dominance of family interaction）等四個層面，檢討家庭在這三個地區的變化。她指出：雖然華人家族主義的內涵已經有所變化，但他們對於家庭的文化理想卻是相當強韌，而難以改變。由於子女受過較高教育後，到外面工作，有了自己的收入；父母對家庭開支和子女選擇配偶等事項的決定權隨之減少，傳統中國文化中最講究服從的「父子軸」也因而發生鬆動。不僅如此，由於子女分居、女性外出工作，以及法律對女性的保護，男尊女卑以及其他階層式的權力結構也因而弱化。值得一提的是：家人散居四處，雖然會減少家庭成員互動的機會，他們因為住得太近而引起摩擦的可能性，也會因而減少。這反倒有助於華人維護其家族主義的文化理想：在這三個地區，家族主義未曾改變的重要層面之一，是家人間彼此的相互依賴性。父母親不僅會竭盡所能地養育並照顧子女，子女們也會視孝敬父母為一種不容推卸的義務，願意在父母年老時奉養並照顧他們。當某一家庭成員遭遇到困難時，其他家人也會樂於伸出援手。

➢ 人際和諧的社會化

用〈人情與面子〉的理論來看，這就是意味著：華人仍然傾向於以「需求法則」和屬於「情感性關係」的家人進行互動。華人家族主義的這種變遷趨勢，自然也會反映在其價值觀念的轉變上。在一項以〈儒家價值觀的現代轉化〉為題的研究中，黃光國（1995）要求 633 位台灣的知識菁英分別評估一系列價值觀念對其上一代及其自己的重要性。結果顯示：受試者認為他們比上一代不重視「強調家庭而壓抑自我」的各項價值，包括「賢妻良母」、「子女成器」、「貞潔」、「安分守己」、「長幼有序」、「香火傳承」等等，這反映出他們不再像上一代那樣地重視傳統家庭以「父子軸」為中心的階層式權力結構。相反的，他們對「家庭幸福」、「婚姻美滿」、「和諧」等價值的重視程度，卻和上一代相去無幾。

華人之所以重視「和諧」的價值觀，並不是因為他們每個人熟讀儒家經典，而是源自於他們在社會化過程中的生活體驗。許多跨文化比較研究一再顯示：不論是和美國（Sollenberger, 1968）或以色列、印度、衣索比亞等國家的母親相較（Ryback, Sanders, Lorentz, & Koestenblatt, 1980），華人母親都比較不能容忍她們的子女表現出攻擊行為：在一項文化比較研究中，Niem與

Collard（1972）要求來自台灣的華人母親和麻州的美國母親記錄下其子女的攻擊行為，以及他們的管教方式。結果顯示：在30天之中，其子女所表現出的攻擊事件約略相等，然而華人兒童卻較常受到其父母某種形式的管教行動。

「不打不成器」、「循循善誘」，在傳統文獻的紀錄裡，許多儒家學者都主張用懲勸相濟的方式來嚴格管教子女（林文瑛、王震武，1995）。許多經驗性的研究都顯示：華人父母雖然可能因為其社經地位、城鄉背景或所屬族群的不同，而使用諸如體罰（Solomon, 1971; Wolf, 1970）、口頭告誡、撤銷酬賞，或禁止子女參加家庭社交活動（Sollenberger, 1968; Niem & Collard, 1972）等等不同的管教方式，其主要目的卻是在制止子女表現出身體或語言攻擊行為，以維持家庭中或鄰居間的和諧（Bond & Wang, 1981）。

Fu、Watkins 與 Hui（2004）對27位中國文化學者進行訪談，探討中國哲學及中國人在日常生活中對「原諒」的看法。他們大多認為：維持群體和諧是華人原諒的主要因素，但他們對西方文獻中經常提到的性格或宗教因素卻不以為然。Fu等人因此編製了一份原諒問卷，跟測量自尊、焦慮、印象整飾，以及考量華人文化的臉面、關係取向、和諧等工具，對中國大陸的336位研究生以及432位老師進行施測。結果顯示：在這兩個樣本中，和諧與關係取向跟原諒的傾向關係最強。他們因此認為：在中國，原諒的意願（willing to forgive）主要是受到社會和諧需求（social solidarity needs）的影響，而不是西方文獻中經常提到的個人主義式的人格或宗教變項。

➢ 關係的考量

以上各節說明為什麼在圖12-3的衝突化解策略中，行動者除了考量「達成個人目標之外」，他所考慮的另一個因素是「維護人際和諧」，而不只是「他人的利益」或「他人的意見」。

然而，圖12-3的五種衝突化解策略，尚不足以描述華人社會中的衝突化解模式。要對華人社會中的衝突化解模式做完整的描述，必須進一步考量華人社會中人際關係的性質。從筆者對儒家「庶人倫理」的分析來看，我們可以根據發生衝突雙方的角色，將其關係區分為縱向的「上／下」關係以及橫向的平行關係。就文化理想的層次，所有的縱向關係都應是屬於內團體的關係，但其橫向關係卻可能被個人區分為「內團體」或「外團體」兩種。因此，我們可以將人際關係分為三種：縱向內團體、橫向內團體和橫向外團體。用〈人情與面子〉的理論模式來看，橫向外團體必為某種「工具性關係」，橫向內團體則屬於「情感性關係」。

依照個人在面臨涉及上述三種人際關係的衝突事件時，他主要考量因素是「維護和諧關係」，或是「達成個人目標」，他為達成目標可能採取的「協調」（coordination）方式，以及他最可能採取的「優勢反應」（dominant response），我們可以將華人社會中的衝突化解策略進一步區分為12種，如表 12-3 所示。

表 12-3　華人社會中的衝突化解模式

	保持和諧	達成目標	協調	優勢反應
縱向內團體	顧面子	陽奉陰違	迂迴溝通	忍讓
橫向內團體	給面子	明爭暗鬥	直接溝通	妥協
橫向外團體	爭面子	抗爭	調解	斷裂

從科學哲學的角度來看，以實在論（realism）為基礎所建構出來的理論，大多是一種共時性的理論。然而，集體主義社會中人際網絡的最大特色，卻是它在時間上有持續性。我們雖然可能以衝突事件（episode）作為單位，建構出華人社會中的衝突化解模式，但卻不能不考慮：每一衝突事件在時間上都有其延續性，個人可能採取的衝突化解策略，也可能隨著時間的進展而有所變化。

在縱向的「上／下」關係中，當位居劣勢的個人和居高位者發生衝突時，為了保持人際關係的和諧，他必須替對方「顧面子」。他最可能採取的優勢反應是「忍讓」。如果他想和對方進行協調，他往往會採取「迂迴溝通」（indirect communication）。如果他想追求個人目標之達成，則往往會採取「陽奉陰違」的策略。

在橫向的人際關係中，個人可能採取的衝突化解策略，則要看他是將對方界定為「內團體」或「外團體」而定。倘若他將對方界定為「內團體」，在發生衝突時，他們比較可能採取「直接溝通」。為了保持彼此關係的和諧，他們也比較可能達成「妥協」。倘若雙方中有一人不顧對方感受，堅持要達成其目標，他們可能陷入長期的「明爭暗鬥」之中。相反的，倘若雙方都堅持要達成其目標，他們便可能將對方界定為「外團體」，而爆發明顯的「抗爭」。此時，他們會不顧彼此人際關係的和諧，為了消除雙方的衝突，在進行協調時，往往必須由第三者來進行調解。衝突後的優勢反應則為雙方關係的「斷裂」。

在縱向內團體中，當居高位者不顧弱勢者的感受，而一再堅持要達成其目標時，弱勢者也可能採取反抗行動，爆發嚴重的抗爭，甚至導致關係的「斷裂」。

以上所述，為有關華人社會中衝突管理模式的主要命題。在下列各節中，筆者將把華人社會中的人際關係分為縱向的「上／下」關係及橫向的水平關係兩大類，對上述命題做進一步的申論。

第六節　縱向內團體的衝突化解策略

在開始討論縱向的「上／下」關係之前，筆者必須強調：本文第一節中有關儒家「庶人倫理」的描述，是一種形式性的結構，可以用來說明不同角色關係的社會互動。就文化理想的層次而言，像「親／子」、「兄／弟」、「夫／妻」、「上司／屬下」，都「應當」是縱向的「上／下」關係。

➢ 縱向關係的建構

本書第五章說過，當儒家所主張的「庶人倫理」或「仁、義、禮」倫理體系落實在不同的角色關係中時，他們會特別強調「五倫」的重要性，要求在這五種對偶關係中扮演不同角色的人，必須做到「父慈、子孝；兄良，弟弟；夫義，婦聽；長惠，幼順；君仁，臣忠」《禮記．禮運》。然而，本書第五章又復強調：儒家「庶人倫理」的深層結構是由「尊尊法則」和「親親法則」所構成。換言之，在現實生活中，任何一種對偶關係的互動，可能強調雙方角色份位之間的「上／下」關係（尊尊法則）；也可能實踐以「仁」作為基礎的相互性回報（親親法則）。

從建構主義的角度來看（Berger & Luckmann, 1966; Gergen, 1985），人們在現實生活中的關係，是他們在社會互動的過程中建構出來的。儒家的文化傳統對不同角色間關係的安排，本來就有不同的規定，尤其是在外來文化衝擊之下，人們更可能依照自身所擁有的資源以及雙方彼此的協調，建構出不同性質的「關係」。比方說，在一項關於台灣婚姻暴力的研究中，陳若璋（1992）將有無婚姻暴力經驗的婦女分為兩組，有婚姻暴力經驗的一組婦女，平日家中事務的決定權，先生較大者，占 65%；太太較大者，占 18%；雙方差不多者，占 16%。沒有婚姻暴力經驗的控制組婦女，雙方決定權差不多者，占 57%；太太大於先生者，占 30%；先生大於太太者，僅占 13%。換言之，儘管儒家認為「夫／妻」間關係的安排，應當是屬於「夫尊／妻卑」的「上／下」關係，但在現實生活裡，人們可以強調「尊尊法則」把它安排成「夫尊／妻卑」的縱向關係，也可以強調「親親法則」把它安排成橫向的平權關係。上述資料顯示：強調「尊尊法則」而將夫妻關係安排成「夫尊／妻卑」的對偶，較可能發生婚姻暴力衝突。相形之下，強調「親親法則」並對家中事務的處理實行平權，或乾脆交由妻子決定者，雙方發生衝突的可能性便較低。

➢ 孝道的亞型

我們可以再舉一個例子來說明以上的論點。一般人都認為：儒家社會中的親子關係是所有縱向關係的原型。Lung（2000）以加州大學洛杉磯分校的新生為參與者，比較華裔及歐裔美國家庭中親子衝突的性質、後果及其解決方法。結果顯示，在關於家庭中的尊重、家庭作業及休閒等議題上，華裔美國學生跟他們的父母有較多的衝突；歐裔學生則經常為嗑藥、飲酒和性的議題發生衝突。華人家庭展現出較多的嚴厲體罰、羞辱和逃避；而歐裔家庭則使用較多的語言思辨（verbal reasoning）和討好策略（obliging strategies）。整體而言，認為他們的整體家庭氣氛充滿敵意及怒氣的華裔學生比歐裔學生多，他們的憂鬱症狀程度較高，對家庭也比較不滿。

這是一個典型的跨文化比較研究。這種研究取徑跟本章第一節所回顧的跨文化比較研究一樣，都是把不同的文化群體各自當作是同質的群體。如果我們針對各個文化群體的特色，建構本土性的理論，做更細緻的分析，我們便很可能得到不同的結論。舉例言之，Yeh與Bedford（2004）提出的「雙元孝道模型」將華人社會中的孝道信念分成四類：不孝、權威型、回報型和絕對型。他們以 773 位台灣地區的國、高中學生作為參與者，探討孝道信念和親子衝突之間的關聯。結果很清楚地顯示，回報型孝道可以減輕親子之間自我中心式的不當衝突，但權威型孝道反倒會使之加劇。

所謂「回報型孝道」（reciprocal filial piety），葉光輝與楊國樞（2008）稱之為「相互型孝道」。其意為：子女感念到父母的愛心照顧，因而表現出發自內心的孝順態度和行為。用「儒家思想的深層結構」來說，這是在實踐庶人倫理中的「親親法則」。而「權威型孝道」則是在強調「尊尊法則」的維繫。用本章的概念架構來說，「權威型孝道」強調的是「縱向內團體」的上下服從關係；「回報型孝道」則是強調「父慈／子孝」的相互性對待，將雙方關係安排得像是「橫向內團體」。前者容易引發親子間的衝突，後者可以使雙方和睦相處，其間道理並不難理解。這裡我們必須思考的重要問題是：

不論是親子關係也好，夫妻關係也罷，在縱向關係中居上位者通常掌握有較大的權力，在人際互動中扮演資源支配者的角色。如果他在某些事件中堅持「尊尊法則」，在份位關係上處於劣勢的居下位者可能做何反應？

➢ 忍耐

前節說過：儒家十分強調「和諧」的價值。當個人和其關係網內的居上位者發生衝突時，他必須學會的第一個反應就是「忍」。在中國，「忍」的概念有極其深厚的文化基礎，儒家、道家及佛教，都十分強調「忍」的哲學（李敏龍，1994）。就最廣泛的意義而言，「忍耐」（forbearance）是指克制住自己內心的心理衝動，不讓其情緒、慾望或行為表現出來。在圖 12-3 中，「忍讓」（endurance）則是指：為了追求人際關係的和諧，不僅克制住內心的衝動，而且放棄掉個人目標的追求。除此之外，「忍」還有更深一層的含意：「堅忍」（preservarance）是指：運用耐力，排除各種困難，積極奮鬥，以追求個人長期目標之達成。所謂「小不忍則亂大謀」、「吃得苦中苦，方為人上人」，都是指這個意思。

前文說過：儒家的「庶人倫理」在「程序正義」方面主張「尊尊法則」，認為：扮演不同角色的雙方在進行互動時，應當由居高位的人做出各種決策。在現實生活裡，當居高位而又掌握資源的人，為了各種不同的考量，而對其從屬者做出種種要求時，弱勢者通常只有順從的份。弱勢者為了追求自己的目標，對居高位者的要求可能感到強烈的衝突，然而，在對方權力的宰制之下，他往往必須放棄個人目標，而做出「忍讓」的反應。

➢ 宰制和讓步

Zhang（2004）要求中國的年輕成人寫下他們在不同世代間發生衝突情境的溝通紀錄，然後再用內容分析的方法，找出誘發代間衝突之因素的五種主要類型。其中發生頻率最高的是「老年人對年輕人的批評」，其次是「老年人不不合理的要求」，以及「年輕人的請求遭到長輩拒絕」。發生頻率最少的是「年輕人對老年人的批評」，其次為「雙方意見不合」（代溝）。

這樣的研究結果很能說明華人社會中的現實。依照儒家的「庶人倫理」，老年人認為年輕人行為不當時，予以批評，具有倫理上的正當性，所以發生頻率最高；但年輕人批評老年人卻違反「尊尊法則」，即使他對老年人有所不滿，也必須隱忍下來，所以發生的頻率最低。然而，這麼說，只是用本文的理論架構對既有的實徵研究資料做事後解釋而已。我們可以再用另一個研究來說明本文的論點。

Chen、Chen與Zhang（2006）曾經用訪談的方法蒐集資料，建構出一份測量主管與部屬間衝突處理方式之問卷，對在中國五個組織中工作的254位員工進行施測。探索性因素分析（exploratory factor analysis）的結果，得到三個因素：讓步（conceding）、合作（collaborating）、宰制（dominating）。

這個研究的結果是特別值得注意的。我們說過，本章第一節所提到的一系列研究，都是拿西方的研究典範強加到華人受試者身上，是所謂「客位型研究」（etic approach）。這個研究並沒有套用西方理論或研究工具，是「由下而上」的本土性研究。它不像其他研究那樣，預設人際衝突必然有五種不同的因應方式，而只得到三個因素。然而，這三個因素卻能夠貼切地反映出華人處理縱向內團體衝突的方式：當一方（通常是居上位者）擺出「宰制」的姿態時，另一方（居下位者）只好做出「讓步」的反應。這是華人文化中的「陰／陽」概念，而不是西方式「自我─他人」二元對立所形成的衝突格局。相反的，如果一方擺出「合作」的姿態，而另一方也會以「合作」的方式回應，這就是道家所說的「負陰而抱陽，沖氣以為和」。用儒家關係主義的脈絡來說，前者是強調「尊尊法則」所造成的「陰／陽」對立；後者則是遵循「親親法則」而形成的和諧。

➢ 迂迴溝通

在許多情況下，忍讓並不能解決問題。當弱勢者對居上位者感到不滿，想要表達自己的意志，而又怕損及對方顏面時，他可能透過關係網內的其他人，用迂迴的方式，表達自己的意圖，以達成自己的目的。

我們說到：華人是生活在一張張的關係網之中。用〈人情與面子〉的理論來看，網中任何一組雙人關係的「情感性成份」都有淡有濃。「交淺不可以言深」，當個人認為：他跟某一居高位者的關係「情感性成份」並沒有濃到可以直言不諱時，他可能透過跟對方較親近的人來傳話。例如：Silin（1976）以親身參與的方式觀察台灣一家大型企業的領導及運作方式。他發現：這家公司的領導者在公開場合（如開會）說話的時候，屬下都不會對領導者的發言內容提出質疑，以免損及老闆的尊嚴。他們對老闆的意見即使有疑問，也只能透過其親信，在私底下以間接的方式向老闆報告。

林昭溶與林惠雅（1999）的研究發現：有些國中學生會動員自己的兄弟姐妹，一起向父親提出要求，逼父親讓步：

> 如果我講的話啊，我爸一定不會讓我如願，如果說我們兩個講或者三個一起講，那我姊她們也一起講，就可能有用了，那三個人就一起講，那三個人就一起用。（林昭溶、林惠雅，1999：69）

在劉惠琴（1999：181）的研究中，也發現：有些妻子為了改變丈夫的行徑，會「找婆婆出面」。當然，也有些人會找丈夫作為自己和婆婆之間溝通的媒介，這種迂迴溝通的方式也可能發生反效果：

> ……剛結婚的時候，婆媳之間，比較多一點問題，婆婆不高興也會跟先生講，先生就夾在中間，他就代我們傳話，傳話傳來傳去有時候會把一些誤會加深這樣子……（劉惠琴，1999：187）

➢ 顧面子

依照儒家的文化理想，同一家庭或同一團體中的「上／下」關係都應當以「仁」（情感性成份）作為基礎構成一個整體。然而，前文提到：個人會不會和他人產生「大我」的「內團體」感，完全是一種心理上的感覺。當個人跟家人或同事「關係搞壞」，「情感性成份」變淡之後，屬於同一家庭或同一組織的人在外人眼中，仍然是屬於同一「內團體」，他們在外人面前，仍然要努力設法顧全對方的面子，維持住一種表面上的和諧，讓「大家有面子」。譬如：在利翠珊（1995）的研究中，有一位男性受訪者說：

> 「現在是他們生活他們的，我們生活我們的，雖然是在同一個家庭裡面，他們睡那個房間，我們睡這個房間。吃飯都是分開的，我爸媽煮他們自己的飯，我跟我太太煮我們自己的飯……兩個老人總是還要維持那種表面的倫理……他很怕親友恥笑……儘管每天說這個兒子不孝，他碰到親友的時候，他也是告訴他我的兒女對我很孝順。」（利翠珊，1995：285）

黃囇莉（1996）的研究也提到一位男性的公司職員他如何「包裝」他跟上司之間的關係：

> 「就是會去包裝我們的關係。譬如在外人面前，讓人家覺得我們相處得不錯，有時候我也會尊重他作主管的一些權限，他訂的規則不算太不公平的話，我也會去遵守它，而不是一味地反抗他。……在外面碰到第三者，我也會跟他站在同一陣線，一起fight。在外人面前，讓人家覺得我還是很聽主管的話，因為部門是一個整體，上下的觀念還是要有，這是一個工作倫理，這就是一種表面和諧，不要讓彼此太難堪，只要維持住『公』的部分，公事公辦就好了。」（黃囇莉，1996：262）

➢ 陽奉陰違

在強調「上／下」縱向關係的權力結構中，弱勢者和居高位者發生衝突之後，他知道：在對方優勢的權力之下，跟對方抗辯沒有什麼用，此時，他可能在表面上接受對方的要求，私底下卻按照自己的意思，追求個人的目標。這種「陽奉陰違」的應付策略，在中國大陸叫做「上有政策，下有對策」。

在帝制中國，地方官吏經常用這樣的策略，應付上級政府無休無止的命令和需索。根據鄒川雄（1995）的研究，帝制中國由於幅員廣大，交通不便，中央政府往往不瞭解地方的情況，而依自己的需要，下命令要求地方政府遵照辦理。在儒家意理的支配之下，地方政府對來自中央的命令又不敢反抗，只好採取「陽奉陰違」的對策虛與委蛇。在華人的日常生活中，處於弱勢的一方也經常用這一套來應付高位者。李美枝（1997）在研究華人人際關係的內涵與功能時，曾提到一位醫師的兒子如何用這招來應付他的父親：

> 「以前他叫我做什麼，如果我持反對意見的話，我會跟他說我不要這樣做。他脾氣蠻暴躁的，你跟他吵，他就更兇。因為吵完通常沒有什麼用，他講，我嘴巴，是、是、是，但，但還是做我自己的事情，反正我們每天見面也不會講幾句話。我爸爸一直都很忙。他早上要睡到十一、十二點，下午二點到十點，在診所工作。我在我的房間做自己的事情，也不會面對他。」（李美枝，1997：23）

第七節 橫向內團體的衝突化解策略

在以工商業活動作為主要生產方式的現代社會生活裡，橫向的人際關係可以說是最重要的人際關係。然而，橫向的平行關係卻不是儒家倫理關切的主要內容。在儒家所強調的「五倫」中，只有「朋友」一倫是屬於橫向的平行關係。然而，前節說過：人際關係的安排是雙方在日常生活中的互動中建構出來的，任何一種人際關係都可能被建構成為橫向的平行關係。

在〈人情與面子〉的理論模式中，橫向的平行關係除了「混合性關係」之外，還有「工具性關係」。這是個人為了達到某些目標，獲取某種資源，依照某種形式性的角色體系，而和某些陌生人所建立的關係。在這種關係中，雙方都掌握有對方所需要的某種社會資源，能夠站在平等的基礎上，和對方進行市場式的交易。

在圖 5-1「資源支配者的心理歷程」中，「工具性關係」和「混合性關係」之間是以一條虛線隔開。這意思是說：和「家」的邊界相較之下，這兩種關係之間的心理界線（psychological boundary）較為薄弱。對於個人而言，屬於「工具性關係」的某一對象原本是他的「外團體」，雙方經過諸如「拉關係」之類的互動歷程，對方也可能穿過此一界線，進入「混合性關係」的範疇，而變成他的朋友。反過來說，原本是屬於個人「混合性關係」的親友，也可能因為發生衝突摩擦或其他理由，而逐漸疏遠，變成「工具性關係」或甚至斷絕往來。

➢ 給面子

瞭解橫向人際關係的特色之後，我們便可以再進一步討論表 12-3 所列的各種衝突化解模式。依照〈人情與面子〉的理論模式，在橫向人際關係中，倘若行動者將對方界定為自己的「內團體」，是屬於「混合性關係」的「自己人」，他們傾向於以「人情法則」和對方交往，而必須特別考慮對方的「情面」。倘若他們為某些事情發生爭執，他們會採用面對面的直接溝通方式，尋求解決之道。此時，華人常用的話是：「大家自己人，有話好說。」在談判過程中，他們會用各種不同的方式，要求對方「給我一個面子」。「一爭兩醜，一讓兩有」，為了保持他們之間的和諧關係，通常他們會各讓一步，互相給對方面子，讓對方能夠「下台」，彼此獲得「妥協」。

舉例言之，在前一節中，筆者說明：夫妻雙方可以依傳統方式，將兩人間的關係建構成為縱向的「上／下」關係；也可以依現代方式，將之建構成為橫向的平行關係。在後一種情況下，只要雙方之間仍然保有濃厚的「情感性成份」，即使他們為日常生活中的小事發生爭執，也不會傷及彼此之間的「感情」。這時候，只要其中一方（通常是男方）用語言或非語言的直接溝通方式，做出一些要求和解的動作，給對方「面子」，讓對方能夠「下台」，彼此之間的誤會便能夠冰釋。譬如：在利翠珊（1995）的訪問紀錄中，便提到吵架後的丈夫，如何用「大事化小」的方式，讓對方覺得「有面子」，以化解彼此的衝突：

> 「我對和她吵架沒有什麼特別的印象，可是我是認為說每次吵架我就先笑一笑，她就笑一笑了。」
> 「她生氣的時候……沒辦法跟她講什麼……從一些小事情，會吵到很多莫名其妙的事情。後來，她生氣就不講話，等她氣完了，再想辦法逗她講話。」（利翠珊，1995：295）

➢ 協商與妥協

然而，這種顧及團體內和諧及「做面子」給對方的溝通方式，可以說是「妥協」（compromise），而不是坦率的對質（confrontation）。Leung（1987）對爭議解決程序的文化比較研究顯示：與美國受試者比較之下，華人受試者較偏好雙方之間的「協商」（bargaining），以及由第三者協助進行協調，但不進行裁決的調解（mediation）；他們比較不喜歡由雙方互相對質，並由第三者進行裁決的「詰斷」（adversary adjudication），或由第三者自行蒐集有關資訊，並直接進裁決的「訊斷」（inquisitorial adjudication）。

Tjosvold、Nibler與Wan（2001）指出：在西方文化中，競爭的社會脈絡面對高度專業的對手，會激發個人防衛自身立場，並挑戰相反觀點的動機。但在華人文化中則不然。他們以香港的華人大學生為參與者，比較他們是否要對一位專家表示反對意見時的心態。結果顯示：和不預期對專家表示反對意見者相較之下，預期要對專家表示不同意見者顯得比較沒信心，對自己的立場所知較少，並情願選擇一個比較好對付的談判對手。

依照西方文化的觀點，個人和專家之間的關係，應當是屬於平等的橫向關係。但對華人而言，專家可能因為掌握有較多的資訊權，而占有較個人優勢的地位。面對專家時，個人的信心也隨之降低。不僅如此，即使同屬「橫向內團體」，個人偏好的溝通方式，也會因為彼此關係的不同而有差異。陳舜文（1994）在他的研究中更進一步將人際關係脈絡考慮在內，他以 114 名台灣大學生為受試者所做的一項實徵研究顯示：在「情感性成份」愈高的縱向關係中，受試者愈傾向於選擇「順從」反應；在「情感性成份」較低的縱向關係中，受試者傾向於接受優勢者的「獨斷」決定；在「情感性成份」較大的橫向平行關係中，受試者較常選擇「協商程序」；在「工具性成份」較高的橫向平行關係中，他們較偏好「調解程序」。

➢ 明爭暗鬥

在橫向的平行關係中，倘若有一方不給對方「面子」，堅持要達成自己的目標，對方基於各種理由而不得不「退讓」，這時候，他們之間的關係可能搞壞，彼此只維持一種缺乏「情感性成份」的關係，而以形式性的禮儀和對方「敷衍面子」。Tinsley 與 Weldon（2003）的一項研究報告指出：美國經理偏好選擇用直接方式來對衝突做反應，而華人經理人則傾向於用間接方式應付衝突。然而，美國經理人所表達的報復慾望並不比華人經理人強烈。華人經理人想要羞辱並用道德方式來教訓對方的慾望比美國經理人更強。

在正式的組織結構中，如果雙方因為社會角色的要求，必須經常進行交易性的互動，雙方心中的不滿便可能「浮上台面」，「暗鬥」轉變成為「明爭」，並使彼此的關係陷入長期性的「勾心鬥角」。在黃囇莉（1996）的研究中，有一位訪談對象在公司裡是品管部主管，和生產部的廠長因工作結構的對立，屢次發生衝突。雖然這些衝突多數由高級主管出面調停解決，但由於衝突時，他的態度相當強硬，面質時氣氛也常僵持不下，因而即使衝突在對方的道歉下暫時獲得化解，但卻留下心中各懷鬼胎的後遺症。他說：

> 「經過了這麼多糾紛後，我對品管的要求不僅沒放鬆，反而管得更緊。因為這本來就是我職責所應做的事，而且做事除了講求合法外，還有情理的考量。對方既然倍加刁難，我也只好以牙還牙。雖然內心有想要整人的念頭，但都沒有付諸行動。其實，經常提問題詢問對方，也算是整他了。當然，通常我也會將產品的危險度誇大來嚇唬他。」（黃囇莉，1996：260）

➢計策行為

在「明爭暗鬥」的過程中，雙方可能使用各種計策來和對方「勾心鬥角」。華人在日常生活中用「計」，有極其深厚的文化傳統（汪睿祥，1996），「三十六計」是人們日常生活中所熟知的故事（喬健，1981，1985）。在《知識與行動》一書中（黃光國，1995），筆者指出：計策行為源自於「兵家」的文化傳統，在「工具性關係」中，行動者將對方視為對立的「外團體」時，他最可能用「計」來對付對方；在縱向的「上／下」關係中，當雙方的「情感性成份」因為某種緣故而變得十分淡薄時，他們也可能用「計策行為」來應付對方。車先蕙（1997）在研究台灣社會中的婆媳關係時，曾提到一個有趣的故事：

> 「有一天，她心血來潮把腳翹到桌子上，叫我幫她剪指甲。你看，我從來沒有跟我媽媽剪，她叫我剪，你看。她女兒在旁邊，不叫她剪，叫我剪，那你看我怎麼對付她。」
>
> 「那有什麼好對付的，就跟她說不要啊。」
>
> 「妳講不要的話，一定會得罪全家人，不是得罪一個人。」「因為

她說：我彎不下，看不到。妳不能說：我不會啊，妳作人家媳婦。我就說，啊，哪裡啊，我看一下，因為我都戴眼鏡，我如果剪到妳，妳就要忍耐。哈，先把話講在前面，剪下去，她叫『唉唷』，我說失禮失禮，我看不見。」「妳不要當面拒絕，這樣以後就會叫妳做很多事，而且以後就會告到男人那裡。」（車先蕙，1997：53-54）

第八節　內團體的合作目標

為了探討文化與內聚力（cohesiveness）對團體內衝突與效能的影響，Nibler 與 Harris（2003）刻意以美國和華人的朋友與陌生人作為參與者，組成來自同樣文化的五人小組，並讓他們從事一項決策任務。結果顯示：在美國參與者中，任務衝突和工作表現存有共變關係：美國陌生人認為他們之間很少有彼此見解或意見不和的任務衝突，但他們的工作表現也比較差。然而，美國朋友之間卻因為能夠坦誠交換彼此的觀點，而提升其工作表現。相較之下，華人參與者一致地認為：他們內團體衝突的程度較高，但工作表現卻較差。因此，他們認為：在工作上發生衝突時，團體能夠自由交換意見，並表達對於對方的不同看法，因而有利於工作成果的提升，這種現象可能有其文化特殊性（cultural specific），只適用於西方文化中的某些社會情境，但在華人文化卻不太可能發生。

➢ 虛性和諧／實性和諧

在《人際和諧與衝突》一書中，黃囇莉（1999）將華人社會中的人際和諧分為實性和虛性和諧。「實性和諧」指的是兩人統合無間、和合如一的和諧狀態。在「實性和諧」的關係脈絡下，人們有較正向的人際知覺，傾向真誠、信任、主動、支持、接納及自然的人際反應方式。「虛性和諧」只是表面上維持和諧，抬面下卻暗藏不合。在「虛性和諧」的狀態之下，人們則有較負向的人際知覺，表現較多的小心謹慎、防衛、客套形式，甚而虛偽的溝通，還有被動、推託、排斥、忽略、劃清界限以及虛與委蛇等反應。黃囇莉認為關係雙方處於實性和諧時，即使偶爾有口角或發生衝突，很快又可以不計前嫌，或主動道歉求和，讓兩人繼續保持足夠的親近度。如果雙方處於虛性和諧，往往以保持距離的淡然關係維持住虛假的表面和諧，內心則不斷地退卻疏離，以求取對自我真誠的空間。

採用西方心理學研究典範，從事跨文化研究比較的學者，很容易得到一項結論：西方人是民主的，華人是專制的；西方人開放而且樂於坦率討論彼此之間的不同觀點，華人為了避免衝突而不願意觸及彼此之間的差異。因此，民主開放的決策模式，並不適用於華人社會（如 Nibler & Harris, 2003）。然而，從儒家關係主義的理論脈絡來看，儒家文化傳統中並不是沒有民主的質素，關鍵是：組織中居於較高位置的資源支配者，如何經由制度的設計，將這樣的質素誘發出來，並將組織中的「虛性和諧」轉化成為「實性和諧」？

➢ 合作的目標

我們可以用 Tjosvold 所做的一系列研究來說明這個論點。Wong、Tjosvold 與 Lee（1992）先以北美地區（加拿大）企業組織中工作的 40 位華裔員工為參與者，探討他們對合作、競爭和獨立三種目標設定方式的反應。結果顯示：在衝突情境中設立合作目標的人，比較能夠以開放的心胸討論問題。這種建設性的互動方式，有助於他們的工作效率，加強他們的工作關係，在工作上進展順利，並對未來的合作抱有信心。

接著，他們又以一系列的研究，探討華人的傳統價值觀和文化先決條件對合作和競爭的衝突管理方式的影響。譬如：Tjosvold 與 Sun（2001）以 80 位華人大學生為參與者，用實驗方法探討溝通方式（說服或強制）和社會脈絡（合作或競爭）對於衝突的影響。在每次實驗中，每兩位參與者必須和兩位實驗者的同謀一起討論工作的分配。結果顯示：說服所傳遞的訊息是尊重，並有助於發展合作的關係；強制會傳遞出不尊重，它會助長彼此之間的競爭，造成對於談判對手和對立觀點的排斥。

Tjosvold 和他的同僚繼續以中國南部（上海）外資企業中的華籍員工為參與者，用關鍵事件技術（critical incident technique）探討他們跟美國或日本經理之間的互動。不論是訪談的質化分析或者研究資料的統計分析都顯示：合作式而不是競爭或獨立式的衝突管理方式，有助於華人員工加強他們對外籍經理的信任和投入，改善雙方關係的品質，提高他們的生產力（Chen, Tjosvold, & Fang, 2005）並增進其團隊效能（Tjosvold, Poon, & Yu, 2005）。他們因此認為：不論是在文化之內，或是跨越文化疆界，合作式的衝突管理很可能是克服障礙並發展有效領導關係的重要方法（Chen & Tjosvold, 2007）。

➢ 開放的溝通

在說明他們的研究結果時，他們也注意到社會面子（Tjosvold, Hui, & Sun, 2004）和用非語言溝通表達溫暖（Tjosvold & Sun, 2003），在華人衝突解決過程中所扮演的角色。他們認為：社會臉面可以解釋東亞人民掩飾衝突的傾向。他們所做的實驗和田野訪問（field interview）顯示：在表達溫暖或面子受到肯定的情況下，華人參與者會問較多的問題，探索對方的觀點，對於對方的論點有更多的瞭解，並會設法整合不同的論點。不僅如此，在先前有堅強關係及合作目標的情況下，華人經理跟部屬更容易彼此合作，提高生產力，並加強關係。因此，他們認為：只要能夠做建設性的管理，避免衝突有助於加強業已存在的有效關係（Tjosvold & Sun, 2002）。

Tjosvold 的研究團隊企圖用這一系列的研究發現，來挑戰西方理論的偏見。他們強調：華人不僅推崇關係取向的民主領導方式，而且在合作目標的脈絡下，他們也能夠用建設性的方式，來從事開放的討論（Tjosvold, Hui, & Law, 2001; Tjosvold, Leung, & Johnson, 2006）。值得注意的是：在他們研究中，合作、競爭或獨立目標的設定都是由領導者所安排的。換言之，在華人的組織或團隊中，在縱向關係中居於優勢地位的領導者，必須思考的關鍵問題是：如何經由合作目標的設定，將組織中的人際關係安排成具有「實質和諧」的橫向內團體，來提高組織的生產力？

第九節　橫向外團體的衝突化解策略

在明爭暗鬥的過程中，雙方可能爆發激烈的衝突，抬面下的衝突「浮上抬面」，「暗鬥」變為「明爭」。這時候，他們可能為了爭某些實質性的利益（目標）而和對方持續「對抗」；也可能因為彼此內在的敵意或緊張情緒，為了和對方「爭面子」、「爭一口氣」，找某些藉口，和對方發生「意氣之爭」。前者可視為西方學者所謂的「實質衝突」（realistic conflict），後者則為「虛性衝突」（autistic conflict）（Holmes & Miller, 1976）。

對於重視內團體和諧的華人而言，他所知覺到的和衝突對象之間的社會距離，將會影響他對衝突情境的歸因、知覺和衝突解決方式的選擇。Chan與Goto（2003）以在工作上曾經有跨文化接觸的122位香港員工為參與者，請他們閱讀工作情境中本地員工與主管發生爭執的一則情境故事，這位主管分別來自香港、中國大陸或美國，然後做一系列的評量。結果顯示：參與者跟香港人的心理距離最近，他們對來自美國或中國大陸的主管則感覺較為遙遠。不僅如此，他們對衝突情境的知覺、歸因以及解決衝突的方式，也因而有所不同。

Leung（1988）以192位香港及美國的大學生以及144位鄰近社區的居民為參與者，要求他們閱讀一則衝突的情境故事，並評估他們訴諸衝突的可能性。結果顯示：如果涉及的利益較大，而且其可能爭議的對象（would-be disputant）是來自外團體的成員，參與者便比較可能訴諸衝突。和美國人相較之下，華人參與者比較不可能跟內團體的爭議者發生衝突，他們卻比較可能跟外團體的爭議者發生衝突。換言之，對美國人而言，內外團體的差別並不是他們決定是否要跟對方發生衝突的主要因素。然而，華人卻非常強調「內外有別」：對於內團體成員，他們十分強調「和諧」的重要性；跟外團體的他人發生爭執時，他們便很可能訴諸衝突。

➢ 公開對抗

以往有許多學者指出：華人對外團體的攻擊行為是相當激烈的，他們不僅可能用公開侮辱（public abuse）的方式辱罵對方，也可能用集體暴力（collective violence）的方式攻擊對方（Bond & Wang, 1981）。Ward（1965）認為：這是因為華人文化中缺乏化解外團體間衝突的和平模式所致。甚至在某些必須經常進行語言抗拮的角色關係，也可能引發激烈的肢體衝突。筆者在所著的《權力的漩渦》一書中，描述台灣邁入多黨政治之後，不同黨籍的立法委員如何在立法院中進行激烈的權力鬥爭（黃光國，1997）。郭賽華分析台灣立法院中政治衝突中的政治對話（Kuo, 1994），結果顯示：反對黨立法委員在質詢中所提出的大部分問題的語言形式和意圖，均在責備或批評被質詢的政府官員；後者亦明白這些問題將一步步導向責難，而做出防衛性的反應。有些官員甚至不對各種挑釁或指控予以解釋或否認，而直接用與先前對方形式完全相同的語言加以反擊。此外，這一類對話衝突裡的敵意，也經常藉由冷嘲熱諷的方式表達出來。另一方面，受窘的官員也可能強調雙方的共同點，例如同姓同宗或同為國家利益著想，以安撫對方，而脫離窘境。

➢ 爭面子

這裡值得強調的是：本文所謂的「內團體」或「外團體」主要是一種心理上的界定，當雙方發生衝突的時候，即使是「內團體」也可能變成心理上的「外團體」。在強調「尊尊法則」的權力結構中，如果內團體中占優勢地位的一方不顧弱勢者的感受，而要強行貫徹自己的意志，弱勢者也可能起而反抗，雙方「撕破臉」並爆發衝突。

林昭溶與林惠雅（1999）的研究曾經提到一個國中女生親子衝突的案例：在這個衝突事件中，故事主角的媽媽看到她和男生講電話而延誤吃飯，因而責罵她，甚至作勢要打她，由於她認為媽媽遷怒於她，事情的責任不完全在己，於是故意和媽媽「唱反調」：

> 媽媽到了那時候心情就會比較不好，爸爸也會叫我們不要惹她！但是我會覺得莫名其妙，妳心情不好，我心情也不好，為什麼啊！那妳也不要惹火我。……我就一直罵，我說奇怪，妳以為妳誰呀！妳以為我媽就可以這樣，我要是有小孩，我也不會這樣對她……
> 然後我就不講話，我就站著，媽媽他們都坐著，就我一個人站得高高的這樣，然後我媽就說妳給我坐下，然後我就不要，我就這樣子，我就這樣看她。……我很激動！其實也不會啊！誰叫她要那麼兇……所以我就故意要跟她唱反調，不然我會很沒有面子啊，她叫我坐，那麼兇，我就坐啊？（林昭溶、林惠雅，1995：90）

用表 12-3 的架構來看，母女關係原本是屬於「縱向內團體」，她們對外人應當構成一個「大我」，在外人面前必須維護彼此的「面子」。然而，當她們發生衝突的時候，女兒產生了強烈的自我意識，她用各種象徵性的動作表示自己和媽媽之間的關係已經變成了獨立的個體，或表 12-3 中的「橫向外團體」：「我就站著，媽媽他們都坐著，就我一個人站得高高」，「我媽說：妳給我坐下，我就不要」，「我故意要跟她唱反調，不然我會很沒有面子」。

在華人社會中，「面子」的感受通常產生於個人意識到「自我」的情境之中。倘若個人覺得自己和對方同屬於「大我」的一部分，他通常不會感受到「自己」的面子意識，而會感受到「大我」的「面子」。相反的，當他宣稱要維護自己「面子」的時候，往往也蘊涵著要和對方發生激烈的衝突：

> 後來我就罵很大聲，奇怪！我是妳女兒，妳打什麼，妳打畜生，還是打什麼，我那時候很氣，然後我媽講一句，我可以反駁個十幾句

那樣。……她氣我更氣呀，笑死人了，我就很氣很氣，然後她要打，我就開始站起來罵，打屁喲，很痛耶。……我就會把我認為對的地方講出來，我不對的我也會說我這樣很不對，但妳有沒有想過，妳自己亂打小孩的頭也是妳不對。（林昭溶、林惠雅，1995：90-91）

➢ 調解的制度

當華人發生嚴重之爭執時，其關係網內的第三者往往會出面調停，將雙方分開，以避免衝突的進一步升高（Brown, 1977; Ma, 1992）。調解者通常是雙方共同關係網內社會地位比較高的人，他在調解雙方糾紛時，最重要的任務之一，是在不損傷雙方面子的原則下，找出解決問題的方案（Bond & Wang, 1981）。為了達到這樣的目的，他在解釋的過程中，常常會斥責雙方：「再鬧下去，會丟我們的臉」，並要求雙方：「看我的面子」（翟學偉，1995）。這時候發生衝突的當事人便能夠以保護仲裁者的面子為理由，放棄敵對姿態而不會喪失面子（Cohen, 1967）。

在華人社會裡，調解有極其長久的歷史，它甚至已經發展成為正式的制度。Xu（1994）曾經探討現代中國「人民調解制度」（people's conciliation）的起源、發展及組織，並分析和中國歷史上其他形式之介入的關聯，包括自主安排、律師協助、行政調解以及司法調解等等。在華人、日本人和韓國人聚集的夏威夷亞裔社群，也存有調解制度。Ogawa（1999）曾分析夏威夷調解模式（Hawaii model of mediation）中，所使用面子工夫的歷史、哲學和語言。Wall 與 Blum（1991）對 97 位（45 至 70 歲的）中國大陸的社區調解員進行訪談，蒐集了 27 種的調節技巧，例如：教育、蒐集資訊、辯論、要求退讓、引用法律、請求原諒等等。

➢ 調解的技術

Lee（2003）以在 Ohio University 就讀的美國、中國、台灣及韓國大學生為對象，探討文化間衝突管理過程中，第三者所使用的調解技術與臉面關懷。他用因素分析法分析資料的結果顯示：第三者調解中的臉面關懷涉及：對爭議者自我形象及可靠度的關懷、對關係和諧的關懷、對第三者評價及其自我形象的關懷，以及對各方感受的關懷。他的研究區分出 35 種協調技術，並且依第三者涉入的程度，將它們分成五大類：不涉入、消極調解（passive mediation）、爭議者積極取向（disputants-active approach）、調解者積極取向及關係取向。

Leung（1987）在香港和美國所做的跨文化比較研究顯示：在化解爭議（dispute）的程序方面，華人參與者比美國人更偏好協商（bargaining）和調停（mediation）。華人之所以偏好這兩種程序，是因為他們比較能夠降低爭議雙方的怨恨（animosty）。整體而言，人們之所以會偏好某種程序，是因為它看起來：⑴能讓爭議者控制程序；⑵降低怨恨感；⑶公平；⑷對自己有利。

當然，並不是所有擔任調解人的第三者都是公正無私的。前述陳若璋（1992）在台灣所做的一項婚姻暴力研究顯示：接受訪問的 55 位婚姻暴力的女性受害者在丈夫第一次對其施暴時，大多數的反應是：哭泣、默默不作聲（25 人，45%），其次是回嘴、對罵（17 人，23%）、回打（7 人，13%），或是回娘家（3 人，5%）、找第三者支持（3 人，5%）。值得注意的是：她們即使告訴自己的父母及公婆，家人通常的反應也是勸女方「要忍耐」，公婆也大多勸媳婦「要忍耐」，因為他的兒子從小就這樣，無法改變，要女方「睜一隻眼，閉一隻眼」。

➢ 關係斷裂

在表 12-3 的理論模式中，筆者是採取「科學實在論」的理論建構方式，建構出一種理論的微世界，說明華人社會中的人際關係與衝突化解模式。這樣的理論模型是共時性的（synchronic），並沒有考量人際關係在時間向度上的改變。然而，在人們的生活世界裡，個人與他人之間的關係卻是歷時性的（diachronic），人與人之間的關係也可能隨著衝突事件的發展而發生變化。

依照儒家的文化理想，家庭中人際關係的安排，必須建立在以「仁」的基礎之上。用〈人情與面子〉的理論模式來看，就是人與人之間的關係必須包含有很濃的「情感性成份」。倘若居高位者沒有察覺到這種變化，反倒一而再、再而三地要將自己的意志強加在對方身上，對方「忍無可忍」而不斷反抗，雙方衝突愈演愈烈，兩人之間的「情感性成份」已經變得十分淡薄，而只剩下「工具性成份」，雙方經過「精打細算」的程序之後，便可能走上關係斷裂之途。譬如：在劉惠琴（1999）的研究中，便有一位妻子提到婆婆縱容自己丈夫中年外遇的心態：

> 我婆婆講了三句話，我心裡都涼了。她說，男人就是這樣，他玩到老，玩不動他就會回來。還有一句是跟我先生講，人家玩了一輩子，人家也沒有像你這樣玩出問題來。還有一個她跟我說，我先生沒有花錢，那個女孩出去都有免費的機票，我覺得我婆婆這三句話讓我心很冷，太讓我傷心了，我跟你二十幾年的婆媳，你最後講這樣子，然後我先生又一副沒事樣，又開始要過以前那種生活。我就覺得說，這不是我要的。（劉惠琴，1999：168）
>
> 我到最後給他下了一個通牒，就是說你要有所選擇，只能選擇其一，魚與熊掌不可兼得，說你男人可以這樣子，那我們女人也可以選擇我自己喜歡的生活方式。我先問他一個問題就是說，你還要不要這個婚姻？不要！很簡單解決掉！因為在這個時候小孩子已經長大了，那我說不離婚，那整個狀況就這樣一直糟下去，那怎麼辦？你要求我像傳統的女性，但是你都不能要求你自己，你就沒有資格要求我。（劉惠琴，1999：168-169）

第十節 儒家關係主義的研究傳統

從Kuhn（1962）在《科學革命的結構》（*The Structure of Scientific Revolutions*）一書中所提出的觀點來看，當非西方國家的社會科學工作者引用西方國家的研究典範從事研究工作的時候，理論跟他觀察到的現象不相符合的「異例」（anomaly），其實是屢見不鮮的。然而，由於科學家們大多接受西方主流的研究典範，並視之為真理或接近真理，此時所謂的「檢驗」，受檢驗的並不是現行的理論，而是個別的科學家。所以解不開謎的罪過必須由科學家來承擔，而不在於理論。

➢ 科學革命

然而，當異例出現的頻率愈來愈高，科學家們感到他們所用的研究典範已經受到根本的威脅，整個科學社群便可能面臨危機。科學危機的到來，會使科學社群對典範理論的信心崩潰，並發生百家爭鳴的現象。從 1980 年代起，心理學本土化運動，在許多非西方國家的興起，便可以看做是西方研究典範已經面臨到危機。當這種調整的要求愈來愈明顯，科學革命的時期就已經來臨。

科學革命是一個新典範取代舊典範的過程。由於典範是由理論體系、研究方法和哲學觀點所構成，典範的轉移（paradigm shift）不僅會引起科學理論體系的變革，而且會引起科學家在認識論和方法論方面的變革。

本書題為《儒家關係主義：哲學反思、理論建構和實徵研究》，筆者在論述其理論建構的過程中，不斷地從科學哲學的觀點，將各種不同研究取向作「本體論／知識論／方法論」的反思，其目的便是希望讀者能夠清楚察覺到由西方個人主義到儒家關係主義之間的典範移轉。

➢ 科學演化

本書第四章很清楚地指出：〈人情與面子〉的理論模型是建立在人類社會行為的四種基本形式之上；第五章又從結構主義的觀點指出：〈人情與面子〉的理論模型和儒家庶人倫理之間有一種「同構」的關係。從文化心理學的角度來看，這兩者之間的關聯，可以說明儒家文化和其他文化之間人類社會行為的「一種心智、多種心態」；從科學哲學的角度來看，儒家關係主義「批判地繼承」了西方社會交換理論，又「創造地發展」出自己的理論系統（傅偉勳，1986），它們所使用的許多概念彼此之間是可通約的（commensurable），它們之間的關係不是「革命」（revolution），而是「演化」（evolution）（Toulmin, 1967a, 1967b）。

正因為〈人情與面子〉的理論模型是以人類社會行為的深層結構作為基礎，它構成了儒家關係主義這一系列理論的「硬核」（hard core）（Lakatos, 1970）。以它作為基礎，我們建構出本書各章有關社會交換、道德判斷、成就動機、面子維護、組織文化、衝突化解的一系列理論。當然根據同樣的理論，我們還可以針對其他範疇中的社會行為，再建構出更多的相關理論，構成儒家關係主義的研究傳統（Laudan, 1977）。這是華人本土心理學未來應當努力的方向。

參考文獻

李亦園（1988）：〈和諧與均衡：民間信仰中的宇宙詮釋〉。見林治平（主編）《現代人心靈的真空及其補償》。台北：宇宙光。

李亦園（1994a）：〈從民間文化看文化中國〉。《漢學研究》，12（1），1-6。

李亦園（1994b）：《傳統中國宇宙觀與現代企業行為》。「文化中國：理論與實際國際研討會」主題論文。香港：香港中文大學。

李美枝（1997）：《中國人重要人際關係的內涵與功能：親子篇》。《本土心理學假期班資料彙編》。台北：台灣大學心理學與本土研究室。

李敏龍（1994）：《中國人之忍的觀念：理論的與實徵的分析》。台灣大學心理學研究所碩士論文。

利翠珊（1995）：〈夫妻互動歷程之探討：以台北地區年輕夫婦為例的一次初探性研究〉。《本土心理學研究》，4，260-321。

汪睿祥（1996）：《傳統中國人用「計」的應事理法》。台灣大學社會學研究所博士論文。

車先蕙（1997）：《內、外之間：婆媳間的關係與權力》。台灣大學心理學研究所碩士論文。

林文瑛、王震武（1995）：〈中國父母的教養觀：嚴教觀或打罵觀？〉。《本土心理學研究》，3，2-92。

林昭溶、林惠雅（1999）：〈國中學生親子衝突的因應歷程〉。《本土心理學研究》，12，47-101。

金耀基（1988）：〈「面」、「恥」與中國人行為之分析〉。見楊國樞（編）：《中國人的心理》。台北：桂冠圖書公司。

陳若璋（1992）：〈台灣婚姻暴力的性質台灣婚姻暴力之本質、歷程與影響〉。《婦女與兩性期刊》，3，117-147。

陳舜文（1994）：《人際關係與爭議解決程序之選擇：由關係性質之組型探討》。台灣大學心理學研究所碩士論文。

傅偉勳（1986）：《批判的繼承與創造的發展》。台北：東大圖書公司。
喬　健（1981）：〈中國文化中的計策問題初探〉。見李亦園、喬健（編）：《中國的民族、社會與文化》（頁 1-13）。台北：食貨出版社。
喬　健（1985）：〈建立中國人計策行為模式芻議〉。見楊國樞（編）：《中國人的心理》（頁 431-441）。台北：桂冠圖書公司。
黃光國（1995）：〈儒家價值觀的現代轉化：理論分析與實徵研究〉。《本土心理學研究》，3，276-338。
黃光國（1997）：《權力的漩渦》。台北：商周文化事業公司。
黃光國（2005）：〈華人社會中的臉面觀〉。見楊國樞、黃光國、楊中芳（主編）：《華人本土心理學》（頁 365-406）。台北：遠流出版公司。
黃曬莉（1996）：《中國人的人際和諧與衝突：理論建構及實徵研究》。台灣大學心理學研究所博士論文。
葉光輝（1995）：〈孝道困境的消解模式及其相關因素〉。《中央研究院民族學研究所集刊》，79，87-118。
葉光輝、楊國樞（2008）：〈孝道之心理學研究的回顧與前瞻〉。見葉光輝、楊國樞：《中國人的孝道：心理學的分析》（頁 529-547）。台北：台灣大學出版中心。
鄒川雄（1995）：《拿捏分寸與陽奉陰違：一個傳統中國社會行事邏輯的初步探索》。台灣大學社會學研究所博士論文。
翟學偉（1995）：《中國人的臉面觀》。台北：桂冠圖書公司。
劉惠琴（1999）：〈從辯證的歷程觀點看夫妻衝突〉。《本土心理學研究》，11，153-202。
Berger, P., & Luckmann, T. (1966). *The social construction of reality*. Garden City, NY: Double Day.
Blake, R. R., & Mouton, J. S. (1964). *The managerial grid*. Houston, TX: Gulf Publishing.
Bond, M. H., & Wang, S. H. (1981). Aggressive behavior in Chinese society: The problem of maintaining order and harmony. *Acta Psychologica Taiwanica, 23*, 57-73.
Brew, F. P., & Cairns, D. R. (2004). Styles of managing interpersonal workplace conflict

in relation to status and face concerns: A study with Anglos and Chinese. *International Journal of Conflict Management, 15*, 27-56.

Brown, B. R. (1977). Face-saving and face-restoration in negotiation. In D. Druckman (Ed.), *Negotitions: Social-psychological perspectives*. Beverly Hills, CA: Sage.

Chan, D. K. S., & Goto, S. G. (2003). Conflict resolution in the culturally diverse workplace: Some data from Hong Kong employees. *Applied Psychology: An International Review, 52*, 441-460.

Chen, J., Chen L., & Zhang, J. (2006). A research on the styles of handling superior-subordinate conflicts: Its questionnaire and analysis. *Psychological Science (China), 29*, 926-928.

Chen, Y. F., & Tjosvold, D. (2007). Co-operative conflict management: An approach to strengthen relationships between foreign managers and Chinese employees. *Asia Pacific Journal of Human Resources, 45*, 271-294.

Chen, Y. F., Tjosvold, D., & Fang, S. S. (2005). Working with foreign managers: Conflict management for effective leader relationships in China. *International Journal of Conflict Management, 16*, 265-286.

Chiu, R. K., & Kosinski, F. A. (1994). Is Chinese conflict-handling behavior influenced by Chinese values? *Social Behavior and Personality, 22*, 81-90.

Cohen, J. A. (1967). Chinese mediation on the eve of modernization. In D. C. Buxbaum (Ed.), *Traditional and modern legal institutions in Asia and Africa*. Leiden: E. J. Brill.

Fu, H., Watkins, D., & Hui, E. K. P. (2004). Personality correlates of the disposition towards interpersonal forgiveness: A Chinese perspective. *International Journal of Psychology, 39*, 305-316.

Gergen, K. J. (1985). The social constructionist movement in modern psychology. *American Psychologist, 40*, 266-275.

Hall, J. (1969). *Conflict management survey*. Rochester, NY: Technometrics.

Holmes, J. G., & Miller, D. T. (1976). Interpersonal conflict. In J. W. Thibaut, J. T. Spence & R. C. Carson (Eds.), *Contemporary topics in social psychology* (pp. 265-308).

Morristown, NJ: General Learning Press.

Holt, J. L., & DeVore, C. J. (2005). Culture, gender, organizational role, and styles of conflict resolution: A meta-analysis. *International Journal of Intercultural Relations, 29*, 165-196.

Hsu, F. L. K. (1971). Psychological homeostasis and jen: Conceptual tools for advancing psychological anthropology. *American Anthropologist, 73*, 23-44。

Hwang, K. K. (1997-8). *Guanxi* and mientze: Conflict resolution in Chinese society. *Intercultural Communication Studies, 7*, 17-37.

Kirkbride, P. S., Tang, S. F., &Westwood, R. I. (1991). Chinese conflict preferences and negotiation behavior: Cultural and psychological influences. *Organization Studies, 12*, 365-386.

Kuhn, T. (1962). *The structure of scientific revolutions*. Chicago, IL: The University of Chicago Press.

Kuo, S.-H. (1994). Argumentative strategies in Chinese political talks. *Proceedings of the National Science Council, ROC. Part C: Humanities and Social Sciences, 4*, 88-105.

LaBarre, W. (1945). Some observations on character structure in the Orient. *Psychiatry, 8*, 319-342.

Lakatos, I. (1970). Falsification and the methodology of scientific research programmes. In I. Lakatos & A. Musgrave (Eds.), *Criticism and the growth of knowledge*. Cambridge, MA: Cambridge University Press.

Laudan, L. (1977/1992). *Progress and its problems: Toward a theory of scientific growth*. London: Routledge & Kegan Paul. 陳衛平（譯）：《科學的進步與問題》。台北：桂冠圖書公司。

Lee, S. Y. (2003). The effect of culture and self-construal on face-concerns and mediation techniques of an informal third-party intermediary in intercultural/ interpersonal conflict. *Dissertations Abstracts International Section A: Humanities and Social Sciences, 63*, 3790.

Leung, K. (1987). Some determinants of reactions to procedural models for conflict resolution: A cross-national study. *Journal of Personality and Social Psychology, 53*,

898-908.

Leung, K. (1988). Some determinants of conflict avoidance. *Journal of Cross-Cultural Psychology, 19*, 125-136.

Leung, K., & Lind, E. A. (1986). Procedural justice and culture: Effects of culture, gender, and investigator status on procedural preferences. *Journal of Personality and Social Psychology, 50*, 1134-1140.

Lung, A. Y. (2000). Parent-adolescent conflict and resolution in Chinese American and Caucation families (cross cultural, intergenerational conflict). *Dissertations Abstracts International Section B: The Sciences and Engineering, 60*, 3571.

Ma, R. (1992). The role of unofficial intermediaries in interpersonal conflicts in the Chinese culture. *Communication Quarterly, 40*, 267-278.

Ma, Z. Z. (2007). Chinese conflict management styles and negotiation behaviors: An empirical test. *International Journal of Cross Cultural Management, 7*, 101-119.

Markus, H. R., & Kitayama, S. (1991). Culture and the self: Implications for cognition, emotion, and motivation. *Psychological Review, 98*, 224-253.

Niber, R., & Harris, K. L. (2003). The effect of culture and cohesiveness on intragroup conflict and effectiveness. *Journal of Social Psychology, 143*(5), 613-631.

Niem, C. T. I., & Collard, R. R. (1972). Parental discipline of aggressive behaviors in four-year-old Chinese and American children. *Proceedings of the Annual Convention of the American Psychological Association, 7*, 95-96.

Oetzel, J., Ting-Toomey, S. Masumoto, T., Yokochi, Y., Pan, X. H., Takai, J., Wilcox, R. (2001). Face and facework in conflict: A cross-cultural comparison of China, Germany, Japan, and the United States. *Communication Monographs, 68*, 235-258.

Ogawa, N. (1999). The concept of facework: Its functions in the Hawaii model of mediation. *Mediation Quarterly, 17*, 5-20.

Rahim, M. A. (1986). *Managing conflict in organizations*. New York: Praeger.

Ryback, D., Sanders, A. L., Lorentz, J., & Koestenblatt, M. (1980). Child-rearing practices reported by students in six cultures. *Journal of Social Psychology, 110*, 153-162.

Sampson, E. E. (1985). The decentralization of identity: Toward a revised concept of personal and social order. *America Psychologist, 36*, 730-743.

Sampson, E. E. (1988). The debate on individualism: Indigenous psychologies of the individual and their role in personal and societal functioning. *American Psychologist, 43*, 15-22.

Silin, R. H. (1976). *Leadership and values*. Cambridge, MA: Harvard University Press.

Sollenberger, R. T. (1968). Chinese-American child-rearing practices and juvenile delinquency. *Journal of Social Psychology, 74*, 13-23.

Solomon, R. H. (1971). *Mao's revolution and the Chinese political culture*. Berkeley, CA: University of California Press.

Sterba, R. L. (1978). Clandestine management in the imperial Chinese bureaucracy. *Academy of Management Review*, 69-78.

Stover, L. E. (1974). *The cultural ecology of Chinese civilization*. New York: PICA Press.

Sweeney, B., & Carrutbers, W. L. (1996). Conflict resolution: History, philosophy, theory, and educational applications. *School Counselor, 43*, 326-344.

Tang, S. F., & Kirkbride, P. S. (1986). Developing conflict management skills in Hong Kong: An analysis of some cross-cultural implications. *Management Education & Development, 17*, 287-301.

Thomas, K. W. (1976). Conflict and conflict management. In M. Dunnette (Ed.), *Handbook of industrial and organizational psychology*. Chicago, IL: Rand McNally.

Ting-Toomey, S. (1985). Toward a theory of conflict and culture. In W. Gudykunst, L. Stewart & S. Ting-Toomey (Eds.), *Communication, culture, and organizational processes* (pp. 71-86). Beverly Hills, CA: Sage.

Ting-Toomey, S. (1988). Intercultural conflict styles: A face negotiation theory. In Y. Y. Kim & W. B. Gudykunst (Eds), *Theories in intercultural communication* (pp. 213-35). Newbury Park, CA: Sage.

Ting-Toomey, S. (2005). The matrix of face: An updated face-negotiation theory. In W. Gudykunst (Ed.), *Theorizing about intercultural communication* (pp. 71-92). Thousand Oaks, CA: Sage.

Ting-Toomey, S. (Ed.) (1994). *The challenge of facework: Cross-cultural and interpersonal issues*. New York: State University of New York-Albany Press.

Ting-Toomey, S., & Oetzel, J. G. (2001). *Managing intercultural conflict effectively*. Thousand Oaks, CA: Sage.

Tinsley, C. H., & Brett, J. M. (2001). Managing workplace conflict in the United States and Hong Kong. *Behaviors and Human Decision Process, 85*, 360-381.

Tinsley, C. H., & Weldon, E. (2003). Response to a normative conflict among American and Chinese managers. *International Journal of Cross Cultural Management, 3*, 183-194.

Tjosvold, D., & Sun, H. (2001). Effects of influence tactics and social contexts in conflict: An experiment on relationships in China. *International Journal of Conflict Management, 12*, 239-258.

Tjosvold, D., & Sun, H. (2002). Understanding conflict avoidance: Relationship, motivations, actions and consequences. *International Journal of Conflict Management, 13*, 142-164.

Tjosvold, D., & Sun, H. F. (2003). Openness among Chinese in conflict: Effects of direct discussion and warmth on integrative decision making. *Journal of Applied Social Psychology, 33*, 1878-1897.

Tjosvold, D., Hui, C., & Law, K. S. (2001). Constructive conflict in China: Cooperative conflict as a bridge between East and West. *Journal of World Business, 36*, 166-183.

Tjosvold, D., Hui, C., & Sun, H. F. (2004). Can Chinese discuss conflict openly? Field and experimental studies of face dynamics in China. *Group Decision and Negotiation, 13*, 351-373.

Tjosvold, D., Leung, K., & Johnson, D. W. (2006). Co-operative and competitive conflict in China. In M. Deutsch, P. T. Coleman & E. C. Marcus (Eds.), *The handbook of conflict resolution: The theory and practice* (2nd ed.) (pp. 671-692). Hoboken, NJ: John Wiley & Sons.

Tjosvold, D., Nibler, R., & Wan, P. (2001). Motivation for conflict among Chinese university students: Effects of others' expertise and one's own confidence on engaging in conflict. *Journal of Social Psychology, 141*, 353-363.

Tjosvold, D., Poon, M., & Yu, Z. Y. (2005). Team effectiveness in China: Co-operative conflict for relationship building. *Human Relations, 58*, 341-367.

Toulmin, S. (1967a). Conceptual revolutions in science. *Synthese, 17*, 75-91.

Toulmin, S. (1967b). Does the distinction between normal and revolutionary science hold water? In I. Lakatos & A. Musgrave (Eds.), *Criticism and the growth of knowledge* (pp. 39-47). Cambridge, MA: Cambridge University Press.

Walder, A. G. (1983). Organized dependency and cultures of authority in Chinese industry. *Journal of Asian Studies, 43*, 51-76.

Wall, J. A., & Blum, M. (1991). Community mediation in the People's Republic of China. *Journal of Conflict Resolution, 35*, 3-20.

Wallner, F. (1994). *Constructive realism: Aspects of new epistemological movement*. Vienna: W. BraumŸller.

Ward, B. E. (1965). Varieties of the conscious model: The fisherman of South China. In M. Bauton (Ed.), *The relevance of models for social anthropology*. London: Travistock.

Westwood, R. I., Tang, S. F., & Kirkbride, P. S. (1992). Chinese conflict behavior: Antecedents and behavioral consequence. *Organization Development Journal, 10*, 13-19.

Wolf, M. (1970). Child training and the Chinese family. In M. Freedman (Ed.), *Family and kinship in Chinese society*. Stanford, CA: Stanford University Press.

Wong, C. L., Tjosvold, D., Lee, F. (1992). Managing conflict in a diverse work force: A Chinese perspective in North America. *Small Group Research, 23*, 302-321.

Xu, X. Y. (1994). People's conciliation: A model of conflict management of civil disputes in China. *International Journal of Cross Cultural Management, 5*, 326-342.

Yan, J., & Sorenson R. L. (2004). The influence of Confucian ideology on conflict in Chinese family business. *Journal of Cross Cultural Management, 4*, 5-17.

Yang, C. F. (1988). Familism and development: An examination of the role of family in contemporary China Mainland, Hong Kong, and Taiwan. In D. Sinha & H. S. R. Kao

(Eds.), *Social values and development: Asian perspectives*. New Delhi: Sage.

Yeh. K. H., & Bedford, O. (2004). Filial belief and parent-child. *International Journal of Psychology, 39*, 132-144.

Zhang, V. B., Harwood, J., & Hummert, M. L. (2005). Perceptions of conflict management styles in Chinese intergenerational dyads. *Communication Monographs, 72*, 71-91.

Zhang, Y. B. (2004). Initiating factors of Chinese intergenerational conflict: Young adults' written accounts. *Journal of Cross Cultural Gerontology, 19*, 299-319.

跋

實在論、多重哲學典範與含攝文化的理論

從1980年代初期，我在楊國樞教授的號召下，積極參與「社會心理學本土化運動」後不久，便已經察覺到：國內社會科學研究長期處於低度發展的狀態，主要原因在於研究者對於西方科學哲學的發展缺乏相應的理解。

西方文藝復興運動發生之後，各門學科的發展和科學哲學的發展之間，便存有一種「互為體用」的關係：隨著各種不同科學的發展，總有一些哲學家不斷地在思考：到底什麼是科學？而成為所謂的「科學哲學」。科學哲學的發展又可以回過頭來，引導科學研究的方向。Lakatos（1978/1990）因此在他所著的〈科學史及其合理重建〉一文的標題之首，寫下了一句不朽名言：「沒有科學的科學哲學是空洞的，沒有科學哲學的科學是盲目的。」

一、撰寫《儒家關係主義》的背景

然而，十九世紀以來，華人留學生在吸收西方文化的過程中，大多只專注於學習各種不同的「科學」，而很少注意科學哲學的演變；更少有人嚴肅思考科學哲學的發展和科學研究之間的關聯。長期盲目移植西方學術研究典範的結果，便使得國內各門科學研究的發展顯得既空洞，又盲目。

看出了問題的癥結，我開始提倡：本土心理學運動必須以科學哲學作為基礎。然而，由於台灣心理學界一向流行「素樸實證主義」的研究，在累積

下許多「不具認知意義」的量化研究資料之後，對這種研究取向感到不滿的一些人改而追隨西方「後現代主義」的後塵，主張以「建構主義」作為基礎，從事質化研究。「滔滔者，天下皆是也」，在這種情況下，我的主張當然顯得孤掌難鳴。

➢ 本土心理學的路線之爭

到了 1990 年代初期，台灣本土心理學運動終於發生了路線之爭。我在本書中的〈自序〉中提到一個故事，由於我的研究取向和台灣心理學界重視實徵研究的傳統大異其趣，1992 年，楊國樞教授正在規劃出版《本土心理學研究》期刊，邀我寫一篇「靶子論文」，和學術界同仁一起討論本土心理學的發展方向。當時我正年輕氣盛，立刻毫不猶豫地一口答應，很快地寫了一篇論文，題為〈互動論與社會交換：社會心理學本土化的方法論問題〉，由楊教授邀請社會科學界的幾位資深同仁，針對我的主張提出批判。他們所提出的批判和質問，使我十分難以招架。尤其是在北京大學社會學系講授科學哲學多年的蘇國勛教授，他單刀直入地指出：「『科學研究綱領』主要是適用於近代自然科學，而不是用於社會科學，尤其不是用於社會心理學和社會學」；它「是科學史家 Lakatos 作為科學史家以事後回顧的方式，對科學史上出現的和發生影響的各種學說和理論做出評價時所用的（不是科學工作者自身所用的），因此，『社會科學中國化』不應以『科學研究綱領』為謀。」完全否定了我的主張。

蘇教授的說法基本上是正確的。作為科學發展前鋒的西方核心國家，科學哲學確實是思想史家或哲學家針對「科學史上出現的和發生影響的各種學說和理論」做出反思和評價所得的結果，並不是「科學工作者自身所用的」。然而，對於像台灣或中國這樣非西方社會的邊陲國家，難道我們不能借重西方國家的發展經驗，利用科學哲學來幫助我們發展「本土心理學」或「本土社會科學」嗎？

➢《社會科學的理路》

哲學並非我的專業，在那個時代，我對科學哲學的理解，其實並不深入，也不透澈。蘇教授是在北京大學社會學系講授科學哲學的權威學者，我要反駁他的論點，唯一的方法就是用我的主張，做出具體的研究成果，「拿證據來」。當時我的研究成績乏善可陳，根本做不到這一點，困窘之餘，只好寫一篇〈審慎的回應與暫時的沉默〉，虛晃一招，落荒而逃。

學然後知不足。從此之後，「做出具體研究成果以說明自己的主張」，便成為我持之以恆的學術志業。為了達成這樣的目標，我一方面持續研讀科學哲學的經典著作，另一方面在台灣大學心理學研究所講授科學哲學。

在台灣大學講授科學哲學的經驗使我深深體會到：經典翻譯和詮釋的重要性。如果我們沒有把一些科學哲學的經典名著譯成中文，它們就沒有進入中文世界，一般人便很難用它們作為論辯的材料。要使「科學」在華人的文化中生根，不僅要有人像唐代高僧翻譯佛經那樣，將西方科學哲學的經典名著逐一譯成中文；而且要有人能夠撰寫專著，析論各家科學哲學之間的關聯，讓科學研究工作者，能夠相對容易地理解各種科學哲學之間的辯證性發展。因此我不揣淺陋，以將近十年的工夫，撰成《社會科學的理路》（黃光國，2001）一書，介紹二十世紀裡十八位最重要的哲學家對於本體論、知識論和方法論的主張。

《社會科學的理路》分為兩大部分，前半部所討論的「科學哲學」，主要是側重於「自然科學的哲學」，尤其強調由「實證主義」到「後實證主義」的轉變；後半部則在論述「社會科學的哲學」，包括結構主義、詮釋學和批判理論。由於包括心理學在內的許多門社會學科，都同時兼具「自然科學」和「社會科學」的雙重性格，今天要想解決本土心理學發展上的難題，必須採取「多重哲學典範」（multiple philosophical paradigms）的研究取向，針對不同性質的問題，採用最適恰的科學哲學來尋求其解決之道。

➢「實在論」的科學哲學

這裡必須強調的是：我寫《社會科學的理路》一書，目的是要解決非西方國家發展本土社會科學可能遭遇到的難題，而不是為了要「如實地」反映西方科學哲學的「全貌」。更清楚地說，要以「多重哲學典範」建構「含攝文化的理論」，我們所使用的哲學典範，其共同特色必然是主張「實在論」（realism），而反對「實證主義」（positivism）。

從2000年元月起，我開始擔任教育部「華人本土心理學研究追求卓越計畫」主持人。在執行卓越計畫的八年期間，一面思考如何用不同的科學哲學典範解決心理學本土化有關的各項問題，一面撰寫論文，在國內、外學術期刊上發表。該項計畫於 2008 年初結束之後，又整合相關的研究成果，撰成《儒家關係主義：哲學反思、理論建構與實徵研究》本書。

二、批判實在論

瑞典戈登堡大學的教授 Allwood 和加拿大著名本土心理學家 Berry 曾經做過一項大規模的國際性調查，研究世界各地本土心理學運動的源起、發展及其遭遇的困難（Allwood & Berry, 2006）。隨後 Allwood（2011）寫了一篇論文，題為〈論本土心理學的基礎〉，刊登在一本名為《社會知識論》（*Social Epistemology*）的國際學術期刊之上。

我看到這篇論文後，寫了一篇回應文章，題為〈本土心理學中的文化物化：成就或錯誤？〉（Hwang, 2011），文中很直率地指出：Allwood 的說法，代表了西方主流心理學界「文化虛無主義者」的標準論點。他不知道本土心理學者所要解決的問題，也不瞭解他們解決這些問題的「理論素養」。本土心理學者建構「含攝文化的理論」，誠然可能把文化物化。Allwood 自己承認：西方主流的心理學也是一種本土心理學。西方主流心理學的理論，大多是建立在個人主義的預設之上，這難道不也是一種「物化」嗎？為什麼把個人主義的文化「物化」，是心理學史上的重大成就；把關係主義的文化「物化」成心理學理論，就是一種錯誤？

《社會知識論》的執行編輯 James Collier 對我主張的「反實證主義」研究取向大感興趣，因此請他的兩位博士後研究生，提出了十五項與本土心理學發展有關的關鍵問題，對我進行訪談，由我逐一作答，並以〈呼喚心理學的科學革命〉為題，在該刊登出（Evenden & Sandstrom, 2011）。

➢ 科學哲學的典範移轉

這次訪談使我開始注意到「批判實在論」（Critical Realism）的科學哲學。「批判實在論」是印度裔哲學家 Roy Bhaskar（1944-）所提出來的。Bhaskar的父親是印度人，母親是英國人，原本修習經濟，在準備博士論文階段，發現西方的經濟學理論並不足以解釋非西方國家的經濟發展，而深刻感受到：這根本不是經濟學的問題，而是理論建構的哲學問題。因此改行攻讀哲學，並提出「批判實在論」的科學哲學。

從「批判實在論」的角度來看，科學哲學的發展曾經經歷過三次大的典範轉移（見圖 1）：「古典經驗論」（classical empiricism）以休謨（David Hume, 1771 - 1776）作為代表。這一派的思想家認為：知識的終極對象是原子事實（atomatic facts），這些事實構成我們觀察到的每一事件，它們的結合能夠窮盡我們認識自然所必要的客觀內容。「知識」和「世界」兩者表面的許多點，有同構的對應關係（isomorphic correspondence）。

由古典經驗論的背景歧出的是「實證主義」（positivism）。實證主義者採取了「極端經驗論」（radical empiricism）的立場，他們認為：感官所能經驗到的事實（emperical facts），就是唯一的「實在」（reality），所有形上學的概念都必須排除在「科學」的範疇之外，科學家不必在「經驗現象」背後，追尋任何造成此一現象的原因或理由。實證主義者的這種「本體論」立場，跟「科學實在論」（scientific realism）完全對反，這是我堅決反對「實證主義」的重要理由之一。

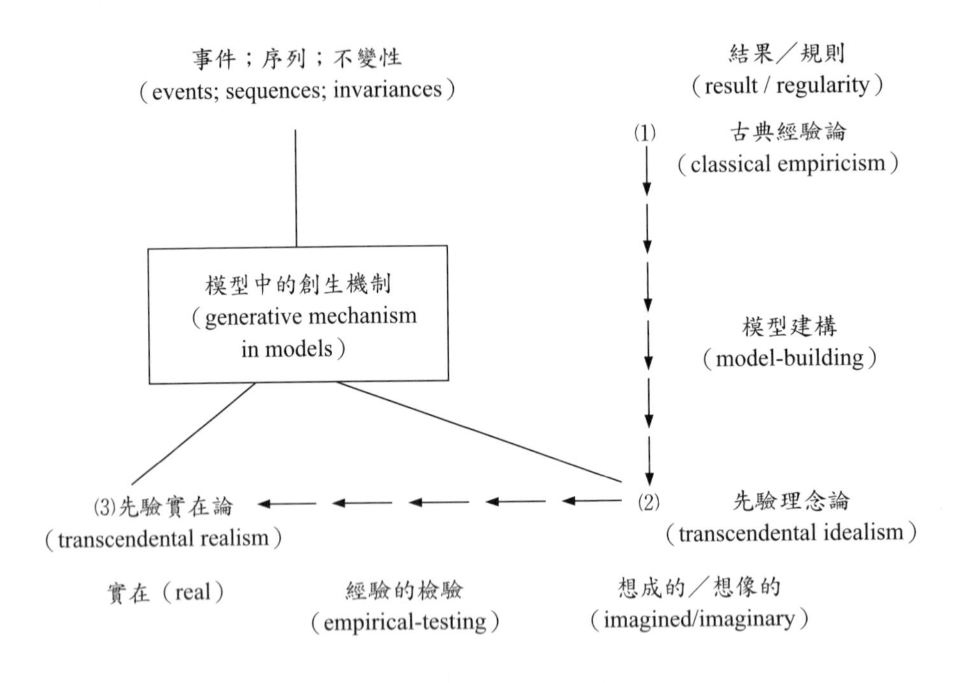

圖 1　科學哲學的典範轉移

資料來源：取自 Bhaskar（1975: 174）

➢「先驗的」理論

和「實證主義」立場相反的，是康德提出的「先驗理念論」（transcendental idealism），及大多數「後實證主義」者所衍生出的各種不同版本。依照這一派的觀點，科學研究的對象，其「本體」（noumenon）是「超越」（transcendent）而永遠不可為人所知的，人類所能知道的，是他用「先驗的理念」（transcendental ideas）所建構出來的理論知識。科學家從事科學活動的目標，是要用他創造的想像力（creative imagination），找出有關自然秩序的模型、理念等等。這種目標是人為的建構，它們雖然可能獨立於特定的個人，但卻不能獨立於人類的活動，所以必須經得起科學學術社群用各種不同的「實徵研究方法」（empirical research methods）來加以檢驗。

依照這種觀點，事件恆常的結合，是找出自然規律的必要但非充分條件。知識必須從表面的現象進一步找出底層的結構。自然世界變成人類心智的一種建構，其現代版則認為：知識是科學社群建構出來的，但這種建構並不是個別科學家憑空想像的，而是整個學術社群針對其研究對象的「實在」（reality）所想像出來的。由於科學活動的目標是要找尋表面現象（phenomena）背後的實在，所以吾人可稱之為「實在論」。

第三種立場是「批判實在論」者所主張的「先驗實在論」（transcendental realism）。它的本體論雖然也採取「實在論」的立場，但它卻認為：科學研究的對象，既不是「現象」（經驗主義），也不是人類強加於現象之上的建構（理念論），而是在持續存在並獨立運作於我們的知識之外的實在結構（real structure）。科學活動的目標在於找出產生現象的結構性「機制」（generative mechanism），這種知識是在科學活動中產生出來的。依照這種觀點，科學既不是自然的一種「表象」（epiphenomenon），自然也不是人類製作出來的產品。「知識」和「世界」兩者都是有結構、可分化，並且不斷在變異之中的；後者獨立於前者而存在。

三、本土心理學的目的

在《儒家關係主義》第一章中，我特別強調：大多數本土心理學者都認為，發展本土心理學的最終目的是希望能夠藉此發展出亞洲心理學（Ho, 1988）、全球心理學（Enriquez, 1993），或普世心理學（Berry & Kim, 1993; Kim & Berry, 1993），楊國樞（1993）也主張：發展本土心理學的最終目的，是要建立「人類心理學」或「全球心理學」。

➢ 文化心理學的原則

要達到這樣的知識論目標，必須遵循Richard Shweder所提出的一項文化心理學的基本原則：「一種心智，多種心態；普世主義，考量分殊」（One mind, many mentalities; universalism without uniformity）（Shweder, Goodnow, Hatano, LeVine, Markus, & Miller, 1998: 871）。所謂「心智」是指「人類認知歷程實際或可能之概念內容的整體」（totality of actual and potential conceptual contents of human cognitive process）（Shweder, 2000: 210），它主要是由生物因素所決定的。所謂「心態」是被認知及被激發之「心智」的子集合（that cognized and activated subset of mind），某些特定個人或人民曾經投注並擁有它，因此可以作為文化心理學者研究的對象。

人類心智的「深層結構」及其心理學功能都是一樣的，但在不同社會中生活的人，卻會隨其生活環境的不同，而發展出不同的心態。本土心理學者希望達成普世心理學或全球心理學的目標，是希望他們所建構出來的知識體系，既要能夠反映人類「心智」（mind）共同的「深層結構」，也要能夠說明某一文化中人們所獨有的特殊心態（mentality）。基於這樣的前提，在「多元文化主義」（multi-culturalism）興起的全球化時代，發展本土心理學的目的，是要依照文化心理學「一種心智，多種心態」的原則，建構既能反映人類共同心智（universal mind），又能說明特定文化中人們心態（mentalities in particular cultures）的「含攝文化的理論」（culture-inclusive theories），克服現代心理學之父 Wilhelm Wundt（1832-1920）未能以科學方法研究文化的難題，並整合 Vygotsky（1896-1934）所主張的「意圖心理學」（intentional psychology）和「科學心理學」（causal psychology）。

➢ 建構實在論

《儒家關係主義》第二章從「建構實在論」（constructive realism）的觀點指出：非西方國家現代化最重要的意義之一，是他們的社會科學家必須要懂得如何以西方的科學哲學為基礎，建構「科學微世界」（scientific Microworld），來描述社會的文化型態，並解決當前所面臨的各種社會問題。

值得一提的是，「建構實在論」跟標榜「後現代」精神的形形色色的「建構主義」（constructivism）並不相同。「建構實在論」將世界之「實在」（reality）區分為三層：第一層實在稱為「真實」（actuality）或實在自身（Wirklichkeit），這是我們生存於其間的世界，也是使作為生物體的我們得以生存的「既予的世界」。這個「既予世界」或許真的有某些結構，或是按照自身的規律而運作。然而，我們卻無從認識這些結構或規則。不管我們如何解釋這個世界，我們所能知悉的世界，包括對於這個世界的「結構」，以及這些結構是否有時間或空間上的距離及其因果性，都是人類所建構出來的。這些假設構成了我們所能理解的世界。

人類所建構出來的世界，又可以區分為兩種：微世界和生活世界。人類在建構這兩種世界的時候是使用兩種截然不同的思維方式，它們可以說是兩種不同的理性，這樣建構出來的知識，形成了兩種不同的世界觀，而且各有其功能。對人們而言，這兩個世界分別代表了兩種不同層次的實在。

四、多重哲學典範

《儒家關係主義》第三章析論科學哲學由「實證主義」轉變成為「後實證主義」之後，在本體論、知識論和方法論等各方面所發生的巨大翻轉。從本章的討論中，讀者可以很清楚地看出：我為什麼會旗幟鮮明地反對「實證主義」，並且強調：「科學微世界」的建構，必須以主張「實在論」的「後實證主義」為基礎。

➢ 普世性的社會互動機制：〈人情與面子〉的理論模型

在該書第四章中，我說明我如何以後實證主義的科學哲學作為基礎，建構出〈人情與面子〉的理論模型。該一模型將互動的雙方界定為「請託者」（petitioner）及「資源分配者」（resource allocator）。當「請託者」請求「資源分配者」，將他掌握的資源做有利於「請託者」的分配時，「資源分配者」心中所做的第一件事是「關係判斷」，他要思考的問題是「他和我之間有什麼樣的關係？」

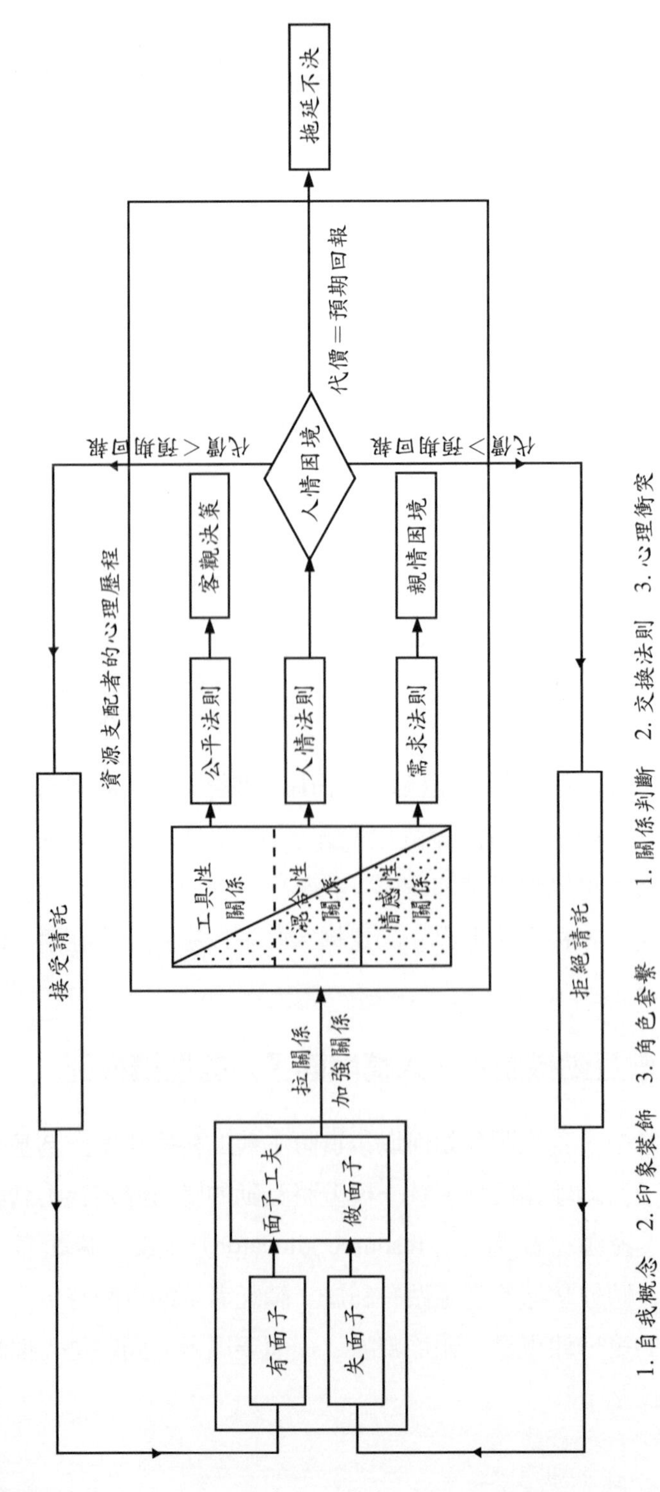

圖2　人情與面子的理論模式

圖 2 中代表「關係」的方塊是由代表「情感性成分」的陰影部分及代表「工具性成分」的空白部分所構成。所謂「工具性成分」是指：作為生物體的個人，天生而有各種欲望，在生活中往往必須以他人作為工具，獲取各種資源，滿足一己的欲望。這樣的「工具性成分」和人跟人之間的「情感性成分」常常是夾雜在一起的。依照這兩種成分的多寡，圖 2 以一條實線和一條虛線將「關係」分為三大類：「情感性關係」、「混合性關係」和「工具性關係」。「情感性關係」通常是指家庭中的人際關係，「混合性關係」是指個人和家庭外熟人的關係，兩者之間以一道橫線隔開，表示兩者之間有相當清楚的心理區隔，家庭之外的人很難變成為「家人」。「工具性關係」是個人為了獲取某種資源，而和陌生人建立的關係，它和「混合性關係」之間以一條虛線隔開，表示經過「拉關係」之後，屬於「工具性關係」的其他人可以穿過這層心理區隔，使雙方變成「混合性關係」。在儒家文化傳統的影響之下，個人可能傾向於以「需求法則」、「人情法則」和「公平法則」等三種不同的交易法則，和這三類不同關係的社會對象進行互動。

在〈人情與面子：中國人的權力遊戲〉一文中（Hwang, 1987），作者用了許多文字描述「人情法則」在華人社會中的意義。倘若我們將華人社會中的「人情法則」看作是「均等法則」的一個特例，它強調個人一旦收受了他人的恩惠，一定要設法給予等量的回報，則〈人情與面子〉的理論模式，應當是一個可以適用於各種不同文化的普遍性理論模型。它是生物決定的，反映出人類社會互動的普遍心智。針對這樣的主張，讀者一定會問：為什麼？作者有什麼證據可以支持這樣的論點？

➢ 結構主義：社會行為的基本形式

在《社會生活的結構》（*The Structures of Social Life*）一書中，Fiske（1991）回顧以往社會學、人類學以及心理學的大量文獻之後，指出人類社會的關係主要可分為四種模式：

1. 社群分享（communal sharing）：這是一個等同的關係（relationship of

equivalence），人們為了要達成位於個人之上的群體目標（super ordinate goal），而融合在一起，並對其集體（collectivity）有高度的認同，認為他們在某些重要的層面上都是同樣的「我們」，而不是「個人」。

2. 權威排序（authority ranking）：這是一種不平等的關係，具有可過渡的不對稱性（transitive asymmetry）。如果某一特定的階層包含三個以上的人，他們可以排成線型的階層。在這種關係中，人們會依其社會的重要性或地位，來建構彼此的關係：占高階者比別人控制更多的人、物及資源，別人也認為他們擁有較多的知識，及掌控事物的能力。社會關係中位階較高的人通常握有主動權，能夠做選擇並表現偏好，也能夠宰制較多的低階屬下。如果屬下對上司表現服從及效忠，高階者通常也會給予部屬保護及支持。
3. 平等匹配（equality matching）：這是個別同儕之間的平等關係，其中每一個人的影響力、貢獻及分配之份數，都是均衡的，而且可以一對一的互相對應。平等匹配的展現方式可能是輪流（turn taking），關係中的每一個人依時間順序（temporal sequence），做出同樣的行動；或是同等回報（in-kind reciprocity），人們給予並從他人處獲得同等物品的回報。在分配正義方面，平等分配採取「平等均分」（even distribution into equal parts）的方式，每個人拿到跟別人同樣的一份，所以每個人都不在意他拿到哪一份。
4. 市場計價（market pricing）：這種關係是以市場系統所決定的價值，作為中介。在市場計價關係中，人們通常會以「價格」（price）或「效用」（utility）這種普世性的單一尺度，來衡量相關商品或人的價值。這種商品的評價，可以用價格的比率（ratio）來表示；在以物易物（direct barter）的場合，則為兌換比率（exchange ratio）。

➢「結構」與「機制」

Fiske（1991）指出：這四種關係模式是人類組織各種社會不同範疇的方法。這四種關係結構展現在人類各種情境、工作、活動種類、行動領域、實質問題和態度之中，意味著這些結構都是產生自同一組的心理基圖（psychological schemata），亦即人類心智共同的深層結構。

Fiske是心理人類學家。他用人類學中「結構主義」的方法，找出人類社會行為的四種基本形式。人類學家李維史陀（Lévi-Strauss）強調：社會結構並不只是一個特定社會中社會關係的總和，它不是經驗的結果，而是依據「經驗事實」而建造出來的模式，是超越經驗的觀察而達到比較「深遠的實在」（Levi-Strauss, 1976/1995）。

倘若我們以Fiske（1991）所提出的社會行為的四種基本形式和〈人情與面子〉的理論模型互相比較，我們可以看出：社群分享、平等匹配和市場計價這三種不同的社會行為，和〈人情與面子〉的理論模型中的三種關係「情感性關係」、「混合性關係」和「工具性關係」，以及三種交換法則「需求法則」、「人情法則」和「公平法則」是互相對應的。至於〈人情與面子〉中，請託者與資源支配者之間的關係，則涉及雙方之間的「權力差距」（power distance）（Hofstede, 2001），也就是 Fiske（1991）理論中所謂的「權威排序」。

從以上的比較中，我們可以看出：Fiske（1991）是從結構主義的角度，將人類社會行為的基本形式加以分類；〈人情與面子〉的理論則是從社會心理學的角度所建構出人類社會互動的普遍模式。從「批判實在論」的角度來看（Bhaskar, 1975），它代表了人類社會互動的普世性「機制」（mechanism）（見圖 1）；用建構實在論的哲學來說（Wallner, 1994），這是把〈人情與面子〉理論模型中的四種關係，翻譯成Fiske（1991）對人類社會行為之基本形式的分類，藉以說明：這個理論模型包含了人類心智處理社會互動的深層結構，所以可以適用在各種不同的文化之中。

➢ 社會科學研究的「片面性」

依據批判實在論者所主張的「本體論的實在論」，我們一旦建構出普世性的社會科學理論之後，便可以用它作為架構，分析任何一種文化系統的理念，藉以發展含攝文化的理論。至於要用它們來分析哪一種文化的哪一個層面，則是取決於研究者個人的價值判斷。依照 Weber（1949）在《社會科學方法論》一書中的說法：

> 人類有限的心智對無限的實在（reality）所進行的一切研究，乃基於一個不言自明（tacit）的前提，那就是只有一小部分的現實構成科學探究的對象，這一部分是因為「值得被認識」而顯得重要。（Weber, 1949: 72）

Weber（1949）認為，影響任何事件的原因通常有無數個。企圖「毫無預設」地分析事實，唯一結果就是對無數個別事件的「存在判斷」造成混亂。想要做窮盡的因果分析，不僅在研究上不可行，而且也毫無意義可言。在無限複雜的具體現象中，某些現象因為和我們的價值理念相連結，我們才會賦予普遍的文化意義，才會認為它們是值得認識的，才會以之作為因果分析的對象（Weber, 1949: 78），這就是所謂社會科學的「片面性」（one sideness）特徵（Weber, 1949: 71）。

➢ 「分析二元論」

根據Archer（1995）所提出的「分析二元論」（analytical dualism），從事文化分析必須嚴格區分「文化體系」（cultural system）和「社會文化的交互作用」（socio-cultural interaction）的不同。

「文化體系是由曾經存在之知識菁英（existing intelligibilia）的著作全集所構成的，這些東西可以為人們所掌握、辨讀、理解，並知曉」。依這個定義來看，「知識菁英在形構一種文化系統的時候，他們所有的理念都必須以通行的語言表達出來（或者原則上是可翻譯的），這是它們可以為人所知的先決條件（Archer, 1998: 504）。」

在社會文化互動的層次，在某一時間點上，社會秩序或社會秩序的某一部分會特別重視某些理念。至於哪些理念會受到重視而為哪一群人所分享，則是取決於誰堅持或提倡那些理念，他們為支持這些理念所創造或促成的利益，以及他們提倡這些理念時所遭受到的反對等等因素。

Archer 與 Elder-Vass（2012: 95）認為：不論是對文化或社會結構，其理論研究都應當包含「歷時性」（diachronic）和「共時性」的分析（synchronic analysis）。前者是要檢視：為什麼某些理念在某些時間變得盛行，誰提倡它們，這些理念在過去和現在曾經遭受到哪些挑戰；後者的目的則是要瞭解文化的型態（morphostasis），而不是它在時間上的型態衍生（morphogenesis）或轉化。我們要以儒家思想為對象，建構「含攝文化的理論」，必須要以〈人情與面子〉的理論模型為基礎，在「文化體系」的層次上，分析儒家文化的型態。

➢ 儒家思想的內在結構

在《儒家關係主義》第五章中，我進一步說明：我如何以〈人情與面子〉的理論模型作為基礎，分析先秦儒家思想的內在結構（Hwang, 2012）。這樣分析所得的結果顯示：先秦儒家思想的內容，包含了四大部分：

1. 儒家的天命觀；
2. 儒家的修養論：修身以道；
3. 儒家的「庶人倫理」；
4. 儒家的「士之倫理」：濟世以道。

由於先秦儒家將人際關係的倫理安排分成兩大類：庶人倫理和士之倫理，前者是包括「士」在內的所有人都應當遵循的。由於《儒家關係主義》的焦點是在研究華人社會中一般人的人際關係，因此，我們先將分析的焦點集中在「庶人倫理」之上。

➢ 儒家的「庶人倫理」

我認為：儒家經典中最能夠反映儒家「庶人倫理」之特色者，是《中庸》第二十章上所說的一段話：

「仁者，人也，親親為大；義者，宜也，尊賢為大。親親之殺，尊賢之等，禮所生也。」

這一段話說明，儒家主張個人和其他任何人交往時，都應當以「親疏」和「尊卑」兩個社會認知向度（social cognitive dimensions）來衡量彼此之間的角色關係：前者是指彼此關係的親疏遠近，後者是指雙方地位的尊卑上下。做完評定之後，「親其所當親」，是「仁」；「尊其所當尊」，是「義」；依照「親親之殺，尊賢之等」所做出的差序性反應，則是「禮」。

儒家的「庶人倫理」還可以用西方的「正義理論」來加以解釋。後者將人類社會中的「正義」分為兩大類：「程序正義」是指群體中的成員認為應當用何種程序來決定分配資源的方式；「分配正義」則是指群體中的成員認為應當用何種方式分配資源（Leventhal, 1976, 1980）。依照儒家的觀點，在人際互動的場合，應當先根據「尊尊」的原則，解決「程序正義」的問題，決定誰是「資源支配者」，有權選擇資源分配或交易的方式；然後再由他根據「親親」的原則，決定資源分配或交易的方式。

儒家的「庶人倫理」和我所建構的〈人情與面子〉的理論模型（Hwang, 1987）具有一種「同構」（isomorphic）的關係。當請託者要求資源分配者將他掌握的資源做有利於請託者的分配時，資源分配者分別以需求法則、人情法則和公平法則來和對方進行互動。在資源分配者的心理過程中，關係、交換法則，以及外顯行動三者和儒家「庶人倫理」的「仁、義、禮」倫理體系是互相對應的；關係對應於「仁」，交換法則對應於「義」，外顯行動則必須合乎於「禮」（見圖3）。

➢ 批判理論：五倫與「三綱」

在「程序正義」方面，儒家「庶人倫理」所強調的是「尊尊法則」；在「分配正義」方面，它所強調的是「親親法則」。儒家認為：君臣、父子、夫婦、兄弟、朋友是社會中五種最重要的人際關係，儒家稱之為「五倫」。儒家認為：五倫中每一對角色關係的互動都應當建立在「仁」的基礎之上。

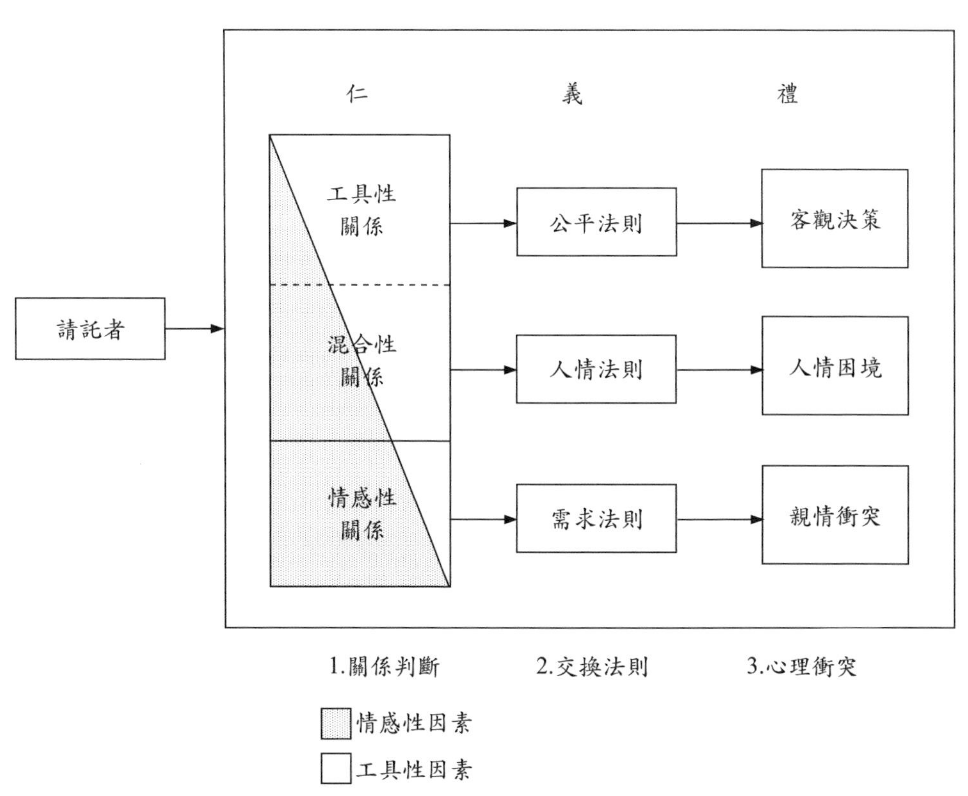

圖3　儒家庶人倫理中的「仁－義－禮」倫理體系

然而，由於五倫的角色關係各不相同，他們之間應當強調的價值理念也有所差異：

> 「父子有親，君臣有義，夫婦有別，長幼有序，朋友有信。」
>
> 《孟子・滕文公上》

父子、夫婦、兄弟三倫旨在安排家庭中的人際關係，是屬於情感性關係的範疇；朋友、君臣則是混合性關係。值得強調的是：除掉「朋友」一倫外，其他四倫都蘊涵有「上／下」、「尊／卑」的縱向差序關係：

> 「何謂人義？父慈，子孝，兄良，弟悌，夫義，婦聽，長惠，幼順，君仁，臣忠，十者謂之人義。」《禮記・禮運》

這段引文將朋友一倫排除在外，而特別強調：這五種角色關係的互動都必須遵循「尊尊法則」。更清楚地說，依照儒家所主張的「十義」，扮演「父、兄、夫、長、君」等角色的人，應當分別依照「慈、良、義、惠、仁」的原則做出決策；而扮演「子、弟、婦、幼、臣」等角色的人，則應當依照「孝、悌、聽、順、忠」的原則，善盡自己的義務。

➢「相對義務」與「絕對義務」

更具體地說，以前述的「庶人倫理」的深層結構作為基礎，儒家對個人生命中的五種角色關係，又按彼此間的「尊卑」及「親疏」程度，分別作不同的倫理要求，而形成一種「相對倫理」，要求每一個人在五種重要的人際關係中善盡自己的義務，這就是所謂的「五倫」。其中儒家最重視的是親子關係中的「父慈／子孝」，這樣的倫理安排跟儒家的生命觀有十分緊密的關聯。儒家在反思自我生命的起源時，他們並不像基督教那樣，設想出一位獨立於世界之外的造物主，相反的，他們從自己的宇宙觀出發，認識到一個簡單而且明確的事實：自己的生命是父母親肉體生命的延續。儒家有關「孝道」的觀念，都是從這一個不容置辯的事實衍生出來的。

我在分析儒家思想的內在結構時，用以詮釋的文本是以孔子和孟子為主的先秦儒家思想。這種「共時性分析」的目的旨在說明儒家的「文化型態」（morphostasis）（Archer, 1995）。事實上，中國在秦、漢之後的漫長歷史上，儒家思想還有非常複雜的發展，而且對於中國人社會行動有所影響的，也不僅只是儒家思想而已。我之所以決定以孔、孟思想作為詮釋的文本，一則是因為它們廣為一般中國人所熟知，對中國文化有深遠的影響；再則是因為自漢代董仲舒提出「三綱」之說，主張「君為臣綱、父為子綱、夫為妻綱」，將先秦儒家要求自己的「相對義務」轉變成要求下對上單方面服從的「絕對義務」，對中國社會的歷史發展，造成了非常惡劣的影響。

五、對華人心理學主流研究典範的挑戰

從科學哲學的角度來看，任何一個學術活動一旦找到其哲學基礎，這個運動便已經找到它的「道」，而將逐漸喪失其「運動」的性質，除非有人能找到比它更有說服力的哲學，來與之競爭。華人心理學本土化運動由楊國樞教授自1980年代初期開始提倡，歷經過三十餘年的推廣和發展，使我們清楚認識到：西方心理學的歷史發展經歷過三次大的典範移轉：行為主義以實證主義強調的實徵研究作為基礎；認知心理學以後實證主義的先驗理念論作為基礎；本土心理學則必須以實在論作為核心的「多重哲學典範」作為基礎。當我以實在論為主的「多重哲學典範」作為這本書的哲學基礎時，華人本土心理學的研究已經取得了國際領先的地位，可以開始向國際學術社群推廣，並向主流學術研究典範提出挑戰。

➢ 主流的研究典範

2012年，《儒家關係主義》的英文版改以*Foundations of Chinese Psychol-*

*ogy*為名出版。目前國際心理學社群中，以「中國人的心理學」（Chinese Psychology）聞名於世的第一位心理學家是 Michael Bond。不久之前，他出版了一本 *The Oxford Handbook of Chinese Psychology*（Bond, 2010）。這是他以此一主題為名所編的第三本書，第一本書的題目叫作《中國人的心理學》（Bond, 1986）；第二本書是這本 Handbook 的第一卷（Bond, 1996）。這本 *Oxford Handbook* 包含 41 章，動員了 83 位中、外學者，涵蓋領域包羅萬象，幾乎把過去數十年內有關中國人所做的心理學研究都網羅在內。

一位在西班牙巴塞隆納任教的華裔學者 Lee（2011）在深入回顧這本書之後，一針見血地指出：「這本書沒有清楚的結構。除非仔細閱讀整本書的目錄，否則讀者很難看出這本書包含有哪些內容，並辨認出針對某一特定議題的章節」（p. 271）。不僅如此，「整本書大多缺少理論」（There is a general lack of theory in the whole handbook）。這些以議題取向的章節，對於關於華人所做的經驗研究發現，做了相當詳盡的回顧與報告。然而，「只有極少數的幾章，提出華人心理學的本土理論」，「儘管他們公開宣稱要推動本土研究，他們的水準大都停留在支持／不支持西方的發現，並且用諸如集體主義、權力差距之類的文化向度來解釋他們的發現。尤有甚者，這本書中所引的研究大多以『中國和西方』二元對立的方式，來處理他們的研究發現，無法掌握現實世界中更為精緻的複雜性（p. 271-272）。」

➢ 兩種研究取向的對決

這少數提出本土理論的幾章，其作者就是我。Bond 是我的老朋友，我們從 1983 年結識以來，他每編一本書，都會邀我寫其中一章。*Foundations of Chinese Psychology* 出版之後（Hwang, 2012），2012 年 6 月 1 至 2 日，在台灣大學人文社會科學高等研究院的支持之下，本土心理學推動委員會邀請了十位國際知名的文化及心理學者，以「建構含攝文化的心理學理論」作為主題，請他們各自從不同的角度，針對此一議題，發表了十篇精彩的論文。

在研討會之前，我們特地把 Lee（2011）對他的批評以及這次研討會的緣起寄給論文撰寫者，邀請他在開幕式上致辭回顧他的學術生涯並作主題演講，說明他如何研究中國人的心理學。因此，這次研討會幾乎變成「文化系統」（cultural system）和「泛文化向度」（pan-cultural dimensions）兩種研究取向的針鋒相對。

Bond（2014）承認：他所編的幾本書中收錄的研究，絕大多數都是採取「泛文化向度」的研究取向。他認為：在建立人際行為的模式時，「我們必須發展工具，來測量跨越許多文化群體而在量度上有相等的心理構念」，他並且舉出一系列著名的心理構念之例，包括：價值的向度或範疇（如 Bond, 1988; Schwartz, 1992）；自我構念的類型（如 Gudykunst, Matsumoto, Ting-Toomey, Nishida, Kim, & Heymen, 1996）；關於世界的社會信念（Leung & Bond, 2004）；追求「突出」的動機（Becker et al., 2012）；以及刻板印象的向度等等（Cuddy et al., 2009）。

這是主流西方心理學者常用的文化化約主義式研究取向。Bond（2014）指出：如此製作出的建構，包含主流之外的文化來源，是「非怪異」的產品。它們源自於本土，但卻可作泛文化的使用。這種跨文化心理學的宏觀研究取向試圖將世界上的不同群體，安置在一個或數個「普世性」的向度之上，藉以建構心理學家的「科學微世界」式心理空間。

➢ 文化系統的研究取向

諸如此類的泛文化向度當然也可以說是一種「含攝文化的心理學」。但是，這種研究取向並未將任何文化視為一種「文化系統」。我所主張的「文化系統」研究取向，將儒家文化視為整體系統，可以讓華人瞭解其文化傳統，並獲致清晰的文化認同感。不僅如此，此種研究取向係以「多重哲學典範」作為基礎，其核心為「本體論的實在論」，有堅實的哲學基礎，可以推廣到其他非西方國家，協助他們建立自主的社會科學。

相反的，套用西方主流心理學研究典範的「泛文化向度」研究取向主張：在建立人際行為的模式時，「我們必須發展工具，來測量跨越許多文化群體而在量度上有相等的心理構念」，以便扈從的研究者從事跨文化比較研究。這種研究取向雖然能累積許多瑣碎的實徵研究成果，卻傾向於使用非西方文化面貌模糊，喪失其文化的可辨認性（cultural identity）。

因此，這次研討會幾乎變成「文化系統」和「泛文化向度」兩種研究取向的對決。在Sundararajan（2014）的論文：〈本土心理學：為何及如何將科學植根於文化之上？〉中，她強烈反對這種研究文化的「向度取向」。她指出：諸如「集體主義／個人主義」或「獨立我／相依我」之類二元對立的概念，反映出心理學中長久以來「東方主義」的陰影，「以某種向度測得的差異，在當地人民的心理上可能毫無差異」。因此，她引用Fiske（2002）的說法：「我們〔西方心理學〕必須超出我們種族中心的架構，不只研究其他文化跟美國有何不同，而要從其內部探討他們是什麼」，並主張用文化系統取向或複雜模式來取代向度取向。

➢ 文化敏感度

Bond（2014）也認識到：在主流「怪異」國家之外的心理學發展對於擴展西方心理學學科領域的重要性。他2010年版《全集》的「結論」一章，題目為：〈中國心理學科學研究邁向二十一世紀的若干前景〉，其中引用Arnett（2008）所說的一段話：

> 因此，本土理論的角色是要擴大我們以科學之最佳實踐描述並解釋人類情境時所用的建構和理論。其最終功能則是要解釋如何做到「四海之內，皆兄弟也」。像中國這樣的非西方群體能擴大我們的概念領域，並將心理學建立在人類整體的實在之上，而不只是其西方，或通常只是美國的版本。

他也覺得「套用西方研究典範」的作法並不妥當，因此，在他最近出版的第四本書《中國人的組織與管理行為》（Huang & Bond, 2012），封面上特別引述孔老夫子的名言：「學而不思則罔，思而不學則殆」，其「結論」一章的題目是：〈沒有比中國人組織行為的研究更美國化的東西了〉（There is nothing more American than research on Chinese organizational behavior），他也希望中國學者將來「更有文化敏感度一點」（be more culturally sensitive）。

➢ 一個新時代的開始

事後，我從研討會上所發表的十篇論文中，選出跟此一爭議有直接關係的四篇論文，投稿給 *Journal for the Theory of Social Behaviour*。該刊主編看了後，認為此一議題非常重要，因此希望我擔任 Guest Editor，再邀更多重量級學者來參與此一國際辯論。目前已經通過審查，將於今年刊出的八篇論文，包括我所寫的兩篇：

1. "Cultural System vs Pan-Cultural Dimensions: Philosophical Reflection on Approaches for Indigenous Psychology"
2. "Culture-inclusive Theories of Self and Social Interaction: The Approach of Multiple Philosophical Paradigms"

這兩篇論文的第一篇，說明本土心理學中「文化系統」研究取向的哲學基礎；第二篇則以我在「自我」及「社會互動」兩方面所建構的理論為例，說明如何用我所主張的「多重哲學典範」，建構「含攝文化」的理論。

由於 JTSB 在國際心理學社群中享有極高聲望，這本專刊的出版，象徵著一個新時代的開始，我所主張的研究取向應當會對國際心理學社群造成更大的影響。

參考文獻

黃光國（2001）：《社會科學的理路》。台北：心理出版社。

黃光國（2009）：《儒家關係主義：哲學反思、理論建構與實徵研究》。台北：心理出版社。

楊國樞（1993）：〈我們為什麼要建立中國人的本土心理學？〉。《本土心理學研究》（台北），1，6-88。

Allwood, C. M., & Berry, J. W. (2006). Origins and development of indigenous psychologies: An international analysis. *International Journal of Psychology*, *41*(4), 243-268.

Allwood, C. M. (2011). On the foundation of the indigenous psychologies. *Social Epistemology*, 25, 3-14.

Archer, M. S. (1995). *Realist social theory: The morphogenetic approach*. USA: Cambridge University Press.

Archer, M. S. (1998). Addressing the cultural system. In M. Archer, R. Bhaskar, A. Collier, T. Lawson, & A. Norrie (Eds.), CR: *Essential readings*, pp. 503-543. London: Routledge.

Archer, M. S., & Elder-Vass, D. (2012). Cultural system or norm circles? An exchange. *Europaen Journal of Social Theory, 15*, 93-115.

Arnett, J. J. (2008). The neglected 95 per cent: Why American psychology needs to become less American. *American Psychologist, 63*, 602-614.

Bhaskar, R. A. (1975). *A realist theory of science*. London: Verso.

Becker, M., Vignoles, V. L., Owe, E., Brown, R., Smith, P. B., Easterbrook, M. et al. (2012). Culture and the distinctiveness motive: Constructing identity in individualistic and collectivistic contexts. *Journal of Personality and SocialPsychology, 102*, 833-855.

Berry, J. W., & Kim, U. (1993). The way ahead: From indigenous psychologies to a universal psychology. In U. Kim & J. W. Berry (Eds.), *Indigenous psychologies: Research and experience in cultural context* (pp. 277-280). Newbury Park, CA: Sage.

Bond, M. H. (1986). *The psychology of the Chinese people*. Hong Kong: Oxford University Press.

Bond, M. H. (1988). Finding universal dimensions of individual variation in multi-cultural studies of values: The Rokeach and Chinese value surveys, *Journal of Personality and Social Psychology, 55*, 1009-1015.

Bond, M. H. (1996). *The handbook of Chinese psychology*. Hong Kong: Oxford University Press.

Bond, M. H. (2010). *The Oxford handbook of Chinese psychology*. New York: Oxford University Press.

Bond, M. H. (2014). How I am constructing culture-inclusive theories of social-psychological process in our age of globalization. *Journal for the Theory of Social Behavior* (in press).

Cuddy et al. (2009). Stereotype content model across cultures: Toward universal similarities and some differences. *British Journal of Social Psychology, 48*, 1-33.

Enriquez, V. (1993). Developing a Filipino psychology. In U. Kim & J. Berry (Eds.), *Indigenous psychologies: Research and experience in cultural context* (pp. 152-169). Newbury Park, CA: Sage.

Evenden, M., & Sandstrom, G. (2011). Calling for scientific revolution in psychology: K. K. Hwang on Indigenous Psychologies. *Social Epistemology, 25*, 153-166.

Fiske, A. P. (1991). *The structures of social life: The four elementary forms of human relations*. New York: The Free Press.

Fiske, A. P. (2002). Using individualism and collectivism to compare cultures – a critique of the validity and measurement of the constructs: Comment on Oyserman et al., *Psychological Bulletin, 128*(1), 78-88.

Gudykunst, W. B., Matsumoto, Y., Ting-Toomey, S., Nishida, T., Kim, K., & Heyman, S. (1996). The influence of cultural individualism-collectivism, self-construals and individual values on communication styles across cultures. *Human Communication*

Research, 22, 510-543.

Ho, D. Y. F. (1988). Asian psychology: A dialogue on indigenization and beyond. In A. C. Paranjpe, D. Y. F. Ho, & R. W. Rieber (Eds.), *Asian contributions to psychology* (pp. 53-77). New York: Praeger.

Hofstede, G. (2001). *Culture's consequences: International differences in work related values*. Thousand Oaks, CA: Sage.

Huang, X., & Bond, H. B. (2012). *Handbook of Chinese organizational behavior integrating theory, research and practice*. Hong Kong : The Hong Kong Polytechnic University.

Hwang, K. K. (1987). Face and favor: The Chinese power game, *American Journal of Sociology, 92*(4), 945-974.

Hwang, K. K. (2011). Reification of cultural in indigenous psychologies: Merit or mistake? *Social Epistemology, 25*(2), 125-131.

Hwang, K. K. (2012). *Foundations of Chinese psychology: Confucian social relations.* New York: Springer.

Kim, U., & Berry, J. (1993). Introduction. In U. Kim & J. Berry (Eds.), *Indigenous cultural psychologies: Research and experience in cultural context* (pp. 1-29). Newbury Park, CA: Sage.

Kim, U., & Berry, J. W. (1993). *Indigenous psychologies: Research and experience in cultural context*. Newbury Park, CA: Sage.

Lakatos, I. (1978/1990). *History of science and its rational reconstructions. The Methodology of Scientific Research Programmes*. Cambridge: Cambridge University Press. 于秀英（譯）：〈科學史及其合理重建〉。《科學研究綱領方法論》（頁 157-217）。台北：結構群。

Lee, Y. T. (2011). Book review － Review of the book the Oxford Handbook of Chinese Psychology. *International Journal of Cross Cultural Management, 11*(2), 269-272.

Leung, K., & Bond, M. H. (2004). Social axioms: A model for social beliefs in multicultural perspective. *Advances in Experimental Social Psychology, 36*, 119-197. San Diego, CA: Elsevier Academic Press.

Leventhal, G. S. (1976). Fairness in social relationships. In J. Thibant, J. T. Spence & R. T. Carson (Eds.), *Contemporary topics in social psychology* (pp. 211-239). Morristown, NJ: General Learning Press.

Leventhal, G. S. (1980). What should be done with equality theory? In K. J. Gergen, M. S. Greenberg, & R. H. Willis (Eds.), *Social exchange: Advance in theory and research* (pp. 27-55). New York: Plenum Press.

Lévi-Strauss, C. (1976/1995). *Structural Anthropology*. trans by M. Layton. New York: Basic Books. 謝維揚、俞宣孟（譯）：《結構人類學》。上海：上海譯文出版社。

Schwartz, S. H. (1992). Universals in the content and structure of values: Theoretical advances and empirical tests in 20 countries. In M. P. Zanna (Ed.), *Advances in Experimental Social Psychology, 25*, pp. 1-65. Orlando, FL: Academic Press.

Shweder, R. A. (2000). The psychology of practice and the practice of the three psychologies. *Asian Journal of Social Psychology, 3*, 207-222.

Shweder, R. A., Goodnow, J. J., Hatano, G., Levine, R. A., Markus, H. R., & Miller, P. J. (1998). The cultural psychology of development: One mind, many mentalities. In W. Damon (Ed.), *Handbook of child psychology* (5th ed.), Vol. 1 (pp. 865-937). New York: Wiley.

Sundararajan, L. (2014). Indigenous psychology: Grounding science in culture, why and how? *Journal for the Theory of Social Behaviour* (in press).

Wallner, F. (1994). *Constructive realism: Aspects of new epistemological movement*. Vienna: Wilbelm Braumuller.

Weber, M. (1949). *The methodology of the social sciences*. New York: The Free Press.

國家圖書館出版品預行編目資料

儒家關係主義：哲學反思、理論建構與實徵研究
/ 黃光國著. -- 初版.
-- 臺北市 : 心理, 2009.04
面；　公分. --（名家講座系列；71005）
參考書目:面

ISBN 978-986-191-262-2（平裝）

1. 儒家　2. 社會心理學

121.2　　98005314

名家講座系列 71005

儒家關係主義：哲學反思、理論建構與實徵研究

作　　者：黃光國
責任編輯：郭佳玲
總 編 輯：林敬堯
發 行 人：洪有義
出 版 者：心理出版社股份有限公司
地　　址：台北市大安區和平東路一段 180 號 7 樓
電　　話：(02) 23671490
傳　　真：(02) 23671457
郵撥帳號：19293172 心理出版社股份有限公司
網　　址：http://www.psy.com.tw
電子信箱：psychoco@ms15.hinet.net
駐美代表：Lisa Wu（Tel: 973 546-5845）
登 記 證：局版北市業字第 1372 號
排 版 者：辰皓國際出版製作有限公司
印 刷 者：辰皓國際出版製作有限公司
初版一刷：2009 年 4 月
初版二刷：2014 年 9 月
I S B N：978-986-191-262-2
定　　價：新台幣 550 元